◆项目资助：2014年度教育部人文社会科学研究青年基金项目
《仪式与交往：春秋时期的会盟传播》（14YJC860021）

春秋会盟的沟通机制

任中峰◎著

ZHEJIANG UNIVERSITY PRESS
浙江大学出版社

图书在版编目(CIP)数据

春秋会盟的沟通机制 / 任中峰著.—杭州:浙江大学
出版社,2018.9
ISBN 978-7-308-18239-3

Ⅰ.①春… Ⅱ.①任… Ⅲ.①中国历史－研究－春秋
时代 Ⅳ.①K225.07

中国版本图书馆 CIP 数据核字(2018)第 104934 号

春秋会盟的沟通机制

任中峰　著

责任编辑	傅百荣	
责任校对	田程雨	
封面设计	周　灵	
出版发行	浙江大学出版社	
	(杭州市天目山路 148 号　邮政编码 310007)	
	(网址:http://www.zjupress.com)	
排　　版	浙江时代出版服务有限公司	
印　　刷	虎彩印艺股份有限公司	
开　　本	710mm×1000mm　1/16	
印　　张	17	
字　　数	305 千	
版 印 次	2018 年 9 月第 1 版　2018 年 9 月第 1 次印刷	
书　　号	ISBN 978-7-308-18239-3	
定　　价	58.00 元	

浙江大学出版社市场运营中心联系方式　(0571)88925591;http://zjdxcbs.tmall.com

目　录

绪　论

第一节　研究背景、问题及意义

一、研究背景

(一)传播学本土化的趋势

国内传播学界通常将 1978 年视为国内传播学研究的"起点",在这一年的 7 月,复旦大学新闻系出版了"文革"后的第一部新闻学刊物《外国新闻事业资料》,第一次公开介绍传播学。① 国内传播学研究的发展过程可以被划分为三个阶段,一些研究者用三次"大潮"来形象地比喻传播学研究在国内的发展历程:第一次大潮是被誉为"传播学集大成者"的施拉姆访华之前国内新闻学界的"暗潮涌动",传播学经由不同的渠道进入中国;第二次大潮是施拉姆 1982 年访华的破冰之行,推动了中国传播学界的研究活动"波涛滚滚";第三次大潮是来自港台和海外华裔传播学者再次登陆,对大陆的传播学研究多维度地"惊涛拍岸"。② 随着更多的传播学理论从国外被译介至国内,越来越多的学者认识到国外的传播学理论并不能完全或者充分地解释中国历史及当下的传播事件和传播现象。学者们开始把关注的目光更多地投向国内的传播事件和传播现象,传播学理论的"中国化"或"本土化"的呼声越来越高涨。

"传播学本土化"的提议最早可以追溯至 1982 年的施拉姆访华,该年施拉姆在其香港的学生余也鲁的陪同下到内地开展讲学活动,他们在北京与内地新闻学研究者交流时多次提到"传播学本土化"的设想。③ 台湾学者所提出的"传

---

① 陈力丹.中国传播学研究的历史与现状[J].国际新闻界,2005(5):20.
② 姜飞.中国传播研究的三次浪潮:纪念施拉姆访华 30 周年暨后施拉姆时代中国的传播研究[J].新闻与传播研究,2012(4):19-31.
③ 胡翼青.传播研究本土化路径的迷失:对"西方理论,中国经验"二元框架的历史反思[J].现代传播,2011(4):34.

播学中国化"的四个研究方向也对大陆传播学本土化的研究产生了影响,钟元在一篇文章中提到了这四个研究方向:第一,是整理并分析中国古代的传播思想;第二,是整合西方传播理论与中国古典传播思想,运用"理论建构"的方法,建立概念清晰、体系井然的中国传播理论;第三,是运用现代中西方传播理论,分析中国社会中的传播问题;第四,是设计适合中国国情的传播政策。《新闻与传播研究》还发布了一个由孙旭培起草,余也鲁、徐佳士、郑学檬修改定稿的名为《中国传统文化中的传播》的研究框架,倡导"从中国的历史背景、文化传统、社会习俗和民族心理的角度,系统地研究传播对于中国社会政治制度的演化、经济的发展、民族的融合等方面发挥的影响和作用"①。

事实上,早在 1982 年 11 月在我国召开的第一次全国性传播学研讨会上,30 多位学者已经提出了一个被称为"16 字方针"的学术口号,②即"系统了解、分析研究、批判吸收、自主创造"。③ "16 字方针"尽管是中国提出的第一个具有本土意义的"研究规范",但其深层的动因并未得到发掘和研究。④ 短短的 16 个字里虽然隐约地包含了理论本土化的倡议,但究竟该如何实现本土化却仍然是个未知数。在传播学理论本土化的过程中,20 世纪 90 年代的一些学者逐渐形成了"西方理论,中国经验"的中西二元框架。该框架认为传播研究本土化的具体实施框架应当以西方理论为基础,以中国经验为研究对象。⑤ 还有一些学者概括了国内在两个方面进行本土化的努力,即:面向中国传统文化的研究,这种研究似乎更追求传播学理论本身的本土化;面向中国现实问题的研究,这种研究更关注传播学应用的本土化。⑥ 张国良先生将传播学本土化的路径归纳为两种:"一种是以传统的视角展开本土化的研究","研究取向是'回到过去',从中国固有的传统文化中发掘传播学的观点";"另一种则是借鉴世界前沿的传播学理论和方法",即"拿来主义"的取向。⑦

传播学本土化必然要求关注中国化的案例和现象,其中的一种做法是从历

---

①　钟元.为"传播研究中国化"开展协作:兼征稿启示[J].新闻与传播研究,1994(1):34-38.

②　王怡红.对话:走出传播研究本土化的空谷[J].现代传播,1995(6):10.

③　刘海龙.传播研究本土化的两个维度[J].现代传播,2011(9):43.

④　王怡红.从历史到现实:"16 字方针"的意义阐释[J].新闻与传播研究,2007(4):17.

⑤　胡翼青.传播研究本土化路径的迷失:对"西方理论,中国经验"二元框架的历史反思[J].现代传播,2011(4):35.

⑥　潇湘.传播学本土化的选择、现状及未来发展[J].新闻与传播研究,1995(4):36.

⑦　张国良.中国传播学的兴起、发展与趋势[J].理论月刊,2005(11):7.

史事件和传统文化中挖掘传播学素材,即"回到过去"的研究取向。澳大利亚传播学者奥斯邦指出:"对于一个没有特殊传播理论的国家来说,一个最有效的、有力的开端是认真研究本国的传播史,尤其是本国传播政策形成的过程,从中发掘本国传播的目的、目标和原则。"①当学者们将研究视野扩展到历史文献和传统文化中去时,他们惊喜地发现在静止的历史片段中隐藏着巨大的宝藏等待着他们去发掘。传播学本土化的推动者孙旭培在《华夏传播论:中国传统文化中的传播》一书的序言中指出了这一点:"在中国文明史中,有大量的先人总结的传播观点和原理,有不计其数的传播事件和现象。这些丰富的宝藏在召唤着我们去发掘。"②一些学者将挖掘这些宝藏视为传播学本土化的一大任务,他们指出,"中国传统文化蕴藏着丰富而深刻的传播思想和传播智慧,将其发掘出来奉献给世人乃传播学研究者义不容辞的责任"③,传播学中国化的两大任务之一就是"总结中国传统文化的传播者在几千年的传播实践中产生的传播理论,以丰富人类传播理论宝库"④。还有学者将中国的传播思想和主张视为"中国化的传播学建设"的"根",认为"中国不仅有着丰厚的哲学的、历史的、语言的、文学艺术的文化成果作为思想资源和理论参照,而且对传播学本身也有着非常丰富和系统的研究和论述",而传播学的本土化建设不能离开这样的一条"根"。⑤

在传播学本土化过程中一些学者开始用中国化的名称来命名他们所建构的理论、提出的观点、梳理的案例。这样以历史和传统思想为起点的"本土化"传播研究逐渐形成了专门的名称——"华夏传播"。⑥"华夏传播"这个概念的使用应该归功于《华夏传播论:中国传统文化中的传播》一书,它首次在论著题目中使用了"华夏传播"一词。⑦ 一些学者还尝试着探讨了"华夏传播"概念的历

---

① 王怡红.对话:走出传播研究本土化的空谷[J].现代传播,1995(6):10.

② 孙旭培.华夏传播论:中国传统文化中的传播[M].北京:人民出版社,1997:序言.

③ 董天策.传播学本土化研究的可贵探索:评《心有灵犀:儒学传播谋略与现代沟通》[J].社会科学研究,2000(4):158.

④ 林之达.中国传统文化对受传者心理的认知:传播学中国化新思路探索[J].当代传播,2006(4):45.

⑤ 郝雨.建设中国化传播学体系的几个根本性问题[J].上海大学学报:社会科学版,2001,8(5):83.

⑥ 邵培仁,姚锦云.为历史辩护:华夏传播研究的知识逻辑[J].社会科学战线,2016(3):140.

⑦ 黄星民.华夏传播研究刍议[J].新闻与传播研究,2002(4):80-86.

史,界定了"华夏传播研究的内涵",概括了"华夏传播理论"的主要特征。① 近年来邵培仁所主导的"华人本土传播学研究"则进一步推动了"华夏传播"概念和理论的发展。邵培仁将"华人本土传播学研究"的"进路"归纳为六条:验证主义、寻根主义、融合主义、问题主义、改良主义、创新主义。他还将"华人本土传播学研究的目的"概括为"向世界叙说中国,贡献自己的思想和文化资源,让双方进入一种对话与共享的学术境界"。② 我们目前所能看到的有关"寻根主义"的研究正是在中国的历史文献和传统文化中建构本土化传播学理论的。③

(二)国际会盟活动的频繁

全球化日益加剧的今天,"会"和"盟"正在成为促进国家交往、调解国际争端、缓解区域冲突、维持和平与稳定的重要手段。从历史上看,第二次世界大战中反法西斯同盟的军事胜利,将世界从被奴役和被征服的危险中拯救了出来;反法西斯同盟国所召开的开罗会议、德黑兰会议、雅尔塔会议、波茨坦会议等重大国际会议奠定了战后至今70多年的国际和平秩序。第二次世界大战结束之后,世界各国通过两个国际条约围绕着美国和苏联两个超级大国结成了两大对立的阵营:一方是以美国和"北大西洋公约组织"为主的资本主义阵营,另一方是以苏联和"华沙条约组织"为主的社会主义阵营。两大阵营在政治、经济、文化、军事等方面展开了针锋相对的斗争,斗争前后持续了几十年之久,直到苏联解体和华沙条约组织解散才宣告结束。非常有意思的是,美、苏两大阵营的斗争与我国春秋时期南、北诸侯的争霸斗争极为相似。在春秋这段历史上先后出现了齐楚争霸、晋楚争霸两次南北对峙,诸侯各国分别围绕着北方的齐、晋和南方的楚国结成了南、北两大阵营。南北对峙持续了170年左右,④这比冷战持续的时间还要长得多。

---

① 　对"华夏传播"概念的历史、内涵、特征的讨论,请见以下两篇文章:黄星民.华夏传播研究刍议[J].新闻与传播研究,2002(4):80-86;谢清果,祁菲菲.华夏传播理论的内涵、特征及其未来展望[J].今传媒,2017(1):4-12.

② 　邵培仁.华人本土传播学研究的进路与策略[J].当代传播,2013(1):卷首语.

③ 　邵培仁、姚锦云在《寻根主义:华人本土传播理论的建构》一文中提出:"寻根的方向是从分散的编年史转向紧密的思想传承史,提炼出深远影响中国传播的传统文化'基因',并考察其跨越历史的传播痕迹,总结其东方特色的传播智慧,建构本土传播的理论成果。"(见:邵培仁、姚锦云.寻根主义:华人本土传播理论的建构[J].新疆师范大学学报:哲学社会科学版,2013,34(4):39.

④ 　这只是一个粗略的时间跨度,如果以鲁庄公十三年(公元前681年)的北杏之会齐桓公登上国际会盟舞台为南北对峙的起点,以鲁定公四年(公元前506年)最后一次大型会盟活动召陵之会为南北对峙的结束,那么南北对峙的时间长达176年之久。

冷战结束之后,会盟活动仍然对世界发挥着重要的影响,诸如联合国、欧盟、G8、二十国集团(G20)、亚太经合组织(APEC)、世界贸易组织(WTO)、上海合作组织(SCO)、博鳌亚洲论坛(BFA)、东南亚国家联盟(ASEAN)等组织和机构十分活跃,它们通过举办各种各样的会议、论坛、峰会而推动着世界的沟通和交往。

就中国本身而言,目前我国政府在对外事务中奉行的是"不结盟"政策,但同时也提出了建构战略合作伙伴关系的策略。为了创造一个和平、友好的发展环境,近年来中国以更加积极的姿态融入国际社会中去,中国的身影出现在越来越多的国际组织、国际机构以及它们所举行的国际会议中。2014年中国在北京主办了亚太经合组织领导人非正式会议,2016年中国在杭州主办了二十国集团领导人峰会,这两次高规格的国际会议成功地向世界展示了中国的发展成就,进一步提高了中国在国际社会的影响力。主办或参加国际会议作为参与国际事务、提升国际影响力、创建友好关系、争取和平发展环境的重要途径,在一个国家的对外政策中发挥了不可替代的作用。随着中国与世界各国交往程度的日益加深,我们可以预见中国也将会越来越多地举办或者参加各种类型的国际会议。

春秋作为我国历史上一个十分特殊的发展阶段,会盟是这个特殊阶段中的一个突出而又独特的现象。正如有学者所言:"盟会是春秋时期一个突出的历史现象。其数之多,种类之繁,涉及面之广,作用之大,影响之深远,在中国历史上,不仅空前,而且绝后。"①春秋诸侯国的会盟行为中不可避免地涉及了大量的沟通、传播现象,在诸侯各国之间频繁的会盟活动中,隐藏着中华文明最为古老的传播经验和政治智慧;以国家利益为诉求的会盟劝服活动体现着古人对传受心理的揣测和把握;严格、复杂、繁琐的会盟仪式呈现并维护着国际社会的权力秩序;会盟的议题反映了当时最受诸侯各国关注的国际问题,议题的设置体现了霸主对国际社会的影响和控制;盟书条约折射了时人对共同理念、利益、伦理观念的传播和塑造;②会盟国家的沟通与交往显示了文化和文明的冲突与扩散。目前有不少研究者从历史学、文学、法学、政治学、国际关系学、人类学等学科视角关注了春秋时期的会盟活动,而对于传播学来说它几乎是一个全新的领域。

---

①　莫金山.春秋列国盟会之演变[J].史学月刊,1996(1):14.

②　对于会盟的研究大多会谈到"信"的问题,如田兆元、罗珍认为盟誓对人们的约束,在很大程度上是从宗教与道德层面体现的,它的伦理核心是信义。甚至孔子学说——尤其是信义学说的形成直接来源于盟誓制度及其伦理(见:田兆元,罗珍.论盟誓制度的伦理与孔子信义学说的形成[J].湖北民族学院学报:哲学社会科学版,2006,24(6):15.)。

在此传播学本土化的背景之下,从传播学的视野对春秋会盟进行概括和梳理,无疑也是传播学本土化研究的一个重要命题。

基于以上研究背景,笔者在接下来的研究中将尝试梳理分散、繁多的历史材料,对所涉及的传播现象加以分析和探讨,总结春秋时人的会盟沟通思想,考察会盟沟通所造成的历史影响,从传播学的角度对春秋会盟沟通机制进行重构与再现。

二、研究问题

春秋时期的会盟活动与现代政府之间的国际会议和结盟活动在本质上是一样的,它们都属于以国家为主体的沟通、交往活动。在春秋这一历史阶段中会盟活动的重要性则更加突出一些。进入春秋之后,随着王室的衰微和诸侯国的崛起,各国之间会盟活动的频率不断增加、规模持续扩大、覆盖的区域越来越广,它逐渐成为当时最为重要的国际沟通平台。翻阅这一时期的历史文献时,一个强烈的疑问始终萦绕在笔者的脑海:为什么当时的诸侯各国选择了会盟这种形式进行沟通、交往,以致会盟成为最重要的国际沟通平台? 这个问题构成了笔者研究的基本问题,它贯穿于整个研究,潜在于本书的每一章每一节之中。

在这一基本问题的引领下,笔者对可能涉及的研究内容作了进一步的区分和整理,将它们概括为更加具体的专题性问题。这些专题性问题是基本问题的深化,代表着笔者思考的角度和方向,它们将从不同的层面描述、理解、阐释、概括会盟沟通的不同方面,力争全方位地呈现会盟沟通在春秋时期的全貌。这些专题性问题汇总如下:

(1)任何一种历史现象都不能脱离孕育它的历史土壤,会盟活动作为春秋时期最为突出的现象,它产生、发展于什么样的历史情境中呢? 为什么春秋时期的历史情境会导致会盟活动的兴盛呢?

(2)既然笔者计划将会盟视为一种沟通行为,如何来定义这种沟通行为? 它的本质、特点以及优势是什么? 事实上正是会盟沟通本身所具有的优势与当时的历史情境共同导致了会盟沟通的兴盛。那么,会盟沟通在整个春秋时期的发展进程和脉络又是怎么样的呢?

(3)会盟沟通关系到诸侯国的利益,会盟行为是一种国家行为,有关会盟的决策也是国家或国家集团决策的一部分。春秋时期举行或参加会盟活动的决策是怎样做出的呢? 诸侯国以及它们结成的国家集团是基于什么样的原因做出这些决定的呢? 另外,当潜在的会盟各方存在利益分歧时,如何劝服对方举行或参加会盟活动? 这将涉及对春秋时期劝服技巧和劝服策略的总结。

(4)春秋时期的会盟沟通非常重视仪式,当诸侯国聚集在一起举行会盟活动时会使用什么样的仪式?这些仪式在沟通方面具有什么样的功能?这些仪式与国际权力——尤其是霸主的权力存在哪些关系?

(5)既然会盟是一种沟通渠道,那么它必然具备相应的沟通内容,这些内容将成为会盟活动的议题。春秋时期会盟沟通活动涵盖了哪些议题呢?这些议题是如何形成并得以进入会盟沟通平台的?议题设置能力往往与不同国家在国际社会中的权力有关,同样,春秋时期的会盟议题与国际权力有着什么样的关系?

(6)春秋时期的会盟沟通还会形成一种被称为"盟书"的契约性文本,这是会盟各方沟通的结果,类似于现代国际会议和结盟活动中的盟约、协议、宣言、共识。盟书究竟是如何形成的呢?它对于当时的诸侯国而言具有什么样的功能?盟书对国际社会又产生了什么样的影响?

以上六个专题性问题与基本问题一起构成了笔者研究的主要内容,它们也形成了笔者的研究框架,笔者将依据这一框架来组织本书的结构与内容。

三、研究意义

(一)理论意义

1. 新领域的探索

从 1978 年 7 月复旦大学郑北渭教授的第一篇传播学论文《公共传播学的研究》开始,[1]时至今日国内的传播学已经经历了几十年的长足发展,新的发现和新的成果正在不断涌现。总体而言,新闻传播学的研究成果较为集中于大众媒介领域,对大众媒介出现之前的历史的关注力度不够。2012 年我国新闻传播学研究的基本格局显示,新闻业务研究的论文数量占比 14.1%;媒介经营管理与传媒产业研究论文占比 13.5%,广播电视研究论文占比 12.67%。[2] 这表明新闻传播学作为实践性很强的学科,业务研究导向占据了主导地位。

春秋会盟是一个极具中国文化内涵的新的研究对象,它涉及了中华民族性格的多个侧面,蕴含了古代中国人的政治智慧、哲学观念、宗法思想、风俗人情、社会伦理。事实上早在部落联盟时代,盟誓已经成为构建社会秩序的重要手

---

[1] 戴元光,陈钢,许建.中国传播学研究学术旨趣与学术群:兼论中国传播学研究 30 年[J].上海大学学报:社会科学版,2008,15(4):46.

[2] 刘自雄,刘年辉,马凯,等.2012 年度我国新闻传播学研究综述:基于 9 种 CSSCI 期刊的分析[J].现代传播,2013(3):41.

段。① 春秋会盟的研究多见于历史学、文学、法学、政治学、国际关系学、人类学、民俗学等学科,对于这一个有趣且十分有意义的领域,传播学还没有专门的研究涉及。本研究将会盟界定为一种国家沟通行为,从传播学和国际关系学的交叉视角来考察会盟沟通活动,这具有一定的探索意义。同时笔者也期望做到抛砖引玉,借笔者的浅薄研究引起后续学者对古代传播现象的关注。

2. 本土化的努力

对本国和本民族历史上的传播现象进行研究一直是我国传播学本土化的一个重点。辉煌灿烂的中华文明,为后人留下了蔚为壮观的学术资源宝库,对此,每个学科都可以从中汲取有益的营养,在对历史的梳理和探讨中促进理论研究的发展。从传播学的视角审视历史现象是传播学本土化的一个重要部分。

20 世纪 90 年代大陆传播学界在余也鲁的推动下开始正视和思考传播学本土化的问题②。余也鲁认为:“中国人数千年有记录的历史中,和在比没有记录的历史更长远的悠久传统中,恐怕已经经历了一切人的传通经验与尝试。时代与科技尽管演变,但人的传通的基本性质不一定会变。”③“我相信,我们除了可以在中国的泥土上学习与复验这些理论外,以中国人的智慧,应该可以从中国的历史中找寻到许多传的理论与实际,用来充实、光大今天传学的领域。”④笔者深受这些观点的启发和鼓励,尽管可能由于才学疏浅无法达到这一高度,但笔者有志于在梳理会盟现象的基础上,朝着这一方向努力。

3. 方法的尝试

本研究将主要使用文献分析的方法,以《春秋》《左传》等文献为基本来源,从中提取与会盟沟通有关的史料。除此之外,笔者还将尝试借鉴统计和内容分析的方法,对相关的文献内容进行量化处理,融合质化分析和量化分析开展研究工作。对历史现象进行量化研究是非常困难的,特别是春秋距离我们现在已经十分久远了,遗留下来的历史文献并不多;再加上古人记录历史的语言都非常简洁,语意也带有很大的模糊性,导致我们很难获得充分的材料对研究对象

①　雒有仓,梁彦民.论商周时代盟誓习俗的发展与演变[J].陕西师范大学学报:哲学社会科学版,2007,36(4):40.

②　胡翼青.传播研究本土化路径的迷失:对“西方理论,中国经验”二元框架的历史反思[J].现代传播,2011(4):35.

③　余也鲁.论探索(代序)[C]∥余也鲁,郑学檬.从零开始:首届海峡两岸中国传统文化中的探索座谈会论文集.厦门:厦门大学出版社,1994:3.

④　余也鲁.代序:中国文化与传统中传的理论与实际的探索[M]∥宣韦伯.传媒信息与人:传学概论.北京:中国展望出版社,1985.

加以量化处理。因此笔者仅能在有限的条件下尝试着对会盟活动进行粗略地统计,勾勒出它在春秋时期的大致发展脉络,为笔者的部分观点提供简单的数据支持。

在研究中,笔者将尝试借助文献分析获取对会盟沟通或传播现象的宏观的、总体的认知,在历史的具体语境中来理解和思考传播现象;同时也希望能够使用统计和话语分析的方法,对具体事件、细节、文本进行梳理、概括和分析,以获取研究对象的微观的、细节的、直观的信息。真实而又生动地再现、重构会盟沟通的历史,这是一个不容易达到的目标,笔者愿意在研究方法上加以尝试。

(二)现实意义

作为一种历史现象,会盟肇始于原始社会,在西周时逐步实现典章化、制度化。[①] 春秋时期诸侯各国的会盟行为发展到了顶峰,诸侯各国"有事而会,不协而盟",会盟成为诸侯各国用以处理政治、经济、外交、军务的一个重要工具。稍加注意即可发现,在全球化的今天,"会"和"盟"的作用不是被削弱了,而是变得比以往更强了。二战以来的反法西斯同盟及其召集的系列会议,奠定了当前的世界格局和国际秩序。以联合国的诞生为标志,一系列政府间和非政府间的组织如雨后春笋般地出现。这些建立在宪章或公约之上的国际组织,或多或少都带有一定的"盟"的形态。联合国、欧盟、G8、G20、亚太经济合作组织、东盟、非盟、世界贸易组织、世界银行、国际货币基金组织等诸多带有国际联盟或者合作性质的组织以及其附属的机构和组织举办的国际论坛、峰会,在调解国际争端、开展全球化合作等方面发挥着不可替代的作用。诸如联合国大会、G8 峰会、G20 峰会、亚太经合组织峰会、"东盟 10＋3"峰会、博鳌论坛等国际论坛和峰会,更是向世界传播中国声音、展示国家形象的绝佳机会和平台。

钱穆认为"'鉴古知今''穷往穷来',这才是史学的精神"[②]。虽然春秋会盟距离今天已经非常久远了,但其中所蕴含的政治智慧和传播经验,并没有随着时间的流逝而消失。相反,中国传统的政治智慧、哲学观念、宗法思想、风俗人情、社会伦理,仍然在新的传播环境中昭示着它们存在的意义。由此现实意义上来看,对春秋会盟沟通机制的梳理与再现,有助于我们更好地认识当前的国际传播现状,帮助我们立足于中国的传统和历史,为中国的发展努力创建友好、和平的国际环境。

---

① 张全民.试论春秋会盟的特点[J].吉林大学社会科学学报,1995(4):29.

② 徐国利.钱穆史学思想研究[D].北京:中国社会科学院,2000:128.

第二节　文献与观点综述

笔者在这里汇聚了与春秋会盟直接相关的主要文献。除了这些文献之外，与笔者研究相关的还有传播学、国际关系学、社会学等领域的一些文献。对于传播学、国际关系学、社会学等领域的相关文献，笔者将把它们放到具体的章节里进行介绍，这样做可以使它们与具体的研究问题直接关联起来，以便在章节内展开更加具体的探讨。

一、会盟研究的回顾

关于会盟行为的起源，这似乎是一个很难有确切论断的问题。有学者将其追溯到原始社会的氏族部落时期，认为在部落联盟时代，盟誓作为构建社会秩序的重要手段，与氏族及宗族关系产生了联系；[①]也有研究者推测，盟誓行为是在原始信仰的基础上，群体之间相互交往的一种特殊手段。[②] 事实上由于上古文献的遗失，并没有确切的史料证明会盟行为起源于原始社会。不过基于会盟作为一种并不太难理解的妥协、媾和方式，这种推测应该是比较接近事实情况的。

此外，关于会盟起源的问题也有不同观点的出现。荀子并不认为会盟行为存在于更早的社会，他说"诰誓不及五帝，盟诅不及三王，交质子不及五伯"，[③]这表明他认为至少夏商周的时代会盟还不是非常普遍。不过从《左传》和《春秋》的记载来看，在东周时期会盟已经变得极为盛行了。春秋会盟的规模不仅是空前的，甚至也是绝后的。

春秋会盟的史料大多来源于《春秋》《左传》《史记》《国语》《公羊传》《穀梁传》，这些文献记录了周王室、诸侯、卿大夫、士、国人会盟行为的诸多事例，是后人注解、演绎、研究春秋会盟无法越过的信息来源。鉴于《左传》作为史料的重要性，后人对《左传》的注释也成为非常重要的文献。其中晋代杜预将《春秋》与《左传》合起来，分成经之年与传之年加以注释，形成了《春秋左氏传集解》三十卷；唐代孔颖达依据杜注作疏，写成《春秋左传注疏》六十卷；当代杨伯峻先生的

　　① 雒有仓,梁彦民.论商周时代盟誓习俗的发展与演变[J].陕西师范大学学报:哲学社会科学版,2007,36(4):40.
　　② 吕静.春秋时期盟誓研究:神灵崇拜下的社会秩序再构建[M].上海:上海古籍出版社,2007:1.
　　③ 王先谦.荀子集解[M].北京:中华书局,1988:519.

《春秋左传注》利用地下发掘文物为佐证,对典章名物加以详尽的考证。① 这些出色的注解涉及会盟的部分,同样是研究春秋会盟的最重要参考。

到了清代,姚彦渠的《春秋会要》②比较深入地关注了春秋会盟问题。《春秋会要》"其书首以世系,而执政及后夫人皆附见焉;次以吉、凶、军、宾、嘉五礼,各有条目,以类相从,秩然不紊;大经大法,无不胪载,盖其用力勤矣"。③《春秋会要》对春秋会盟涉及的人物谱系、礼仪细节作了非常详尽的考证、归类和整理。

民国时期,在国际法、国际关系的研究中,有部分学者将春秋会盟视为我国国际法的渊源之一。1924 年张心澂的《春秋国际公法》阐述了我国春秋时期已有国际公法的观点,对当时的自然法、王制、礼、各家学说、国际惯例、条约及列国会议决议、各国法令及训令、外交历史、外交文书作了研究分析。张志澂将盟会及盟书视为国家之间的条约和国际会议的决议,称之为国际法的渊源之一。④ 洪钧培的《春秋国际公法》对春秋时期的盟会作了较为详细的考察,其将盟会划分为"北盟会""南盟会",还对盟会的组织、会员、会长、会盟的会议、盟会的职务等问题进行了综述和分析。⑤ 尽管这些研究并不是专门的会盟研究,篇幅也不是很长,不过它们为会盟研究打开了新的视角,也体现了作者所处时代的需要和当时学者的呼吁。类似的研究还包括陈顾远的《中国国际法溯源》⑥、徐传保的《先秦国际法之遗迹》⑦等著作。

1957 年徐连城《春秋初年"盟"的探讨》明确地指出"'盟'之所以成为春秋史上所特有的现象,乃是因为'盟'是春秋时代特有的矛盾的反映",⑧这一时期的盟会频繁与当时国际关系、国际形势密不可分。1962 年徐连城还讨论了春秋时期著名的一次盟会——弭兵之盟,认为"弭兵之盟"不是孤立的政治事件,它之所以产生,与春秋时期的政治、经济、社会形势密不可分。⑨

1962 年刘伯骥的《春秋会盟政治》⑩是该领域研究的一个重要文献。该文

①　叶农.左传注译[M].广州:花城出版社,2007:61.

②　姚彦渠.春秋会要[M].北京:中华书局,1955.

③　姚彦渠.春秋会要[M].北京:中华书局,1955.

④　张心澂.春秋国际公法[M]//曾宪义,主编.百年回眸:法律史研究在中国:第一卷.北京:中国人民大学出版社,2009:92.

⑤　洪钧培.春秋国际公法[M].北京:中华书局,1939.

⑥　陈顾远.中国国际法溯源[M].北京:商务印书馆,1933.

⑦　徐传保.先秦国际法之遗迹[M].北京:商务印书馆,1931.

⑧　徐连城.春秋初年"盟"的探讨[J].文史哲,1957(11):37-41.

⑨　徐连城.春秋时代"弭兵之盟"考[J].山东大学学报:哲学社会科学版,1962(S2):68-75.

⑩　刘伯骥.春秋会盟政治[M].台北:中华丛书编审委员会,1962.

献在讨论春秋各国的政治形势、军事力量、外交政策、争霸情况的基础上，分析了春秋会盟出现的原因和目的，以及与会盟有关的政治、宗教、文化等问题。

20 世纪六七十年代考古界的两大发现也推动了会盟研究的深入。1965 年12 月山西省"侯马晋国遗址"发掘了五千余件被称之为"侯马盟书"的文物，其中可认读的达到六百余件。① 张颔的《侯马东周遗址发现晋国朱书文字》②，郭沫若的《侯马盟书试探》③，陈梦家的《东周盟誓与出土载书》④，唐兰的《侯马出土晋国之赵嘉盟载书新释》⑤，朱德熙、裘锡圭的《关于侯马盟书的几点补释》⑥等文章，较早地对侯马盟书进行了识别辨认、分类整理、注释考据。

1979 年河南"温县盟书"的出土同样也引发了学术界对盟书的后续注释和解读。白光琦较早关注了盟书的年代问题⑦，之后的研究还包括赵世纲的《温县盟书的年代》⑧、程峰的《温县盟书的历史背景》⑨和《侯马盟书与温县盟书》⑩、郝本性的《从温县盟书谈中国古代盟誓制度》⑪、冯时的《侯马、温县盟书年代考》⑫等文章。

20 世纪 80 年代以来，人类学、民族学、文化学、修辞学、法学、国际关系学等领域的理论和研究方法越来越多地出现在春秋会盟研究中，一些研究者还从历史现象出发对春秋会盟的特点和规律进行了概括和总结。张二国从"会"和"盟"的词源入手，分析了盟礼、血盟习俗、会同制度，比较了春秋和战国会盟情况的异同；⑬张全民分别总结了春秋会盟的功能⑭和六个特点；⑮徐杰令考证了

---

①　山西省文物工作委员会.侯马盟书[M].北京：文物出版社,1976：1.

②　张颔.侯马东周遗址发现晋国朱书文字[J].文物,1966(2)：1-3.

③　郭沫若.侯马盟书试探[J].文物,1966(2)：4-6.

④　陈梦家.东周盟誓与出土载书[J].考古,1966(5)：271-281.

⑤　唐兰.侯马出土晋国之赵嘉盟载书新释[J].文物,1972(8)：31-58.

⑥　朱德熙,裘锡圭.关于侯马盟书的几点补释[J].文物,1972(8)：36-38,48.

⑦　白光琦.温县盟书的年分[J].史学月刊,1984(4)：105.

⑧　郑立跃在其学位论文中提到了该文章。（见：郑立跃.中国古代政治盟约从盟主体制下到帝国体制下的变迁[D].北京：北京师范大学,2008：3.）

⑨　程峰.温县盟书的历史背景[J].益阳师专学报,2001,22(4)：97-100.

⑩　程峰.侯马盟书与温县盟书[J].殷都学刊,2002(4)：46-49,112.

⑪　郝本性.从温县盟书谈中国古代盟誓制度[J].华夏考古,2002(2)：107-112.

⑫　冯时.侯马、温县盟书年代考[J].考古,2002(8)：69-73.

⑬　张二国.先秦时期的会盟问题[J].史学集刊,1995(1)：11-18.

⑭　张全民.试论春秋会盟的历史作用[J].吉林大学社会科学学报,1994(6)：45-61.

⑮　张全民.试论春秋会盟的特点[J].吉林大学社会科学学报,1995(4)：29-34.

会盟的礼仪；①田兆元、罗珍将孔子的信义学说追溯到盟誓制度的伦理；②李艳红对《侯马盟书》《温县盟书》与《左传》的盟誓语言进行了对比；③王星光探讨了诸侯邦国之间的自然灾害救助现象。④

　　进入新世纪，在三篇博士论文和博士论文基础上形成的系列文章、专著成为会盟研究的新成果。吕静⑤认为"由盟誓而构建的社会秩序，成为从天然生成的血缘纽带，向以人为创制的、以行政手段控制社会秩序的专制体制的过渡，并且作为步入专制主义集权国家的准备和铺垫"，⑥其研究的核心问题是神灵要素在人类的生活轨迹和生活形态中究竟占据着什么样的位置。吕静还对日本的春秋会盟研究文献进行了梳理，列举了中田薫、滋贺秀三、增渊龙夫等人的研究观点。

　　郑立跃的博士论文《中国古代政治盟约从盟主体制下到帝国体制下的变迁》分析了春秋、战国、两汉时期的政治盟约，认为春秋时代的政治盟约承担着维系诸侯国共同体的功能，通过政治盟约，政治原理从诸侯国家的具体关系中被提炼出来。春秋诸侯国家之间的自由盟誓到盟主体系的确立过程，也是政治盟约所反映的原理从具体向抽象过渡并形成一个固定体系的过程。⑦

　　邓曦泽的专著《冲突与协调——以春秋战争与会盟为中心》也关注了春秋会盟的问题。这本书依据《春秋》和《左传》对春秋时期的会盟与战争进行了统计，以此为基础探讨了春秋时期的政治秩序。邓曦泽认为会盟是一种政治协调机制，它在诸侯的谈判与妥协、遏制战争、促进协作方面发挥着功效。该书在结尾处还用表格的形式列出了《春秋》和《左传》所记载的战争和会盟情况。⑧　总体而言，邓曦泽所做的研究是使用量化的方法研究历史文献的一次不错尝试。

---

　　①　徐杰令.春秋会盟礼考[J].求是学刊,2004,31(2):107-113.

　　②　田兆元,罗珍.论盟誓制度的伦理与孔子信义学说的形成[J].湖北民族学院学报:哲学社会科学版,2006,24(6):15-19.

　　③　李艳红.《侯马盟书》《温县盟书》与《左传》盟誓语言比较研究[J].殷都学刊,2007(3):124-129.

　　④　王星光.春秋战国时期国家间的灾害救助[J].史学月刊,2010(12):14-18.

　　⑤　吕静的研究包括2002年9月向东京大学人文社会系提交的博士论文《关于春秋时代盟誓的基础研究》、专著《春秋时期盟誓研究——神灵崇拜下的社会秩序再构建》以及一系列相关的论文。

　　⑥　吕静.后记[M]//吕静.春秋时期盟誓研究:神灵崇拜下的社会秩序再构建.上海:上海古籍出版社,2007.

　　⑦　郑立跃.中国古代政治盟约从盟主体制下到帝国体制下的变迁[D].北京:北京师范大学,2008.

　　⑧　邓曦泽.冲突与协调:以春秋战争与会盟为中心[M].北京:人民出版社,2015.

由以上所列的文献,我们可以清晰地看出春秋会盟研究的理论视野、学科背景正在变得越来越广阔,社会统计、内容分析的一些方法在研究中也被学者们初步加以利用,这些趋势都给如何从传播学的视角考察会盟现象带来了有益的启发。

二、具体观点的概述

春秋会盟经历了一个由盛而衰的过程。徐杰令在他的研究中将这一过程划分为三个阶段:①第一阶段,即会盟的兴起时期,从隐公元年鲁邾的"蔑之盟"到庄公十五年齐桓公称霸的"甄之会"之前;第二阶段,即逐渐兴盛时期,从庄公十五年齐桓公称霸的"甄之盟"到襄公二十七年的弭兵之会前;第三阶段,即衰落时期,从襄公二十七年的弭兵之会到春秋末年。这三个阶段基本勾列了会盟在春秋时期的大致发展历程。

(一)会盟的起源问题

关于这一问题,荀子认为"诰誓不及五帝,盟诅不及三王,交质子不及五伯",②汉代也有观点称"殷人誓,周人盟"③,这从一个侧面反映了古人对会盟行为起源的看法。正如前面所述,由于材料的匮乏,对于会盟的起源至今难以有一个明确的结论。我们大致上不会反对会盟起源于原始社会的判断,持这一判断的研究者至少包括了以下几位:张二国④、张全民⑤、莫金山⑥,等等。张全民认为,会盟在西周时期实现了典章化、制度化,此时期的会盟包括两种:一种是定期的、礼仪性的会盟。据《左传》,十二年之中二会一盟;依《国语》,则是"五年四王,一相朝,终则讲于会"。另一种是不定期的会盟,即王将有征讨之事而会合诸侯或者邦国间有不协而会盟。⑦ 虽然无法确定会盟起源的确切年代,一般的观点趋向于赞同会盟行为在春秋时期达到了鼎盛。莫金山认为,盟会是春秋时期一个突出的历史现象,其数之多,种类之繁,涉及面之广,作用之大,影响之深远,在中国历史上,不仅空前,而且绝后。据莫金山的粗略统计,《左传》记述了春秋时期四十一个国家的一百五十余次盟会。⑧

---

① 徐杰令.春秋会盟礼考[J].求是学刊,2004,31(2):113.

② 王先谦.荀子集解[M].北京:中华书局,1988:519.

③ 刘安,等.淮南子全译[M].许匡一,译注.贵阳:贵州人民出版社,1993:765.

④ 张二国.先秦时期的会盟问题[J].史学集刊,1995(1):11-18.

⑤ 张全民.试论春秋会盟的特点[J].吉林大学社会科学学报,1995(4):29-34.

⑥ 莫金山.春秋列国盟会之演变[J].史学月刊,1996(1):14-18.

⑦ 张全民.试论春秋会盟的特点[J].吉林大学社会科学学报,1995(4):29.

⑧ 莫金山.春秋列国盟会之演变[J].史学月刊,1996(1):14.

(二)会盟的原因和作用

春秋会盟之所以大行其道,通常被认为与当时东周王室衰弱、诸侯国兴起的历史背景有直接的关系。除此之外,诚信丧失、道德滑坡也被认为与会盟兴盛互为因果。"世道交丧,盟诅滋彰""侵伐盟会,无时无之",经常被用来描述当时的社会状况。① 盟会的衰落,则被认为是由于盟会没有办法再取得参盟国家的信任。"随着时间的流逝,人们逐渐意识到,通过盟会并不能解决现实社会生活中的冲突问题,即使违盟,亦未必遭神惩。……春秋后期的宗教思想正发生空前的变动,思维的焦点逐步转向现实社会,解决问题的手段主要靠会而不盟来进行,神灵们越来越受到冷遇。"②

会盟的盛行与其作用也有很大的关系。张全民认为,春秋会盟是统治阶级解决当时社会生活中各种矛盾和纠纷的重要手段,他对春秋会盟的作用做了准确、全面的概括:政治上,会盟是维持霸主政治的工具,是大国结与国、壮大实力的方式,是列国维持各国内部奴隶制度统治秩序的手段;经济上,会盟制定贡赋制度与经济盟约,促进了经济交往;军事上,会盟对战争有着较大的影响,在一定程度上遏制了战争的爆发与升级;会盟还是列国进行交往的重要途径;在列国间文化交流方面,会盟也起着相当重要的作用。③

(三)会盟的程序

虽然会盟被认为是礼崩乐坏的一个结果,但盟誓制度作为"周礼"的一部分,④会盟仪式的执行依然遵循着非常严苛的程序和礼仪。刘伯骥将盟誓祭仪的程序划分为七个步骤,分别为"约会""登坛""发言""歃血""载书""享宴与归饩""盟后朝聘"。⑤ 吕静参考了前人的研究,对会盟程序的划分更为详细,认为"盟誓从开始到最后的完毕,是一个时日不短的过程",进而探讨了盟誓祭仪仪式的几个环节,包括:约会与请期、除地与筑坛、杀牲与执牛耳、歃血、享宴与致饩。⑥

有关会盟仪式的讨论,大多数是就事论事,对其中宗教、民俗内容的解释也往往浅尝即止,缺乏仪式、符号、权力等方面的理论解释。这些可以算作是此类

① 张全民.试论春秋会盟的历史作用[J].吉林大学社会科学学报,1994(6):45.

② 张二国.先秦时期的会盟问题[J].史学集刊,1995(1):16.

③ 张全民.试论春秋会盟的历史作用[J].吉林大学社会科学学报,1994(6):45.

④ 田兆元,罗珍.论盟誓制度的伦理与孔子信义学说的形成[J].湖北民族学院学报:哲学社会科学版,2006,24(6):15.

⑤ 刘伯骥.春秋会盟政治[M].台北:中华丛书编审委员会,1962:248-266.

⑥ 吕静.春秋时期盟誓研究:神灵崇拜下的社会秩序再构建[M].上海:上海古籍出版社,2007:168-183.

研究的遗憾。

(四)盟书研究

以盟书为对象的研究,主要关注的是《左传》等传世文献所记录的为数不多的春秋盟书,另外,还有作为宝贵文物的"侯马盟书"和"温县盟书"等材料。吕静认为盟书是向神灵宣读的神圣誓约书,有着固定的文书格式。在整理《左传》盟书的基础上,吕静把盟书的结构划分为几部分:序章、契约条款、附加条件式自我诅咒。①

李艳红则对《侯马盟书》《温县盟书》与《左传》的盟誓语言进行了比较,认为"盟辞是一种非常正规的书面语,受其文体本身的要求,有专门的格式化语言。为载书时可事先拟改,然后书之于策。用于外交场合,交际性非常强,即作为公文通用性很强,如今之国际公约,因而我们认为它一定采用官方通用语言,不存在地方语言,形式在相对一个时间段也不会发生明显变化"②。

(五)会盟与社会伦理

此类研究并不多见,但是却将我们引向了一个非常有价值的论题,即会盟对民族性格和公共观念带来了什么样的影响。陈智勇提出:"会盟不仅对春秋社会产生了较大的影响,而且对春秋时期的人们也产生了一定的影响,这突出表现在春秋时人在处理某些具体事务时,为了一定的目的常称引春秋以前或春秋时期的盟誓。有时人们还对当时发生的盟誓发表自己的看法,对当时的盟主也有自己的一套理论见解。"③陈智勇进一步归纳了春秋时人对盟主的态度和要求,④包括:有德;宣明德于诸侯;有贤德之臣以为佐;制义;从先王之命;有礼;恤大舍小、存恤亡国;善待来朝聘之诸侯;讨违命;亲亲、与大、赏共、罚否;正确处理好国内矛盾;尽祭祀之职责;刑必正;遵循旧有法度;不得弃民。⑤

会盟中的征信问题也是一个很值得关注的对象。王公山和马玉红认为"先

---

　　① 吕静.春秋时期盟誓研究:神灵崇拜下的社会秩序再构建[M].上海:上海古籍出版社,2007:213-237.

　　② 李艳红.《侯马盟书》、《温县盟书》与《左传》盟誓语言比较研究[J].殷都学刊,2007(3):127.

　　③ 陈智勇.试析春秋盟誓对春秋时人的影响及时人对盟誓与盟主的评价[J].中国历史博物馆馆刊,2000(2):17.

　　④ 陈智勇表示自己归纳了 16 种盟主的标准,但笔者在其文中仅发现 15 个。16 种的提法想来应是作者的笔误。

　　⑤ 陈智勇.试析春秋盟誓对春秋时人的影响及时人对盟誓与盟主的评价[J].中国历史博物馆馆刊,2000(2):21-23.

秦社会是一个充满契约活动的社会",除了盟誓之外,其他形式的契约活动也很多,如契、约、剂、剂、券、约剂、质剂、傅别,等等。[①] 田兆元和罗珍则将盟誓视为孔子信义观念的直接来源,提出了一个非常有启发性的观点,即"盟誓制度是周礼的一部分,周王室借助这种制度建立起与诸侯国间彼此的信任关系。盟誓对人们的约束,在很大程度上是从宗教与道德层面体现的,它的伦理核心是信义"[②]。

除此之外,会盟的社会伦理问题还表现在灾难救助方面。王星光发现,[③]"《周礼》的'凶礼'和'荒礼'中明确记载了周朝宗主国与'封建'邦国及邦国之间灾害救助的礼仪",儒家、墨家等诸子的思想体系中包含有诸侯邦国之间灾害救助的内容。春秋战国时期邦国之间订立的盟约多把灾害救助列入其中,更出现过像"泛舟之役"那样的灾害救助实例。

三、文献研究的总结

通过对以上文献的梳理,我们可以发现,有关春秋会盟的研究文献总量上并不是很多,现有的研究主要集中于历史学、政治学、社会学、法学等领域。部分研究者关注了春秋会盟的特点、功能、影响和程序,还有少量的文献探讨了盟书的问题。它们也或多或少地涉及了会盟中的传播现象,但几乎没有研究从传播学的视角来审视春秋会盟的沟通活动,这成了目前会盟研究的一个空白点。从研究方法来看,大多数研究所采用的是质化分析的方法,仅有少量的研究者尝试了使用量化的方法——即便是这样,量化方法的使用也是很有限的,仅能在局部和细节的地方为研究者的判断和观点提供简单的数据支持。使用量化的方法来处理历史文献带有一定的风险,这是大多数学者更愿意采用质化的、定性的研究方法的原因。

第三节　研究思路、方法与框架

一、研究思路

(一)基本假定

笔者的基本思路是将会盟活动视为一种沟通行为,这是本研究的基本假

---

① 王公山,马玉红.先秦盟誓的契约属性及其文化意蕴[J].学术界,2008(6):232.

② 田兆元,罗珍.论盟誓制度的伦理与孔子信义学说的形成[J].湖北民族学院学报:哲学社会科学版,2006,24(6):15.

③ 王星光.春秋战国时期国家间的灾害救助[J].史学月刊,2010(12):14.

定,论文中所有的材料都是围绕着这一基本假定而组织、展开的,笔者的分析、探讨、判断和观点也都是建立在这一基本假定之上而提出的。

"会盟沟通"无疑也是一种"传播"现象。春秋时期的会盟沟通是以国家为主体的交流活动,它是一种双向的信息传播行为;同时,会盟沟通不仅仅是单纯的信息传播行为,它的背后是以维护国家利益为目的的国际交往活动。笔者之所以使用"沟通"一词来指代会盟中的传播、交往行为,主要基于以下三点原因:一是为了体现这种行为的双向性,二是为了突出会盟活动的主体是国家及其代理人,三是为了强调会盟是一种国家与国家之间的交往实践。虽然"传播"一词也具有以上涵义,但"传播"的概念过于宽泛,相对而言,"沟通"一词比它更能充分地表达上述三种内涵。

(二)学科视角

会盟沟通无疑是一种传播现象或行为,但是它的特殊性在于它是一种发生于诸侯国之间的传播行为。由于诸侯国在春秋时期已经基本脱离了周王室的控制,成为拥有很大自主权的独立国家,因此可以说会盟沟通是一种国家之间的沟通行为。虽然与盟友关系有一定的区别,但会盟成员之间的关系基本上可以被看作盟友关系——它们实质性地结成了国家集团,与其他国家建立会盟关系是国家对外政策的一部分。诸侯国参与会盟沟通的目的就是为了实现本国的国际利益,客观上起到了建立和维护国际秩序的功能。因此,研究会盟沟通离不开国际关系学的理论,诸如国家利益、国际权力、国际体系、国际无政府状态、国际冲突、国际共同体等概念对于春秋时期的会盟沟通行为具有有效的解释力。国际关系的相关理论可以很好地帮助我们理解会盟沟通发生的历史情境,解释会盟沟通背后的国家动机。

因此,本研究主要是基于传播学、国际关系学两个学科展开的,对春秋会盟沟通这一历史现象所做的探讨也都基于这两个学术领域之内。尽管其他学科也可能会对会盟活动提供更为丰富、更为深刻的解释,但是限于笔者的学术能力和研究旨趣,笔者主要从传播学和国际关系学两个学科的视角审视了会盟沟通现象。在研究过程中笔者也一直努力将自己的讨论限于传播学和国际关系学领域之内,以免贸然涉入更多的学科领域而对研究思路造成干扰。

(三)专题讨论

为了更好地理解会盟沟通,笔者将主要的研究内容归为六个部分,即:春秋时期的国际社会、会盟沟通的状况、决策中的劝服、沟通仪式、会盟议题、盟书。这六个部分实际上是将研究内容划分为六个专题性的讨论。由于历史学和国际关系学对于笔者来说都是相对较为陌生的,这样做的好处是可以让笔者从比较小的局部入手来组织会盟沟通的史料,同时也更便于笔者在国际关系理论中寻找对传播现象的解释工具。

(四)资料处理

总体而言,有关春秋会盟的历史记载并不是很多,我们所能查询到的史料主要散见于《春秋》《左传》《史记》《国语》等历史典籍中。尽管史料并不是很多,但要全面、透彻、准确地理解这些有限的史料却是十分困难的。先秦典籍语意的不确定性给笔者带来了巨大的困扰。为了使笔者的研究植根于真实、具体、可感的历史叙事中去,避免抽象、虚幻、泛化地就事论事,在处理史料方面,笔者遵循了这样的思路:选择了《春秋》《左传》这两个可靠的传世文献为主要文献来源,结合刘伯骥的《春秋会盟政治》、顾栋高的《春秋大事表》,从中筛选、提取、汇集、整理会盟活动的相关事例;之后结合杜预、孔颖达以及当代杨伯峻等人的注解,尽可能准确地理解文字记载的含义;同时笔者还参考了《周礼》《礼记》《仪礼》等典籍——包括郑玄、孔颖达、贾公彦、孙诒让等人对它们的注解,来认识、理解当时的历史背景和会盟情况;最后笔者还借助童书业、吕思勉、钱穆、李学勤、白寿彝等人的历史著作,更好地认识了春秋时期的历史情境,这对于解释会盟现象是非常有帮助的。

二、研究方法

(一)文献分析

文献分析法主要指通过搜集、辨别、分析、梳理各种文献资料,确认、验证、再现某些基本的历史事实,总结文献的内在逻辑,概括对某一问题的主要观点和看法,为进一步的深入研究提供背景资料、案例借鉴、理论知识和研究启发。本研究将使用文献分析法来梳理春秋会盟的相关文献,了解春秋会盟的基本史实,提取与会盟有关的传播现象,争取在宏观上对会盟沟通发生的历史情境进行整体性的把握。

(二)个案研究

个案研究被认为是心理学经常采用的一种研究方法,它指"对单一个体的行为进行详尽地描述与分析","能够提供关于该个体的大量信息"。[①] 由于个案

---

① 约翰·肖内西,尤金·泽克迈斯特,珍妮·泽克迈斯特.心理学研究方法[M].7版.张明,等译.北京:人民邮电出版社,2010:252.

研究可以通过分析典型案例揭示、总结、概括出事物的一般性知识,并且它的操作相对而言并不复杂、成本较低,因此个案研究的方法在各个学科门类都得到了广泛地应用。在传播学领域,邵培仁将个案研究定义为:"将某一社会单位(个人或群体)作为一个案例,放在特定环境和特定时间内,对其中的若干现象、特征和过程作专门的全面的综合性研究,了解其操作动机、操作心理和个人背景、社会背景在传播中所起的作用。"①笔者的研究对象是时间跨度约为250年的传播现象,它们由一个个零散的历史事件构成,这非常适用于采用个案研究的方法。借助典型案例的研究,原本十分宏大、模糊的历史轮廓可以变得更加具体、清晰,它将为我们建构出会盟沟通的更多历史细节。笔者对个案研究方法的使用贯穿于整个研究过程,诸如葵丘之盟、践土之盟、弭兵之盟、申之会、平丘之盟、召陵之会等对历史进程发生重大影响的会盟事件,会在各个章节被反复地提及,笔者将从不同的角度对这些会盟事件进行解读。

(三)话语分析

有关会盟沟通的史料都来源于历史文献,历史文献本身即是一种"话语"形式,这决定了笔者在研究方法上对话语分析方法的依赖。"话语"原本是语言学的概念,福柯从社会学角度重新诠释了话语概念,"认为话语是一种以其特有方式构成的知识和社会实践,它不再被看作是文献(书、书本、文本、叙述、汇编、手稿……)","话语实践与生产活动、经济活动、政治活动和社会活动等相互依赖并通过它们来显现"。② 福柯提出了"话语即权力"的论断,将"话语"的概念从语言学领域中摆脱出来,使话语研究能够进入政治、经济、社会、历史、文化等更为广阔的学术领域。

春秋会盟沟通活动发生于特定的历史情境之中,该历史情境记录于春秋时期的历史文献之中,话语分析可以帮助我们将其加以再现。话语分析的方法使笔者能够对春秋时期的国家利益、国际冲突、国际权力以及会盟决策、劝服、仪式、议题、盟书等研究内容展开分析和探讨,揭示会盟沟通背后的动机与本质,还原会盟沟通的具体历史情境。

(四)量化研究

传播学的定量研究方法来源自社会学、心理学等学科,它"在占用大量量化事实的基础上,描述、解释和预测研究对象,通过逻辑推论和相关分析,提出理

---

① 邵培仁.传播学[M].北京:高等教育出版社,2007:23.

② 郑华.话语分析与国际关系研究:福柯的"话语观"对后现代国际关系理论的影响[J].现代国际关系,2005(4):56.

论观点"①。笔者在研究中主要使用了上述几种质化的、定性的研究方法,在特定的历史情境中来概括会盟沟通活动的变化和过程,对总体的事实和情况加以综述和分析;同时笔者也在局部使用了量化的方法作为质化研究的补充,量化方法的应用主要体现在对会盟活动的频次、规模、参与国家等指标的统计上。量化方法所得到的一些数据主要用来描述会盟沟通在不同历史阶段的表现,揭示会盟沟通发展趋势的过程和变化,探讨不同时期会盟沟通对国际社会的影响程度。诚如前所言,对距离我们现在十分遥远的历史事件进行量化是十分困难同时也是十分危险的。因此笔者仅将量化研究的方法作为对质化研究方法的补充手段,目的仅仅在于勾勒会盟沟通发展的历史脉络,或者对部分观点提供简单的数字佐证。

三、研究框架

本书的结构大致是沿着以下逻辑顺序展开的:

(1)会盟沟通的需求。"为什么会盟成为春秋时期最为重要的国际沟通平台?"这个问题是本研究最为基本、最为核心的问题。在这个问题引领下,笔者很快意识到问题的答案应该与春秋时期独特的国际社会状况和会盟沟通本身有关。因此笔者在第一章里首先对春秋时期国际社会的状况进行了分析,发现国际社会为会盟沟通提供了需求和动机。

(2)会盟沟通的优势。虽然国际沟通的需求非常迫切,但这并不是诸侯各国选择会盟的方式进行沟通的必要条件,会盟活动本身应该具备满足沟通需求的条件或优势。第二章即围绕着会盟沟通的概念、本质、优势展开,并梳理了会盟的发展脉络、总结了各国的会盟策略。

(3)会盟沟通的决策。历史文献也记载了这样一些事例,在这些事例中潜在的会盟各方对是否举行会盟活动产生了分歧,那么是什么原因导致了这种分歧?第三章从会盟活动的起点——活动发起开始,分析了会盟决策的因素、模式,总结了常见的劝服技巧和策略。

(4)会盟沟通的仪式。如果各方就会盟举行的必要性达成了共识,各国的国君和卿大夫将会聚集在会盟现场展开沟通、交往活动,那么会盟活动是如何举行的呢?第四章所探讨的问题是会盟的仪式以及仪式对国际权力转移的影响。

(5)会盟沟通的议题。仪式现场参加会盟的国君和卿大夫究竟在会盟仪式中就哪些问题进行了沟通和交流?这些问题构成了会盟沟通的议题。第五章

① 胡正荣,段鹏,张磊.传播学总论[M].2版.北京:清华大学出版社,2008:43.

所关注的是会盟议题的建构问题,其中重点讨论了霸主在议题设置方面的权力。

(6)会盟沟通的结果。围绕议题的沟通活动将会导致一个正式的结果——盟书,对盟书的探讨将在第六章展开。

(7)结语。第七章分析了春秋会盟体系崩溃的原因并对全书的内容进行了总结。

以上7个部分构成了本书的框架。特别需要注意的是,春秋时期的霸主对会盟沟通产生了重大的影响,因此本书在对以上内容进行分析时都特别讨论了与霸主或霸权有关的内容。

虽然我们所研究的这些问题都可以划入传播学的研究范畴,但对它们的解释则离不开国际关系的相关概念,例如利益、体系、秩序、冲突、权力、无政府状态、共同体等;同时所用到的传播学的相关概念包括传播、沟通、劝服、仪式、议题、话语权等。由于传播学本身就是一个交叉性的学科,因此这些概念往往与其他学科的概念混合在一起,共同发挥对会盟沟通现象的解释作用。

本研究的技术路线示意图如图 0-1 所示:

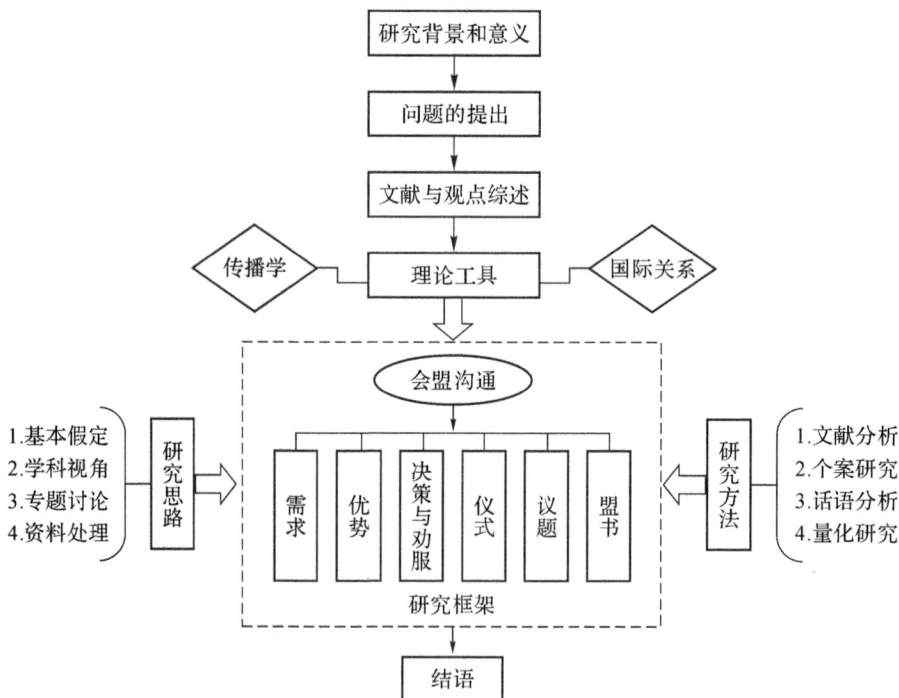

图 0-1   技术路线示意图

四、创新点和局限性

（一）创新点

如果可以称之为创新的话,本研究的"创新点"主要可以概括为四点:

（1）新领域的探索。本研究将首次立足于传播学领域来研究会盟活动,提出了会盟沟通的概念,对会盟沟通的本质进行了探讨,这在一定程度上填补了会盟研究的空白。

（2）多学科的融合创新。在研究中笔者尝试着综合历史学、文学、法学、政治学、国际关系学、人类学、民俗学等学科的研究成果,主要从传播学和国际关系学的视角来研究会盟沟通活动。

（3）研究方法的借鉴。本研究主要使用了定性的、质化的方法来开展研究工作。除此之外,笔者将尝试借鉴统计和内容分析的方法,对相关的文献内容进行量化处理,融合了质化分析和量化分析两种研究方法。期待能够借助质化的方法获取对会盟传播现象的宏观的、总体的认知,在历史的具体环境中来理解和思考传播现象;同时也希望能够使用量化的方法,对具体事件、文本内容进行数据化的处理,以获取研究对象的直观的、描述性的信息。

（4）总结传播思想,传承本土智慧。笔者期望能够通过对春秋会盟沟通机制的研究,发掘其中所蕴含的政治智慧和传播经验,思考中国传统的政治智慧、哲学观念、宗法思想、风俗人情、社会伦理在新的传播环境下的意义和作用。

（二）局限性

1. 精确性的问题

与自然学科相比,人文社会学科研究的精确性普遍较低,这在学术界是一个公认的事实。在研究的开始,笔者设想建立一个更加庞大、精确的数据库,对会盟沟通活动的各项指标进行更为细致、精确地统计。但是在真正深入、系统地整理有关会盟的文献之后,笔者发现这种设想几乎是无法实现的。主要的原因是:

首先,《春秋》《左传》都是依据鲁国的国史来编撰的,鲁国在春秋时期又是一个比较弱小的诸侯国,它在国际事务中的作用是非常有限的,再加上当时人们的信息传播能力较低,那些与鲁国关系不大或者由于路途遥远信息没有传播到鲁国的国际事件都无法得到记载。这决定了我们所看到的《春秋》《左传》所记载的事件一定只能是春秋时期非常有限的一部分史实。例如文献中所记载的楚国的会盟活动就很少,这对于一个长期拥有霸主地位的国家来说实在是不合乎情理的。秦国的情况也同样如此。

其次，先秦典籍的语言都非常简洁且与现代语言有很大的差异，这导致了一个令研究者非常头疼的问题：无法准确、充分地获取所需要的信息。由于文献的记载非常简略，一些会盟事件甚至仅仅是被提到了而已，我们不能准确地获知绝大部分会盟活动的时间、地点、参加者、目的、所处理的事务、过程、结果。在这种情况下即便是建立了数据库，那么所得出的统计结果也不具备充分的说服力。

在查阅了一些使用量化方法研究古代史、国际关系的文章和著作之后，笔者发现精确性的问题同样存在于这些文献之中，这不能不说是一个令人遗憾的事。对于这种情况，笔者一方面效仿其他遇到同样问题的研究者的做法，假定历史文献的记载是充分的；另一方面尽可能参考杜预、孔颖达等人的注释，弥补那些可能被漏掉的信息；同时不再追求系统性的统计数据，而是只在必要时才使用简要的数字来佐证自己的观点。

2. 现实性的问题

春秋时代距离我们现在已经过去了近 2500 年，现代社会的国际体系、政治理念、传播环境都已较古代发生了巨大的变化。因此，笔者不得不承认春秋会盟沟通中的观念和做法无法为现代社会中的我们提供直接的经验。例如春秋会盟沟通活动中的宗法思想、等级观念、鬼神意识，在现代国际社会的沟通、交往活动中几乎都已经不存在了。但是这并不是说对春秋会盟的研究没有任何现实的意义，事实上这一时期人们在会盟活动中表现出的政治智慧、交往观念仍然对我们现代社会中的人具有启发作用。例如当时的一些国君和卿大夫为建立国际秩序所付出的努力，以及他们在会盟沟通、交往中提出的观点、理念和规则，现在读起来仍然发人深省。

3. 能力的局限性

在研究过程中笔者深深地感受到自身研究能力的不足，这也将会对本书的学术价值带来一些不利的影响。本书的选题是"春秋会盟的沟通机制"，它将至少涉及三个学科领域：传播学、历史学、国际关系学。除了传播学是自己的专业之外，历史学的知识、国际关系学的理论对笔者来讲都是十分陌生的。由于缺乏历史、国际关系方面的知识储备和写作经验，笔者不得不在前期投入大量的时间和精力来了解春秋这段历史，补习国际关系的理论和研究方法。实际上随着研究的深入，笔者很快发现自己对于传播学的一些概念也是一知半解，而如何将各学科的知识融合在一起更是一个十分重大的考验。对于这些问题，笔者唯有加倍努力来弥补知识和经验的不足，这也是本书迟迟无法完成的一个原因。

　　由于以上的局限性,笔者在研究和写作中诚惶诚恐、如履薄冰,唯恐有所差错以致贻笑大方。即便如此,本书肯定会有诸多谬误之处,望各位方家不吝赐教、批评斧正!

第一章　需求的产生:春秋时期的国际社会

每一种独特的历史现象都来源于其独特的历史背景,在这一点上春秋会盟也不例外。春秋短短的 250 年左右的历史中,发生了 275 次会盟活动,平均每年都要有一次会盟活动。如此频繁且规模又如此庞大的会盟活动为什么会出现在春秋这一段历史中? 这一问题是探讨春秋会盟现象的基础,关系到会盟沟通的方方面面,它的答案同样也需要到当时的历史情境中去寻找。当时的国际社会状况显示,会盟成为诸侯各国最为重要的沟通、交往方式并不是偶然,它是处于特定历史情境中的诸侯各国所作出的一种自然选择。春秋国际社会残酷的生存处境和竞争形势迫使诸侯各国必须采取更加高效的沟通方式以协同处理频繁爆发的国际冲突,这为会盟活动的兴盛提供了需求和动力。这种说法并不是人云亦云、泛泛而谈的空论,下面有关春秋国际社会的分析将为我们揭示这一点。

第一节　国际无政府状态

春秋这段历史的独特性吸引了各学科领域的学者们的关注,一些研究国际关系的学者在探讨春秋时期的国际社会时使用了"主权""国际体系""国际无政府状态"这些现代国际关系理论中的概念。例如,叶自成指出"春秋中后期的华夏社会是一个典型的无政府状态"①,许田波认为"中国在春秋战国时期曾经是一个国际体系,这个'中国体系'经历了与近代早期欧洲体系类似的国际和国内政治现象",包括"国际的无政府状态、领土主权国家的出现"等现象②。但是这些说法也遭到了其他研究者的质疑,例如杨恕、王欢认为春秋时期

---

①　叶自成.中国外交的起源:试论春秋时期周王室和诸侯国的性质[J].国际政治研究,2005(1):16.

②　许田波.战争、国家形成与公民权:春秋战国与近代早期欧洲比较[J].世界经济与政治,2008(9):7.

的诸侯国并不拥有主权，不能用中央政权对割据政权制约能力来确定这些政权是否为国家；①辛万翔、曾向红认为"春秋时期的'诸侯国'事实上仍然是'封建制度'下的地方行政建制单位，并不是独立的'主权国家'"②，这意味着春秋时期并不存在所谓的"国际无政府状态"。这些质疑之所以重要，是因为它们关系到"用现代国际关系的理论来解释人类社会的早期历史现象这种方法是否合适"这一根本性的方法论问题。

有关春秋时期国家形态、国际体系的争论很难有一个确凿无疑的答案。这段历史距离现代社会已经十分久远了，历史文献的有限性使我们无法在这些问题上达成共识，研究者们也会从所关注的领域出发援引有利于自己的研究方法、研究对象、理论设想的证据。但如果我们换一种思维方式，从一个较容易接受的观点出发来思考这一问题，就会发现这种争论的意义并不是太大。这一观点即：国家形态、国际体系都不是一成不变的，都是一些处于一定历史情境中且不断发展、变化的概念。那么，对于春秋这段公认的转型阶段的历史，我们只需要承认一个简单的事实即可：东周王室的影响力越来越弱，诸侯各国的独立性越来越强。这意味着春秋时期的国际社会存在着一个我们可以对之加以探讨的多国体系，我们可以部分适用地使用现代国际关系的概念对之加以分析。

具体到笔者的研究中，更加没有必要纠结"国际无政府状态"是否存在于春秋时期的国际社会，因为使用这一概念仅仅是为了方便表述当时王室衰微、诸侯林立、强国争霸的国际形势。会盟沟通的需求即存在于该历史背景之中。依笔者看来，叶自成、许田波使用的"国际无政府状态"还是比较准确地概括了春秋时期国际社会的状况，有待商榷的仅仅是国家对主权控制能力的大小、无政府状态的程度等量的方面的差异。因此我们将首先从西周时期的国家形态入手，解释"国际无政府"的概念，综述其在春秋时期的表现特征。

一、诸侯国的建立

武王克殷之后，周王朝的统治者面临着如何管理一个更为广阔的疆域这一重大而又迫切的问题。为了巩固王室的统治，周的统治者吸收了商纣灭亡的教训，继承、借鉴了夏王朝的"爵命"和"封邦""赐姓"制度以及商王朝的"功臣、妇、

---

① 杨恕，王欢.春秋时期诸侯国是独立主权国家吗？与叶自成先生商榷[J].中国边疆史地研究，2005，15(4)：1.

② 辛万翔，曾向红."多国体系"中行为体的不同行为逻辑及其根源：兼与许田波商榷[J].世界经济与政治，2010(3)：61.

子之封"等手段,明确提出"封建亲戚以蕃屏周"的战略措施。① 简单来说,"封建"即是在周王室所控制的领土周围,建立一些效忠于王室的诸侯国,形成一道以王室为中心的保护屏障。周武王及其继任者成王(及周公)、康王、宣王在周的王畿内外先后分封、建立了许多诸侯国,②这些诸侯国又可以划分为六种类型,即:周王室子弟、姻亲、功臣、古帝王之后、殷后、重要方国(如楚国)。其中周王室子弟之封最为重要,是西周王室赖以生存的基石和主要支撑力量,姻亲和功臣之封是西周王室团结、依赖的重要力量。③ 进入春秋时期,出现在《春秋》《左传》的封国和与国尚有一百四十余国,④主要的诸侯国包括晋、楚、齐、秦、宋、卫、鲁、郑、陈、蔡,等等。

　　大部分被分封的诸侯国都需要它们的始封君亲自去开疆拓土,而非直接从王室控制的土地中割出一部分供其建国。因此严格意义上来说,这些诸侯国并不是被"分"出去的,而仅仅是被"封"出去的。诸侯国一开始仅仅是周统治者所派遣的王室成员及其亲密盟友在各战略要地建立的军事移民据点,军事据点的首领被授予了不同等级的爵位,爵位及其相应的特权可以被后代世袭。⑤ 钱穆先生在其《国史大纲》中明确指出了这一点。他认为西周的封建"乃是一种侵略性的武装移民与军事占领,与后世统一政府只以封建制为一种政区与政权之分割者绝然不同。因此在封建制度的后面,需要一种不断的武力贯彻"⑥。与此观点相类似的是,何兹全也认为,周灭商后,"为了镇服东方,派出许多氏族长带领氏族成员到东方各地区建立国家",这是一种"氏族的分殖和武装殖民",这些被分封出去的氏族到了新地,"就披荆斩棘,整理土地,修房筑城"。⑦ 由于诸侯国

---

　　① 王宇信.杨升南.中国政治制度通史(第二卷):先秦[M].白钢,主编.北京:人民出版社,1996:312.

　　② 周朝的诸侯国起源可以分为四类:第一类是开国之初,王室把新征服或取得土地,分给宗亲姻戚或功臣而建立的;第二类是开国许久之后,王室划分畿内的土地赐给子弟或功臣而建立;第三类是拿商朝原有的土地封建给商朝后裔的,属于此类的只有宋;第四类是商代原有的诸侯国或独立国,归附于周朝的,例如陈、杞等。(见:张荫麟.中国史纲[M].上海:上海古籍出版社,1999:25.)

　　③ 张志广.西周史与西周文明[M].李学勤,主编.上海:上海科技文献出版社,2007:126.

　　④ 顾德融,朱顺龙.春秋史[M].上海:上海人民出版社,2001:27.

　　⑤ 赵鼎新.东周战争与儒法国家的诞生[M].修订版.夏江旗,译.上海:华东师范大学出版社,2011:35.

　　⑥ 钱穆.国史大纲[M].北京:商务印书馆,1996:45.

　　⑦ 何兹全.西周春秋时期的国家形式[J].历史研究,1989(5):38.

的土地主要是依靠本氏族的力量获得的,决定了它们对周王室的依赖性必然不会太强。

诸侯国的建立又与西周的宗法制度密不可分,分封制与宗法制可谓"互为表里",诸侯国的建立也是周人推行宗法制度的结果。所谓的宗法制即是以血缘关系的远近、亲疏来确定权力和继承关系。周王和诸侯的权力由嫡长子继承,而非嫡长子的庶子则被分封为低一级的贵族,嫡子一宗是宗族中的"大宗",其余的庶子各宗是宗族的小宗,"小宗必须服从大宗",这是"'宗法制'的核心"。① 周王将自己的庶子分封为诸侯,诸侯将自己的庶子分封为卿大夫。按照这种关系,天子相对于诸侯而言是大宗,诸侯对于天子而言是小宗,诸侯对于其所分封的卿大夫而言又变成了大宗。非姬姓的异姓诸侯又通过贵族之间的政治婚姻与姬姓贵族结成了"甥舅"关系,这样整个西周社会就变成了由宗族关系联系在一起的政治共同体。童书业先生指出了封建制度和宗法制度之间的关系,认为"封建制度是由家族系统扩充而成政治系统",而"封建制度的继续是靠宗法制度维系的"。②

因此在西周的政治秩序中,周王室被认为是"天下大宗",周天子被认为是"天下共主",是天下的最高统治者。按照距离王畿的远近,天下的土地被划分为"五服":侯、甸、男、采、卫。诸侯依据所处的位置向周王室履行相应的义务。③ 王宇信和杨升南将相关的义务主要概括为四项:1)诸侯有义务留在中央王朝任职,例如周公旦、召公奭;2)地方诸侯要定期朝觐周王,表示承认与周王的君臣隶属关系;3)外服诸侯要向中央王朝缴纳贡赋,如果不缴纳贡赋则可能会受到讨伐;4)外服诸侯有义务藩屏周室,例如东周的建立就离不开各诸侯国的援助。④ 但即便如此,诸侯国仍然保持着非常高的独立性。

显然这些义务的履行无法完全靠宗法血缘关系来维持。"五服"本身也是按照周王室对它的控制程度来设置的,王室影响力越大的地方,需要缴纳的贡

---

①　顾德融,朱顺龙.春秋史[M].上海:上海人民出版社,2001:286.

②　童书业.童书业著作集:第一卷:春秋史[M].童教英,整理.北京:中华书局,2008:18.

③　李云泉的《五服制与先秦朝贡制度的起源》一文中对此有过讨论,文中谈到《国语·周语上》中称五服为"甸、侯、宾、要、荒",《周礼·秋官·大行人》中记述西周的朝贡体制为六服,即"侯、甸、男、采、卫、要",《周礼·夏官·职方氏》将五服扩至九服,即"侯、甸、男、采、卫、蛮、夷、镇、藩"(见:李云泉.五服制与先秦朝贡制度的起源[J].山东师范大学学报:人文社会科学版,2004,49(1):81-84.)。

④　王宇信,杨升南.中国政治制度通史(第二卷):先秦[M].白钢,主编.北京:人民出版社,1996:353-355.

赋、履行的义务就越重,反之则越轻。王室需要以德威并重的手段,才能维持诸侯对它的效忠。在西周时期,王室的力量远远大于分封出去的诸侯国,诸侯国迫于王室的威慑而不敢背离。但进入东周以后,随着王室的日益衰微,诸侯国的力量变得越来越强,它们与王室的血缘关系也愈来愈弱,王室逐渐丧失了对诸侯的控制力。除了形式上王室仍然被尊为"天下共主"之外,诸侯国已经在事实上成为一个一个的独立政治实体,它们共同构成了一个没有中央集权的新的国际体系。

二、"国际无政府"的概念

"国际无政府状态"是广为国际关系理论的学者所接受的一个理论假设,事实上也是国际社会长期以来的一个客观现实。这一概念指的是:由主权国家所构成的国际社会中,缺乏类似于主权国家内部的中央政府一样的权威,各国之间不存在等级性的隶属关系,国际社会由此就处于"无政府"的状态。国际关系的现实主义学者摩根索认为:"国际社会是由主权国家组成的,而主权国家的涵义就是本国领土上的最高法律权威;由于国际社会的根本性质,在这一范围内,中央集权式的立法和执法权威不可能存在。"①由于缺乏中央集权式的立法和执法权威,国际社会中个体国家的行为就很难得到约束。出于利益驱动的本能,国家的统治者或管理者总是倾向于为本国获取更多的资源,这就不可避免地导致国家之间的冲突。而在"国际无政府"的状态中,国家不可能指望有一个超越于国家之上的"执法者"来维护国际正义,只能主要地依靠自己来保护本国的利益。"国际无政府"必然意味着国家在维护自身利益方面的"自助"。

"自助"是新现实主义国际关系理论学者肯尼思·华尔兹基于"国际无政府"提出的一个概念。华尔兹认为:"无政府状态下的单元——无论是人、公司、国家,或是任何别的什么——都必须依靠自身创造的手段以及它们能为自己所作的安排。自助必然是无政府秩序中的行为准则。"②但是"自助"并不意味着国家只能完全依靠自身的力量保护自己的安全,在无政府状态下国家依然可以通过合作维护共同的利益。"国际无政府是一个'自我救助'的体系,各国必须寻求它们自己的安全和其他至关重要的利益……但在无政府社会中,大多数国家在相当长的时间内愿意进行和平合作,寻求稳定、秩序和平衡。"③国家之间的沟

---

① 汉斯·摩根索.国家间政治:权力斗争与和平[M].徐昕,郝望,李保平,译.北京:北京大学出版社,2006:353.

② 肯尼斯·华尔兹.国际政治理论[M].信强,译.上海:上海人民出版社,2003:147.

③ 詹姆斯·多尔蒂,小罗伯特·普法尔茨格拉夫.争论中的国际关系理论[M].阎学通,陈寒溪,等译.北京:世界知识出版社,2002:38.

通、合作现象在人类历史的任何阶段都可以轻而易举地被找到，即便那些长期抱有敌意的对立国家也不乏断断续续的合作与共存的时期。

建构主义国际理论的学者亚历山大·温特认为"国际无政府"不是一种先验的存在，而是国际社会各部分建构的结果。他区分了三种类别的无政府文化，即：霍布斯无政府状态、洛克无政府状态、康德无政府状态。霍布斯无政府状态的逻辑是"所有人反对所有人的战争"，在这种战争中，行为体的行为原则是不顾一切地保全生命，是杀戮或被杀，这是真正的"自助"体系，行为体不能求助其他行为体，生存完全依赖军事权力；洛克无政府状态的国际社会出现了四种趋势：战争受到制约，相对稳定的体系成员和相当长时期内国家的低死亡率，国家之间的均势，中立和不结盟得到承认；康德无政府状态强调国家之间的共同安全，国家之间不再主要诉诸暴力的手段，而使用谈判、仲裁或法律的方式解决国际冲突。[1]

现代国际关系理论也意识到，"无政府状态"固然是长期存在的一个国际现实，但"无政府"的程度在不同时期是有所差别的。温特的三种"无政府文化"也明确指出了这一点。在三种类别无政府状态中，显然霍布斯类型的程度最为极端，康德类型的无政府程度最低。"无政府"并不意味着混乱。随着国际交往的加深、国际理解的增进，国家之间的共同利益变得更加重要，尽管缺乏中央集权的强制力，行为体仍然可以形成统一的国际规则以维护共同的利益，国际社会也因此变得更加有序。罗伯特·吉尔平相信，"国家间的关系具有一种高度的秩序"，"尽管国际体系是一种无政府状态（也即不存在正式的政府性质的权威），但它的确施展了一种控制国家行为的本事"；[2]小约瑟夫·奈也指出，"'无政府'意味着没有政府，但它并不一定指混乱或者毫无秩序。世界政治中存在着一些基本的惯例和不太完善的制度，它们保证世界具有一定的秩序"。[3]

历史经验告诉我们，在一些局部地区有可能出现这样的情况：由少数几个大国主导，区域的国家个体联合起来形成一个国家共同体，在共同体内部可以建立起类似于中央政府的权威机构，对区域内的行为体实施有效地管理，区域内的无政府程度因此得到弱化。人类社会的发展历史中从来都不缺乏这样的现象，春秋时期的中国大概也是这样一种状况。

---

① 温特.国际政治的社会理论[M].秦亚青，译.上海：上海人民出版社，2001：328-387.

② 吉尔平.世界政治中的战争与变革[M].宋新宁，杜建平，译.上海：上海人民出版社，2007：34.

③ 小约瑟夫·奈.理解国际冲突：理论与历史[M].张小明，译.上海：上海人民出版社，2002：36.

三、春秋时期的"国际无政府"

西周时期的王室虽然对诸侯有相当大的影响力,但它并不是后世统一帝国的中央政府,它仅仅是众多宗族中的"大宗",除了它之外,还有许许多多的"小宗"存在,这些"小宗"保持着非常大的独立性。如果我们从《周礼》来考察西周时期的政治制度,大概会得出这样的印象:周王室是天下的权力核心,诸侯国严格按照其所处的等级履行对王室的义务,绝对不允许有僭越和背叛行为的存在。这很大程度上可能是后人所赋予周的一种政治理想。不排除在某一个时期强盛的王室可以维持这样的体系,但这个体系很难一直保持下去。随着王室与诸侯血缘关系的疏远,王室与诸侯国实力对比的改变,依靠分封和宗法体制建立并维系的西周王朝必然要走向崩溃,东周历史发展的最终结果也证明了这一判断。

即便在王室力量还比较强盛的西周时期,王室对诸侯的控制也可能并不像我们想象的那样大。① 周王室的统治能力并不一直很稳定,从周懿王开始,王室已经开始衰落。② 毫无疑问,诸侯确实需要向王室履行特定的义务,但诸侯仍然保持着很大的独立性。周王无权干涉诸侯国内政,无权干涉诸侯国君的废立,诸侯国的赋税收入归诸侯国所有,周王无权向诸侯国要求赋税,虽然诸侯有义务向西周王缴纳职贡,但是这个制度也不是很严格。③ 周王在诸侯国国君废立和赋税这两个关键问题上都缺乏足够的权力,那么可见诸侯国的独立程度是非常之高的。

公元前770年,周平王放弃丰、镐二城迁都洛阳,中国历史开始进入了春秋时代。进入春秋之后王室衰微之势已经非常明显了,研究春秋历史的大多数著作都提到了这一点。④ 钱穆称:"周室东迁,引起的第一个现象,是共主衰微,王

---

① 何兹全认为,周王和诸侯、卿大夫之间贵贱尊卑长幼的等级性质虽已很明显,但是君臣名分仍不能和后代君臣关系相提并论,对周的王权和王的地位仍不能估计过高。(见:何兹全.西周春秋时期的国家形式[J].历史研究,1989(5):35.)

② 《史记》曰:"懿王之时,王室遂衰,诗人作刺。"(见:司马迁.史记:第一册[M].裴骃,集解.司马贞,索引.张守节,正义.中华书局,1959:140.)

③ 日本学者石井宏明在探讨王室和诸侯关系时援引了田昌五和臧知非的五个观点,笔者在此处对三位学者的观点进行了综合。(见:石井宏明.东周王朝研究[M].北京:中央民族大学出版社,1999:28.)

④ 以下历史著作都在标题或正文中明确提出了"王室衰微"的观念:钱穆的《国史大纲》、范文澜的《中国通史简编》、童书业的《春秋史》、白寿彝(主编)的《中国通史》、顾德融和朱顺龙的《春秋史》,等等。

命不行。"①鲁桓公五年,周桓王在与郑国作战中被祝聃射中肩膀,王室的军队大败,这使王室的国际威信受到极大地损伤。童书业评价此次战争带来的影响时称:"从此以后,'王命'两个字便不算什么,周室的真正地位也就连列国都不如起来了。"②王室衰微集中表现在三个方面:

(1)东周王畿面积不断萎缩。春秋初期王畿面积并不算小,顾栋高云:"地方虽小,亦足王也。"③随着晋国内乱造成"曲沃篡晋",虢国终为晋国所灭;南方楚国兴起,不断侵扰申、吕、许等国;周王削夺郑伯的权力并打算将王室的政事委托于虢公,致使周、郑交恶而失去郑国的支持。东周王室的生存空间日渐狭迫,王畿日减月削,和普通诸侯国相差无几。童书业的《春秋史》认为东周王畿"广运不过一二百里之间",国土面积和卫、郑一起排在诸侯之后。④ 可见周王室仅能在诸侯国的夹缝中勉强立足。

(2)军事力量日趋孱弱。在春秋初年周王室尚有相当实力,但其军力已非常单薄。⑤ 王子克、王子颓、王子带、王子朝等争夺王位的斗争,进一步分裂、削弱了周王室的力量,原本就很孱弱的王室军力更是雪上加霜。由于王室力量薄弱,周王不得不多次依靠诸侯尤其是晋国的帮助平定王室的内乱、抵御狄戎的入侵。

(3)财政困顿。由于王室控制的王畿面积与人口数量的减少,王室的收入也大为降低,更为关键的是,各诸侯国已不再按照"比年一小聘,三年一大聘,五年一朝"(《礼记·王制》)的规定向王室述职纳贡。⑥ 于是周王室有时便向诸侯索取财物,⑦这些事件至少表明周王室的财政状况不是太好,否则应该不会冒着"非礼"的风险而向诸侯求取财物。

如果说西周时期的"天下共主"确实曾经拥有一定的权力,那么春秋时期这个"天下共主"仅剩下一个虚名。此时的周王室尽管依然还有一定的政治、文化影响力,但在经济和军事实力方面已然和普通的诸侯国相差不大,实际上已经

---

① 钱穆.国史大纲[M].北京:商务印书馆,1996:54.

② 童书业.童书业著作集:第一卷:春秋史[M].童教英,整理.北京:中华书局,2008:163.

③ 顾栋高.春秋大事表[M].吴树平,李解民,点校.北京:中华书局,1993:501-502.

④ 童书业.春秋史[M].北京:中华书局,2012:133-136.

⑤ 童书业.春秋史[M].北京:中华书局,2012:133.

⑥ 徐喜辰,斯维至,杨钊.中国通史:第三卷:上古时代[M].白寿彝,主编.上海:上海人民出版社,2004:362.

⑦ 鲁隐公三年,王室派人到鲁国求"赙";鲁桓公十五年,周桓王派周大夫家父向鲁国"求车";鲁文公九年,周王派毛伯卫向鲁国"求金";鲁昭公十五年,周景王向晋国的荀跞暗示晋国应给王室进贡彝器。

失去了作为"天下共主"的权威,逐渐完全丧失了对诸侯的控制能力,王室对于诸侯各国之间的事务已经发挥不了多大的作用了。

与此相伴的是诸侯国逐渐演变成独立的邦国。叶自成先生认为春秋时期的诸侯国已经具有了近代国家的基本性质,主要体现在这些国家拥有:大体界限分明的领土、大体固定的国民、能对内对外行使独立主权的国家权力机构。①从鲁庄公十三年的北杏之会开始,齐桓公逐渐成为诸侯的霸主,霸主部分地取代周王成为诸侯的领袖。天子是"天下大宗",诸侯是天子所分封出去的"小宗",天子在宗法秩序上是高于诸侯的,诸侯需要服从于王权。而霸主仅仅是诸侯推举或者天子册封的诸侯领袖,虽然它的实力更为强大,比普通诸侯拥有更大的国际影响力,但它在宗法秩序上是与普通诸侯平等的。不可否认的是,霸主也仅仅是影响诸侯独立主权的一种力量,并不能改变诸侯国在整体上的独立性。

因此春秋时期诸侯林立的社会状况可以被认为符合"国际无政府状态"的特征:缺乏中央政府权威的自助体系。这意味着诸侯将主要依靠自己保护自身的利益,它们需要在沟通、交往方式上做出改变以适应"无政府状态",以新的沟通、交往方式建构新的国际秩序。

第二节 诸侯的争霸活动

周王室的衰微使国际社会出现了权力真空,实力强大的诸侯纷纷站出来争夺对其他诸侯的控制和支配权。那些在一定程度上获得成功的诸侯被冠以"伯"或"霸"的称号,其中最为有名的当属"春秋五霸"。流传最广的"五霸"的说法是"齐桓公、宋襄公、晋文公、秦穆公、楚庄王"。但"霸"的概念很可能仅仅是

---

① 叶自成.中国外交的起源:试论春秋时期周王室和诸侯国的性质[J].国际政治研究,2005(1):20-21.

一个国家集团的称号。① 事实上春秋时期的"伯"②和"霸"③都是"诸侯之长"的意思，指那些在一定范围的地理区域内成为诸侯之中的领袖，掌握该地区话语权与控制权的诸侯国或国君。

在春秋历史上齐、晋、楚是三个没有争议的、较长时间内占据霸主地位的诸侯国。齐桓公、晋文公都曾经受到了周王室的册封，④他们的霸权地位得到了王室的认可。还有很多国君虽然没有记载显示他们的霸主地位受到王室的册封，但由于这些国君所属的国家在当时的国际社会中最为强大，他们及其国家多次主持大规模的国际会盟活动，因此也无可争议地成为诸侯的领袖。

成为伯主或霸主的好处是显而易见的，大体可以概括如下：(1)获得王室的特别嘉奖，增强在诸侯国中的号召力和影响力，这既是一种争霸策略也是维持霸权的有效方法；(2)相对弱小的诸侯国需要向伯主或霸国缴纳贡赋，这将进一步强化霸主国家原本就具备的物质优势；(3)相对弱小的诸侯国需要朝见、聘问、吊慰伯主或霸国，这既是一种权力和荣耀也是一种对小国的物质索取和剥削；(4)相对弱小的诸侯国需要参加霸国召集的会盟，同时不能私下会盟，也不能参加霸主敌对国家的会盟；(5)相对弱小的诸侯国需要对霸国的军事行动提供兵力的支持以及必要的后勤服务；⑤(6)相对弱小的诸侯国需要接受霸国分配

---

① 有关春秋五霸包括哪些诸侯的说法中，最为通常的说法的是"齐桓、宋襄、晋文、秦穆、楚庄"。此外，还有很多种有关春秋霸主、伯主的说法，南宋李琪的《春秋王霸列国世纪编》提出了十三位"霸者"，民国初年卫聚贤甚至列出了"十九霸"(见：朱浩毅. 春秋五霸之异说及其流传[J]. 长安大学学报：社会科学版，2005，17(2)：9-20.)。

② 鲁僖公十九年，宁庄子曰："昔周饥，克殷而年丰。今邢方无道，诸侯无伯，天其或者欲使卫讨邢乎？"杜预注云："伯，长也。"(见：《十三经注疏》整理委员会. 春秋左传正义[M]. 左丘明，传. 杜预，注. 孔颖达，疏. 北京：北京大学出版社，1999：394-395.)

③ 鲁庄公十五年，《左传》曰"齐始霸也"，杜预注："始为诸侯长。"(见：《十三经注疏》整理委员会. 春秋左传正义[M]. 左丘明，传. 杜预，注. 孔颖达，疏. 北京：北京大学出版社，1999：253.)

④ 齐桓公、晋文公先后获得了王室的"赐命"嘉奖。鲁庄公二十七年，周惠王派召伯廖赐齐桓公侯命，杜预注云："命为侯伯"，孔颖达认为此赐命即是使齐桓公为"九州之长"。(见：《十三经注疏》整理委员会. 春秋左传正义[M]. 左丘明，传. 杜预，注. 孔颖达，疏. 北京：北京大学出版社，1999：287.)鲁僖公二十八年，周襄王命尹氏及王子虎、内史叔兴父策命晋侯为侯伯(《左传·僖公二十八年》)。

⑤ 鲁僖公四年，齐桓公率领诸侯军队从召陵退师，陈辕涛涂谓郑申侯曰："师出陈、郑之间，国必甚病……"杜预注："当有共给之费故。"可见霸主率领的军队经过诸侯国时，该国需要向过境军队提供后勤服务。(见：《十三经注疏》整理委员会. 春秋左传正义[M]. 左丘明，传. 杜预，注. 孔颖达，疏. 北京：北京大学出版社，1999：333.)

的非军事任务,提供物质援助和徭役服务;①(7)伯主或霸国拥有国际纠纷和冲突的裁决权;(8)霸国可以一定程度上评价、干涉弱小国家的内政,甚至过问国君的废立和卿大夫的立嗣等问题,虽然这种现象并不普遍;②(9)霸国还可以在其他一些事务上要求弱小国家予以配合,例如惩罚叛臣等问题。③

钱穆先生将春秋近三百年的历史称为"霸政时期"的历史,④诸侯争霸可以称得上是这一时期国际社会最为显著的特征,争霸活动几乎贯穿了整个春秋始末。从诸侯争霸的视角来看,春秋时期的国际局势大致可以依次划分为以下几个时期:

(1)郑庄小霸、齐僖小伯:春秋初期的郑国虽然是小国,但郑国在一代雄主郑庄公的不懈努力下,采用"远交(交齐、鲁)近攻(攻宋、卫)"的政策,国际地位蒸蒸日上,到了庄公末年,郑国几乎成为春秋初期的伯主。⑤齐国是盘踞于东方的大国,其实力一直都是诸侯中的强者,虽然春秋初期郑国的风头强劲,但齐国在国际上仍然是十分有地位的。

(2)齐桓称霸:郑国在郑庄公去世后发生了内乱,国势就此一蹶不振,其地位逐渐被齐国所取代。鲁庄公十三年的北杏之会上齐桓公首次登上国际会盟的舞台开始寻求霸业,⑥直到鲁僖公十六年的淮之会上齐桓公最后一次主持国际会盟,齐桓公共主持了20次由三个及三个以上国家参加的多边国际会盟,⑦

---

① 晋国曾经多次要求诸侯国帮助周王室建筑或加固城邑。不仅如此,由于晋平公是杞国的女子所生,齐、宋、卫、郑、曹、莒、滕、薛、小邾的卿大夫不得不在晋国荀盈的率领下整修杞国的城墙(《左传·鲁襄公二十九年》)。

② 鲁昭公十九年,郑国驷氏的驷偃去世,他在晋国大夫那里娶了妻子,所生的儿子没有被立为继承人,因此晋国派人到郑国过问此事(《左传·鲁昭公十九年》)。但这次干涉由于郑卿子产的反对并没有成功。

③ 晋国栾氏被逐,鲁襄公二十一年,晋侯与鲁侯、齐侯、宋公、卫侯、郑伯、曹伯、莒子、邾子会于商任,二十二年又与以上诸侯会于沙随,要求各国不要接收追随栾氏逃亡的人(《左传》)。

④ 钱穆.国史大纲[M].北京:商务印书馆,1996:52.

⑤ 童书业.童书业著作集:第一卷:春秋史[M].童教英,整理.北京:中华书局,2008:163.

⑥ 杜预注云:"齐桓欲修霸业。"(见《十三经注疏》整理委员会.春秋左传正义[M].左丘明,传.杜预,注.孔颖达,疏.北京:北京大学出版社,1999:249.)

⑦ 这20次会盟分别是:鲁庄公十三年的北杏之会、十四年的鄄之会、十五年的鄄之会、十六年的幽之盟、十九年的鄄之盟、二十七年的幽之盟,僖公元年的荦之盟、二年的贯之盟、三年的阳榖之会、四年的召陵之盟、五年的首止之会、五年的首止之盟、七年的甯母之盟、八年的洮之盟、九年的葵丘之会、九年的葵丘之盟、十一年的阳榖之会、十三年的咸之会、十五年的牡丘之盟、十六年的淮之会。

成为第一个当之无愧的春秋霸主。《穀梁传》称其"衣裳之会十有一""兵车之会四",①《史记》称其"兵车之会三,乘车之会六,九合诸侯,一匡天下",②齐桓霸业之盛可见一斑。

(3)宋襄求霸:鲁僖公十七年,管仲、齐桓公先后去世,齐国陷入争夺君位的内乱之中,宋襄公乘机开始了他的求霸之路。顾栋高曰"宋襄一生所附者惟齐,齐桓死,宋窃喜,以为天下惟吾独尊……"③,但由于宋国力量过于薄弱,宋襄公又采取了错误的争霸策略,在霸权争夺战中被楚国击败,宋襄公也于鲁僖公二十三年因伤去世,求霸之路就此终结。

(4)晋文创霸:鲁僖公二十五年晋文公在大夫狐偃的劝说下出兵勤王,晋文公的创霸之路由此开始。④ 鲁僖公二十八年,晋文公联合齐师、宋师、秦师与楚军战于城濮,楚师败绩,楚国的令尹得臣自杀。中原诸侯被晋国的强盛所震服,晋文公"一战而霸"。之后晋文公通过一系列的会盟活动巩固了晋国的霸权,虽然他在位仅仅九年(公元前636年至公元前628年),但晋国并没有就此衰落。继位的晋襄公在晋国群臣的努力下继续保持了晋文公开创的霸业格局。

(5)楚庄创霸:楚国的实力在春秋初期已经十分强大了,只是由于齐国、晋国的压制,一直没有能够获得更大范围的霸权。鲁文公十六年,楚庄王征服了周边的小国和部落,迫使它们与楚国结盟,随后灭掉了庸国。在平定了周边的国家之后,楚庄王即大举北上。鲁宣公三年,楚庄王伐陆浑之戎,观兵于周郊,周定王使王孙满慰劳楚庄,楚庄王问周鼎之大小、轻重;鲁宣公八年,楚、吴、越相盟;鲁宣公十一年的辰陵之盟,陈、郑两个中原诸侯臣服于楚国,楚庄王作为盟主主持了有中原诸侯国参与的会盟;鲁宣公十二年的邲之战,楚国击败晋国,之后鲁、宋、郑、陈诸国都归顺了楚国,楚庄王的霸业达到了顶峰。

(6)晋楚争霸:在鲁宣公十八年楚庄王去世之后,并没有新的国家兴起而取代晋国、楚国,晋、楚两国的争霸活动一直延续到春秋末期。童书业先生将晋、楚争霸的历史划分为五个阶段,⑤从童先生的概括中我们可以看到楚庄王之后

---

① 《十三经注疏》整理委员会.春秋穀梁传注疏[M].范宁,集解.杨士勋,疏.北京:北京大学出版社,1999:93-94.

② 司马迁.史记:第五册[M].裴骃,集解.司马贞,索引.张守节,正义.北京:中华书局,1959:1491.

③ 顾栋高.春秋大事表[M].吴树平,李解民,点校.北京:中华书局,1993:1974.

④ 狐偃曰:"求诸侯,莫如勤王。诸侯信之,且大义也。继文之业而信宣于诸侯,今为可矣。"(《左传·僖公二十五年》)

⑤ 童书业.童书业著作集:第一卷:春秋史[M].童教英,整理.北京:中华书局,2008:231.

的晋、楚争霸形势,双方时而晋强、时而楚盛,各国诸侯被迫往返于晋、楚两国之间。鲁定公四年的召陵之会,晋国试图大举伐楚,结果却无功而终。从此之后晋、楚两国似乎都无力于争霸活动,大规模的争霸战争和会盟活动也就此不再见于史书。

(7)齐景复霸:齐国在被晋国取代后仍然是最强大的诸侯国之一,它并没有放弃对霸主地位的窥觎。鲁定公四年的召陵之会以后,晋、楚两国霸势衰落,齐景公趁机开始了齐国的复霸之路。鲁定公七年,齐、郑盟于鹹,齐、卫盟于沙;鲁定公十年,齐、鲁盟于夹谷,齐、卫、郑会于安甫;鲁定公十二年,齐、鲁盟于黄。齐景公通过这些会盟联络了郑、卫、鲁三国共同背叛晋国;鲁定公十四年,齐、鲁、卫会于牵,齐、宋会于洮,齐景公组织各国援助晋国内乱中的范氏、中行氏,以进一步瓦解晋国的力量。

齐景公的复霸活动给晋国的霸主地位造成了沉重的打击,在他于鲁哀公五年去世之后,北方诸侯的争霸、会盟渐告平息,南方吴、越的争霸活动成为春秋历史的尾声。

(8)吴越争霸:吴国最初仅是晋国争霸战略中的一个"棋子",晋国为了牵制楚国而扶持了吴国。吴国受晋国邀请参加了中原诸侯举行的多次会盟活动。可能晋国的会盟策略使吴国受到了启发,吴国在兴起后也试图通过会盟争霸中原。但吴国的北上争霸给了越国振兴的机会。鲁哀公十三年,越王勾践借吴王夫差参加黄池之会的契机攻入吴国,最终在鲁哀公二十二年,吴国被越国所灭。越在灭吴之后也开始经营北方。鲁哀公二十七年,越大夫舌庸与鲁国三卿盟于平阳,这是《左传》所记载的越国主持的唯一一次会盟活动。

春秋的争霸历史可以用图1-1来示意。此起彼伏的争霸活动反映的是国家实力对比的变化,从中我们可以看到会盟在争霸活动中起到了非常重要的作用。争霸活动进一步表现为频繁的国际冲突,这为会盟活动提供了现实的需求。会盟沟通在解决国际冲突、建构国际秩序方面变得更加重要了。

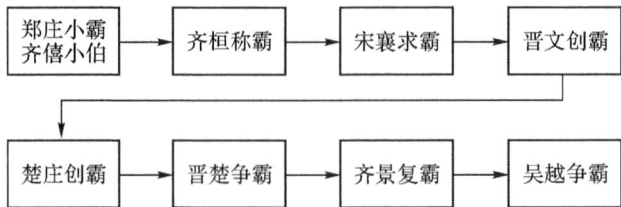

图 1-1　春秋诸侯争霸进程示意图

第三节　国际社会中的冲突

诸侯强国的争霸活动带来的一个必然结果就是频繁的国际冲突。刘易斯·科赛尔（Lewis A. Coser）将冲突定义为一场"争夺价值以及稀有的地位、权力和资源的斗争。敌对双方的目标是压制、伤害或消灭对方"。① 霸权意味着对其他国家的支配力和影响力，这就相对削弱了其他国家特别是临近国家的国际地位，使这些国家的利益遭到了损害。春秋时期这些强国扩张的过程往往伴随着领土要求，它们通常会发动一系列兼并战争向邻国索取土地和人口，以此获得更多的资源来进一步增强争霸的力量。

国际冲突的逻辑深深地植根于春秋时期的国际社会，不仅是晋、楚这些强大的国家在不遗余力地争夺霸权，那些弱小的国家也抱有扩张本国势力的欲望。鲁成公八年，申公巫臣称："夫狡焉思启封疆以利社稷者，何国蔑有？唯然，故多大国矣。"②他将领土扩张的欲望归因于人的本性，认为国家之间的领土兼并战争导致了大国地位的形成。鲁襄公二十九年，晋国司马女叔侯公然承认了晋国对周边小国的吞并，并宣称这种扩张是理所应当的："虞、虢、焦、滑、霍、扬、韩、魏，皆姬姓也，晋是以大。若非侵小，将何所取？武、献以下，兼国多矣，谁得治之？"③这两个人来自于霸主国家，④他们的想法应该代表了大国的主张。除此之外，甚至连并不算强大的宋国也曾经在宋襄公时期试图称霸，连弱小如曹国这样的国家也受到蛊惑而采取了称霸的策略。⑤

按照冲突所波及的地理范围进行分类，春秋时期的国际冲突可以主要地划分为三类：南北冲突、区域冲突、焦点地区冲突。

一、南北冲突

如果我们从一个较长的时间跨度来看，春秋时期最为明显、最为主要的冲突就是南北冲突。南北冲突指的是北方中原地区的国家集团与南方楚国为首

---

① 詹姆斯·多尔蒂，小罗伯特·普法尔茨格拉夫.争论中的国际关系理论[M].阎学通，陈寒溪，等，译.北京：世界知识出版社，2002：200.

② 《左传·成公八年》。

③ 《左传·襄公二十九年》。

④ 申公巫臣最初为楚国的大夫，其后逃奔到晋国又得到了晋国的重用。

⑤ 即将进入战国时期的鲁哀公七年，曹伯阳受到曹国边鄙的一个名为公孙彊的人之蛊惑，采纳了公孙彊提出的称霸主张，背叛晋国，攻打宋国，结果遭到了宋国的讨伐。

的国家集团之间的冲突。南北冲突几乎贯穿了整个春秋时代。北方的霸主先后是齐、晋,南方的霸主则一直是楚国,它们之间的斗争一直持续到鲁襄公二十七年的弭兵之盟才逐渐趋于减弱,但是并没有终结。

楚国可以称得上是当时的"超级大国"之一,它在春秋初期就已经强大起来,并使北方的诸侯感受到了它扩张的威胁。鲁桓公二年,靠近楚国的蔡、郑两国率先感受到了楚国的威胁,①两国相会于邓以共同商讨对策;楚熊通(武王)在伐随之后向周王室请赐尊号被拒,之后僭号自立为"武王"。②鲁桓公八年,楚武王会盟南方诸侯于沈鹿,这意味着楚国已在南方建立了区域性霸权;鲁桓公八年楚国盟随,十一年盟贰、轸,十二年盟绞,鲁庄公九年盟随,这些会盟进一步巩固了楚国在南方的地位;鲁庄公十年,楚文王又攻打蔡国并俘虏了蔡哀侯。

春秋初期北方的诸侯陷于内斗之中,并没有出现足够强大、能够与楚国对抗的领袖,直到齐桓公逐渐成为北方的霸主,楚国势力的扩张才受到了一些遏制。之后更为强大的晋国取代齐国成为北方的霸主。这样,在齐、晋的带领下北方诸侯结成会盟集团与楚国对抗,南北冲突依次经历了齐楚争霸、晋楚争霸、晋楚对峙几个时期,乃至后来吴、越崛起之后的国际冲突依然有南北冲突的影子。③

因此,南北冲突是春秋国际格局的主框架,它是涉及几乎所有主要诸侯国的主导性、全局性的冲突,霸主是南北冲突中主要的对抗力量。南北冲突迫使每一个国家都必须做出"二选一"式的选择,要么臣服于齐、晋,要么臣服于楚国,④这对各国的会盟活动产生了巨大的影响。

二、区域冲突

除了南北冲突之外,诸侯之间还存在着一种可以被称为"区域冲突"的斗争,这类冲突所涉及的是少数几个国家,冲突也局限于一个较小范围的地理区域之内。区域冲突主要包括以下几种情况:

---

① 《左传·桓公二年》称:"始惧楚也。"

② 司马迁.史记:第五册[M].裴骃,集解.司马贞,索引.张守节,正义.北京:中华书局,1959:1695.

③ 晋国为了牵制楚国而扶持了吴国,促使了吴国的崛起;楚国为了削弱吴国而联合越国,最终吴国被越所灭。从中我们可以看到,吴、越两国的兴衰与晋、楚两国的争霸冲突有很大的关系。

④ 鲁襄公二十七年的弭兵之盟提出了一个具有妥协性但不乏政治智慧的解决南北冲突的方案,即"晋、楚之从交相见也",允许诸侯同时臣服于晋、楚两个盟主。

(一)区域国家之间的结党对抗

这种冲突主要发生在霸主没有出现或霸主并没有得到承认的时期,即春秋初期和春秋末期。春秋初期,北方诸侯中宋卫、郑齐分别结成两个国家集团,它们之间的斗争是春秋初期国际冲突的主要内容。虽然郑庄公时期的郑国非常强盛,齐国的霸主迹象也逐渐显露出来,但是在这一时期它们都没有能够在一个较大的地理区域内获得稳定的霸权,它们的冲突所涉及的国家也仅限于北方少数几个国家,并没有涉及楚国和南方其他国家。

鲁定公四年之后,齐国开始踏上了恢复霸权的道路,在它的主导下宋、卫、郑、鲁都一度加入背叛晋国的阵营,此时这些国家显然已经不承认晋国为霸主了。它们与晋国的冲突类似于春秋初期北方诸侯的冲突,并不涉及楚国。事实上此时南北冲突的框架已经不那么明显了,区域性的冲突成为国际冲突的主流。

(二)霸主与区域大国之间的冲突

除了晋、楚这两个长期保持霸主地位的国家之外,春秋的国际体系中还存在齐、秦,以及后期崛起的吴、越这些大国,它们虽然实力稍弱于同一时期的霸主,但远远强大于其他弱小的诸侯国。大国是霸权的竞争者,也是国际体系中的平衡者,它们雄踞于某一区域,一定程度上是该区域的霸主。例如秦国在西部称霸,齐国被晋国取代后也一直是东部诸侯的领袖。这些国家并不甘心屈服于比它们更为强大的霸主,它们往往与同一时期的霸主展开争夺,构成了霸主与区域大国之间的冲突,主要包括晋齐、晋秦、楚吴、吴越之间的冲突和斗争。

以晋齐之间的冲突为例。齐国在齐桓公去世之后并没有衰落,仍然保持着大国的地位。城濮大战中齐国加入晋国一方,帮助晋国打败了楚国,晋国由此成为北方的霸主。但是随着时间的推移,晋国霸权的扩张也不可避免地将齐国周边的国家纳入晋国的霸权版图,这就导致了晋齐冲突的爆发。鲁成公二年,晋国发动了鞌之战并在战争中击败齐国。齐国虽然被迫与晋国结盟,但暗地里又与其他诸侯一起与楚国结盟。此后齐国并没有完全放弃与晋国的争夺,同时也与楚国保持了联系,晋齐之间或明或暗的冲突一直断断续续地存在。

(三)区域大国与区域国家之间的冲突

由于区域性大国通常是区域性的霸主,同一区域内的大国与较为弱小的诸侯也存在着冲突。例如齐国与鲁国紧密相邻,齐国不满鲁国转向臣服于晋国,为了维护齐国的区域霸权,齐国以及受其指示的郏、曹多次向鲁国发起了攻击。

三、焦点地区冲突

春秋霸主的争霸活动中出现了一个奇特的现象:霸主之间直接的大规模战争非常少见,它们的斗争主要表现为对个别国家的争夺上。由此,那些夹阻于大国之间的小国往往成为大国争霸的焦点,发生于这些地区的冲突可以称之为"焦点地区冲突"。

焦点地区冲突是南北冲突的集中表现,这些冲突经常爆发于郑、陈、蔡等国。尤其是郑国,长期成为齐楚争霸、晋楚争霸的主战场,饱受争霸战争带来的痛苦,不得不反复与攻打自己的霸主结盟以求得短暂的休养。鲁襄公九年,郑国背叛楚国与晋国集团结盟,郑公子騑在会盟上描述了郑国遭受的苦难,称:"天祸郑国,使介居二大国之间。大国不加德音而乱以要之,使其鬼神不获歆其禋祀,其民人不获享其土利,夫妇辛苦垫隘,无所厎告。"①这一描述正是郑国所受争霸之苦的真实写照。

以上三种类型的冲突紧密地交织在一起。南北冲突作为主导性、全局性的框架,更多地表现为南北会盟集团之间的象征性的武力威慑,南北霸主之间很少展开大规模的直接战争。例如,鲁僖公四年齐桓公联合北方八国的兵力意欲伐楚,结果却与楚国在召陵结盟;鲁定公四年,晋定公纠合包括周王室在内的19个国家的力量在召陵相会,谋划伐楚,最终却无疾而终。

这些事例表明,南北冲突中的霸主都无意于通过大规模的决战来解决南北冲突,相反,双方在焦点地区的争夺却毫不退让。不时爆发的区域冲突则试图冲击南北冲突的大框架,对南北均势的保持起到了一定的制衡作用。国际冲突是诸侯频繁会盟的主要原因,会盟在一些情况下使冲突变得更加紧张,在另一些情况下会盟却推动了冲突的缓和。

第四节　春秋时期的国际体系

春秋会盟活动是诸侯之间开展沟通、互动活动的渠道,也是诸侯大国争夺国际霸权的工具。"国际体系"相关理论的出发点即是将国际关系视为单位之间的结构与互动,会盟和国际体系的概念都强调了"沟通"的重要性。会盟沟通活动发生于一定的国际体系之内,会盟的时间、地点、参加者、规模、频次都受到

---

① 《左传·襄公九年》。

国际体系的影响。另一方面,会盟沟通又是国际单元互动、体系建构的工具,对国际权力的分配和体系的变化产生着重要的影响。

一、国际体系的概念

"国际体系"被认为是国际关系领域的一个"核心概念",然而和其他重要的概念一样,对于它的定义也经常是含糊不清的。布赞和利特尔在其著作中指出了这一点:"尽管国际体系的概念在当今的国际关系学中被广泛地接受和承认,但批评家们却认为,国际关系研究中体系术语的引进只不过是提供了一个混乱和隐晦的根源。……国际关系理论家们没能就体系的含义达成任何共识。"①由于这一概念是如此难以界定,因此一些国际关系理论的著作经常会采取绕开它的做法。我们在这里也仅仅引述个别定义和观点,目的在于借用此概念来描述春秋时期的国际社会状况。

明斯特和阿雷奎恩在《国际关系精要》一书中指出:"20 世纪 50 年代,社会科学的行为主义革命和国际关系中政治现实主义不断被接受,促使学者们开始把国际政治界定为体系,使用体系理论的语言。"②"国际体系"之所以被称之为"体系",是因为国家之间的互动关系就如同"体系"内的各部分单位之间的互动一样,一个单位的变化将会引起另一个单位的相应变化。因此,布赞和利特尔称,"通常国际体系被认为是构成国际关系主题的有关行为体的连接和互动的一种简便的表达方式"③。国内国际关系学者李少军为"国际体系"所下的定义简单而不失准确:"在国际政治中,行为体之间是相互作用、相互影响的。这种互动会使关系形成一定的整体结构,这种整体结构就是国际体系。"李少军还认为,"体系""单元"和"互动"构成了体系概念的三个要素。④

"国际体系"的概念被广泛应用于国际关系理论的各个流派。布赞和利特尔综述了"国际体系"概念在国际关系理论的行为主义、新现实主义、建构主义以及其他理论流派中被使用的情况,认为"在由什么构成国际体系的问题上,理

① 布赞,利特尔.世界历史中的国际体系:国际关系研究的再构建[M].刘德斌,译.北京:高等教育出版社,2004:30.

② 明斯特,阿雷奎恩-拖夫特.国际关系精要[M].5 版.潘忠歧,译.上海:上海人民出版社,2012:99-100.

③ 布赞,利特尔.世界历史中的国际体系:国际关系研究的再构建[M].刘德斌,译.北京:高等教育出版社,2004:4.

④ 李少军.国际政治学概论[M].4 版.上海:上海人民出版社,2014:126.

论家们鲜有意见一致的时候"。① 明斯特和阿雷奎恩也在《国际关系精要》中综述了现实主义、自由主义、激进主义、建构主义等不同流派中的国际体系思想，他们指出，"国际体系"的相关理论能"在更宏观、更一般的层次上提供有说服力的解释"。②

　　简而言之，国际体系思想将国际社会中的各单元看作是一个有着一定结构且处于互动中的整体。这一视角，能够帮助我们更好地分析春秋时期的国际形势。但是对于春秋时期的中国是否存在"国际体系"这一问题却存在一定的争议。主要质疑来自于对春秋时期诸侯国属性的判断。一些研究者认为春秋时期的诸侯国并不是独立的国家，"诸侯国无论对内还是对外都要尊天子、循周礼，因此不拥有主权"③，"春秋战国时期'诸侯国'之间关系与近代欧洲的'主权国家'构成的国际体系存在相似之处，但是它们之间存在本质的差异"④。而包括"国际体系"理论在内的西方国际关系理论通常以主权或者民族国家为基本的分析单位，如果春秋时期的诸侯国的独立程度不足够大的话，国际社会、国际关系等现代国家关系理论的概念都无法被用来描述春秋这一段历史。

　　王日华先生的《国际体系与中国古代国家间关系研究》一文对这些争议进行了回顾，认为古代中国是一个体系，即"中国体系"，"国际关系研究的基本单位并非只有主权国家，古代中国境内的前国家实体是中国体系的基本组成单元和古代国际政治的基本行为体之一，也是中国古代国家间关系研究的基本分析单位"。⑤ 此文还建议中国古代国际关系的研究摆脱历史定性争议的束缚，利用当代国际关系理论的知识谱系作为基本框架来研究中国古代国际关系的历史实践——这就提出了如何利用当代国际关系理论分析古代历史事件的一个根本性的原则。

　　布赞、利特尔批评了"威斯特伐利亚体系代表了国际体系"这种根深蒂固的假定，认为"这种假定必然赋予国际关系领域一种强烈的欧洲中心主义的偏

---

① 布赞，利特尔.世界历史中的国际体系：国际关系研究的再构建[M].刘德斌，译.北京：高等教育出版社，2004：30-41.

② 明斯特，阿雷奎恩-拖夫特.国际关系精要[M].5 版.潘忠歧，译.上海：上海人民出版社，2012：114.

③ 杨恕，王欢.春秋时期诸侯国是独立主权国家吗？与叶自成先生商榷[J].中国边疆史地研究，2005，15(4)：1.

④ 辛万翔，曾向红."多国体系"中行为体的不同行为逻辑及其根源：兼与许田波商榷[J].世界经济与政治，2010(3)：73.

⑤ 王日华.国际体系与中国古代国家间关系研究[J].世界经济与政治，2009(12)：58-68.

见",造成"任何把这一概念用于威斯特伐利亚体系时代以前的企图都被视为时代性的错误"的结果。① 布赞和利特尔从世界历史发展的角度重新建构了国际体系的理论,他们提出的框架显示,在国际体系的世界历史中有三个意义重大的转折点,②这样他们把欧洲之外的其他文明也纳入了"国际体系"的范畴之内。

1648 年的《威斯特伐利亚和约》③通常被认为是现代国际关系的开端,很多国际关系理论的研究者将 1648 年看作是当代国际关系的起点。《威斯特伐利亚和约》标志着欧洲宗教权威统治的终结,世俗权威取而代之,为此后的国际关系提供了一个重要基础:国家领土完整的观念,在法律上国家是国际体系中平等的、至高无上的参与者。④ 显然《威斯特伐利亚和约》所代表的国际体系无法涵盖欧洲以外的以及人类社会早期的文明,如果我们过于拘泥于这一体系,当代的国际关系理论所提出的诸多概念就会失去其生命力。笔者认为王日华和布赞、利特尔的观点分别向国内和西方的研究者提出了警示:国内的研究者不必过于拘泥于定性的历史争议,否则将难以融入世界的理论语境;西方的研究者需要打破体系的偏见,否则将有悖于世界的历史进程。

按照叶自成、王日华、许田波以及其他一些国际关系理论的研究者的观点,春秋时期的诸侯国已经是一种部分地拥有独立主权的政治实体,当时的社会状况可以被视为一种"国际体系"。诸侯之间的会盟正是发生在这样一种体系之内,会盟沟通是诸侯互动、权力分配、体系维护的重要途径。

---

① 布赞,利特尔.世界历史中的国际体系:国际关系研究的再构建[M].刘德斌,译.北京:高等教育出版社,2004:4.

② 这三个转折点分别是:第一个转折点发生在 40000 年前,大量的采猎群彼此有间接的联系,布赞和利特尔将这些间接联系与第一个国际体系的形成联系起来;第二个转折点可以追溯到 5500 年前,第一批类似国家单位(state-like unites)开始出现并相互发生作用,这些单位之间的互动构成了第一个完整意义上的国际体系的基础,其中的单位包括农业帝国、游牧帝国、酋邦、城邦国家和城市联盟;第三个转折点发生于最近 500 年前,它与现代主权国家的出现紧密地联系在一起,前国际体系的单位被有效地淘汰了(见:布赞,利特尔.世界历史中的国际体系:国际关系研究的再构建[M].刘德斌,译.北京:高等教育出版社,2004:3-4.)。

③ 《威斯特伐利亚和约》由《明斯特条约》与《奥斯纳布鲁克条约》构成。前者由神圣罗马帝国皇帝同法国国王于 1648 年 12 月 24 日在威斯特伐利亚地区的小城明斯特签订,后者由皇帝与瑞典女王在与明斯特相距 30 英里的另一个小城奥斯纳布鲁克协商,为残酷的欧洲 30 年战争划上了句号;1648 年 1 月 30 日,西班牙与荷兰也在明斯特签订条约,结束了长达 80 年的西荷战争,其内容和精神同样属于《威斯特伐利亚和约》的范畴(见:李明倩.《威斯特伐利亚和约》研究:以近代国际法的形成为中心[D].上海:华东政法大学,2012:1.)。

④ 明斯特,阿雷奎恩-拖夫特.国际关系精要[M].5 版.潘忠岐,译.上海:上海人民出版社,2012:17.

二、国际体系的演变

国际关系理论中的现实主义区分国际体系的标准是国际体系中的"极"。"极"指的是体系中的大国、强国或者国家所结成的国家集团,极的数量、分布和互动形成了一定时期内国际体系的主要特征。按照这一思想,春秋时期国际体系的发展变化可以被划分为三个时期。

(一)多极体系时期

鲁隐公元年至鲁庄公十二年的这一段时间可以被称为"多级体系"时期。在这一时期内,北方诸侯中并没有形成真正的霸主,南方的强国楚国也没有对北方造成真正的威胁。如果我们把游离于华夏诸侯之外的楚、秦和处于内乱之中的晋暂时排除在外,仅就北方诸侯所构成的区域性的国际体系来看,体系内主要包括宋、卫、齐、郑、鲁、陈、蔡几个实力相对均衡的诸侯国(见图 1-2)。虽然这些诸侯国之间的实力存在一定的差异,但还并没有哪个国家的实力强大到远远超越于其他国家,它们通过联盟保持着体系的均衡。

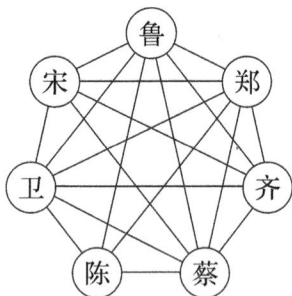

图 1-2　多极体系示意图

在这一多极国际体系内,宋卫、齐郑分别结成了两组盟友关系,它们之间的对抗构成了春秋初期国际冲突的主要内容。鲁国一开始加入了宋卫阵营,但随后又与宋国产生了分歧,在齐国的联络下加入了齐郑的阵营;鲁桓公二年,长期与郑国为敌的宋殇公被弒,宋、郑的矛盾出现缓和;之后又因鲁国在分发齐国的礼品时将郑国的次序排在了后面,郑国对鲁国心生不满。鲁桓公十年,齐、卫、郑三国联合伐鲁,次年齐、卫、郑、宋盟于恶曹,计划再次伐鲁;鲁桓公十一年,叱咤风云的郑庄公去世,宋国要挟郑大夫祭仲立郑厉公并因此向郑国勒索财物,宋、郑的矛盾重新爆发;郑庄公去世后郑国迅速衰落,齐国却在齐襄公即位后加强了对鲁国的控制并杀死了郑国临时的国君子亹,齐国势力变得更加强大;从鲁庄公十三年的北杏之会开始,齐桓公逐渐成为春秋时期第一位真正意义上的霸主，多极体系开始演变为两极体系。

（二）两极体系时期

鲁庄公十三年至鲁定公四年的这一段时间可以被称为"两极体系"时期。在这一段时期内，诸侯分裂成南、北两大阵营，北方阵营先后以齐、晋为霸主，南方阵营以楚国为霸主。两大阵营长期处于争霸、对立的状态，由此造成的南北冲突成为国际体系中的主导性、框架性的冲突。

鲁庄公十三年的北杏之会，齐桓公第一次登上国际会盟的舞台，从此之后齐桓公逐渐取得了北方地区的霸权；晋国则是借助城濮之战的胜利取代了齐国成为新的北方霸主。在南方，楚国一直是最为强大的国家，它迫使周边地区的小国或部落向其臣服，也获得了事实上的南方霸主的地位。南方霸主楚国的势力向北方扩张必然要与北方霸主的势力产生交汇，南北冲突超越了区域性的冲突而成为国际社会主要的冲突形式。齐楚、晋楚的争霸活动并没有导致一家独大，相反，没有哪一个霸主能够彻底征服对方。虽然国家力量对比的变化导致霸主之间互有胜负，但总体来说双方的势力维持着均衡的状态。

争霸造成了旷日持久的对峙，在对峙中双方互有妥协。那些霸主之外实力较弱的诸侯被迫做出选择，要么加入齐或晋的阵营，要么加入楚国的阵营。两大阵营的成员大致是比较稳定的。鲁襄公二十七年，南、北两大阵营举行了盛大的弭兵之会，14 个国家参加了此次会盟，这 14 个国家分别属于不同的阵营。此次会盟显示了两大阵营的基本成员（见图 1-3）。[1]

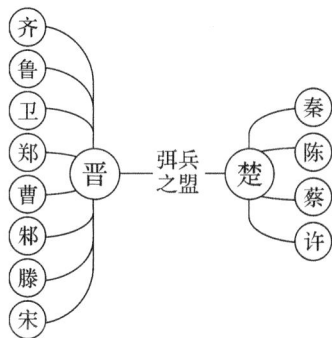

图 1-3　弭兵之盟时期的两极体系示意图

---

[1]　弭兵之盟虽然没有规定齐、秦两国的义务，但这并不妨碍此时"齐国属于晋国集团、秦国属于楚国集团"这一判断，原因在于：赵武表示"晋之不能于齐，犹楚之不能于秦也"，这暗示了晋齐、楚秦的联盟关系。此外，鲁襄公二十五年的重丘之盟，齐国在列；鲁襄公二十六年，楚和秦还在联合攻打吴国，表明了两国的联盟关系。

但是南、北阵营的成员也并不是一成不变的,处于霸主交锋地带的弱小诸侯通常依据自身的利益和所受的威胁程度来变换自己所处的阵营,最具代表性的此类国家是郑国。夹阻于晋、楚两大强国之间的郑国采取了"与其来者,唯强是从"的会盟策略,[①]在强权面前选择了交替与每一位讨伐它的霸主会盟,晋强则服晋,楚强则服楚。与此类似,其他诸侯也都在不同时期更换过阵营,包括区域性大国齐和秦也都先后调整过与霸主的关系。

弭兵之盟已经预示了各国争霸热情的衰减,但在弭兵之盟之后还出现过几次大规模的国际会盟活动,尤其是鲁定公四年的召陵之会,参加的国家达到了19 个之多,这表明争霸活动还没有完全平息。此次会盟之后大规模的会盟活动不再出现,双方都无力于继续维持两大阵营的对峙,由此两极体系重新进入多极体系。

(三)后多极体系时期

鲁定公五年至鲁哀公二十七年的这一段时间可以被称为"后多极体系"时期。在这一时期齐国开启了复霸的道路,宋、卫、郑、鲁和齐国一起瓦解了晋国的霸权,虽然此时晋国仍然是北方最为强盛的国家,但它的霸主地位已无法得到普遍地承认。另一个昔日的霸主楚国周边崛起了吴、越两个大国,尤其是吴国对楚国的侵扰严重削弱了楚国的力量和国际地位,楚国在南方已经不再是一国独大。这样此时的国际体系内包括了以下几个大国(极),晋、楚、齐、秦、吴、越,同时并存的还有其他较为弱小的诸侯和更为弱小的附庸国。与春秋初期的多极体系相比,此时大国的数量和具体国家发生了变化,因此我们称之为"后多极体系"(见图 1-4)。

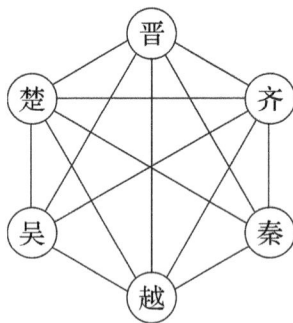

图 1-4　后多极体系示意图

---

①　任中峰.春秋时期郑国的国际会盟策略[J].盐城师范学院学报,2016(2):105-109.

三、体系内的国家阶层

体系内的国家通常可以按照不同的标准划分为不同的阶层,例如按照国家对资源的占有和发展的程度,可以分为发达国家、发展中国家、欠发达国家。等级观念在春秋时期比较严重,这也反映在国家阶层的等级上面,诸侯通常会被区分为大国、次国或小国。《周礼·地官·大司徒》云:"凡建邦国,以土圭土其地而制其域:诸公之地,封疆方五百里,其食者半;诸侯之地,封疆方四百里,其食者参之一;诸伯之地,封疆方三百里,其食者参之一;诸子之地,封疆方二百里,其食者四之一;诸男之地,封疆方百里,其食者四之一。"[1]《礼记·王制》云:"王者之制禄爵:公、侯、伯、子、男,凡五等。……天子之田方千里,公侯田方百里,伯七十里,子男五十里。不能五十里者,不合于天子,附于诸侯,曰附庸。"[2]虽然《周礼》和《礼记》在不同等级的爵位所控制的疆域面积具体大小方面表述得有所不同,但两者都表明了西周天子分封诸侯时,爵位高低与疆域面积的大小是紧密相联系的。

因此,诸侯按照土地大小、爵位或命数的差异划分为大国、次国和小国。孔颖达云:"公为大国,侯、伯为次国,子、男为小国。以土地之大小、命数为等差也。"[3]大国、次国、小国的划分又和国家军事力量的强弱联系在一起。《周礼·夏官》云:"凡制军,万有二千五百人为军,王六军,大国三军,次国二军,小国一军,军将皆命卿……"[4]《左传·襄公十四年》也称:"成国不过半天子之军,周为六军,诸侯之大者,三军可也。"

随着各国实力的改变,判断诸侯国际地位的标准也已发生了变化。国际地位的高低已经不能按照爵位的顺序排列,而是按照军事力量的强弱和疆域的大小进行排序。孔颖达云:"春秋之世,强陵弱,大吞小,爵虽不能自改,地则以力升降。"[5]诸侯的实力越强就越有力量扩张本国的疆域,反过来领土的扩张又进

---

① 《十三经注疏》整理委员会.周礼注疏[M].郑玄,注.贾公彦,疏.北京:北京大学出版社,1999:254.

② 《十三经注疏》整理委员会.礼记正义[M].郑玄,注.孔颖达,疏.北京:北京大学出版社,1999:330-332.

③ 《十三经注疏》整理委员会.春秋左传正义[M].左丘明,传.杜预,注.孔颖达,疏.北京:北京大学出版社,1999:715.

④ 《十三经注疏》整理委员会.周礼注疏[M].郑玄,注.贾公彦,疏.北京:北京大学出版社,1999:743.

⑤ 《十三经注疏》整理委员会.春秋左传正义[M].左丘明,传.杜预,注.孔颖达,疏.北京:北京大学出版社,1999:715.

一步增强了本国的军事力量。最终少数几个大国的实力远远超越了普通的诸侯国,成为国际社会公认的领袖,被称为诸侯中的"伯""霸主"或"盟主"。

从大国争霸的角度我们可以将春秋诸侯在国际会盟中的实力和地位划分三个等级:霸主、大国、小国。齐、晋、楚的实力都曾经在一段时间内远远超越于普通的诸侯国,成为了国际会盟中的霸主;宋、卫、郑、鲁、陈、蔡等国实力较为弱小,长期以来都是国际会盟中的小国;齐(齐桓公时代之外)、秦、吴、越则是介于霸主和小国之间的大国。这些国家构成了一个金字塔形状的等级结构,霸主居于金字塔的顶端,大国位于金字塔的中部,数量较多的小国处于金字塔的底部(见图1-5)。霸主、大国、小国由于国家实力和国际地位的差异,决定了它们采取的会盟策略的差异,也决定了它们在会盟集团中的地位和权力。

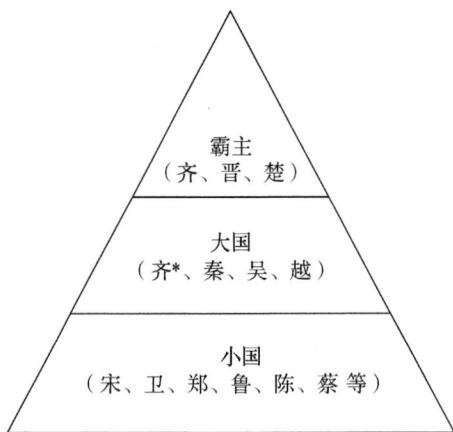

图 1-5　春秋会盟中的国家实力与地位

注:"*"表示齐桓公时代之外的齐国。

本章结论

春秋时期的国际社会是会盟沟通活动兴盛的土壤,在这里我们可以发现诸侯会盟的需求和动力。东周王室的衰微使诸侯各国很快陷入了"国际无政府状态",它们必须主要地依靠自己来保护本国的安全;由于缺乏有效的约束机制,诸侯之间的矛盾和冲突越来越频繁;在经历了初期的多极体系之后,那些实力强大的诸侯获得了国际社会的霸权,诸侯各国形成了霸主、大国、小国的等级差别;霸主之间的竞争迫使诸侯分裂成南、北两大阵营(或国家集团),两极体系由此建立;随着霸主的衰落和新的国家崛起,两极体系无法继续维持下去,诸侯从两极体系重新进入多极体系,春秋的历史也就此结束(见图 1-6)。

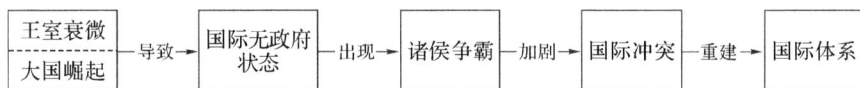

王室衰微 大国崛起	—导致→	国际无政府 状态	—出现→	诸侯争霸	—加剧→	国际冲突	—重建→	国际体系

图 1-6　春秋时期国际体系的重建过程

　　对于春秋的霸主国而言,它们需要维护本国霸权、应对国际竞争、管理国际事务;对于普通的诸侯国而言,它们也需要结交友好关系、寻求安全庇护、协调矛盾和冲突。然而春秋时期的国际社会并不存在现代社会发达的国际组织、高效的传媒工具,各国的国君和卿大夫们必须亲自接触、交流、沟通、交往才能满足他们维护本国利益的需求。当他们决定聚集在一个约定的地点来商讨、处理某一国际事务时,会盟沟通活动就开始发生了。会盟是春秋国际社会最主要的沟通平台,正是春秋国际社会频繁爆发的冲突以及会盟沟通本身所具有的优势造成了这一点。会盟的需求和动力产生于春秋"无政府状态"的国际社会。

第二章　历史的选择:春秋会盟沟通的兴盛

　　会盟活动并不是春秋时人的独创,早在春秋之前人类社会就存在会盟这种沟通方式。只是在春秋时期会盟发展到了鼎盛,会盟的规模、频次、覆盖区域、影响力都远远超出了中国历史上的其他时期。会盟成为春秋时期的一个极为独特的现象,它在春秋时期的盛况可谓"空前绝后",①影响春秋历史进程的重大事件大多都与诸侯会盟有关。在缺乏现代化的传媒工具和战争频繁爆发的春秋社会里,会盟是最为重要的国际沟通平台。除了春秋时期国际社会的无政府状态为会盟活动的兴盛提供了需求和动力之外,会盟本身是否具有一些独特的优势,使它能够超越其他沟通渠道成为诸侯之间主要的沟通方式? 会盟活动又与诸侯争霸紧密地联系在一起,会盟在哪些方面满足了国际体系内不同诸侯的需求? 在不同的争霸阶段,会盟表现出了什么样的特点? 在本章节里,笔者将首先从会盟沟通的概念入手对以上问题展开探讨。

第一节　会盟沟通的概念

一、"会"和"盟"

　　"会盟"是"会"和"盟"的合称,它们是人类社会中既有差别又紧密联系的两种沟通、交往方式。春秋时期"会"的概念相对而言较为丰富,除了与"盟"相连用之外,"会"还可以和其他词语连用传达多种意义,例如会成、会侵、会伐、会救、会次、会战、会城、会葬,②等等。"会盟"中的"会"则指的是相会、会议、会商的意思。"盟"的概念较为单一,指的即是"盟誓",《春秋》和《左传》中出现的莅盟(涖盟)、来盟、寻盟、同盟、入盟等词也都是"盟誓"行为。

---

① 莫金山.春秋列国盟会之演变[J].史学月刊,1996,1:14.

② 廖秀珍.《春秋左氏传》会盟研究[M].林庆彰,主编.中国学生思想研究辑刊(初编):第15册.台北:花木兰文化出版社,2008.

"会"和"盟"紧密相连。[①]鲁昭公三年,郑国的游吉将会盟活动概括为"有事而会,不协而盟"[②],这应该代表了春秋时人对"会"和"盟"的看法。"有事"指的是诸侯之间出现了亟待解决的问题和事务,"有事而会"表明"会"的目的在于解决问题和处理事务;"不协"指的是诸侯之间出现不和睦、不和谐的状况,"不协而盟"表明"盟"的目的在于统一思想、达成共识。这是两者有所差异的地方。但是"会"和"盟"又是内在一致的,因为不和睦、不和谐的状况本身就意味着诸侯之间出现了利益冲突,出现了需要解决的问题和事务;只有这些问题和事务得到妥善地处理,和睦的关系才能够得到恢复;同时,为了妥善处理问题和事务,同样也需要诸侯之间统一思想、达成共识。

"盟"的行为包括了一系列的祭祀仪式,因此它比"会"更加庄严,对参加者的影响也更大。为了举行盟誓活动,需要盟誓者就盟誓内容达成共识,这意味着"盟"之前一定有"会"的交流和沟通行为,否则"盟"就无从谈起;反过来,"会"尽管可能会形成一定的共识或协议,但并不一定会导致"盟"的行为,只有当"会"所得出的结果特别重要时,会盟者才会通过盟誓仪式来强化共识的影响力与约束力。因此我们可以这样来表述"会"和"盟"两者的关系:"会"是"盟"的前提,"盟"是会的强化,"会"和"盟"都是人类重要的沟通、交往行为。

会盟活动在人类早期的历史中就已经出现了,它甚至可以被追溯到原始社会。[③]虽然这种判断很难得到确凿的证实,但依据常识来推理这一判断大致应该不会错误。"会"和"盟"的概念都并不复杂,只要两个人相遇并进行了沟通和交往,"会"就产生了;而当两人举行一定的仪式来纪念或强化沟通的结果时,"盟"也就相应地产生了。

虽然会盟活动的出现可能是非常早的,但是人类文献所记载的会盟活动则要比最早的会盟活动的出现晚很多。《尚书·周书·吕刑》称"蚩尤惟始作

---

① 张全民认为,春秋时期见于史籍的盟多是统治阶级为解决当时社会生活中各种矛盾和纠纷而举行的,会盟常相连而且有时不易区分,所以,"我们将'盟'与'会'放到一起加以考察"(见:张全民.试论春秋会盟的历史作用[J].吉林大学社会科学学报,1994(6):51.)。

② 《左传·昭公三年》。

③ 张二国将会盟的原型追溯到"原始社会部落联盟会议"(见:张二国.先秦时期的会盟问题[J].史学集刊,1995(1):12;张全民认为会盟是一种历史现象,肇始于原始社会。(见:张全民.试论春秋会盟的特点[J].吉林大学社会科学学报,1995(4):29.)莫金山认为,盟会的起源比人们想象的要久远得多,最初的盟会当出现在原始社会末期的部落联盟时代(见:莫金山.春秋列国盟会之演变[J].史学月刊,1996(1):14.)。

乱……民兴胥渐,泯泯棼棼,罔中于信,以覆诅盟"①,《国语·楚语下》称"及少皞之衰也,九黎乱德,民神杂糅,不可方物……烝享无度,民神同位。民渎齐盟,无有严威"②,这些都是较早的盟誓活动的记载;《尚书·尧典》中所记载的帝尧向"四岳"咨询治理洪水的问题、咨询继承人的问题,③是有关"会"的较早的文献记载;《左传·哀公七年》中,鲁国的大夫子服景伯提到了大禹时期的涂山之会,称"禹合诸侯于涂山,执玉帛者万国";《左传·昭公四年》记载,楚国的大夫椒举谈到了春秋之前和春秋时期的八次重大会盟活动,"夏启有钧台之享,商汤有景亳之命,周武有孟津之誓,成有岐阳之蒐,康有酆宫之朝,穆有涂山之会,齐桓有召陵之师,晋文有践土之盟",等等。这些会盟事例都是载于史册的重要的会盟活动。

人类最原始的会盟活动应该不会包含太多的仪式性内容,复杂、完备的会盟仪式的出现是人类沟通需求发展到一定阶段的一个自然结果。随着人类政治观念的发展,会盟活动不可避免地与权力、等级的思想联系在一起,在权力、等级思想的推动下,会盟的体制逐渐完备,会盟的仪式日趋复杂。仪式对于会盟活动的成熟具有重要的意义,当我们在谈论"会盟的起源"这一问题时,实际上我们所谈论的是文献所记载的"具有某种仪式的会盟的起源"的问题。例如,荀子称"诰誓不及五帝,盟诅不及三王,交质子不及五伯"④,《穀梁传·隐公八年》云"盟诅不及三王"⑤,《淮南子》曰"殷人誓,周人盟"⑥,这些说法所谈论的都是与某种特定仪式相关联的会盟活动的起源,而非真正最早的会盟行为的起源。

西周时期会盟进一步被"典章化""制度化",⑦周人建立了现代人看起来完善得不可思议的会盟制度,这些制度又被称为"会同""巡守"制。所谓"会同"指诸侯到宗周朝见天子。《周礼·春官·大宗伯》曰:"春见曰朝,夏见曰宗,秋见

① 《十三经注疏》整理委员会.尚书正义[M].孔安国,传.孔颖达,疏.北京:北京大学出版社,1999:535-536.

② 徐元诰.国语集解[M].王树民,沈长云,点校.北京:中华书局,2002:514-515.

③ 《十三经注疏》整理委员会.尚书正义[M].孔安国,传.孔颖达,疏.北京:北京大学出版社,1999:19-49.

④ 王先谦.荀子集解[M].北京:中华书局,1988:519.

⑤ 《十三经注疏》整理委员会.春秋穀梁传注疏[M].范宁,集解.杨士勋,疏.北京:北京大学出版社,1999:26.

⑥ 刘安,等.淮南子全译[M].许匡一,译注.贵阳:贵州人民出版社,1993:765.

⑦ 张全民.试论春秋会盟的特点[J].吉林大学社会科学学报,1995(4):29.

曰觐,冬见曰遇,时见曰会,殷见曰同,时聘曰问,殷覜曰视。"①可见在西周时期"会同"有多种不同的名称和形式;"巡守"指天子到各地巡视诸侯。《礼记·王制》曰:"天子五年一巡守。"②《孟子·告子下》曰:"天子适诸侯曰巡狩,诸侯朝於天子曰述职。"③诸侯有事朝见周王时,会按一定的时间间隔举行盟誓活动;④周王在巡守诸侯时也会召见诸侯,也可能让诸侯举行盟誓活动。⑤

无论"会同"还是"巡守",都是为了实现周天子与诸侯的相会、相见并确认、巩固天子与诸侯之间的等级关系这一目的。在《周礼》中诸侯需要按照季节的次序朝见周王。《周礼·秋官·大行人》曰:"春朝诸侯而图天下之事,秋觐以比邦国之功,夏宗以陈天下之谟,冬遇以协诸侯之虑,时会以发四方之禁,殷同以施天下之政。"汉人郑玄注曰:"此六事者,以王见诸侯为文。"⑥从郑玄的注释来看,这些都是周王接见诸侯时要讨论、沟通、处理的政务,大致的情况是:春天讨论诸侯的计划是否可行,秋天评估诸侯实施计划的绩效,夏天总结诸侯执行计划的得失,冬天协调诸侯之间的异同,不定期地举行会见以发布禁命,大规模地举行盛会以发布政命。

为了防止诸侯勾结起来背叛周王,西周时期诸侯之间的私下会盟是不被允许的。进入春秋以后,周王已经无力维持以往的会盟制度,诸侯之间的私下会盟随即兴盛起来。整个春秋时期王室仅参加了少数几次会盟活动,并且在这些会盟中王室都不是主角。鲁僖公二十八年的践土之盟中,周襄王亲自奔赴会盟地点慰劳晋文公,晋国甚至召集周王来参加随后举行的温之会,这在王权强盛的时期都是不可能发生的事。

① 《十三经注疏》整理委员会.周礼注疏[M].郑玄,注.贾公彦,疏.北京:北京大学出版社,1999:464.
② 《十三经注疏》整理委员会.礼记正义[M].郑玄,注.孔颖达,疏.北京:北京大学出版社,1999:360.
③ 杨伯峻.孟子译注[M].北京:中华书局出版社,1960:287.
④ 孔颖达云:"若王不巡守及诸侯有事朝王,即时见曰会,殷见曰同,亦为盟礼,以显昭明。"(见《十三经注疏》整理委员会.春秋左传正义[M].左丘明,传.杜预,注.孔颖达,疏.北京:北京大学出版社,1999:41.)
⑤ 杜预云"凡八聘四朝再会,王一巡守,盟于方岳之下",即一年一聘、三年一朝、六年一会、十二年一盟;孔颖达认为,"王合诸侯唯有巡守","天子之合诸侯,有使诸侯共盟之礼也"(见《十三经注疏》整理委员会.春秋左传正义[M].左丘明,传.杜预,注.孔颖达,疏.北京:北京大学出版社,1999:58,1322-1323.)。
⑥ 《十三经注疏》整理委员会.周礼注疏[M].郑玄,注.贾公彦,疏.北京:北京大学出版社,1999:992-993.

　　春秋时期的诸侯会盟延续了西周时期的会盟制度,依然强调权力、等级和仪式。此时的会盟实际上是一种独立国家之间的沟通、交往行为,其目的是为了处理国际事务、解决国际冲突、维护国际秩序。鲁国的曹刿曾解释会盟的功能,称:"故会以训上下之则,制财用之节;朝以正班爵之义,帅长幼之序;征伐以讨其不然。诸侯有王,王有巡守,以大习之。"①晋国的叔向也称:"是故明王之制,使诸侯岁聘以志业,间朝以讲礼,再朝而会以示威,再会而盟以显昭明。志业于好,讲礼于等,示威于众,昭明于神。"②通过会盟的沟通、交往,诸侯实现"志业""讲礼""示威""昭明"等政治目的。可见会盟从出现一直到春秋时期,都是人类社会中的一种沟通、交往方式。

二、什么是会盟沟通

　　进入春秋以后,诸侯之间的会盟次数逐渐增多,规模也变得更加庞大,会盟的影响力也相应地增强了,会盟在众多影响历史进程的事件中都发挥了重要的作用。会盟作为国际沟通平台在春秋时期是如此重要,以至于我们可以用"会盟沟通"的概念来命名这种独特的沟通方式和传播现象。

　　具体到春秋这一段历史,"会盟沟通"指的是一种以会盟活动为平台的国际沟通方式,它可以被定义为:诸侯各国在约定的时间和地点,按照特定的程序和仪式,针对特定的议题和事务,举行会议和盟誓活动,以维系友谊、协调冲突、处理事务、达成共识、缔结协议、制定规则、分配权力的一种国际沟通方式。接下来笔者从以下五个方面来进一步介绍、阐释"会盟沟通"的概念和内涵。

　　(一)身份对等的参与者

　　会盟沟通的参加者几乎全部都是诸侯国的国君或卿大夫,他们是诸侯国内权力的掌握者。由于会盟沟通关系着国家利益的实现,因此出现在会盟舞台上的绝大多数人都是诸侯国内最有权势的人。春秋时期的等级思想也在会盟这个平台上得到了体现。它非常强调参加者的身份对等,原则上要求参与者的身份应该大体一致。例如国君与国君会盟,卿大夫与卿大夫会盟。与身份不对等的人会盟是一种不礼的行为,这将会使身份高的一方受到羞辱。例如鲁文公二年,霸主晋国为了惩罚鲁国不到晋国朝见,迫使鲁文公与晋国大夫阳处父盟誓,通过这种方式羞辱鲁文公;鲁定公八年,晋国采取了同样的方式羞辱了卫灵公,迫使卫灵公与晋国大夫涉佗、成何盟誓,而受到羞辱的卫灵公随即背叛了晋国。

---

　　① 《左传·庄公二十三年》。
　　② 《左传·昭公十三年》。

但是身份对等的原则并不是绝对的,参加者的身份也要服从于国家的实力和会盟时的形势,同时也要屈从于霸主的意志。例如鲁僖公四年的召陵之盟、鲁僖公八年的洮之盟、鲁文公七年的扈之盟,等等,都是在特定情形中出现的身份不对等的盟誓。① 不同参加者的身份等级还可以按照国家实力和地位来进行调剂。鲁成公三年,鲁国的臧宣叔云:"次国之上卿当大国之中,中当其下,下当其上大夫。小国之上卿,当大国之下卿,中当其上大夫,下当其下大夫。上下如是,古之制也。"②通过这样的调剂,来自不同国家的国君和卿大夫大致可以在等级上获得平衡。

(二)约定的时间和地点

在举行会盟活动之前,会盟的参加者需要约定好会盟的时间和地点。例如,鲁襄公五年的戚之盟,晋国为了把吴国拉入同盟,还专门派鲁国大夫仲孙蔑、卫国大夫孙林父与吴国相会于善道,以告知吴国戚之盟举行的时间和地点;鲁襄公二十七年的弭兵之盟,诸侯各国约定了在宋国的国都举行会盟,参加会盟者先后抵达会盟地点的时间也大体相近,如果没有事先的约定恐怕很难会出现这样的情形。

(三)特定的沟通仪式

春秋时期人们非常重视"礼"的精神,"礼"表现为等级分明、复杂繁琐的程序和礼仪,尤其对于国际会盟这种参加者是各国国君和卿大夫的重大外交场合,诸侯各国都十分重视,更加需要按照严格的仪式来举行。无论是会还是盟都要遵循特定的仪式,春秋时期的人们把它们的仪式分别叫作"会礼"和"盟礼"。会盟的仪式中最为重要的部分是祭祀神灵的盟誓仪式,它包括了除地为坛、凿地掘坎、杀牲歃血、昭神读书、坎牲埋书、享宴归饩等六个环节,我们从中可以看出会盟仪式的复杂、繁琐程度。鲁昭公四年,楚灵王计划举行申之会,楚国的大夫椒举将申之会看作是传播楚国霸主形象的机会,认为申之会的仪式关系到楚国霸业的能否获得成功,他列举了历史上曾经举行过的八次会盟事例供楚灵王参考。楚灵王还专门向宋国的向戌、郑国的子产咨询会盟的礼仪,这两个人都是当时国际上非常有名望的卿大夫,他们分别向灵王推荐了六种"公合诸侯之礼"和六种"伯、子、男会公之礼"。申之会的事例显示了诸侯对会盟仪式

① 召陵之盟中楚国大夫屈完与齐桓公等诸侯盟誓,这主要是因为楚国的强大实力;洮之盟中王室与诸侯盟誓,主要是因为当时的形势所迫,周襄王急于得到霸主齐桓公的支持;扈之盟中晋国正卿赵盾与诸侯盟誓则是因为晋国是霸主且新立的国君晋灵公年幼。

② 《左传·成公三年》。

的重视和会盟仪式的复杂,限于文献的缺失,椒举、向戌、子产提到的这些会盟仪式的具体内容现在我们已经很难获知了。

（四）特定的国际议题

会盟活动的花费是非常巨大的,对于任何诸侯而言都是一个不小的负担,这就要求会盟活动必须能够帮助解决国际社会所关注的问题、处理与诸侯切身利益相关的事务。如果会盟不具备这样的功能,那么会盟这种沟通方式就失去了它存在的价值。国君和卿大夫的沟通活动所围绕的国际问题和事务构成了会盟沟通的议题。诸侯会盟常见的沟通议题包括:维系友好关系、传达霸主命令、谋划军事行动、停战和议和、建立国际规则,等等。诸侯各国的国君和卿大夫围绕着议题沟通之后所形成的决议,往往对当时的国际局势产生重大的影响,最突出的例子就是鲁襄公二十七年的弭兵之盟。在这次会盟上晋、楚两个集团达成了"共享霸权"的原则,国际社会尊奉晋、楚两个大国为诸侯的共同霸主,两国的属从国交相到对方的霸主国家去朝见,同时履行对两位霸主的双重义务。会盟的决议使得晋、楚争霸的局势出现了缓和,营造出春秋历史上罕见的、近四十年的和平景象。

（五）共同的国际利益

春秋时期的诸侯国是独立的政治实体,它们参与会盟沟通的出发点是自身的利益。鲁襄公四年晋国的魏绛在劝说晋悼公与诸戎结盟时的说辞表明了诸侯在处理国际关系时遵循的是利益优先的原则。当时晋悼公并不愿意与诸戎和解,大夫魏绛深入地剖析了举行这次会盟将在五个方面为晋国带来的利益,及不与诸戎和解则将造成的危害。权衡利弊得失之后晋国与诸戎举行了盟誓活动。但是国家总是处于一定的国际体系之内,诸侯在国际社会中的利益将受到其他诸侯的制约,利益是国际社会中各种力量博弈的结果。从这个意义上来讲,会盟沟通所"沟通"的内容是国家之间的利益,通过会盟的沟通平台诸侯各国缔结成一定的会盟共同体,会盟沟通所维护的是会盟共同体的集体利益。我们可以从葵丘之盟的盟辞证实这一点:孟子将盟辞概括为"五命","五命"规定了诸侯交往时所需应遵守的国际规则。如果诸侯都能够按照"五命"的原则处理内外事务,会盟共同体中各国的利益都将不会受到他国的侵犯,诸侯共同体的利益将得到维护。

霸主所具有的国际权力使它的利益比其他诸侯的利益更为最重要,会盟共同体的利益往往表现为霸主的利益,这也是春秋等级社会中所无法避免的事。但这并不意味着霸主可以随意欺凌其他诸侯,霸主维护自身霸权的同时必须考虑会盟共同体中小国的利益诉求,否则将会导致小国的叛离。因此总体而言,会盟沟通的目的是为了维护霸主主导的会盟共同体的集体利益。

春秋时期会盟沟通的概念包括了以上五个方面的要素,这五个要素分别是:身份对等的参与者、约定的时间和地点、特定的沟通仪式、特定的国际议题、共同的国际利益,它们所对应的分别是沟通者、沟通情景、沟通方式、沟通主题、沟通目的。这五个要素共同构成了一个完整的国际沟通过程。会盟沟通的要素结构可以用图 2-1 来表示:

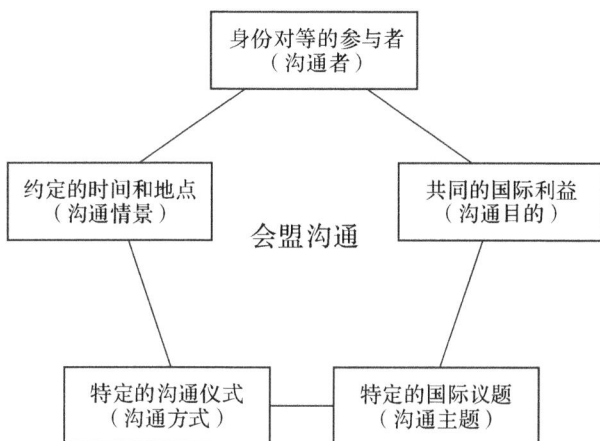

图 2-1　会盟沟通的五个要素

三、会盟沟通的本质

古典现实主义国际关系理论认为国际体系以国家为基础,国家是行为体中的主要行为体,并且国家是根据国家利益进行决策的理性行为体。[①] 在这种理论假设下,国家利益成为了一切国家对外政策的出发点,会盟决策作为重要的外交决策之一也将必然以国家利益为基础。黑格尔认为:"国家在相互关系中都是自治的实体,条约的效力以各国的意志为基础。而且,由于作为整体的意志要求谋求自己的利益,所以这种利益就作为国家的最高目标主导了国家间的关系。"[②]现实主义国际关系理论强调了国家权力,认为"国家存在于一个无政府

---

① 詹姆斯·多尔蒂,小罗伯特·普法尔茨格拉夫.争论中的国际关系理论[M].阎学通,陈寒溪,等译.北京:世界知识出版社,2002:68-69.

② 詹姆斯·多尔蒂,小罗伯特·普法尔茨格拉夫.争论中的国际关系理论[M].阎学通,陈寒溪,等译.北京:世界知识出版社,2002:75.

体系中,国家政策的基础是以权力为后盾的国家利益"①。摩根索则明确指出一国外交政策的制定是由这个国家的国家利益所决定的,国际政治的实质内容之一就是国家利益。②

但是国际社会中的利益不是由单一的国家所能够完全决定的,一个国家的利益只有在国际社会中通过与其他国家的互动才能够得以实现,国际社会的结构决定了国家利益的内容、表现以及实现的方式和程度。因此国际关系实质上是国际体系中处于不断互动中、组合中的利益关系,国际会盟正是国际利益结构进行互动、重组的沟通手段。

因此,会盟作为一种沟通平台或沟通机制,它所沟通的内容包括了三个层次:首先是信息的沟通,会盟的参与者借助会盟创造的接触机会来表达、传播、交流各自的观点和主张,信息沟通是会盟最基本层面的功能;其次,会盟沟通是独立政治实体之间的沟通行为,沟通的目的是为了协调不同政治实体之间的利益,因此利益交换是会盟沟通的第二个层面;再次,在国际关系中利益并不是空中楼阁,利益的实现需要以国家权力(实力和地位)为基础,国际利益的协调反映的是国际权力的分配,因此权力分配是会盟沟通的第三个层面。会盟沟通的三个层面如图 2-2 所示:

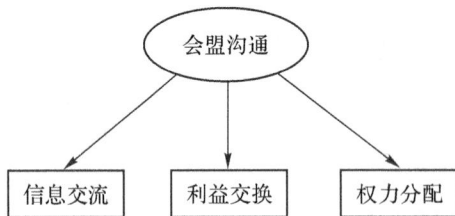

图 2-2　会盟沟通的三个层面

每一次会盟活动都或多或少地实现了信息、利益、权力三个层面的沟通。信息沟通是最为表层的沟通行为,权力分配是最为深层次的沟通行为,利益交换沟通介于两者之间。显然会盟三个层次的沟通并不是可以分割开的,所有的会盟活动都离不开信息的沟通,同时所有的会盟活动也都发生于一定的国际利益和权力的格局之中。但并不是每一次会盟活动在三个层面的沟通效果都是相同的,我们可以观察到,一些会盟活动侧重于信息沟通,而另一些具有重大意

---

① 詹姆斯·多尔蒂,小罗伯特·普法尔茨格拉夫.争论中的国际关系理论[M].阎学通,陈寒溪,等译.北京:世界知识出版社,2002:77.

② 倪世雄.当代西方国际关系理论[M].上海:复旦大学出版社,2001:258.

义的会盟活动则主要实现了利益交换和权力分配方面的沟通功能。例如春秋时期大多数会盟活动的主要目的是传达并执行霸主的命令,比较少地涉及了利益的协调和权力的分配。但是大国力量对比发生巨大改变时所举行的会盟活动,则主要是为了重构国际利益和权力关系,例如召陵之盟、践土之盟、弭兵之盟等,这些会盟活动都对当时的国际格局产生了重大的影响。

我们基本上可以这样来认识春秋时期的国际会盟:国际会盟是一定时期内国际利益关系和权力秩序的反映和体现;会盟沟通本质上是国际社会调整利益关系、权力秩序的手段;参加会盟意味着对会盟所代表的利益关系和权力秩序的接受和确认,拒绝会盟则意味着对会盟背后的利益关系和权力秩序的否认和挑战。

笔者以鲁僖公四年的召陵之盟为例来说明这一点。早在此次会盟之前楚国的势力就开始向北扩张,临近楚国的陈、蔡、郑等国都受到了楚国的侵扰。与以往不同的是,此时北方诸侯已经通过北杏之会、鄄之会、幽之盟等会盟活动完成了北方国际权力的分配,齐桓公成为北方诸侯的领袖,他并不愿意楚国的力量介入到齐国的霸权范围。在鲁僖公二年和三年,齐桓公先后两次与楚国东北部的江、黄二国举行了会盟活动。江、黄二国是楚国的属国,是通向齐国南方的通道,与这两个国家结盟表明齐桓公已经开始为攻打楚国布局。

鲁僖公四年,齐桓公帅诸侯从蔡国侵入楚国。楚国并没有勇气和齐桓公决战,而是派遣使者指责齐桓公破坏了以往的国际格局,称:"君处北海,寡人处南海,唯是风马牛不相及也。不虞君之涉吾地也,何故?"[1]齐国的管仲则答复之所以讨伐楚国是因为"尔贡包茅不入"和"昭王南征而不复"两个原因。楚国虽然拒绝了"昭王南征而不复"的指责,但是却接受了"尔贡包茅不入"的指责。齐、楚两个大国都没有强烈的意愿展开决战,当楚国表现出一定的让步之后,双方就在召陵举行了盟誓活动。

召陵之盟所反映的是齐、楚两个霸主都没有能力使对方臣服这一国际权力格局的现实。召陵之盟的结果等于承认了齐国在北方的利益和权力,同时也承认齐国的霸主权力并不能行使于楚国势力范围。如果双方都不承认这一权力格局,召陵之盟也就无法举行了。同时,齐桓公向楚国发出"和我一起共建友好关系"的邀请,这实际上也是一种会盟的邀请,如果楚国对盟誓活动加以拒绝,也将意味着楚国对这一格局的否认——这将可能会导致双方的进一步冲突。召陵之盟后,楚国将重心放到了对南方国家的征服上,暂时减缓了向北方扩张

---

① 《左传·僖公四年》。

的步伐。直到齐桓公去世后,国际权力的平衡被再次打破,楚国重新北上同宋国展开了霸权的争夺。

第二节 会盟沟通的优势

国际社会的状况创造了迫切的沟通需求,但是如果会盟这种方式与其他沟通方式相比不具备优势的话,那么它也很可能不会受到诸侯的普遍重视。春秋时期缺乏现代化的传播媒介,外交人员不得不亲自携带需要传递的信息穿梭于各国之间。由于缺乏现代化的交通工具再加上战争环境的影响,国际沟通的效率比较低下,朝聘活动几乎是除了会盟之外唯一的国际沟通渠道。会盟在信息传播方面比朝聘更加高效。它所具有的优势使其很自然地成为春秋国际社会最重要的沟通渠道。

一、国际沟通的困难

国际沟通是解决国际冲突的先决条件,如果没有有效的沟通渠道,国际冲突将会在各国的自私、贪婪、猜忌、提防中愈演愈烈,最终失去控制而演变成冲突的暴力形式——战争。国际冲突反过来也会限制对立各方之间的沟通,"随着冲突的发展,冲突双方的沟通日益减少,而各自内部的沟通(和凝聚力)则逐渐加强。双方冲突的强度达到最大时,双方的沟通会降到最低……"[1],避免这种恶性循环的途径即是建立有效的沟通渠道。

不幸的是,春秋时期的国际社会却缺乏现代社会所拥有的高效率的沟通媒介,除了会盟这种沟通方式之外,诸侯各国的信息传播主要依赖于穿梭于各国之间的外交使者——"行人"。"行人"是周代设立的一种负责外交事务的官职,包括"大行人"与"小行人"两种职位。《周礼·秋官》记载了西周大、小行人的职责,其中大行人为中大夫,"掌大宾之礼及大客之仪,以亲诸侯"[2],主要负责"相王接见诸侯或其使者,及代表王聘问诸侯以亲抚邦国[3];小行人为下大夫,"掌邦国宾客之礼籍,以待四方之使者","使适四方,协九仪宾客之礼",[4]主要负责

① 詹姆斯·多尔蒂,小罗伯特·普法尔茨格拉夫.争论中的国际关系理论[M].阎学通,陈寒溪,等译.北京:世界知识出版社,2002:292.
② 孙诒让.周礼正义[M].北京:中华书局,1987:2734,2945.
③ 刘伯骥.春秋会盟政治[M].台北:中华丛书编审委员会,1962:290.
④ 孙诒让.周礼正义[M].北京:中华书局,1987:2734,2994,2998.

"典宾客之礼籍,逆劳摈相,掌六节六瑞六币五物,调查统计各国情报"①。从这些相关的记载和描述来看,行人既负责接待诸侯朝见周王的使者,又负责充任王室的使者出使四方诸侯。

春秋时期诸侯各国的行人似乎兼任了西周时期大、小行人的职责。② 此时"诸侯匹敌,国交频繁,故行人为使,上焉者能造命,其次不辱命"③,行人变得比以往更加重要了,"他们的使命不限于信使的范围,而是承担起拯救国家危亡的重任"④。杨伯峻指出行人有专官也有兼官,⑤除了专职的行人之外,一些地位较高的卿大夫也参与了信息传播的过程,甚至诸侯国的国君也会亲自奔赴他国或者亲自参与具体的对外沟通事务。

春秋时期的国际环境给沟通工作带来了困难,承担国际沟通任务的行人所面临的困难主要来自于两个方面:

(一)传播媒介和交通工具

由于缺乏现代化的远距离传播媒介,行人必须亲自往返于各国之间传递信息,传播效率受限于交通工具的快捷程度。春秋时期人们能够利用的交通工具主要有路车、戎车、舆、辇、舟以及马匹。⑥ 一些国家还在内部建立了驿站系统用以国内信息的传递,这些驿站被称为"遽""馆""邮"等;⑦在国际上,各国有责任和义务保证道路的畅通以及向过往的行人提供礼节性的服务和帮助。

但最快速的交通工具仍然只是马以及马车,人们不得不在旅途中花费很多的时间。同时,行人的出使往往不是孤身一人,他还配有副手以及其他随同人员,"使者有上介,有众介。上介为副手,众介为助手"⑧;"卿使则大夫为介;大夫使则士为介"⑨,如果出使者是重要的卿大夫,他们还可能会配有专门的军队来

---

① 刘伯骥.春秋会盟政治[M].台北:中华丛书编审委员会,1962:290.

② 杨伯峻.春秋左传注[M].北京:中华书局,1990:125.

③ 刘伯骥.春秋会盟政治[M].台北:中华丛书编审委员会,1962:291.

④ 陈彦辉.试论春秋行人的知识结构[J].吉林师范大学学报:人文社会科学版,2003(2):1-4.

⑤ 杨伯峻.春秋左传注[M].北京:中华书局,1990:734.

⑥ 白寿彝.中国交通史[M].上海:上海书店,1984:1-54.

⑦ 中国公路交通史编审委员会.中国古代道路交通史[M].北京:人民交通出版社,1994:53.

⑧ 杨伯峻.春秋左传注[M].北京:中华书局,1990:779.

⑨ 刘伯骥.春秋会盟政治[M].台北:中华丛书编审委员会,1962:292.

保护安全；①此外，一般情况下行人还需要携带数量不菲的财物与礼品用以贿赂和礼仪性的馈赠。这些都将在一定程度上增加旅途的成本、降低信息传播的效率。

(二)战争环境的阻力

战争环境也不利于行人的出使活动——这加剧了国际沟通的困难。春秋时期的行人享有一定的外交特权以使他们能够安全地穿梭于各国之间。即使处于战争中的国家也可以互相派遣使者沟通信息，原则上行人的安全必须得到保证，所谓"兵交，使在其间可也"②。但这仅仅是原则性的共识，实际情况并非如此，扣留和杀死使者的事件也时有发生。③ 在这种情况下交战国家的双方也可能会中断使节往来，例如鲁成公十六年的晋、楚鄢陵之战中，晋栾鍼称："今两国治戎，行人不使……"④鲁襄公二十九年，郑国行人公孙黑害怕遭到迫害而拒绝出使楚国，他辩解称："楚、郑方恶，而使余往，是杀余也。"⑤甚至像楚国这样强大国家的使者也会遭到比楚国弱小的国家的迫害。鲁宣公十四年，楚庄王派申舟赴齐国聘问，命令申舟路过宋国时"无假道于宋"⑥。申舟之前曾经鞭打过宋昭公的仆人，⑦鞭打仆人实际上就等于羞辱了仆人的主人宋昭公。宋国以其不假道为借口趁机进行报复，在申舟路过宋国时将其杀死。

春秋各国所面临的国际传播环境迫使诸侯各国选择了更为高效的会盟沟通方式，这一方式的最大优势就是将各国最有权势的决策者(国君和卿大夫)召

---

① 《左传·定公四年》曰："若嘉好之事，君行师从，卿行旅从……"因此卿大夫出行很可能也会有保护人员随行。

② 《左传·成公九年》。

③ 《春秋》经文中六次提到行人，都是因为被拘押扣留，有些行人得以幸免于难，有些则被杀害。(见：叶重阳.两周社会转型时期的行人[J].渤海大学学报:哲学社会科学版，2012(2):102-107.)

④ 《左传·成公十六年》。

⑤ 《左传·襄公二十九年》。

⑥ 行人路过其他国家时需要向地主国家行"假道"之礼，不告知地主而路过他国则被认为是无礼的行为。《仪礼·聘礼》曰："若过邦，至于竟，使次介假道，束帛将命于朝，曰:'请帅。'奠币。"(见：《十三经注疏》整理委员会.仪礼注疏[M].郑玄，注.贾公彦，疏.北京:北京大学，1999:365.)

⑦ 事在鲁文公十年，诸侯跟随楚穆王田猎于孟诸，宋昭公违命，申舟(即"子舟"，字无畏，时任左司马之职)鞭笞其仆并在全军示众。

集在一起进行更加"直接"地对话,①这样就会避开传播媒介和交通工具不发达以及战争环境造成的沟通困难。

二、会盟之外的沟通渠道

在会盟之外,诸侯各国还可以通过朝聘展开国际沟通。"朝"和"聘"存在一些差异,两者都是当时常见的外交活动,相当于现代国际社会中的外交访问。一般意义而言,"朝"应该是一种诸侯拜见天子的礼仪。《周礼·秋官·小行人》称:"宾客之礼,朝、觐、宗、遇、会、同,君之礼也。"唐人贾公彦对此解释称:"云'朝觐宗遇会同,君之礼也'者,此即诸侯之宾,故云君之礼。"②清人孙诒让认为这里所说的"君"指的是"邦国之君",③即诸侯国的国君。因此在西周时"朝"是诸侯的国君朝见天子的礼仪。

进入春秋后,诸侯国的国君到其他诸侯国访问也被称为"朝"。随着王室的衰微,诸侯国很少再朝见天子,取而代之的是,小国朝见大国、弱国朝见强国、诸侯朝见霸主的现象屡见不鲜。以鲁国为例,顾栋高的《春秋大事表》所列的朝见情况显示,鲁国在春秋时期仅朝见了周王 3 次,而鲁侯到其他国家朝见的次数共有 33 次,其中赴齐 10 次、赴晋 21 次、赴楚 2 次,④齐、晋、楚都是当时的霸主国家,而到鲁国朝见的则都是周边小国的国君。

如果不是国君亲自出行而是派遣卿大夫到其他国家访问,这种访问就被称为"聘"。在周礼中"聘"是卿大夫等臣子的礼仪。《周礼·秋官·小行人》曰:"存、觌、省、聘、问,臣之礼也",唐人贾公彦解释为:"云'存觌省聘问,臣之礼也'者,存觌省三者,天子使臣抚邦国之礼。聘问二者,是诸侯使臣行聘时聘殷觌问天子之礼。"⑤从贾公彦的解释来看,一方面而言"存""觌""省""聘""问"都是派遣使者访问而非君主亲自出行;另一方面,"存""觌""省""聘""问"存在一定的差别,即天子派使者出使诸侯的行为称之为"存""觌""省",诸侯遣使问候天子

---

① 这里所说的"直接"只是相对而言,会盟活动中国君、卿大夫之间的交流大多数是通过"介"转述或由"介"代为提问和回答的;"介"指的是国君和卿大夫的副手或仪式中的相礼者。
② 《十三经注疏》整理委员会.周礼注疏[M].郑玄,注.贾公彦,疏.北京:北京大学出版社,1999:1011-1012.
③ 孙诒让.周礼正义:第 12 册[M].王文锦,陈玉霞,点校.北京:中华书局出版社,1987:2998.
④ 顾栋高.春秋大事表[M].吴树平,李解民,点校.北京:中华书局,1993:1563-1575.
⑤ 《十三经注疏》整理委员会.周礼注疏[M].郑玄,注.贾公彦,疏.北京:北京大学出版社,1999:1011-1012.

的行为称之为"聘"和"问"。宋人吕大临则认为这五种礼仪都可以看作为"聘"。①

"存""觐""省""聘""问"的差别并没有在《春秋》《左传》得到明确地体现。《春秋》《左传》共记载了9次东周王室的使者出使诸侯国的事件:鲁隐公七年"天王使凡伯来聘",鲁隐公九年"天子使南季来聘",鲁桓公四年"天王使宰渠伯纠来聘",鲁桓公五年"天王使仍叔之子来聘",鲁桓公八年"天王使家父来聘",鲁庄公二十三年"祭叔来聘",鲁僖公十六年"周内史叔兴聘于宋",鲁僖公三十年"天王使宰周公来聘",鲁宣公十年"天王使王季子来聘"。以上9次出使,除了《左传》记"天王使王季子来聘"为"刘康公来报聘"之外,②其他记载全部用的都是"来聘"一词。因此,春秋时期的"聘"是各国(包括东周王室)之间派遣使者互相访问的一种统称。杨伯峻认为:"凡天子於诸侯,诸侯於诸侯,使其卿大夫相互访问,皆曰聘。"③

概括而言,朝聘是诸侯国派遣使者到其他国家出使、访问的统称,如果使者为国君则称为"朝",如果使者为卿大夫则称为"聘",④"朝"意味着向对方国家表示顺服,"聘"则没有这种涵义。朝聘的目的大致可以分为两种情况:一种是为维持友好关系的礼节性访问,另一种是为处理特定事务而进行的访问,无论是哪一种类型的访问都不可避免地夹杂着信息传递、情报搜集、观点交流和态度表达,因此朝聘也是诸侯互相沟通的一种渠道。

但是与会盟相比,朝聘的沟通效率相对较低,两者最为主要的区别在于:首先会盟参与者的级别都非常高,往往是掌握国内政权的国君或卿大夫。而到其他国家朝聘者虽然也有高级别的国君和卿大夫,但总体是由级别较低一点的普通卿大夫承担的;其次,会盟在短时间内把多个国家的重要人物聚集在一起,沟通起来更为高效。而朝聘在大多数情况下都是某一个国家到另一个国家,信息沟通的效率显然无法与会盟相提并论。

三、会盟沟通的五个优势

为了更好地协调关系、加强合作、化解冲突、限制战争,诸侯各国必须找到一种更加有效的沟通方式,这种沟通方式需要能够适应春秋时期的历史环境,

---

① 李无未.周代朝聘制度研究[M].长春:吉林人民出版社,2005:44.

② 《春秋》记此事为"天王使王季子来聘",《左传》记此事为"刘康公来报聘","刘康公"即"王季子"。

③ 杨伯峻.春秋左传注[M].北京:中华书局,2009:53.

④ 郑春生.朝聘礼制管窥[J].上海师范大学学报,1991(3):56.

解决传播媒介、交通工具、战争环境等方面造成的沟通困难。而这种沟通方式在春秋时期就是会盟。会盟沟通在诸多方面拥有独特的优势,这些优势使它能够适应当时的社会状况,满足诸侯在沟通方面的迫切需求,也导致了会盟沟通活动的兴盛。会盟在以下方面所具有的优势使它成为春秋时期最为重要的沟通平台:

(一)高级别

会盟活动关系到诸侯各国的切身利益,各国对会盟活动都非常重视。会盟还是国际社会的重大事件。对于当时的国君和卿大夫而言,能够参加会盟活动是一种非常大的荣耀,有利于提高他们在国际社会中的声望,巩固他们在国内的地位。某一个国君或卿大夫一旦列席于会,他的合法地位就得到了国际社会的承认,如果他的利益受到损害,那些共同参加会盟的其他国君或卿大夫将会为其提供一定的保护。例如齐灵公的世子光能够继承君位就得益于他多次参加会盟活动。鲁襄公十九年,齐灵公打算废掉世子光而立牙为大子,牙的母亲仲子却反对这样做,因为光多次代替齐灵公参加诸侯的会盟活动,其合法继承人的地位已经得到了国际社会的承认,无故废掉光将会招致诸侯的讨伐。但是齐灵公却一意孤行地废掉了光,果然晋国立即就发动了对齐国的讨伐。最终齐灵公病死,仍然是由光继承了国君之位。

出于以上原因,为了维护诸侯国和参加者本人的利益,会盟活动的参加者绝大部分是诸侯国内级别最高、最有权势的国君或卿大夫,他们是各国政治、经济、外交、军事等方面重大决策的制定者。在正常的情况下,那些地位低下的人是没有资格参加会盟活动的。因此,由这些国君和卿大夫共同协商形成的决议必然具有很大的影响力,对国际局势以及各诸侯国内的状况都会产生重大的影响,这保证了会盟沟通的效力。

(二)集聚性

会盟沟通的集聚性是其他沟通方式所无法替代的一大优势。集聚性指的是会盟活动能够在把诸侯各国的决策者集聚在一个特定的地点和特定的时间段内。除了会盟之外,当时能够把众多国家的国君和卿大夫集聚在一起的场合并不多见,出行的安全、成本等问题都不允许他们随意地集聚在一起。但是,借助会盟所提供的机会,这些当时最有权势的国君和卿大夫可以按照特定的仪式,近似地实现直接地、面对面地对话和交流,这大大提高了国际沟通的效率。如果没有会盟这种沟通方式,各国之间的信息传递将完全依靠行人的脚力。而由于行人所拥有的决策权力是非常有限的,他们将不得不多次往返于各国之间请示那些更高等级的决策者,这种沟通方式的沟通效率显然是无法与会盟相比的。

　　春秋时期参加国家最多的一次会盟活动是鲁定公四年的召陵之会,这次会盟共有 19 个国家参加,是诸侯所举行的规模最大的一次会盟活动。除此之外,鲁襄公十四年的向之会有 15 个国家,鲁成公二年的蜀之盟有 14 个国家参加,鲁襄公五年的戚之盟有 14 个国家参加,鲁襄公二十七年的宋之盟实际参加的国家也有 14 个,鲁昭公十三年的平丘之会有 14 个国家参加,等等。这些由数量众多的国家参加的会盟活动显示了会盟沟通的集聚性。考虑到春秋时期的战争环境和交通状况,出现如此多的大规模会盟沟通活动着实是非常不容易的事,由此可见诸侯各国对会盟活动的重视。

　　(三)仪式感

　　春秋时期的人们非常重视交往行为中的仪式,国君和卿大夫的一举一动都要符合"礼"的精神,尤其是会盟这样的重大国际交往场合,更加注重程序和礼仪。与现代社会中的国际会议和结盟活动相比,春秋时期的会盟活动具有更加强烈的仪式感。春秋会盟往往包括一系列复杂、繁琐、礼仪性的环节和规则,例如,陈梦家将盟誓的礼仪及程序概括为 10 项,[①]刘伯骥将盟誓祭仪的程序划分为七个步骤,[②]徐杰令将会盟礼仪总结为 11 个环节,[③]吕静将盟誓的祭仪仪式划分为三个阶段,[④]等等。会盟沟通行为就是发生在这些充满仪式感的环节和规则之内,它们限定了会盟者的言行举止,使会盟的参加者无法进行完全意义上的直接地面对面地交流,但同时它们也是当时历史情境中所无法避免的沟通方式。

　　会盟沟通的仪式也是它所具有的优势之一。神圣、庄严、盛大的会盟仪式突出了会盟活动的重要性,身心参与其中的会盟者将会在心灵上受到一定程度地感染,这将使会盟者更加重视会盟沟通的结果,增强会盟成员之间的情感联系,对会盟成员的违约行为也产生了一定的约束力。例如"歃血"和"告神"是会盟仪式中非常重要的环节,通过这些仪式诸侯之间的会盟关系被赋予了神圣性。在"歃血"环节中诸侯将牛血涂抹在嘴唇上,或者小饮一口牛血;"告神"即

---

　　① 陈梦家.东周盟誓与出土载书[J].考古,1966(5):271-281.
　　② 刘伯骥.春秋会盟政治[M].台北:中华丛书编审委员会,1962:248-266.
　　③ 徐杰令.春秋会盟礼考[J].求是学刊,2004,31(2):107-113.
　　④ 吕静.春秋时期盟誓研究:神灵崇拜下的社会秩序再构建[M].上海:上海古籍出版社,2007:168-183.

是向神灵宣读、祷告会盟所达成的协议——盟书。按照盟书的约定,背盟行为将遭到恶毒的诅咒,而背盟者也被认为会受到神灵的惩罚。通过神圣化的仪式,会盟所达成的协议获得了神灵的祝福,体现了神的意志,这使得会盟国家的行为具有了天赋的正义性;神圣化的盟约也使诸侯的行为有所顾忌,盟约所加的诅咒使各国不敢轻易地背叛会盟决议,"背盟不祥"①的观念使诸侯的背盟行为有所克制。这些都有利于增强会盟共同体内部成员之间的认同感和凝聚力。

另一方面,这些繁琐的仪式在客观上起到了确认、强化、传播国际秩序的作用。仪式有利于树立霸主在国际社会中的权威地位,这正是霸主所希望看到的;仪式还试图将所有的诸侯都纳入一个国际社会所认可的体系,所采用的方式是在仪式中为每一个会盟的参加者都安排一个次序,该次序体现了参加者的国家实力和国际地位。例如常见的排序方式是"周之宗盟,异姓为后"②,但诸侯的次序同样要体现国家实力的重要性。例如,虽然齐国不是周的同姓国,而会盟仪式中的次序往往会排在前列。因此强烈的仪式感是春秋会盟沟通的特点之一,对会盟沟通的效果产生了重要的影响。

(四)事件性

从会盟沟通的传播效果来看,会盟沟通具有事件传播的某些属性。它不仅仅对当下的国际秩序产生了重大的影响,它所形成的决议,也将对未来的国际秩序产生深刻的影响。大型的会盟活动是重要的国际盛会,它们所处理的问题和事务涉及众多诸侯国家的利益,吸引了广泛的国际关注,在较大的地理区域内发挥着重要的影响力。作为重大的政治事件,会盟活动会被各国的史官记载下来,会盟形成的盟书(载书)也会有副本被各国所收藏。会盟相关的记载和典籍也将成为各国执政者学习和参考的对象,这不可避免地影响到未来各国的内政、外交、国际秩序。

会盟活动作为重大历史事件所具有的影响力使一些重要的会盟活动成为历史进程的转折点和国际权力转移的标志。例如鲁僖公二十八年的践土之盟就是这样的标志性事件。践土之盟是在城濮大战的结果之上举行的,晋国在此战役中重创了楚国军队,在此之前,楚国从未有过这样的大败。城濮大战中晋国所展示出的军事实力使中原诸侯感到震惊,北方各国迅速向晋国表示臣服。晋国为了确立霸主地位而举行了践土之盟,践土之盟标志着晋国由此取代了此前的霸主齐国而成为北方新一代的霸主。践土之盟是春秋时期的重大国际事

---

① 《左传·成公元年》记载,周内史叔服称:"背盟不祥……"
② 《左传·隐公十一年》。

件,它所达成的决议对春秋国际社会产生了重大的影响。鲁定公四年(公元前506年)的召陵之会上,卫国的子鱼援引了践土之盟盟书中的诸侯次序,而此时距鲁僖公二十八年(公元前632年)已经有126年之久。由此可见一些会盟活动作为重大事件所具有的持久传播力。

(五)互动性

会盟活动把诸侯各国的国君和卿大夫集聚在一个地点,这使他们能够有机会开展互动性的沟通活动。如果不是聚集在一个较近的地理区域内,当时的人们又没有现代化的传播媒介,他们之间将很难进行有效的互动沟通。在会盟现场,除了霸主发号施令之外,会盟的参加者还有机会就特定的议题展开对话、交流、讨论和协商。诸侯各国的代表可以在会盟上表达自己的利益主张,那些利益遭到侵犯的国家还可以提出诉讼和仲裁,受到霸主批评的诸侯还可以为自己辩解,会盟者还可以为特定目的向霸主或其他诸侯展开游说和劝服。例如鲁昭公十三年的平丘之盟即将举行盟誓时,郑国的子产为了减轻郑国应缴纳的贡赋而据理力争,在会盟上从中午一直争论到晚上。晋国最终被子产所劝服,同意了子产减免贡赋的请求。

最具代表性的事例是鲁襄公二十七年的弭兵之盟。这次会盟是在晋、楚两个霸主的授意之下,由宋国的大夫向戌发起的重大会盟活动,会盟的目的是为了实现南、北国家集团之间的和平共处。要做到这一点并不容易,它不仅涉及晋、楚的霸权如何分配的问题,还牵涉到如何平衡霸主与齐、秦两个大国之间的利益的问题,同时还要考虑其他弱小诸侯的利益诉求。最终在向戌不辞辛劳地努力下,晋、楚达成了议和的协议。协议达成的过程体现了会盟沟通的互动性,尽管这种沟通是以向戌为中介来传递信息的。

以上我们概括了会盟沟通所具备的五个方面的优势,它们分别是:高级别、集聚性、仪式感、事件性、互动性(见图2-3)。这些优势使会盟成为春秋时期沟通效率最高的沟通方式,在沟通需求极为迫切的春秋社会里,它自然成为诸侯处理国际事务的最佳选择。霸主需要通过会盟增强自身的实力,需要借助会盟驱使弱小的国家为自己的霸权服务;大国需要借助会盟调整与霸主之间的关系,维护自己区域霸主的地位;弱小的诸侯国希望借助会盟结交外援,以臣服换取霸主的庇护。国际体系中不同地位和权力的国家都可通过会盟这种沟通方式实现自己的利益诉求,这正是会盟沟通在春秋时期十分活跃的主要原因。

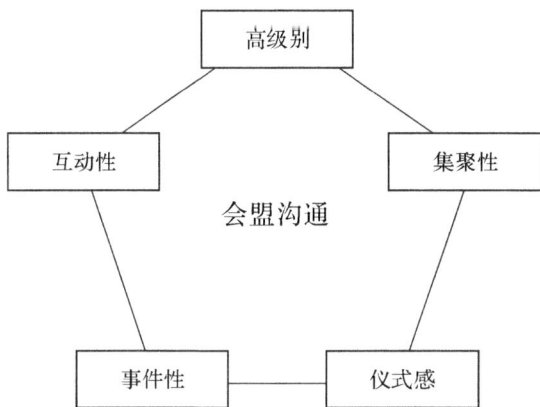

图 2-3　会盟沟通的优势

第三节　诸侯各国的会盟活动

春秋会盟是中国历史中极为独特的现象,在春秋之前的西周时期以及春秋之后的战国时期,都没有出现过如此频繁的、大规模的、影响深远的会盟现象。霸主的出现是春秋会盟沟通活动的一个转折点,霸主出于争夺和维护霸权的需要,将越来越多的国家纳入了会盟沟通的体系。按照争霸活动的兴衰,会盟沟通的发展脉络可以被划分为三个时期,在不同的发展时期会盟沟通表现出不同的特点。归根结底会盟沟通是一种政治沟通行为,国际体系中不同权力的国家所追求的国际利益不同,这决定了它们将会依据自己的实力和地位采取不同的会盟策略。

一、有关统计的解释

会盟在春秋时期的兴盛被形容为"空前绝后"[①]——这是一个丝毫没有夸张的词汇,因为我们无法在中国历史上找到另外一个时期,它的会盟沟通活动可以像春秋时期那样频繁、普遍和影响深远。一些研究者用数字描述了春秋会盟的兴盛程度,例如张二国按照鲁国国君的在位次序对《春秋》所记载的会盟做了统计,统计了公元前 722 年至公元前 468 年,共计 182 次会盟;[②]莫

---

① 莫金山.春秋列国盟会之演变[J].史学月刊,1996(1):14-18.
② 张二国.先秦时期的会盟问题[J].史学集刊,1995(1):11-18.

金山粗略统计了《左传》中的盟会次数,发现《左传》记载了 41 国,150 余次盟会;①徐杰令根据《春秋》《左传》的记载统计了两书记载邦国之间的会盟次数,其中盟 108 次,会 85 次,会盟 45 次,遇 6 次,胥命 2 次,共计 246 次;②台湾刘伯骥依据顾栋高的《春秋大事表》、郑樵的《通志》对春秋会盟的次数进行了统计,他所得出的数据中,会 101 次,盟 89 次,同盟 16 次,共计 206 次;③台湾廖秀珍统计的会盟共有 200 余例。④ 除了以上这些研究者所做的统计外,还有一些历史文献对春秋会盟事例进行了梳理、归纳,比较重要的文献包括顾栋高的《春秋大事表》⑤和姚彦渠的《春秋会要》,⑥这些文献都反映了春秋会盟沟通活动兴盛的状况。

　　有关春秋会盟的记载基本上都来源于《春秋》和《左传》,以上我们所提到的这些研究和文献也都是基于它们之上所做的归纳或梳理。但是这些对会盟的统计所得出的结果却总是很难一致,如果研究者想要对会盟活动实施进一步的全面、系统的统计分析,他们将会发现实现这一点面临着诸多困难。造成这种困难的原因主要有以下几点:(1)《春秋》《左传》语言的模糊性、简洁性使我们不能很准确地获取有关会盟活动的充分信息,例如会盟的性质、会盟目的、会盟参加者、会盟原因或目的、会盟地点、会盟过程、会盟礼仪,等等;(2)《春秋》和《左传》所记载的部分会盟事例存在着一些差异,很难判断究竟哪一个更符合历史事实;(3)由于以上两点,后人为了更好地理解《春秋》和《左传》,又产生了观点各异的阐释和解读,这虽然在有些时候对我们的研究有所帮助,但我们同样面临着无法识别哪一种解释更准确的问题。

　　对于笔者的研究来说,并不需要过分纠结于以上这些问题——事实上它们几乎不可能得到彻底地解决,而是要依据研究的目的找到一个适用于该目的的分类和统计方法。笔者无意于进行严格、系统、深入的修辞考据、历史考证,仅希望借助对春秋各国会盟活动的简单统计,来大致概括会盟发展的历史脉络,划分会盟的不同历史时期,分析各国之间的会盟沟通、交往关系和策略,探讨会盟沟通对当时国际社会的影响。

————————

　　①　莫金山.春秋列国盟会之演变[J].史学月刊,1996(1):14-18.

　　②　徐杰令.春秋会盟礼考[J].求是学刊,2004,31(2):107-113.

　　③　刘伯骥.春秋会盟政治[M].台北:中华丛书编审委员会,1962:216.

　　④　张高评.台湾近五十年来《春秋》经传研究综述(上).汉学研究通讯,23(3)[EB/OL].[2016-06-13].http://ccs.ncl.edu.tw/Newsletter_91/p001-018.pdf.

　　⑤　顾栋高.春秋大事表[M].吴树平,李解民,点校.北京:中华书局,1993.

　　⑥　姚彦渠.春秋会要[M].北京:中华书局股份有限公司,1955.

因此笔者以《春秋》《左传》记载的会盟事例为数据来源,参考杜预、孔颖达、杨伯峻等人的注释,结合顾栋高、刘伯骥、廖秀珍等人的梳理和归纳,对《春秋》《左传》中的会盟事例进行了统计,得出了一个反映春秋会盟活跃程度的数据库。必须再次声明,这个数据库仅能近似地反映春秋时期的国际会盟沟通情况,更加严格、系统、深入的统计有待于更加专业的研究者做出开拓式的努力和贡献。

由于笔者所关注的是国际会盟现象,因此笔者所统计的会盟事例都是发生于两个或多个国家之间的会盟活动,诸侯国内所举行的本国人参加的会盟活动不在统计之列。这些会盟活动由"会"和"盟"两项构成,但是笔者通常将会和盟并在一起合称为"会盟"。"会"仅包括那些国君、卿大夫相会议事的事例,不包括会成、会侵、会伐、会救、会次、会战、会城、会葬①以及"遇"和"胥命",还剔除了齐襄公与鲁桓公夫人文姜的三次以私情为目的的"幽会";②"盟"除了包括直接被记载为"盟"的事例以外,还包括了记载为"莅盟"(涖盟)"来盟""寻盟""同盟""入盟"的事例。这样从鲁隐公元年(前722)到鲁哀公二十七年(前468)的255年间,《春秋》《左传》所记载的国际会盟事例共计275次,其中会有100次,盟有175次,平均每年举行1.0784次会盟活动。

二、会盟沟通的国际覆盖

在笔者所统计的275次春秋国际会盟中,涉及的参加国家(包括王室、诸侯以及部落)共计45个,这些国家各自参加会盟的具体次数请见表2-1。在所有的45个国家或部落中,鲁国参加了275次会盟中的183次,意味着鲁国参加了春秋时期66.55%的国际会盟活动,是参加会盟次数最多的国家。造成这一结果的主要原因是因为《春秋》《左传》等历史典籍主要记载鲁国的历史,因此对于鲁国参加的会盟的记载自然更加丰富、更加详细。

---

① 这一做法参考了廖秀珍的《〈春秋左氏传〉会盟研究》所采用的方法(见:廖秀珍.《春秋左氏传》会盟研究[M].林庆彰,主编.中国学生思想研究辑刊·初编:第15册.台北:花木兰文化出版社,2008.)。

② 这三次相会分别是:鲁庄公二年"夫人姜氏会齐侯于禚",鲁庄公七年"夫人姜氏会齐侯于防""夫人姜氏会齐侯于谷"。

表 2-1   各国参加会盟的次数

排序	国名	参加会盟（次）	排序	国名	参加会盟（次）	排序	国名	参加会盟（次）
1	鲁	183	16	滕	23	30	江	2
2	齐	116	17	蔡	22	30	黄	2
3	晋	110	18	王室	15	30	夷	2
4	郑	109	19	秦	12	30	越	2
5	宋	107	19	吴	12	35	宿	1
6	卫	94	21	戎	5	35	鄌	1
7	曹	67	22	其他	4	35	滑	1
8	邾	57	23	纪	3	35	蛮	1
9	陈	44	23	鄫	3	35	郯	1
10	莒	43	23	随	3	35	沈	1
11	楚	38	23	狄	3	35	贰	1
12	杞	29	23	徐	3	35	轸	1
13	许	26	23	顿	3	35	绞	1
14	薛	24	23	胡	3	35	北燕	1
14	小邾	24	30	邢	2	35	南燕	1

除了鲁国之外，会盟最为活跃的国家依次是齐、晋、郑、宋、卫、曹、邾、陈、莒、楚等。在这些排名靠前的国家中，楚国是唯一的长江流域的南方强国。会盟最为活跃的国家大多是黄河流域的中原诸侯。造成这种状况的原因仍然与当时信息传播困难有很大的关系。距离鲁国较远的楚国虽然是非常强大的国家，但对它参加会盟的记载却并不很多，只有那些关系重大或与鲁国有关或消息被传递到鲁国去的会盟活动才会被记载下来。与鲁国临近的中原诸侯在政治体制、经济发展、文化状态、地理位置、语言文字等方面具有接近性，更加容易参加彼此的会盟活动，也更加容易被记录下来。相反，楚、吴、越等南方国家并没有中原诸侯所具备的上述优势，这样看起来它们似乎很少通过会盟来解决彼此之间的问题。

三、春秋会盟的历史脉络

春秋 255 年的时间可以被分为不同的时期，在不同的时期国际会盟活动表现出了不同的特点。已经有一些研究者对春秋会盟的分期方式提出了自己的观点,这些研究者包括刘伯骥、张全民、莫金山、徐杰令等。这些研究者的分期方式现列举如下:

台湾刘伯骥将春秋时期会盟活动的发展划分为六个阶段:①第一阶段为"初期会盟纷兴"(鲁隐公元年至鲁庄公九年);第二阶段为"齐霸之会盟"(鲁庄公十年至鲁僖公二十七年);第三阶段为"晋霸之会盟"(鲁僖公二十八年至鲁文公十三年);第四阶段为"楚霸之会盟"(鲁文公十四年至鲁成公十七年);第五阶段为"晋楚对峙之会盟"(鲁成公十八年至鲁哀公二年);第六阶段为"吴霸之会盟"(鲁哀公三年至鲁哀公十三年)。

张全民以春秋霸主的出现为界,将春秋会盟划分为两个阶段:②第一个阶段是"霸主尚未出现"的阶段,即鲁庄公十三年北杏之会以前的会盟,黄河中下游诸国活跃于会盟舞台,结成不稳固、无明确政治目的的军事集团互相征战;第二个阶段是北杏之会以后的会盟,霸主出现并成为左右会盟的势力,参盟国家不再限于中原地区。

莫金山将春秋盟会的发展进程划分为四个阶段:③第一个阶段为"始兴时期",即鲁隐公元年"蔑之盟"到鲁庄公十五年的"鄄之会";第二个阶段为"鼎盛时期",即齐桓、晋文主盟的时期;第三个阶段为"持续时期",即从践土之盟到鲁襄公二十七年的"弭兵之盟";第四个阶段为"衰落时期",即从弭兵之盟到春秋末年。

徐杰令将春秋会盟划分为三个阶段:④第一阶段为会盟"兴起时期"(鲁隐公元年到鲁庄公十五年),这一时期诸侯们冲破了"诸侯不得私相与盟"的禁令,会盟基本上是在平等、自愿的基础上进行的,会盟的规模亦不大;第二个阶段为"逐渐兴盛时期"(鲁庄公十五年到鲁襄公二十七年),这一时期霸主掌握了会盟的召集和控制权,诸侯参与会盟往往是被动的,许多次会盟是由卿大夫主持的;第三阶段为"衰落时期"(鲁襄公二十七年到春秋末年),会盟渐趋减少。

这四种划分方式从本质上来讲是一致的:研究者考虑的主要依据是会盟的活跃程度和霸主(盟主)对会盟的控制,特别是诸侯的争霸活动极大地影响了春秋各国之间的会盟活动。这些会盟分期的划分方式都有着它们合理的一面。

---

①　刘伯骥.春秋会盟政治[M].台北:中华丛书编审委员会,1962:160-216.
②　张全民.试论春秋会盟的特点[J].吉林大学社会科学学报,1995(4):29-34.
③　莫金山.春秋列国盟会之演变[J].史学月刊,1996(1):14-18.
④　徐杰令.春秋会盟礼考[J].求是学刊,2004,31(2):107-113.

另一方面,它们遵循的主要历史脉络是争霸活动,这一点固然是没有错,但是争霸和会盟的活跃度并不是完全契合的。例如,争霸活动大致在鲁襄公二十七年的弭兵之盟后就开始进入了尾声,但是在此之后的大型国际会盟活动并没有销声匿迹,反而仍然十分频繁。直到鲁定公四年,晋国还组织了有 19 个国家参加的召陵之会,而这次会盟却正是春秋历史上参与国家最多的一次会盟活动,标志着春秋会盟达到了它的最顶峰。

因此,对春秋会盟活动进行分期首先需要考虑诸侯的争霸活动,因为霸主对会盟活动的影响实在是太大了;其次要考虑大型会盟活动的活跃程度,毕竟我们所考察的对象是各国的会盟活动,而非是诸侯的争霸活动。结合以上四位研究者的分期方式,笔者将《春秋》《左传》所记载的 255 年间的 275 次国际会盟活动划分为三个阶段,以下是三个阶段的详细分期情况:

(一)第一阶段:会盟初兴期

即从鲁隐公元年(前 722)至鲁庄公十二年(前 682),共 41 年。这一阶段的会盟次数为 51 次,平均每年 1.2439 次。在会盟初兴期,会盟主要发生于北方的宋、卫、郑、齐、鲁等国之间。这一阶段的年均会盟次数是三个阶段中最多的,但是由于此时还没有霸主出现,缺少了霸主的号召力导致多个国家参加的大型会盟活动并不多,两个国家参加的会盟占了很大一部分比例。从图 2-4 我们可以看出,这一阶段中,2 个国家参与的会盟有 34 次,3 个国家参与的会盟有 12 次,4 个国家参与的会盟仅有 5 次。这表明此时的会盟沟通还不能够像后来那样拥有更加广泛的影响力。

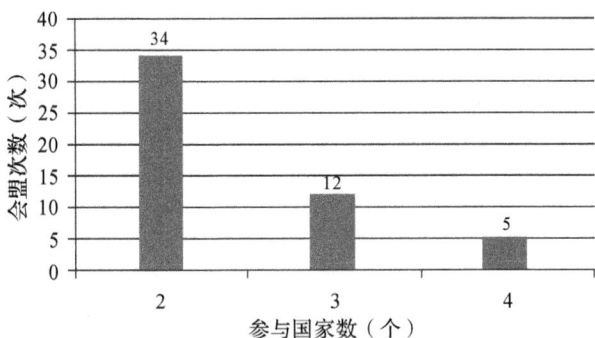

图 2-4   第一阶段不同规模的会盟次数

正如许多研究者已经指出的那样,在此阶段诸侯各国刚刚打破了西周时期诸侯不得私下擅自会盟的禁忌,各国之间的会盟活动十分地频繁。但总体而言会盟的规模不大,会盟国家之间的实力差别也并不是很大。此外,国际社会尚缺乏霸主权威的存在,各国暂时还能够按照各自的意愿自主地决定是否参加会盟活动,还能够自主地选择合适的会盟伙伴。

(二)第二阶段:会盟兴盛期

即从鲁庄公十三年(前 681)至鲁定公四年(前 506),共 176 年。这一阶段的会盟次数为 195 次,平均每年 1.1080 次。这一阶段与上一阶段相比最大的变化是出现了霸主。鲁庄公十三年齐桓公参加了北杏之会,这是他第一次登上国际会盟的舞台,从此国际会盟的控制权逐渐转移到了霸主的手里。在霸主的组织和号召下,会盟成为国际沟通和交往的主要渠道,越来越多的国家参与到会盟活动中来,会盟沟通的规模变得越来越庞大了。

霸主出现导致的第一个结果是会盟规模的扩大,在南北冲突的大格局下,各诸侯国不得不选择加入一个会盟集团以寻求安全庇护。从图 2-5 我们可以看出,这一阶段 5 个及以上国家参加的会盟有 86 次,占到了该阶段所有会盟次数的 44.1%——而在第一阶段没有一次会盟的参加国达到或超过了 5 个。规模最为庞大的会盟发生在鲁定公四年,该年举行的召陵之会包括东周王室在内共有 19 个国家参加,这是一次史无前例的超大规模会盟,春秋时期出现在《春秋》和《左传》中的主要诸侯国都被囊括在内了。

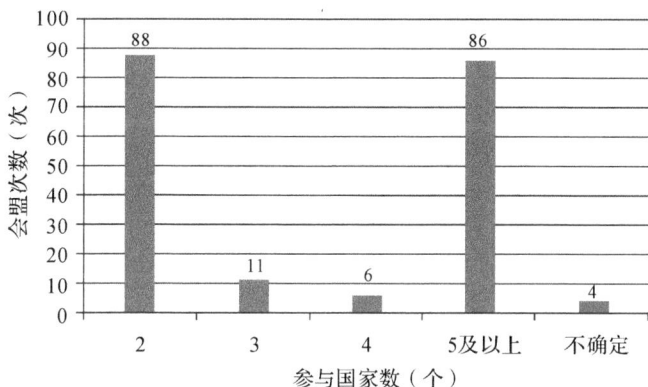

图 2-5　第二阶段不同规模的会盟次数

霸主出现的第二个结果是没有霸主参与的私下会盟大幅减少。我们前面已经探讨了会盟沟通的本质,拒绝某一会盟意味着对会盟所代表的利益和权力格局的否定和挑战。在这一语境下,诸侯没有征得霸主允许而私下举行会盟则被视为对霸主的背叛,这种行为将会遭到霸主集团的讨伐。在该阶段所有的 195 次会盟中,齐国参加了其中的 88 次、晋国参加了其中的 106 次、楚国参加了其中的 32 次,而这三个国家都没有出席的会盟仅仅有 24 次,在该阶段的会盟总数中占 12.31%。虽然这只是一个粗略的数字,不过也反映了在南北冲突的格局下霸主对会盟召集权力的控制。

(三)第三阶段:会盟衰落期

即鲁定公五年(前 505)至鲁哀公二十七年(前 468),共 38 年。这一阶段的会盟次数为 29 次,平均每年 0.7632 次。鲁定公四年(前 506)的召陵之会是春秋会盟的一个转折点,国际会盟活动在召陵之会上由极盛开始走向衰落,自此之后大规模的国际会盟基本消失了。造成这一结果的主要原因是长期争霸的晋、楚两国相对于其他国家的绝对优势丧失了,两个国家都无力继续维持南、北会盟集团对峙的局面,国际会盟又逐渐恢复了春秋初期的无霸主格局。与春秋初期的情况类似,诸侯各国摆脱了霸主的控制,基本上能够按照本国的意愿自由地选择会盟伙伴。

在第三阶段中,会盟沟通的活跃程度也大大降低了,年平均次数低于前两个阶段。不仅如此,会盟的规模也大大缩小了。由图 2-6 可知,该阶段仅有 2 次会盟的规模达到了 4 个国家参加,没有一次会盟活动的参加国家达到或超过了 5 个国家。会盟沟通在第二个阶段的盛况就此一去不复返了。

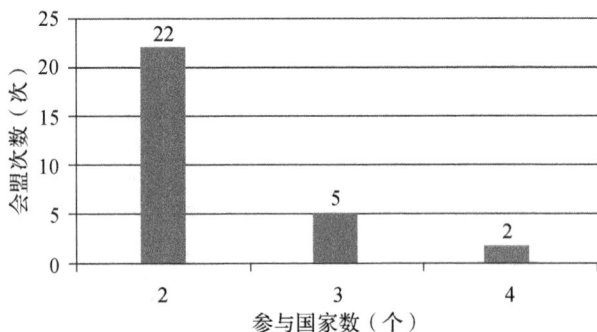

图 2-6　第三阶段不同规模的会盟次数

对比三个阶段的会盟数据可以发现,这三阶段的年均会盟次数依次为 1.2439、1.1080、0.7632,这意味着三个阶段的年均会盟次数出现了逐渐下降的趋势(见图 2-7)。因此在第二个阶段会盟的年均频次却并不是我们通常认为的最高,那么我们以什么依据来定义第二阶段为会盟的兴盛期呢?

第二个阶段之所以被定义为会盟兴盛期的原因在于,这一段拥有远超其他两个阶段的会盟规模。第二个阶段有 4 次会盟,笔者没有办法获知它们的会盟

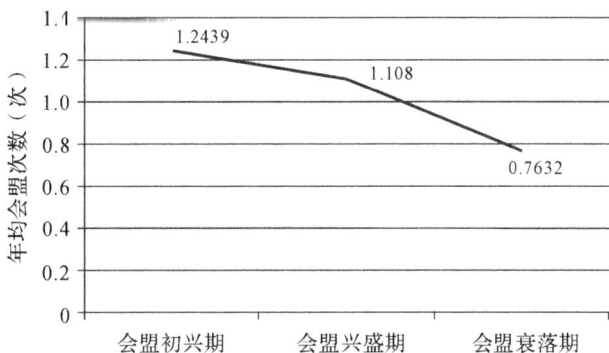

图 2-7　不同阶段的年均会盟次数

参与国家究竟有几个,①除去这四次会盟之外共有 191 次会盟,以此来比较三个阶段的平均参与国家个数,可以得出三者之间会盟规模的对比图(见图 2-8)。在会盟初兴期平均每次会盟有 2.4314 个国家参加,在会盟衰落期平均每次会盟有 2.3103 个国家参加,而在会盟兴盛期平均每次会盟的参加国家数达到了5.2618 个,远远多于其他两个时期。

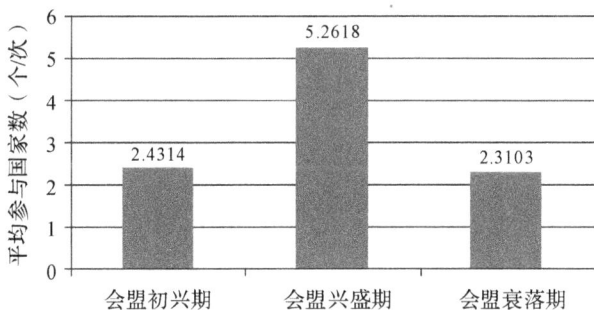

图 2-8　不同阶段的平均参与国家数

四、主要国家的会盟策略

　　春秋时期的诸侯国往往依据自己的实力和国家利益而制定相应的会盟策略,它们在不同阶段所采用的会盟策略也是不同的。诸侯国参加会盟活动的情况和它们的会盟策略综述如下:

---

① 鲁文公十六年"群蛮从楚子盟",鲁宣公十一年晋侯与众狄会于欑函,鲁襄公四年"魏绛盟诸戎",鲁襄公十年齐世子光会"诸侯于钟离",具体记载见于《左传》。

（一）齐

齐国是雄踞东方的大国,春秋初期的齐僖公即被称为"小伯",①这意味着此时的齐国曾经获得较小规模的霸权地位;从鲁庄公十三年的北杏之会开始,齐桓公致力于开创霸业,②最终成为春秋历史上第一个在较大的地理区域内建立霸权的霸主;晋、楚争霸期间,齐国依然保持着强国地位,其实力仅弱于晋、楚,甚至可以与晋、楚匹敌;③鲁襄公二十一年晋国发生栾氏之乱,楚国则疲于应付吴国的侵扰,晋、楚两国霸势大衰,齐庄公（后庄公）趁机向晋国的霸权发起挑战,但是并没有获得成功;自鲁定公七年的鹹之盟开始,试图恢复霸业的齐景公先后会盟郑、卫、鲁、宋,联络诸侯结盟背叛晋国。④

春秋 255 年的历史中,齐国共计参加了 116 次会盟活动。在春秋初期,齐国的主要会盟伙伴是郑国,齐国与郑国联合对抗宋、卫联盟。齐桓公时代（鲁庄公十三年至鲁僖公十七年）,⑤齐国作为霸主组织了 28 次国际会盟。除了鲁国之外,齐国最重要的会盟伙伴分别是宋、郑、卫、陈、许、曹、王室,它们分别与齐国的会盟次数见图 2-9:

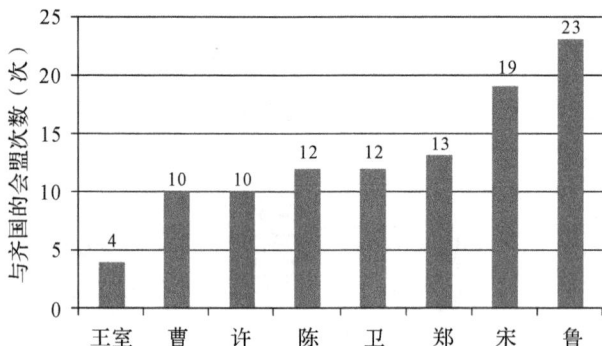

图 2-9 齐桓公时代齐国的会盟关系

① 《国语·郑语》曰:"齐庄、僖於是乎小伯。"（见:徐元诰. 国语集解[M]. 王树民,沈长云,点校. 北京:中华书局,2002:477.）
② 杜预注:"齐桓欲修霸业。"（见:《十三经注疏》整理委员会. 春秋左传正义[M]. 左丘明,传. 杜预,注. 孔颖达,疏. 北京:北京大学出版社,1999:249.）
③ 鲁襄公二十七年的弭兵之盟,晋卿赵武称:"晋、楚、齐、秦,匹也。晋之不能于齐,犹楚之不能于秦也。"（《左传·襄公二十七年》）
④ 李氏廉曰:"此（鹹之盟）为齐景图复伯之始……"（见:顾栋高. 春秋大事表[M]. 吴树平,李解民,点校. 北京:中华书局,1993:1617.）
⑤ 齐桓公于鲁庄公九年即位,但直到鲁庄公十三年的北杏之会才开始登上国际会盟的舞台。

齐桓公之后齐国丧失了中原霸主的地位,但仍然是霸权的有力竞争者。齐国所采取的会盟策略可以概括为三点:(1)联合晋、楚中的一方制衡另一方,在大多数时间内齐国加入了晋国的阵营,但有时候也会与楚国联合抗晋;(2)掌握东方诸侯(郳、莒、滕、薛以及鲁)的会盟话语权,成为区域会盟的霸主;(3)趁晋、楚霸业不振之际,积极会盟鲁、郑、宋、卫等国,以孤立霸主,结援对抗。通过这些手段,齐国一直保持着仅次于晋、楚的大国地位。

(二)晋

晋国是春秋时期实力最强大的诸侯国之一,它与楚国的长期争霸、交相主盟是春秋中、后期最为重要的历史内容。鲁僖公二十八年的践土之盟,标志着晋国取代齐国成为新的霸主,晋文公也成为第二位在较大的地理区域内建立霸权的君主,并由此开启了晋、楚长期争霸、竞相争盟的拉锯战。从鲁襄公二十七年的弭兵之盟开始,晋、楚争霸逐渐进入了尾声,但一直持续到鲁定公四年的召陵之会,晋国仍然能够在会盟上控制北方的诸侯。自召陵之会以后,晋国所组建的北方会盟集团彻底分崩离析,大型的会盟活动自此不再见于史书。

晋国参加的国际会盟共计110次,全部发生在鲁僖公十五年及以后。与晋国会盟次数最多的国家依次是:鲁、卫、宋、郑、曹、郳、齐、莒、杞、薛、小邾、滕、陈、蔡、许、秦、王室、楚等(见图2-10)。可见不仅齐、秦这些大国被纳入了晋国的会盟体系,连那些较为弱小的杞、薛、小邾、滕、许等国,也被晋国的会盟体系覆盖到了,甚至王室也参加了10次晋国组织的会盟活动。

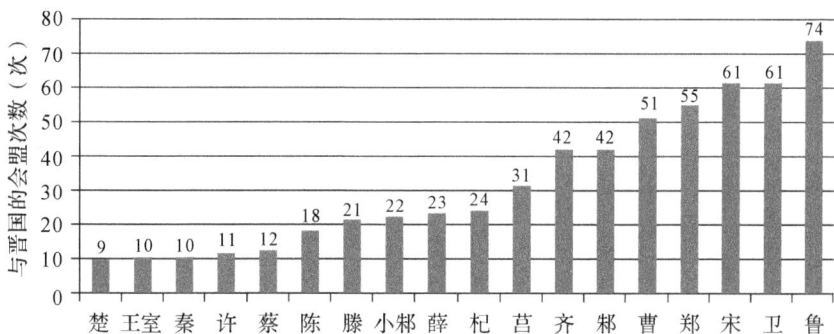

图 2-10 春秋时期晋国的会盟关系

与楚国相比而言,晋国更倾向于借助会盟来争夺和维护霸权。晋国的会盟策略可以总结为以下几点:

(1)利用王室来增强晋国的号召力。虽然王室也参加过齐桓公主持的会盟活动,①但显然晋国在争取王室参加会盟活动方面做得更好。东周王室共参加了晋国的 10 次会盟,而王室仅参加了齐国的 4 次会盟。鲁僖公二十八年的践土之盟,周襄王亲赴践土慰劳晋文公;同年的温之会,晋文公竟然召集周襄王亲自来会盟举办的地点。② 这些事例都表明了晋国会有意识地邀请王室参加会盟活动以增强其在诸侯中的号召力。

(2)争取和戒备秦、齐。晋文公时期秦国是晋国最为重要的盟友。③ 秦穆公帮助晋文公顺利夺取了君位,在晋国霸业确立的关键之战——城濮大战中,秦国又出兵帮助晋国。④ 但在如何对待郑国的态度上,秦、晋出现了分歧。秦穆公与郑人的结盟⑤导致秦、晋关系破裂,秦国从此逐渐倒向了晋国的对手楚国。

齐国自齐桓公之后也一直没有放弃对霸权的窥觎。晋国对待齐国的态度颇为矛盾,既希望齐国加入自己的阵营,又对齐国有所戒备。在共同对抗楚国这一点上,晋、齐的利益大多时候是一致的,因此齐国参加了晋国的多次会盟(42 次),但齐国并没有表现出对晋国足够的顺服。鲁宣公十七年,晋国征召齐国参加断道之会,派遣即将接替士会(范武子)为晋国正卿的郤克(郤献子)赴齐,可见晋国对齐国的重视,但郤克却在齐国受到了羞辱。⑥ 晋国为此发动了鞌之战,齐国在战争中失败,虽然被迫暂时顺服了晋国,仍没有完全放弃争霸的意图。直到春秋后期,齐景公通过会盟联合郑、卫、鲁、宋背叛晋国,⑦可以说正是齐景公组织的会盟活动彻底瓦解了晋国的会盟体系

(3)胁迫小国加入会盟体系。宋、卫、郑、鲁、陈、蔡等较为弱小的国家为寻求安全保护,不得不选择加入晋或楚的阵营。作为对霸主或盟主的义务,这些国家必须响应霸主的号召参加霸主组织的会盟活动,在未经允许的情况下不得

---

① 东周王室共参与了齐桓公主持的 4 次会盟,分别是:鲁庄公十四年的鄄之会,单伯与会;鲁僖公五年的首止之会,王世子与会;鲁僖公八年洮之盟,王人与盟;鲁僖公九年的葵丘之会,宰周公与会。

② 《左传·僖公二十八年》。

③ 晋文公时期秦、晋共盟 3 次,分别是:鲁僖公十五年,秦穆公、晋阴饴甥盟于王城;鲁僖公二十八年的温之会,秦人与会;鲁僖公二十九年的翟泉之盟,秦小子慭与盟。

④ 《春秋·僖公二十八年》曰:"晋侯、齐师、宋师、秦师及楚人战于城濮。"

⑤ 《左传·僖公三十年》。

⑥ 《左传·宣公十七年》。

⑦ 齐景公通过 7 次会盟达到了这一点,这些会盟分别是:鲁定公七年,齐景公、郑献公盟于鹹,齐景公、卫灵公盟于沙;鲁定公十年,齐景公、鲁定公盟于夹谷,齐景公、卫灵公、郑游速会于安甫;鲁定公十二年,齐景公、鲁定公盟于黄;鲁定公十四年,齐景公、鲁定公、卫灵公会于牟,齐景公、宋景公会于洮。

参加敌对阵营的会盟。违反这些规则的国家,将会遭到晋国集团的讨伐。

（4）扶持吴国牵制楚国。鲁成公七年,晋景公采纳逃亡到晋国的楚国大夫巫臣的建议,派巫臣出使吴国,扶持吴国使其牵制楚国后方。这一决策给楚国带来了极大的干扰。[①] 鲁成公九年的蒲之盟,晋景本打算帅诸侯会吴,但吴国人并没有参加此次会盟。鲁成公十五年至鲁襄公十四年,晋国又组织诸侯4次与吴国会盟。[②] 晋国的这些会盟活动无疑大大削弱了楚国的竞争力。

（5）通过会盟暂时达成妥协。会盟还为晋、楚提供了斡旋、妥协的机会,这主要体现在两次弭兵之盟上。鲁成公十二年,晋国的士燮、楚国的公子罢、许偃在宋国都城西门之外结盟。这是晋、楚达成的第一次弭兵之盟。鲁襄公二十七年,晋国的赵武、楚国的屈建与各国大夫盟于宋国的都城西门之外,这是晋、楚两大集团的第二次弭兵之盟。此次会盟的实际参加国家共有14国,[③]会盟后的很长一段时间内晋、楚两大集团相安无事,没有爆发大规模的战争和冲突。

（三）楚

楚国是南方国家的霸主,它是北方霸主晋国在国际上的主要竞争对手。与晋国充分利用会盟展开争霸的策略不同,楚国似乎并不特别注重会盟的作用。第一次弭兵之盟之后的第三年即鲁成公十五年,楚国计划北上攻打郑国和卫国。楚国的子囊劝阻这一行动,称:"新与晋盟而背之,无乃不可乎。"而楚国的子反却说:"敌利则进,何盟之有?"[①]从这一言论来看,楚国并不太相信会盟信用的约束力。

楚国参与的国际会盟共计38次,与楚国会盟次数最多的11个国家分别为:郑、陈、鲁、宋、许、蔡、晋、曹、卫、齐、随(见图2-11)。此外,楚国与春秋中后期晋国的敌对国秦国会盟了2次,春秋早期还与吴、越会盟了1次。

楚国的会盟策略与晋国的会盟策略既有相似之处也有所差异,主要表现在:①楚国同样会讨伐那些私下与晋国会盟的国家,将私下里的会盟视为一种

---

① 《左传·成公七年》曰:"吴始伐楚、伐巢、伐徐……子重、子反于是乎一岁七奔命。蛮夷属于楚者,吴尽取之,是以始大,通吴于上国。"

② 这4次会盟分别是:鲁成公十五年的钟离之会,鲁襄公五年的戚之盟,鲁襄公十年的柤之会,鲁襄公十四年的向之会;除此之外,为了举行戚之盟,晋国还令鲁、卫先行会吴于善道。

③ 《春秋·襄公二十七年》记载了此次会盟的9个国家,孔颖达认为参加的国家有14个,包括晋、楚、齐、秦、鲁、卫、陈、蔡、郑、许、曹、邾、滕、宋。其中齐、秦不交相见,邾为齐属国,滕为宋属国,宋为地主国,因此《春秋》都没有加以记载。

④ 《左传·成公十五年》。

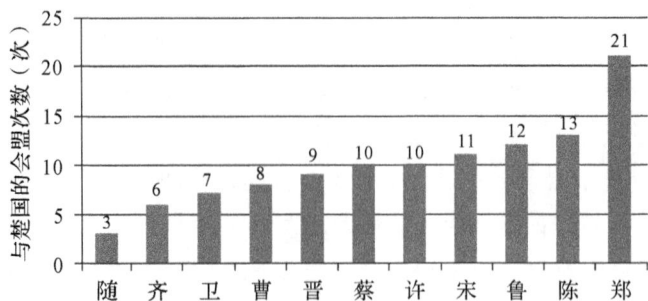

图 2-11　春秋时期楚国的会盟关系

背叛行为,但楚国并不倾向于利用会盟控制其他的诸侯国;②楚国也试图通过会盟利用秦国牵制晋国,这与晋国对吴国的扶持一样都出于牵制对手的目的;③楚国也像晋国那样在会盟上达成暂时的妥协;④楚国并不没有像齐、晋那样在会盟上尊崇周室来增强自己的号召力,楚国组织的会盟活动东周王室没有出席过一次。

（四）鲁

鲁国是实力相对弱小的中原诸侯。相比郑、陈、蔡这些紧邻楚国的国家,鲁国的主要威胁来自于东边的强邻齐国,同时还要面对邾、莒等比它更为弱小的邻国对鲁国边境的不时侵扰。为了更好地生存下去,鲁国的国君和执政者采取了非常功利的策略,即:积极参加强国的会盟,主动加入强国的会盟体系。

鲁国参加的会盟活动共计 183 次,通过这些会盟鲁国积极寻求与强者的联合。在春秋初期,鲁国虽然与宋国结盟,但随后加入了实力较强的郑、齐集团;齐桓公称霸期间,鲁国紧紧追随齐桓公的会盟足迹;晋、楚交相主霸、争霸期间,鲁国大部分时间里臣服于晋国,但也多次参加了楚国组织的会盟,同时在齐国的胁迫下也多次和齐国会盟;春秋末期,由于晋国不能压制齐国的扩张欲望,鲁国又加入了齐国组织的叛晋联盟。

如果考察一下鲁国参加的小规模的会盟情况,鲁国的会盟策略就会显得更加清晰。在鲁国参加的有 2—3 个会盟国的会盟活动中（见图 2-12）,鲁国与齐国会盟 35 次,远多于其他国家,可见齐国对鲁国的压力有多么大。

鲁国的会盟策略主要由两点构成:①鲁国往往通过会盟依附于不同时期的强国,以避免成为大国争霸的牺牲品。在春秋初期,鲁国主要倾向于与齐、郑、宋等强国搞好关系;在春秋中期,主要依附于齐、晋、楚等霸国;在春秋后期,则又倒向与晋争夺区域霸权的齐国。②鲁国除了参加强国召开的多边国际会盟之外,还比较注意和周边的郑、宋、邾、卫、戎、莒等国或部落加强关系,以求为

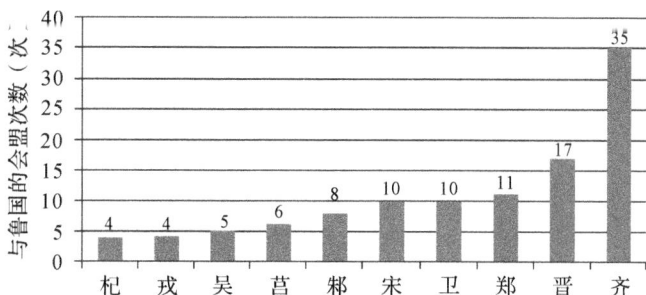

图 2-12　小规模会盟活动(2—3 个会盟国)中鲁国与其他国家的会盟关系

自己创造更加有利的生存空间。

(五)宋和卫

春秋初期宋、卫结成联盟对抗郑、齐集团,但在霸主出现后这两个国家都采取了追随霸主的会盟策略。从地理位置上来看,宋、卫离楚国较远,因此它们所受到的来自于楚国的威胁并不太大。但在南北对抗的大格局之下,它们也不得不参加齐、晋等北方霸主组织的会盟活动以和楚国对抗。与鲁国的策略一样,宋、卫先是加入齐桓公的会盟集团,齐国霸权衰落后大部分时间里追随晋国,同时也不时向楚国表示臣服;在晋、楚霸权衰落后,同样与齐国联合背叛晋国。

整个春秋时代,宋国共参加了 107 次会盟活动,卫国共参加了 94 次会盟活动。值得一提的是,在宋襄公时代,宋国一度试图取代齐国成为北方的霸主,但由于国力弱小且采取了错误的争霸策略最终导致失败;宋国还曾经成为晋、楚两大会盟集团对抗的缓冲区,两次弭兵之盟都是由宋国的卿大夫发起并在宋国举行的。

(六)陈、蔡和郑

陈、蔡、郑是受到楚国威胁最大的三个国家。陈、蔡都曾经被楚国灭亡过,而郑国则是南北对抗最激烈的焦点地带。蔡国共参加了 22 次国际会盟活动,但它在齐桓公时代就很少参加北方诸侯的会盟活动了,它更多的是追随南方的楚国;陈国共参加了 44 次诸侯会盟活动,除了在齐桓公时代比较稳定地参加北方诸侯的会盟之外,之后虽也多次与晋国集团会盟,但总体上它与楚国阵营的关系更为紧密一点。

郑国在郑庄公时代采取了会盟齐国对抗宋、卫的策略,一度成为国际舞台的强国,但随着郑庄公的去世,郑国国势一落千丈。齐桓公时代,郑总体上属于北方会盟集团的成员;晋、楚争霸期间,郑国夹阻于晋、楚两大强国之间,采取了"与其来者，唯强是从"的会盟策略，①交相与晋、楚会盟；晋、楚霸权衰落后，郑国和鲁、宋、卫一样采取了从齐叛晋的会盟策略。

（七）秦和吴、越

秦国参加的会盟共计12次。虽然春秋时代的秦国已经能够称霸西戎了，②但它还不具备足够的实力来主持中原地区的会盟活动。晋文公时代秦国是晋国最为重要的盟友。鲁僖公三十年，秦穆公与郑人相盟，这成为了秦、晋关系的转折点，由此秦国倒向了楚国集团。鲁成公二年的蜀之盟，秦国正式成为楚国的盟友，虽然此后秦、晋之间也有过几次会盟，但双方都已无法恢复到晋文公时代的友好关系，秦国更多地选择站在了楚国一边。

吴国在晋国的支持下迅速崛起，由于晋国的关系，吴国也十分有兴趣参加中原诸侯的会盟活动。吴国参加的会盟共有12次，除了鲁宣公八年与楚、越的结盟之外，其余的11次都主要是与中原诸侯相会盟。鲁哀公十三年，单平公、晋定公、吴子夫差、鲁哀公在黄池结盟，③吴国先于晋国歃血，获得了盟主的地位，但此时吴国已是强弩之末。在黄池之会举行期间越国已经攻入了吴国。鲁哀公二十二年吴国终被越国所灭。

越国共参加了2次会盟活动。第一次是鲁宣公八年楚、吴、越结盟。在春秋后期的很长时间里，越国遭到了吴国的逼迫，于是楚、越多次联合共同对付吴国。越国取代吴国而崛起时春秋已进入末世。鲁哀公二十七年越国参加了它第二次也是最后一次会盟活动，到鲁国聘问的越大夫舌庸与鲁国三卿相盟。因此从《春秋》和《左传》的记载来看，越国并没有主持过中原地区的大型会盟活动。

（八）东周王室

尽管东周王室依然保持着"天下共主"的名号，但它的实际处境与普通的诸侯国已相差无几了。春秋时期王室共参加了15次会盟活动，在国际会盟中基本上都依附于齐、晋两个霸主。王室所参加的国际会盟中，齐桓公时期有4次，晋国作为霸主的时期有10次，吴国作为盟主的1次。④ 东周王室和齐、晋在会

---

① 任中峰.春秋时期郑国的国际会盟策略[J].盐城师范学院学报,2016(2):105-109.

② 《史记》云："秦用由余谋伐戎王，益国十二，开地千里，遂霸西戎。"（见：司马迁.史记[M].裴骃,集解.司马贞,索引.张守节,正义.北京:中华书局,1959:194.）

③ 《春秋》记为"会"；《左传·哀公十三年》曰："秋七月辛丑，盟，吴、晋争先。"由此可见，这应该是一次结盟活动。

④ 鲁哀公十三年的黄池之会，吴国先晋国歃血。

盟方面各取所需,齐、晋需要借助王室提高自己的号召力,王室则需要依靠霸主的力量稳定王室。因此,依附于霸主、配合霸主的会盟活动成为东周王室最主要的国际会盟策略。

本章结论

春秋时期的"国际无政府"状态迫使各国必须采取更加有效的沟通方式解决国际社会中的频繁冲突,而由于缺乏现代化远距离传播工具以及战争环境的不利影响,国际沟通面临着巨大的困难。与其他沟通方式相比,会盟拥有着诸多方面的优势(高级别、集聚性、仪式感、事件性、互动性)。国际体系中处于不同权力等级阶层的诸侯都试图借助会盟实现自己的国际利益,这使它获得了诸侯的普遍重视,春秋时期主要的诸侯国都加入了霸主主持的会盟体系。

会盟沟通包括了信息沟通、利益交换、权力确认三个层次,会盟沟通本质上是国际社会调整利益关系和权力秩序的手段;会盟沟通又是一定时期内国际利益关系和权力秩序的反映和体现;参加会盟意味着对会盟所代表的利益关系和权力秩序的接受和确认,拒绝会盟则意味着对会盟背后的利益关系及权力秩序的否认和挑战。

会盟沟通又与诸侯的争霸活动紧密地联系在一起。霸主的出现使会盟沟通活动发展到了顶峰,随着争霸活动的平息,会盟沟通的体系也逐渐瓦解。考虑到春秋时期的历史情境、会盟沟通的优势以及它的重要作用,会盟成为更为理性、更为克制的沟通和交往方式。春秋时期的各国都试图将国际冲突限制在会盟的框架之内,这导致会盟成为春秋历史上一个极为突出和独特的现象,国际会盟的活跃程度达到了空前绝后的境地。

第三章　会盟召集：国际沟通的决策和劝服

当一个国家感觉到有必要与其他国家就某个议题展开对话时，会盟沟通的需求就产生了。但是，沟通并不是单方面的事，产生沟通需求的国家还需要将自己的意愿告知于其他国家，征询其他国家对举行会盟活动的看法，只有当会盟各方都同意举行会盟活动时，会盟沟通才能够实现。春秋时期的国际会盟中，那些诸侯国为什么会愿意参加会盟沟通活动呢？它们希望从会盟中获得什么样的利益？举行会盟活动的决策掌握在什么样的人或什么样的国家手里？这些决策又是怎样被制定的呢？有关会盟的分歧不仅存在于国家之间，在诸侯国的内部也会出现分歧。当分歧产生时如何劝服对方参加会盟活动？这些问题都发生在会盟的召集环节，它们构成了本章所要讨论的内容，这些内容我们可以用一个更为简单的问题来概括：一次会盟沟通活动究竟是如何被决定举行的？

第一节　会盟召集权力的转移

西周时期周王是周王朝的最高统治者，是诸侯事务的最高裁决者，会盟的召集权既是王权的一部分，同时也是王权的重要象征。周王分封诸侯的目的是为了在王室周围形成一道保护屏障，当王室遭遇危机时诸侯各国可以及时支援王室，这样可以使周王的统治更加巩固。为了实现这一目的，必须禁止诸侯之间的私下交往。如果各地的诸侯可以私下举行会盟活动，这等于是绕过了周王这个最高统治者和最高裁决者而私下处理诸侯事务，这显然是对王权的侵犯。更为重要的是，诸侯很可能会借助会盟的机会相互勾结在一起，对周王的统治形成威胁。为了防止这种情况发生，禁止诸侯私下会盟就成为理所当然的事。

西周时期的会盟活动发生在周王作为召集者和主持者的会同、巡守体制之内。没有重大事情发生时，诸侯不能够离开国境，[①]只有当诸侯大规模朝见周王，[②]或者当周王到各诸侯国去巡守时，[③]周王才会召集诸侯举行会盟活动。按照这种设想，在天下太平时，诸侯是不能够私下举行会盟的。[④] 为了避免被诸侯孤立和诸侯叛王情况的出现，周王垄断了会盟的召集权和主持权，[⑤]举行会盟的目的也主要是为了强化周王与诸侯的等级关系，确保周王对诸侯的控制。

进入春秋以后，随着王权的日益衰微，作为王权一部分的会盟召集权也被下移至各诸侯国。王室与诸侯各国之间的实力对比发生了根本性的变化，晋、楚、齐、秦等强国的实力已远远超越王室，无论从实际控制的国土面积还是军事实力来看，王室都已和普通的诸侯国相差不大。此时的周王室实际上已经失去了作为"天下共主"的权威，各地的诸侯国君很少再到东周朝见周王，周王也无力再要求诸侯定期朝见或定期到列国巡守。由于缺少了周王的约束，诸侯国之间的冲突变得比以往更加频繁。为了处理诸侯之间的矛盾，会盟这种沟通方式继续被延续下来。与西周时期不同的是，此时诸侯之间的会盟已经不需要周王的授权了，"不得擅相与盟"的禁令被打破。

春秋初期，宋、卫、郑、齐、鲁等北方诸侯之间维持着一个相对均衡的国际局势，并没有出现经常性的会盟召集者和主持者。鲁隐公三年，齐僖公、郑庄公盟于石门，此盟开启了春秋诸侯结党对抗的先河，西晋刘宝称："齐、郑之盟，《春

---

① 刘伯骥认为，诸侯是"守土之官"，"苟非王命，不当出境"，意思是说：如果没有周王的命令，诸侯是不能够离开自己守卫的国土的（见：刘伯骥. 春秋会盟政治[M]. 台北：中华丛书编审委员会，1962：2）。按照杨伯峻先生的解释，如果不是参加会、朝、征伐、有王（朝聘于天子）、巡狩，诸侯不得出行（见：杨伯峻. 春秋左传注[M]. 北京：中华书局，2009：226）。

② 孔颖达云"若王不巡守及诸侯有事朝王，即时见曰会，殷见曰同，亦为盟礼"，意味着如果周王不巡守，诸侯大规模朝见周王时也可以举行会盟活动（见：《十三经注疏》整理委员会. 春秋左传正义[M]. 左丘明，传. 杜预，注. 孔颖达，疏. 北京：北京大学出版社，1999：41.）。

③ 杜预云"凡八聘四朝再会，王一巡守，盟于方岳之下"，即一年一聘、三年一朝、六年一会、十二年一盟；孔颖达认为，"王合诸侯唯有巡守""天子之合诸侯有使诸侯共盟之礼也"（见：《十三经注疏》整理委员会. 春秋左传正义[M]. 左丘明，传. 杜预，注. 孔颖达，疏. 北京：北京大学出版社，1999：58，1322-1323.）。

④ 孔颖达云："然天下太平之时，则诸侯不得擅相与盟。"（见：《十三经注疏》整理委员会. 礼记正义[M]. 郑玄，注. 孔颖达，疏. 北京：北京大学出版社，1999：141.）

⑤ 张全民发表于《吉林大学社会科学学报》1995 年第 4 期的《试论春秋会盟的特点》，莫金山发表于《史学月刊》1996 年第 1 期的《春秋列国盟会之演变》，徐杰令发表于《求是学刊》2004 年第 31 卷第 2 期的《春秋会盟礼考》都表达了类似的观点，认为西周时期会盟的召集权和主持权掌握在周王的手中。

秋》亦存而不削者,志世变也。齐、郑之党合,天下始多故矣。"①自石门之盟以后,中原诸侯郑、齐、鲁、卫、宋、陈、蔡等国争相会盟、互为勾结、攻伐不断。依据每次会盟所处理的事务和本国利益的不同情况,各国在会盟中的主动性有所差异。例如鲁隐公八年的温之会、瓦屋之盟,齐国为了调解宋、卫与郑国的冲突而召集了会盟;鲁桓公元年郑庄公与鲁桓公会于垂、盟于越,郑国为了交换鲁国的许田而表现得更加主动一些;鲁桓公十五年诸侯会于袲、十六年会于曹,宋国试图借郑国立君之乱攻打郑国,因此宋国更加主动。随着霸主的出现,会盟的召集权又逐渐出现了集中的倾向,霸主代替周王掌握了会盟的召集权。

春秋中期,会盟召集权成为诸侯霸权的象征。齐桓公成为第一个在广泛地理区域内建立霸权的霸主,在他之后晋、楚两国为争夺霸权而长期对峙。依靠强大的军事力量,齐、晋、楚等霸主或霸国掌握了会盟的召集权,诸侯各国以霸主为中心形成了不同的会盟集团。与西周时期相类似的是,霸主为了防止诸侯的背叛,也像周王那样对诸侯的会盟行为加以控制。② 积极参加霸主举行的会盟活动被视为一种向霸主表达顺服态度的行为,而那些拒绝霸主召集的诸侯国将会受到霸主集团的讨伐,③擅自私相会盟也会遭到霸主讨伐,④未经霸主允许而参加敌对集团的会盟则会被视为是一种背叛行为。

春秋后期,晋、楚两国已无法维持两大对立集团的会盟体系,后继起来争霸的吴、越两国也没能够(似乎也没有兴趣)建立类似于晋、楚的会盟体系。缺少了霸主的约束,各国之间的私下会盟又趋于活跃起来,诸侯又能够重新像春秋初期那样依据自己的需要与其他诸侯举行会盟活动。试图恢复霸业的齐景公召集宋、卫、郑、鲁等国举行会盟以结盟叛晋,但此时的会盟规模大为缩小,通常仅有两到三个国家参与。

就整个春秋时代而言,齐、晋、楚等霸主国家承担了会盟召集者的角色,这与不同时期各国在国际上的实际地位相匹配。而其他相对较为弱小的诸侯国

---

① 顾栋高.春秋大事表[M].吴树平,李解民,点校.北京:中华书局,1993:1617.

② 顾栋高指出:"自庄十三年齐桓为北杏之会,而天下之诸侯始统于一,无敢擅相盟会。"(见:顾栋高.春秋大事表[M].吴树平,李解民,点校.北京:中华书局,1993:1561-1562.)

③ 例如鲁成公五年,晋国召集了虫牢之盟,宋共公派人以诛杀子灵的事件为借口而拒绝参加此次会盟,随后的鲁成公六年,晋国命令鲁国伐宋以讨伐宋国不参加会盟;鲁桓公八年,楚国也曾经讨伐国不参加会盟的黄、随二国。

④ 例如鲁僖公二十六年,自认为仍是霸主的齐国攻打了鲁国北部的边境,原因是为了讨伐鲁国私下参加鲁僖公二十五年的洮之盟、二十六年的向之盟(见:《十三经注疏》整理委员会.春秋左传正义[M].左丘明,传.杜预,注.孔颖达,疏.北京:北京大学出版社,1999:430.)。

在大多数时间里处于从属者地位。为了能够在残酷的兼并战争中生存下去,它
们不得不积极响应霸主的召集,参加霸主在各地组织的会盟活动。因此从西周
时期到春秋的初期、中期、后期,会盟的召集权从周王手中转移到诸侯,又从诸
侯集中于霸主,之后又转移到普通诸侯,如图 3-1 所示:

西周时期	春秋初期	春秋中期	春秋末期
周王	诸侯	霸主	诸侯

图 3-1　会盟召集权力的转移

以上这一过程仅仅是大致概括了会盟召集权转移的情况。但是霸主仅仅
是依靠自身的力量影响了诸侯的会盟决策,会盟决策主要还是掌握在诸侯自己
手中。如果能够带来更多的利益,诸侯也会选择脱离原来霸主的控制,与其他
国家举行会盟活动。同时我们还可以看到,霸主并不能杜绝诸侯的私下会盟活
动。例如在晋国称霸期间,鲁国在参加晋国召集的会盟活动之外,也与齐国举
行了多次会盟活动。还有一些会盟活动并不是霸主召集的,而是经霸主同意,
由其他国家召集的。例如在宋国举行的两次弭兵之盟,都是经晋、楚两个霸主
同意,由宋国作为带有中立性质的第三方发起、召集的。召集权仅仅是显示了
霸主的影响力,至于是否参加会盟的决策仍然主要地掌握在诸侯各国自己
手中。

第二节　会盟决策的影响因素

霸主的争霸活动深深地影响了其他诸侯的会盟决策,但是有关会盟决策的
权力仍然是由诸侯国内部决定的,霸主也无法代替其他诸侯的国君和卿大夫做
出会盟的决策。诸侯国本身是拥有独立利益的政治实体,它不可能为了其他诸
侯的利益而参加会盟活动,相反,它加入到会盟这一国际沟通平台的目的正是
为了实现自己的国际利益。诸侯国的独立属性和现代国家一样,只是程度有所
差别,这与早期的国家形态和当时的历史情境有关。但毫无疑问的是,作为独
立性质的政治实体,诸侯国必然要在国际社会中维护自身的利益。除了国家利
益之外,诸侯的会盟决策还受到国家实力、地缘关系、国际舆论、文化因素、个人
因素等因素的影响。这些因素共同发挥作用,决定了国际体系中不同的国家所
采取的会盟策略的不同。

一、国家利益

每个国家都希望最大限度地实现本国的利益,在国际社会上取得更多的话语权和支配权,这是由国家作为国际关系的主要行为体的本性所决定的。现实主义国际政治理论的代表学者摩根索指出,"利益观念的确是政治的精髓,不受时间和地点的影响",①这一观点同样适用于春秋时期的诸侯。诸侯参与会盟沟通的目的归根结底都是为了维护自身的利益,如果诸侯国的利益受到了损害,无论多么亲密的会盟关系也必然会走向破裂。诸侯各国的利益是它们进行会盟决策的基础,诸侯在会盟活动中不可能将他国的利益完全置于本国的利益之上。春秋时期的国家利益主要表现在主权、安全、地位三个方面。

(一)主权

鲁昭公十九年郑国发生的一件事表明了春秋时期的诸侯已经有了主权的概念。在这一年郑国的卿大夫驷偃去世,驷偃是郑国大族驷氏的宗主,谁将继承驷偃的宗主地位是郑国内外都在关注一件大事。由于驷偃的儿子驷丝年幼,于是他的父兄立了驷偃的一位叔父驷乞做了继承人。驷丝的母亲来自于晋国一位大夫之家,这样霸主晋国就牵涉进了郑国驷氏立嗣的事件。驷丝将此事告知了他晋国的舅舅,晋国派人到郑国过问此事,驷乞被吓得要逃奔而去。但是郑国的执政者子产却丝毫不惧怕晋国,他指责晋国这是在破坏郑国的主权,称:"若寡君之二三臣,其即世者,晋大夫而专制其位,是晋之县鄙也,何国之为?"②如果晋国连郑国国内卿大夫的立嗣问题都要干涉,那么这是将郑国当成了晋国下辖的一个县,这意味着郑国将丧失管理自己内部事务的主权,任何国家也不会同意这样做。在子产的抵制下晋国只得作罢。

这一事例表明诸侯国将主权独立看得非常重要,而那些丧失了主权的诸侯将成为他国的附庸,一旦沦为附庸也就失去了与其他诸侯并列于会盟的资格。《礼记·王制第五》曰:"不能五十里者,不合于天子,附于诸侯曰附庸。"③所谓"不合于天子"即是不参加周天子举行的朝会的意思。在春秋时期同样如此,那些被认为是他国附庸的弱小国家则不能够与其他诸侯同列于会,盟誓活动的盟

---

① 汉斯·摩根索.国家间政治:权力斗争与和平[M].徐昕,郝望,李保平,译.北京:北京大学出版社,2006:22.

② 《左传·昭公十九年》。

③ 《十三经注疏》整理委员会.礼记正义[M].郑玄,注.孔颖达,疏.北京:北京大学出版社,1999:332.

书也不会记录附庸国家的与会者。例如鲁襄公二十七年的弭兵之盟，邾、滕分别为齐、宋之私属，在会盟上都不能与诸侯同列。而鲁国宁愿多承担对晋、楚的义务也不愿意被当作附庸国看待。

（二）安全

在战争极为频繁的春秋时代国家安全是一个普遍性的国际问题。对于实力弱小的诸侯来说安全问题尤为突出，甚至那些实力强大的诸侯如齐、秦也同样会受到比其更为强大的晋、楚的威胁。如果国家主权遭到颠覆、国人被屠杀、国土被分割，会盟策略所维护的国家利益自然也将不复存在。现代国际关系理论认为安全利益是国家利益的基础，只有安全利益得到一定程度的满足时，其他的国家利益才可能得以实现。[①] 安全的重要性是不言而喻、不证自明的。在国家面临巨大生存威胁时，它可以和一切能够联合起来的力量结盟，尤其对于春秋时期的弱小诸侯国来说更是如此。在缺乏必要的国际法、国际道德、国际舆论的约束下，弱小诸侯国的安全利益更容易遭到强大诸侯的侵犯，而会盟可以帮助它们制衡威胁，帮助它们获得安全庇护。

当诸侯国的安全利益面临威胁时，寻求与其他国家结盟是一种再自然不过的政治本能。处于威胁之中的诸侯国既可以采取制衡又可以采取跟随的会盟策略。制衡是指与其他国家结盟以反对具有优势的威胁，追随强者是指与引发危险者结盟。[②] 例如鲁桓公二年，楚国的势力开始威胁到北方诸侯时，即便近乎成为北方霸主的郑庄公也不得不考虑与蔡国联合以制衡来自南方楚国的威胁。当抵抗威胁的代价超出国家所能承受的能力时，一些诸侯还会采取暂时臣服强者的跟随策略。那些遭到晋、楚、齐、秦等强国攻打的弱小诸侯国，往往会因为无力抵御这些国家的进攻而在会盟上向它们表示屈服，由此也将得到大国的安全庇护。春秋时期绝大部分国际会盟都是制衡和跟随策略的反映，在这些策略的背后都包含着安全因素的考虑。

（三）地位

提高国际地位也是国家制定对外政策的目的之一。对于诸侯国而言，举行或参加会盟活动也是为了提高国君和卿大夫的国际声望以及本国在国际社会中的地位。鲁襄公三年，晋悼公指出霸主举行诸侯会盟的目的，称"合诸侯，以为荣也"，[③]意思是说，召集诸侯会盟的目的是为了"荣"。所谓的"荣"即是晋国

---

①　阎学通.中国国家利益分析[M].天津：天津人民出版社，1996：23.

②　斯蒂芬·沃尔特.联盟的起源[M].周丕启，译.北京：北京大学出版社，2007：16.

③　《左传·襄公三年》。

的"尊荣"和"荣耀"。因此在晋悼公看来会盟的目的是为了巩固和提高晋国的霸主地位。同样,鲁昭公四年举行于楚国的申之会也被楚灵王提高到关乎楚国霸权能否实现的战略高度。鲁襄公二十七年盛大的弭兵活动之所以在宋国举行,其中一个原因即是因为发起者向戌希望借助会盟提高自己的国际声望。①

而那些受到不礼待遇、遭到羞辱的诸侯国君和卿大夫很可能会因此而改变其会盟决策。例如鲁定公三年,原本臣服于楚国的蔡昭公因为在楚国遭到囚禁而与楚国决裂,蔡昭公转而向晋国求援,直接推动了鲁定公四年召陵会盟的举行;鲁定公八年,晋国在郫泽之盟中故意羞辱卫灵公,②使原本犹豫不决的卫灵公下定决心彻底倒向齐国,先后与郑献公盟于曲濮(鲁定公八年),与齐景公、郑国的游速会于安甫(鲁定公十年),与齐景公、鲁定公会于牵(鲁定公十四年)。这些事例表明,即便是弱小的诸侯也会选择与那些尊重自己的国家结成会盟关系,甚至宁愿冒着被大国讨伐的危险也会这样做。

二、国家实力

按照国家实力的强弱,春秋时期国际体系内的国家可以被划分为三个层级:霸主、大国和小国。其中齐(齐桓公时期)、晋、楚的实力都曾经在一定时期内远远超越于其他诸侯,成为诸侯中的霸主;其次是齐、秦以及后期崛起的吴、越等实力稍逊于霸主的大国,它们虽然受到霸主的压制,但仍然保持着对周边弱小诸侯的影响力而成为区域性的霸主,像吴、越这样的国家还曾经一度成为南方霸主的竞争者;小国主要包括宋、卫、郑、鲁、陈、蔡等实力弱小的诸侯,它们通常作为跟随者的角色出现在国际会盟沟通的舞台上。

国家实力主要从以下两个方面对诸侯的会盟决策产生了影响:

(一)会盟沟通的目的

诸侯的会盟决策受制于其国家实力,会盟决策必须以国家实力为基础,脱离国家实力的会盟决策将会使国家陷于危险的境地,宋国的公子鱼就明确地指出了这一点。在齐桓公去世后,宋襄公企图在北方称霸,但是他置宋国与楚国巨大的实力差距这一事实于不顾,冒然采取了暴虐的称霸策略。子鱼准确地将

---

① 《左传·襄公二十七年》云:"宋向戌善于赵文子,又善于令尹子木,欲弭诸侯之兵以为名。"

② 卫国一度背叛晋国倒向齐国,于是晋卿赵简子有意通过会盟侮辱卫侯。杜预曰:"前年卫叛晋属齐,简子意欲摧辱之。"(见:《十三经注疏》整理委员会.春秋左传正义[M].左丘明,传.杜预,注.孔颖达,疏.北京:北京大学出版社,1999:1574.)

宋襄公的失败归结于宋国实力孱弱这一原因，认为："小国争盟，祸也。"①弱小的宋国根本不具备统帅北方诸侯与楚国对抗的实力，失败是在所难免的事。

春秋时期的小国面临着突出的安全问题，如何在大国争霸的冲突格局中生存下去是弱小国家的首要目标。肯尼思·华尔兹指出："除非一个国家不想作为一个政治实体继续存在，否则生存是它实现任何目标的前提。在一个国家安全无法得到保证的世界里，生存动机被视为一切行动的基础……"②为了更好地生存下去，小国所能采取的策略只有联合或者加入霸主的会盟体系以谋求援助和庇护。相比之下安全问题并不是大国和霸主的首要目标，它们并不像小国那样面临着紧迫的生存威胁，它们所考虑的是其在国际社会中的支配权与领导权。而会盟可以帮助它们实现这一点。

在会盟关系上，小国和霸主是相互依赖的关系，③它们能够彼此满足对方的需求，实现各自的目的。小国的需求是安全庇护，至少是不被霸主伤害；霸主的需求是小国的顺服，遵从霸主的国际领导；小国以顺服换取庇护，霸主以庇护换取霸权。虽然小国更多地受制于霸主的号令，但由于霸权竞争者的存在，霸主无法垄断庇护的提供权，因此小国在会盟决策方面仍然能够拥有一定的自主权和话语权。霸主和小国参加会盟的目的可以如图 3-2 所示，它们互相依赖、各取所需。

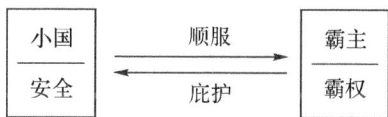

图 3-2 不同国家参加会盟沟通的目的

1. 霸主

霸主甚至比一般的诸侯更需要会盟活动，因为霸权的获得与维持都离不开会盟活动的支持。概括而言，会盟沟通可以帮助霸主实现以下目的：①霸权的获得以主持大型国际会盟活动为标志。会盟的仪式可以帮助霸主树立国际权威地位，霸主在会盟上发号施令标志着其地位被会盟成员所认可。②会盟可以

① 《左传·僖公二十一年》。

② 肯尼思·华尔兹.国际政治理论[M].信强,译.上海：上海人民出版社,2003：122-123.

③ 需要注意的是，国家实力是相对的，大国相对于霸主同样也是小国。例如，《左传·昭公十三年》记载，齐人在晋国面前自称"小国"，曰："小国言之，大国制之，敢不听从？"齐国虽然是大国，但与晋国相比只能是小国。

帮助霸主联合更多的国家壮大自己的实力,同时可以在国际社会中尽可能地孤立其竞争对手。③霸主需要会盟保持会盟集团内部的凝聚力,会盟的仪式化和神圣化可以帮助加强成员之间的认同感。④会盟是霸主管理国际事务的工具,霸主通过会盟对会盟成员内部的事务进行管理,如确定彼此之间的权利与义务,制止成员内部的侵凌现象,调解、裁决成员之间的纠纷与冲突,实施国际救济和援助,过问或干涉成员国家的内政,制定国际竞争的策略,等等。⑤霸主需要利用会盟组织军事力量、谋划军事行动以应对与竞争者之间的冲突。⑥必要时会盟还可以帮助缓解国际冲突,暂时达成和平协议。

2.大国

大国的实力介于霸主和小国之间,一方面大国也需要通过会盟向霸主表示顺服,另一方面大国与霸主又是竞争者的关系。大国通常希望会盟沟通可以实现以下目的:

(1)缓和与霸主的冲突。迫于霸主的强大压力,区域性大国同样会参加霸主组织的会盟活动以向霸主表示顺服的态度。例如齐国多次出席了晋国作为霸主的北方集团的会盟活动;在向晋国发起挑战失败后,齐国也往往会利用会盟与晋国达成和平协议。

(2)制衡强势霸主。区域性大国在南北冲突中起到了均势的平衡者的作用,如果一方霸主过于强势,区域性大国可能会选择制衡的策略以维持均势。在齐桓公去世后中原地区暂时没有霸主的一段时间内,秦国与晋国会盟抗楚。而在晋国的霸权确立后,秦、晋之间的矛盾日益凸显,最终在伐郑的问题上两国彻底决裂。秦国在与晋国的冲突中失利,只好选择与楚国联合以报复和遏制强势的晋国。鲁成公二年,秦国与众多中原诸侯国一起参加了蜀之盟,这标志着秦国加入了楚国的会盟集团。齐国也同样采取过类似的策略:城濮大战之前齐国与刚刚登上争霸舞台的晋国结盟,此后晋国霸权日炽,这使齐国对晋国开始疏远。鲁文公十四年晋国组织了一次重要的会盟活动——新城之盟,但齐国并没有参加;鲁宣公十四年齐顷公与鲁国的公孙归父相会于榖,谋划加入楚国阵营;鞌之战战败后,齐国一边与晋国求和,一边又在鲁成公二年参加了楚国作为霸主的蜀之盟。

(3)维护区域霸权。我们可以从齐国的做法中清楚地看到它利用会盟维护区域霸权的意图。例如,鲁文公十六年齐懿公趁晋霸稍衰之机与鲁国会于阳榖、盟于郪丘,鲁文公十七年齐、鲁会于榖,鲁宣公元年齐、鲁会于平州,鲁宣公十四年齐、鲁会于穀，鲁宣公十五年齐、鲁会于无娄，鲁襄公十年齐、东诸侯①会于钟离，鲁昭公七年齐与北燕、齐与鲁相会盟，等等。以上会盟都是齐国为维护自己的区域霸权所组织的会盟活动。最突出的一个例子是发生在鲁昭公二十六年，晋国无意于帮助遭到季孙驱逐而长期流亡于外的鲁昭公复位，于是齐景公绕开晋国召集了郓陵之盟谋划送纳鲁昭公之事。虽然郓陵之盟最终也没能够帮助鲁昭公复国，但这次会盟无疑大大提高了齐景公在国际上的影响力。

（4）挑战霸主。区域性大国同样也会借助会盟联合其他力量以反对霸主。正如齐景复霸期间所发生的会盟那样，齐景公利用会盟联合北方诸侯发起了对晋国的背叛。

3. 小国

在春秋国际形势的大背景下，对于较为弱小的国家来说实在没有更多可以选择的余地，会盟是它们生存下去的唯一出路。会盟对弱小国家来说具有如下功能：①结党自固，应对周边国家的进攻威胁。这种情况主要发生在春秋初期和末期，由于没有霸主维持国际秩序，弱小国家更容易遭到周边国家的攻击；②加入霸主的会盟集团，获得霸主的安全庇护；③参加霸主组织的会盟是向霸主表示顺服的重要方式；④通过会盟参与国际事务，在国际会盟上表达本国的利益诉求。

（二）会盟集团的对立

霸主和大国之间的实力对比决定了一定时期的国际会盟的基本框架。"国际体系的特征是由大国的兴衰来决定的，这些国家决定了国际互动模式并建立了体系的运行规则。"②杰克·利维认为，在很大程度上大国间的互动决定了（国际）体系的结构和发展，也成为大多数国际政治理论的基础。③ 具体到春秋时期而言，齐、晋先后作为北方国家的霸主，楚国作为南方国家的霸主，南、北国家集团之间的长期对峙是春秋国际会盟的基本框架。齐（齐桓公时代之外的齐国）、秦以及后期的吴国作为国际会盟关系中的大国，对南北均势的保持起到了平衡者的作用。在南、北霸主的力量对比发生根本性的变化之前，会盟中的大国也

---

① 杜预曰："光从东道与东诸侯会遇……"孔颖达正义曰："盖邾、莒、滕、薛之徒，自相会遇也。"因此东诸侯主要指的是邾、莒、滕、薛这些小国（见：《十三经注疏》整理委员会. 春秋左传正义[M]. 左丘明，传. 杜预，注. 孔颖达，疏. 北京：北京大学出版社，1999：881.）。
② 詹姆斯·多尔蒂，小罗伯特·普法尔茨格拉夫. 争论中的国际关系理论[M]. 阎学通，陈寒溪，等译. 北京：世界知识出版社，2002：90.
③ 詹姆斯·多尔蒂，小罗伯特·普法尔茨格拉夫. 争论中的国际关系理论[M]. 阎学通，陈寒溪，等译. 北京：世界知识出版社，2002：313.

只能作为霸主的从属者加入其中的一方。例如,多次试图脱离晋国的齐国,也不得不参加晋国的大多数会盟。而宋、卫、郑、鲁、陈、蔡等弱小的诸侯更是无论如何都不能实质性地改变南北对立的会盟框架,也无法逃离霸主的会盟体系,只能选择加入其中的一方寻求庇护。

三、地缘关系

研究国际关系中有关地理因素的理论认为:"地理位置和所控制的自然资源会使国家享有优势或处于不利地位,因此制定的或构建的国家对外政策也是源于环境的限制或机会。"[①]春秋时期人类活动的疆域并不太大,诸侯各国比较集中地分布在黄河流域、长江流域等比较有限的适宜人类生存和生活的地带,争夺生存和发展空间的冲突也就在所难免了。[②] 在各国的会盟决策中,地缘政治关系也是一个发挥着重要影响的变量,各国将依据自身的利益在会盟中选择制衡或者是跟随策略。

从地缘政治的角度考虑,每个国家都不希望自己有一个实力强大、野心勃勃、具有威胁性的邻国,这是它们普遍采取遏制邻国的"远交近攻"会盟策略的原因。初期宋、卫联合起来遏制正在崛起的郑国,郑国则与宋、卫后方的齐、鲁进行联盟;鲁僖公四年的召陵之盟前,齐桓公与楚国东北部的江、黄二国会盟,防止被楚国攻击后路;晋国采取叛逃到晋国的楚国大夫巫臣的建议与吴国联盟,使吴国在后方侵扰、疲惫楚国;楚国则与齐、秦联合,三面夹击晋国。

地缘政治影响到了霸主、区域大国、小国之间的会盟关系。齐国的霸主地位被晋国取代后,它仍然是区域性大国并控制着周边弱小的国家。齐国并不希望东方弱小的国家彻底脱离自己的控制而加入晋国的会盟体系,它虽然不时向晋国表示顺服,但也经常挑战晋国的霸主地位。为迫使鲁国臣服,齐多次攻打邻居鲁国,在其指示下曹、莒、邾等小国也对鲁国发动了攻击。对于鲁国而言,齐国的威胁甚至要大于晋国的威胁。鲁襄公三年的长樗之盟上,鲁襄公向晋悼公行"稽首"之礼,鲁卿孟献子称:"以敝邑介在东表,密迩仇雠,寡君将君是

---

① 詹姆斯·多尔蒂,小罗伯特·普法尔茨格拉夫.争论中的国际关系理论[M].阎学通,陈寒溪,等译.北京:世界知识出版社,2002:159.

② 顾栋高用"犬牙相错"一词来概括春秋时期各国疆域的特点,称"列侯争相侵夺,务据势胜,而春秋列国之疆域繁然乱矣"(见:顾栋高.春秋大事表[M].吴树平,李解民,点校.北京:中华书局,1993:609.)。

望,敢不稽首?"①这一点与沃尔特的观点相一致:由于毗邻的地缘原因,地区国家对其他的地区国家的威胁更为敏感。……附近国家的威胁比国际体系中最强大的国家的威胁更受到关注。②

那些夹阻于晋、楚之间的小国更需要从地缘关系上来制定会盟决策。以郑国为代表的此类国家由于在地理位置上处于晋、楚两个霸主之间,不得不反复地借助会盟向攻打自己的霸主表示臣服。鲁襄公十一年郑国的子展建议郑国臣服于晋国时提出:"晋能骤来,楚将不能,吾乃固与晋。"③晋国和北方诸侯的军队能够很快地到达郑国,而楚国因为地理的原因无法做到像它们那样快,因此与晋国集团结盟更加有利。郑国也因为地理位置的重要性而成为国际社会关注的焦点。楚国甚至向郑国贿赂来换取郑国与自己建立会盟关系,④晋国则在虎牢筑城并将之交于郑国把守以使郑国忠于自己。⑤鲁昭公四年楚灵王会诸侯于申,郑国的子产准确地预测了哪些国家可能不会来参加此次会盟:"不来者,其鲁、卫、曹、邾乎!曹畏宋,邾畏鲁,鲁、卫偏于齐而亲于晋,唯是不来。"⑥鲁、卫受逼于齐国所以和晋国关系友好,它们和晋国亲近就和楚国疏远;邾、曹又分别惧怕鲁、卫而听命于此两国,所以鲁、卫不会来楚国参加申之会,邾、曹也不会来参加。这一预测的依据即是各国之间的地缘关系。

四、国际舆论

诸侯在制定会盟决策时国际舆论和对方国家的国际形象也是各国考虑的重要因素。春秋时期的国际舆论主要存在于各国国君、卿大夫对国际事件、人物、行为的评价中。虽然缺乏现代化的传播媒介——这对舆论的形成带来了不利的影响,但是当时的国君和卿大夫还是能够利用各种接触的机会来表达自己的态度和观点。鲁昭公元年各国大夫相会于虢,在这个重大的会盟场合,楚国的公子围明目张胆地使用了楚王的礼仪,这种僭越行为引发了鲁、郑、蔡、楚、齐、陈、宋、晋等国大夫的评价。他们有的直接、有的含蓄地表达了对这一事件

---

① 孔颖达云:"诸侯事天子之礼也",鲁国用侍奉天子的礼仪对待晋国,目的是希望借助晋国的力量抵抗齐国的逼迫。(见《十三经注疏》整理委员会.春秋左传正义[M].左丘明,传.杜预,注.孔颖达,正义.北京:北京大学出版社,1999:823-824.)

② 斯蒂芬·沃尔特.联盟的起源[M].周丕启,译.北京:北京大学出版社,2007:154.

③ 《左传·襄公十一年》。

④ 《左传·成公九年》曰:"楚人以重赂求郑,郑伯会楚公子成于邓。"

⑤ 《左传·襄公十年》曰:"书曰'成郑虎牢',非郑地也,言将归焉。"

⑥ 《左传·昭公四年》。

的态度,形成了对楚国未来形势的判断和预测,进而影响到了各国与楚国的外交关系和会盟决策。

同时,当时的国际舆论还存在于各国的历史典籍中。这些典籍由专门的史官记载,是各国国君和卿大夫学习、参考的对象,它们对各国人物、事件的评价也构成了国际舆论的一部分。鲁襄公二十年,卫国的宁惠子称:"吾得罪于君,悔而无及也。名藏在诸侯之策,曰:'孙林父、宁殖出其君。'"①各国的史官记载了"孙林父、宁殖出其君"的事件,宁惠子(宁殖)认为这对自己的名声产生了非常不好的影响,希望他的儿子宁悼子将来能够对此事加以掩盖。史官的记载如同现代社会中出现在报刊、电视、网络上的新闻一样,它作为当时国际舆论的一部分将会影响各国的国君和卿大夫对国际形势的判断。

国际舆论对国君和卿大夫的行为产生了约束作用。每个国家都希望与那些有德行的国君和卿大夫以及他们所在的国家建立会盟关系,因为这些国君和卿大夫更加值得信赖,所结成的会盟关系也将更加可靠。作为北方诸侯早期的领袖,齐桓公的德行就受到了各国很高的评价。鲁僖公十九年,为了怀念齐桓公的恩德,陈穆公甚至召集了专门的会盟活动重温齐桓公时期的友好关系。直到鲁昭公十年(公元前532年),齐国的陈桓子又提及齐桓公说"能施也。桓公是以霸"②,而此时距齐桓公去世(公元前643年)已经有111年之久。

春秋时期的国家已经能够有意识地利用国际舆论来影响其他国家的判断,或者利用舆论增强本国的吸引力。鲁僖公七年,管仲建议齐桓公修礼于诸侯,称:"招携以礼,怀远以德。德礼不易,无人不怀。"③管仲的建议包含了塑造齐国的国际形象来获取诸侯各国的拥护这样的观点。鲁襄公二十四年,郑国的子产建议晋国的范宣子减轻各国的贡赋,称:"夫令名,德之舆也。德,国家之基也……恕思以明德,则令名载而行之,是以远至迩安。"④子产在劝服中强调了好的名声(国际声誉)对于维护霸权的重要性。

国际舆论所形成的压力迫使一些国家在进行会盟决策时不得不考虑舆论的影响,与国际舆论背道而驰不仅会在国际社会上遭到孤立,甚至可能会引发国内的政治危机。鲁襄公二十七年的弭兵之盟前后,国际社会上已经形成了弭兵的舆论与氛围,一些敏锐的政治家已经注意到了这种新的动向。鲁襄公二十

①《左传·襄公二十年》。
②《左传·昭公十年》。
③《左传·僖公七年》。
④《左传·襄公二十四年》。

六年,子产预感到弭兵运动将要到来,指出:"晋、楚将平,诸侯将和……"①宋国的向戌求利用其与晋国正卿赵武、楚国令尹子木的私人友好关系,适时地发起了弭兵之盟。而齐国一开始并不愿意参加弭兵之盟,但大夫陈文子明确指出了不参加此次会盟的危害:在晋、楚都已经答应弭兵的情况下,齐国如果拒绝将会遭到孤立;同时弭兵符合普通民众的愿望,如果齐国拒绝,将会使齐国的百姓与统治者离心。在权衡利弊之后,齐国随即派代表参加了鲁襄公二十七年举行的弭兵之盟。弭兵之盟可以说正是在国际舆论的推动下而达成的会盟活动。

五、文化因素

春秋时期的各国或部落之间存在着"诸夏"与"蛮夷戎狄"的区别。"诸夏"指的是周王室分封的中原地区的诸侯国,主要包括晋、齐、宋、卫、郑、鲁、陈、蔡等。它们之外的国家和部落分别被称为蛮、夷、戎、狄,甚至楚、吴、越等国也被包含在内。造成这种差别的主要原因是地区经济和文化发展的不平衡,"当时的中原各国较为先进者称为华夏,和他们相比邻或错杂居住较为落后者则被称为戎狄蛮夷……周王室所分封的许多诸侯国,主要居于黄河流域的中、下游。这些国家,一般都具有比较先进的生产力和比较发达的文化,而且已处在奴隶制社会阶段,它们在古代文献中,称为中国、华夏、中夏等不同名称"②。童书业指出:"至春秋时人所谓'华夏',实是文明伟大的意思;所谓'中国',便是天下之中的意思;其意义只是文化的与地域的,种族的意义很少。……春秋时中原人常常自称'诸夏',而称文化落后住在山林里的氏族为'蛮夷戎狄'。'夷'、'夏'对立的观念于是确立,渐渐变成种族的称号了。"③

钱穆将这种差别的原因归结为耕稼文化与游牧文化的不同。钱穆指出:"所谓诸夏与戎狄,其实只是文化生活上的一种界线,乃耕稼城郭诸邦与游牧部落之不同。"在春秋时期"夷""夏"的观念并不是绝对的,耕稼与游牧只是一种经济上、文化上之区别,"诸夏用夷礼则夷之","夷狄用诸夏礼则诸夏之"。④

这种文化上差异对各国的会盟关系也产生了一定影响。那些在语言、礼仪、服饰、生活方式、政治制度等方面相近的国家更容易建立会盟关系,因此我

---

① 《左传·襄公二十六年》。

② 徐喜辰,斯维至,杨钊.中国通史:第三卷:上古时代[M].白寿彝,主编.上海:上海人民出版社:2004:422.

③ 童书业.童书业著作集:第一卷:春秋史[M].童教英,整理.北京:中华书局,2008:141-142.

④ 钱穆.国史大纲[M].北京:商务印书馆,1996:56-57.

们可以看到北方诸侯之间的会盟次数远远多于南方国家的会盟次数。北方的齐、晋都非常善于利用会盟活动联络"诸夏"与竞争者楚国相抗衡,而被称为"蛮夷"的楚国在这方面就要逊色得多。鲁闵公元年,齐国大夫管仲称:"戎狄豺狼,不可厌也。诸夏亲暱,不可弃也。宴安酖毒,不可怀也。"①管仲建议齐桓公区别对待诸夏与戎狄,这成为齐桓公重大的争霸策略——"攘夷",该策略使大部分的中原诸侯成为齐桓公的坚定盟友。

文化差异强化了春秋时期的南北冲突,实际上文化因素对于南北结盟对抗局面的形成起到了一定的推动作用。在文化上,与诸夏不同的其他国家很容易被认为是诸夏文化的破坏者。孔子也曾发出了"微管仲,吾其被发左衽矣"的感叹,②赞扬了管仲对保存诸夏文化所做的贡献。鲁成公七年吴国攻打郯国,鲁国的季文子说:"中国不振旅,蛮夷入伐,而莫之或恤,无吊者也夫!"③季文子将"中国"和"蛮夷"放到了对立的层面,认为诸夏不能团结互助而导致夷狄伐夏。④ 这种评论实际上在暗示着中原诸侯应该团结起来与文化入侵者展开对抗的意思。鲁成公四年,季文子劝鲁成公不要背叛晋国而向楚国求和。季文子引用《史佚之志》曰:"'非我族类,其心必异。'楚虽大,非吾族也,其肯字我乎?"⑤季文子认为鲁国与楚国在文化上有很大的差异,虽然楚国强大,但是很可能不会善待鲁国。

文化的因素虽然对会盟关系具有一定的影响,但是远远没有国家之间共同的利益更加重要,一旦不能形成共同的利益,文化上的接近性也无法阻止会盟关系的破裂。沃尔特认为:"当国家处于安全状态时,更有可能顺从其意识形态偏好,但是,当面临较大威胁时,国家将与它能够得到的任何盟友联盟。"⑥摩根索也不客气地指出:"与物质利益无关的纯属意识形态的联盟,除了流产以外别无他途。"⑦因此文化因素虽然有助于同一文化之内的国家能够更加顺利地结成会盟关系,但是它并不是会盟建立的决定性因素。

---

①　《左传·闵公元年》。

②　杨伯峻.论语译注[M].北京:中华书局,1980:151.

③　《左传·成公七年》。

④　杜预注曰:"中国不能言相愍恤,故夷狄内侵。"(见:《十三经注疏》整理委员会.春秋左传正义[M].左丘明,传.杜预,注.孔颖达,疏.北京:北京大学出版社,1999:727.)

⑤　《左传·成公四年》。

⑥　斯蒂芬·沃尔特.联盟的起源[M].周丕启,译.北京:北京大学出版社,2007:35.

⑦　汉斯·摩根索.国家间政治:权力斗争与和平[M].徐昕,郝望,李保平,译.北京:北京大学出版社,2006:242.

六、个人因素

（一）个人和家族利益

由于君主和卿大夫是诸侯国的实际统治者，他们的私人利益很容易取代诸侯国全体民众的利益而成为整个国家的利益。事实上春秋时期的国家利益和现代意义上的国家利益有很大的区别，国君的利益基本上就等同于诸侯国的利益。"在民族国家形成之前，各种国家体制的核心是家族统治……所以没有国家的利益只有统治者的家庭利益……国家对外政策的最高宗旨是维护王朝的江山，追求的是皇家的利益并不是国家的利益。"①摩根索也指出："在以前若干历史时期，个人同集体的权力和权力的追求融为一体的媒介是血缘关系、宗教信仰，或对封建王侯的共同效忠。"②春秋时期的情况大致如以上所描述的那样，国君作为诸侯国内最大的宗族掌握着国家政权，会盟活动的最终目的即是为了维护国君家族的整体利益。

卿大夫同样也是诸侯国的统治者，他们除了在诸侯国内担任公职以外，往往还是本族内大宗的宗主。这使得卿大夫既要效忠于国君又要维护本族的利益，即鲁襄公三十一年卫国的北宫文子所称的"守其官职，保族宜家"③。但两者也并不总是一致。当两者发生矛盾时卿大夫有可能会在会盟活动中追求自己和本族的私利，而将国君的利益或国家的利益置于一旁。鲁桓公十一年，宋国的雍氏扣押了郑国大夫祭仲，要求他拥立公子突（后来的郑厉公）为君，且扣押了公子突向郑国"求赂"，称："不立突，将死。"④祭仲为了活命只好与宋国盟誓。而宋国为了郑国的财物不惜拒绝鲁国的调停，导致鲁桓公十二年鲁桓公和郑厉公在武父结盟以谋划攻打宋国。

由于国君和卿大夫都有自己的私利，在这种情况下会盟活动可以通过向对方赠送财物来换取结盟关系，所馈赠的财物被称为"赂"。"赂"的使用在会盟活动中并不少见，甚至连强大的楚国也使用"赂"的手段来达成会盟活动。这样的事例在《左传》中出现了两次：第一次发生在鲁成公九年，楚国向郑国送去贵重的财物以换取郑国的归顺，于是郑成公和楚国的公子成在邓举行了会盟活动；

---

①　阎学通.中国国家利益分析[M].天津：天津人民出版社，1996：16.

②　汉斯·摩根索.国家间政治：权力斗争与和平[M].徐昕，郝望，李保平，译.北京：北京大学出版社，2006：141.

③　《左传·襄公三十一年》。

④　《左传·桓公十一年》。

第二次发生在鲁成公十六年，楚共王派公子成再次向郑国求和，这次的代价是送给郑国"汝阴之田"，于是两国在武城盟誓。由此可见"赂"在春秋时期的普遍性。

（二）个人智慧和能力

春秋时期各国的国君、卿大夫等国家决策者的个人政治智慧和外交才能与会盟决策也有很大的关系。对国家利益的判断，对安全与威胁、国家实力、地缘关系等变量的权衡，最终都将由少数决策者做出。正确的决策将使诸侯国在国际社会中的利益得到维护，错误的决策将把国家引入危险的境地。宋襄公在齐桓公去世之后，过高地估计了宋国的实力，没有充分认识到楚国对北方威胁的严重性，也没有注意到齐国霸权瓦解后陈、蔡、郑、许等诸侯已归附楚国的国际新形势，[1]轻率地发起会盟以求取霸主的地位，结果不仅使自己被楚国扣留，也使宋国遭受战败的损失。

相反，郑国的国君和卿大夫在晋楚争霸的大多数时间内都能够清楚地认识到郑国所面临的危险处境，往往能够采取正确的会盟策略，使郑国的利益得到最大限度地维护。特别是在子产执政的时期，郑国利用其地理位置的重要性在国际会盟活动中同时讨好晋、楚两个大国，使郑国的国际地位大大提升。鲁昭公十三年的平丘之会上，子产还成功地迫使晋国同意削减郑国需要向霸主晋国缴纳的贡赋。

（三）私人关系

各国国君和卿大夫之间的私人关系也会影响到国与国之间的会盟关系。例如，在晋文公登上君位之前、流亡于列国期间，宋襄公曾经赠送过二十乘马给晋文公。鲁僖公二十六年，宋国因为曾对晋文公施过赠马的恩惠，因此背叛了楚国而投靠了晋国。此外，两次弭兵之盟都是因为宋国大夫同时与晋、楚两边的卿大夫有友好的私人关系，因而得以由宋国大夫发起、在宋国举行。鲁成公十二年的弭兵之盟是因为宋国的华元与楚国的令尹子重交好，又与晋国正卿栾武子交好；鲁襄公二十七年的弭兵之盟是因为宋国的向戌与晋国正卿赵文子交好，又与楚国的令尹子木交好。由此可见私人关系同样也可以对会盟关系的建立产生一定的影响。

以上影响会盟决策的六个因素并不是单独发挥作用的，而是作为一个整体

---

① 　顾栋高评价鲁僖公二十一年的盂之会曰："宋所恃者惟齐，此会齐不在，陈、蔡、郑、许，皆楚之党，曹又新叛而见伐，以只身入虎口，何计能自全乎？"（见：顾栋高.春秋大事表[M].吴树平，李解民，点校.北京：中华书局，1993：1974.）

形成合力对诸侯各国或诸侯组成的国家集团的会盟决策产生影响的。国家利益是诸侯会盟决策的目的，每个国家都希望在会盟关系中实现最大化的国家利益，会盟决策必须建立在共同的利益之上；国家实力决定了会盟关系中的权力和地位，大国力量对比决定了国际会盟关系的基本框架；地缘关系影响了霸主、区域大国、小国之间的国际互动；国际舆论使会盟中的各国会注意维护自身的形象，避免遭到国际社会的孤立；文化因素有助于那些具有文化相似性的国家建立会盟关系，但并不能使它们违背国家利益；各国的国君和卿大夫都离不开特定的历史情境，他们的个人性格、智慧、能力以及私人或家族的利益也将影响到会盟关系的建立。这些因素对会盟决策的影响可以用图 3-3 来示意：

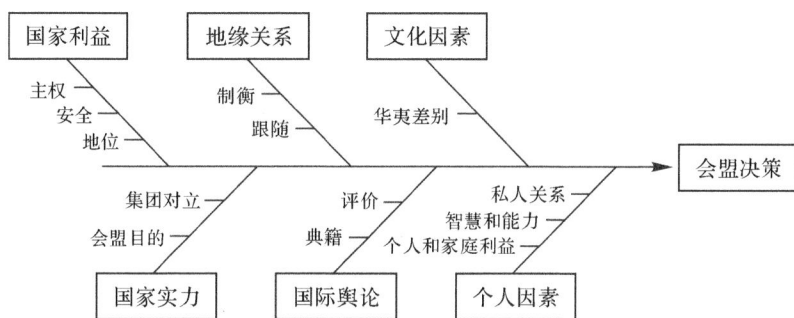

图 3-3　会盟决策的影响因素

理想化的会盟关系是设计一个被广为接受的会盟体系，分配给每一个国家一定量的权力和利益，体系中的国家都可以理智地、和平地接受自己在会盟体系中的位置。但在现实社会中这样的事是不可能发生的。因为在国际无政府状态下的国家很难对权力和利益达成长久的、一致性的看法。随着各种影响会盟关系的因素发生改变，有关权力和利益的分歧就会相应地产生。

第三节　决策的权力结构

作为对外政策的一部分，会盟决策主要掌握在诸侯国内部。如果不考虑后果，诸侯国可以与任何其他国家举行会盟活动。但是诸侯国的利益只能到国际社会中去实现，它不得不顾及其他诸侯对自己行为的反应，否则将会招致其他国家的讨伐。在霸主出现之后，诸侯各国围绕着霸主结成了国家集团，这时候与集团之外的国家结盟已经不是一个国家的事情了，它将牵涉到集团内部其他成员的利益，尤其将涉及霸主的国际霸权问题。霸主国的利益是会盟集团利益的集中体现。当有关会盟活动的决策是在两个集团之间展开时，会盟决策的制定不仅要考虑霸主,还需要考虑集团中的大国以及其他弱小诸侯的利益。会盟决策的过程中,不同的诸侯国以及国家内部的不同人员所拥有的权力是有所差别的。我们可以从三个层面来考察会盟决策的权力结构问题,这三个层面分别为:诸侯国内部、会盟集团内部、会盟集团之间。

一、诸侯国内部

诸侯国作为当时国际社会的主要行为体,会盟决策将首先在诸侯国内部形成。尽管一个国家在制定会盟决策的时候需要考虑国际上其他国家尤其是周边大国可能的反应,但形式上而言,会盟决策主要来自于该国的内部。即便是那些弱小的诸侯国,它们的会盟决策权也都主要地掌握在本国国君和卿大夫手中。能否自主制定包括会盟策略的外交政策是一个国家独立与否的标志,而失去了外交自主的国家将会沦落为其他国家的附庸。附庸国则将丧失参加诸侯会盟的资格,这是所有的诸侯都不愿意看到的事。

春秋社会是按照宗法原则严密组织起来的社会,当时的人们特别强调社会等级,人与人之间界限分明、等级森严。鲁桓公二年晋国的师服称:"故天子建国,诸侯立家,卿置侧室,大夫有贰宗,士有隶子弟,庶人、工、商,各有分亲,皆有等衰。"①这解释了诸侯国内部的等级情况。周天子是最高的统治者,天子将诸侯分封出去才建立了诸侯国;诸侯则分采邑给卿,卿为诸侯的家臣;卿可以将自己的权力分出去建立"侧室";大夫也可以将自己的权力分出去建立"贰宗";之后的庶人、工、商等阶层也都可以将权力及利益分给相应的亲人。这样权力和地位从高到低、由亲到疏,按照等级逐步衰减。鲁昭公七年,楚国的芋尹无宇也概括了另外一种等级序列,他说:"天有十日,人有十等。下所以事上,上所以共神也。故王臣公,公臣大夫,大夫臣士,士臣皂,皂臣舆,舆臣隶,隶臣僚,僚臣仆,仆臣台。马有圉,牛有牧,以待百事。"②无宇所描述的是楚国国内的情况。王即楚王,是国内的最高统治者,楚国国内的权力和地位按照王、公、大夫、士、皂、舆、隶、僚、仆、台的顺序依次衰降。师服所谈的等级秩序侧重于宗法的亲疏,无宇所谈的等级秩序侧重于职位的高低。不过亲疏关系和职位高低在春秋时期往往是紧密联系在一起的,这两种等级秩序在本质上是一致的。

在诸侯国内部,社会各阶层按照其所处的等级被赋予不同的政治权力。以上师服和无宇的言论揭示了诸侯国内部的等级顺序,这些等级中的人们还可以

---

① 《左传·桓公二年》。
② 《左传·昭公七年》。

被归入"贵族""平民""奴隶"等不同的社会阶层。① 春秋时期真正对诸侯国外交政策和会盟决策产生影响的阶层主要包括三个：国君、卿大夫和国人。其他的阶层或者影响群体都与这三个阶层有着密切的关系。

国君是一个国家名义上的最高统治者。一般情况下，国君拥有很大的权力，这些权力可以概括为"对国家大政的最后决断权""对官吏的任免诛杀权""对军队的控制、指挥权""对后嗣的废立权"。② 如果能确确实实地控制住这些权力，国君就能成为国家真正的最高决策者。卿大夫属于春秋时期的贵族阶层，"卿"是"大夫"中的上层，"卿"和"大夫"经常合在一起被统称为"卿大夫"。随着各诸侯公室的削弱，一些卿大夫的势力日强，成为实际上控制着国家的权臣。③ 国人指的是各国的平民阶级，④他们具有参政的传统，"或决定国君的废立，或过问外交和战，或参议国都迁徙"⑤，国人对诸侯国内、外政策的制定拥有一定的影响力。

按照权力的大小和等级的高低这三个阶层的关系可以用下面的结构图（见图 3-4）来表示。国君站在了决策权力的最顶端，他们是会盟决策的最高决策者；在国君的下面是卿大夫阶层，他们所拥有的权力仅次于诸侯国君；处在最底端的是国人，在一般情况下他们并不对国家大政方针产生直接的影响，但在一些特殊的事例中他们也可能会对国家政策产生决定性的影响。这三者之间并不是简单的垂直关系，他们之间还能够影响彼此的决定。图中的实线箭头表示权力从大到小的顺序，虚线箭头表示各阶层之间的影响和互动。

国君和卿大夫是会盟活动的主要决策者。春秋的政体"既不是君主个人独裁的专制政体，又不是民主共和政体，而是带有贵族共和色彩的贵族专制政体"⑥，这意味着形式上的最高决策者——国君经常需要听取卿大夫的意见，他

---

① 徐喜辰等人将西周时期的阶级关系划分为奴隶主贵族、国人和庶人、奴隶三个阶级，其中"士"以上的为"奴隶主贵族"，国人和庶人都是平民阶级。（见：徐喜辰，斯维至，杨钊.中国通史：第三卷：上古时代[M].白寿彝，主编.上海：上海人民出版社，2004：310-319.）

② 王宇信，杨升南.中国政治制度通史（第二卷）：先秦[M].白钢，主编.北京：人民出版社，1996：399-405.

③ 顾德融，朱顺龙.春秋史[M].上海：上海人民出版社，2001：337-338.

④ 广义上的"国人"指本国疆域范围内的人，狭义的"国人"是指居住在国都内的居民，无论是狭义还是广义上的"国人"都包括了士、农、工各阶层（见：顾德融，朱顺龙.春秋史[M].上海：上海人民出版社，2001：343-344.）。

⑤ 徐喜辰，斯维至，杨钊.中国通史：第三卷：上古时代[M].白寿彝，主编.上海：上海人民出版社，2004：775.

⑥ 徐鸿修.周代贵族专制政体中的原始民主遗存[J].中国社会科学，1981（2）：75-96.

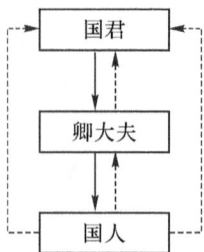

图 3-4　诸侯国内部的决策权力结构

们之间的互动主要通过"朝议"的方式进行。[①] 例如鲁襄公四年山戎国"无终"向晋国求和,[②]晋悼公原本意欲拒绝且攻打他们,大夫魏绛从正反两个方面分析了与戎和解的利弊,在他的劝说下晋国与诸戎结盟。类似于这样的事例还有很多,特别是郑国的会盟活动中,经常可以看到郑国的卿大夫聚在一起商议决策。

　　君主权力的最大竞争者是卿大夫。如果国君不能保有自己的权力,国家大政的决策权将会被卿大夫所掌握。一种观点认为,在中原弭兵(鲁襄公二十七年)之后,各国内政逐渐下移到卿大夫手中,出现了大夫专政的局面。[③] 事实上国君和卿大夫对权力的争夺一直贯穿于整个春秋时代。鲁襄公二十七年声势浩大的弭兵之盟,晋国的实际决策人是当时的正卿赵武;齐国大夫陈文子也在齐国的决策过程中起到了决定性的作用;最终到宋国参加会盟活动的也都是各国的卿大夫们。这一事件代表着卿大夫会盟决策权力的最高峰。

　　作为平民阶层的国人一般并不直接参与会盟政策的制定,但在特定的情况下国人也能够参加朝会,[④]这时候他们对会盟决策的影响力将会被发挥出来。

---

　　①　徐鸿修认为:"据周代官制推断,所谓'谋及卿士',当包括谋及最高执政与谋及从政诸卿两个方面。谋及最高执政的方式主要是个别商议,谋及从政诸卿,则主要采取集议方式。君主与众卿集议会商政事,就是众所周知的朝议制。"(见:徐鸿修.周代贵族专制政体中的原始民主遗存[J].中国社会科学,1981(2):75-96.)

　　②　"无终"为山戎国名。

　　③　徐喜辰,斯维至,杨钊.中国通史:第三卷:上古时代[M].白寿彝,主编.上海:上海人民出版社,2004:404.

　　④　国人参加的朝会与卿大夫参加的朝会相对应。卿大夫参加的朝会被称为"治朝",国人参加的朝会被称为"外朝"。(见:王宇信,杨升南.中国政治制度通史:第二卷:先秦[M].白钢,主编.北京:人民出版社,1996:414,417.)在一些重大问题上国君和卿大夫必须注意到国人的态度。《周礼·秋官·司寇》曰:"小司寇之职,掌外朝之政,以致万民而询焉。一曰询国危,二曰询国迁,三曰询立君。"(见:《十三经注疏》整理委员会.周礼注疏[M].郑玄,注.贾公彦,疏.北京:北京大学出版社,1999:912.)

鲁僖公二十八年,卫成公在从晋、从楚的问题上与国人相左,结果卫成公遭到了国人的驱逐。鲁定公四年吴国派使者召唤陈怀公,陈怀公让国人来决定如何应对,曰"欲与楚者右,欲与吴者左。陈人从田,无田从党"①。鲁定公八年,卫灵公欲背叛盟主晋国,但卫国大夫并不赞同这样做。卫灵公采取了朝见国人的办法来制造舆论,在国人的支持下卫国最终选择了背叛晋国。在以上这些事例中,国人的态度对诸侯国的会盟决策产生了决定性的影响。

除了国君、卿大夫、国人之外,国君的夫人以及卿大夫的家臣也能够对会盟决策产生影响。这两个群体的影响力分别来自于他们所隶属的国君和卿大夫。例如秦穆公的夫人穆姬②、鲁桓公的夫人文姜、鲁僖公的夫人声姜都曾对会盟活动产生过影响。鲁卿季氏的家臣阳虎曾一度挟持了鲁定公与季孙、叔孙、孟孙,控制了鲁国内政和外交决策的制定。

归根结底,会盟决策的制定和其他重大决策一样,主要控制在掌握国家政权的群体手中,同时也是多个政治群体之间利益妥协的结果。上面所提到的权力结构所概括的是诸侯国内部的一般情况,具体到不同时期、不同国家、不同会盟活动,决策权力的实际控制者也会依据具体情况而有所不同。

二、会盟集团内部

霸主出现之后春秋各国纷纷围绕着霸主结成了会盟集团,集团内部的弱小诸侯国未经霸主的同意将不能参加其他国家的会盟活动。这时如果会盟集团外部的国家想要与会盟集团中的国家举行会盟活动,它所面对的将是一个霸主(盟主)主导的多国集团。鲁襄公二十五年的齐国所面临的就是这种情况。该年晋平公与诸侯在卫国的夷仪相会,将要讨伐齐国以报复鲁襄公二十三年齐庄公伐晋的朝歌之役。此时齐国刚刚发生了崔杼弑杀庄公的内乱,齐国无意抵抗晋国和诸侯的讨伐,于是齐国以弑杀庄公为说辞派人向晋国和诸侯请和。齐国使大夫隰钼向诸侯公开求和,同时又使庆封单独出使晋军,③并且秘密对晋国进行贿赂。

在多国集团内部,诸侯各国的会盟决策权力是不相等的。就如同一个国家内部的国君一样,霸主是集团的领袖,是集团的最高权威。没有经过霸主同意,

---

① 事发于鲁定公四年,记载于《左传·哀公元年》。

② 鲁僖公十五年晋惠公被秦国俘虏,在秦穆姬的影响下秦国与晋国议和,后在王城结盟,晋惠公被释放回国。

③ 庆封此时在内乱中被立为齐国左相。

集团的成员不得参加敌对的集团或国家举行的会盟活动，否则将会被视为对现有霸主的背叛。鲁襄公二十七年的弭兵之盟，晋、楚相约"晋、楚之从交相见也"①，即便此约定得到了晋、楚两位霸主的认可，那些较弱小的国家也不敢冒然与另一个集团中的国家展开外交活动。鲁襄公二十八年，郑简公将要履行弭兵之盟的条约赴楚国朝见时，郑国还是谨慎地先派卿大夫游吉到晋国告知（大概也征得了晋国的同意）之后才敢启程。

　　显然霸主掌握着会盟集团内部的最高会盟决策权。鲁襄公二十五年，为了与晋国的会盟集团达成停战，齐国向晋国大举贿赂，"赂晋侯以宗器、乐器。自六正、五吏、三十帅、三军之大夫、百官之正长、师旅及处守者皆有赂"②。晋国上至国君下至低级军官都得到了齐国贿赂的财物，像这样大规模地对他国进行贿赂的事件即便是在春秋时代也不多见。于是晋平公答应了齐国的请求，并使叔向告知诸侯各国这一决定，随后晋国和诸侯与齐国在齐国的重丘举行了盟誓活动。

　　但是另一方面，霸主并不能过分地独断专行，诸侯对霸主的影响同样存在。虽然霸主是最高的会盟决策者，但它仍然需要考虑各路诸侯对会盟的态度。一意孤行的领导者将会驱使它的盟友逃向更加温和、更加宽容的对手。鲁成公二年，晋国与诸侯在鞌之战中击败齐国，齐顷公使宾媚人用礼器纪甗、玉磬乃至土地向晋国会盟集团请求停战，但是晋国却并不肯罢休。晋国集团中的鲁国和卫国担心日后会遭到齐国的报复，劝说晋卿郤克接受议和，称："齐、晋亦唯天所授，岂必晋？"③鲁、卫的言语中带有委婉的威胁意味，暗示目前的国际形势并不是晋国一国独大，如果晋国不听从建议，鲁、卫也可能倒向齐国乃至加入楚国的阵营。④ 鲁、卫的劝说产生了效果，原本不接受议和的晋国只好答应了齐国的请求，与齐国在爰娄结盟。

　　这些会盟事例向我们揭示了以霸主为主导的多国集团中的会盟决策权力结构。霸主掌握着最高的会盟决策权，诸侯一般情况听从霸主的会盟决定；但它们也会依据本国的利益向霸主表达会盟建议，这些建议也会对霸主的会盟决策产生影响。鲁成公二年，鲁、卫共同向晋国提出建议，表明这些国家私下之间里也存在着影响与互动。图 3-5 中的实线箭头表示权力从大到小的顺序，虚线

①　《左传·襄公二十七年》。
②　《左传·襄公二十五年》。
③　《左传·成公二年》。
④　事实上就在同一年（鲁成公二年）鲁、蔡、许、秦、宋、陈、卫、郑、齐等国即与楚国在鲁国的蜀地结盟。由于惧怕被晋国知晓，这次会盟是秘密举行的。

箭头表示诸侯和霸主之间的影响和互动。

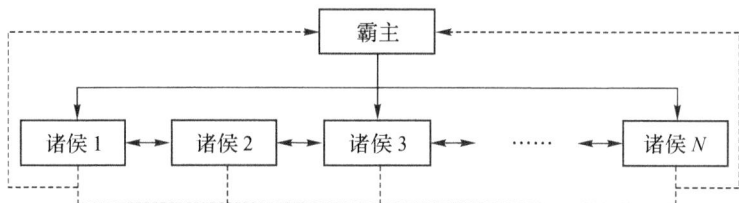

图 3-5　会盟集团内部的决策权力结构

三、会盟集团之间

如果会盟是发生在两个国家集团之间，那么单一的国家集团内部的会盟决策结构就不能完整地揭示会盟决策达成的过程和细节。由南、北两个霸主同时参与的大规模的会盟活动在春秋历史上并不多见，这样的会盟活动总共仅有三次，分别为：鲁僖公四年的召陵之会（齐和楚）、鲁襄公二十七年的弭兵之盟（晋和楚）、鲁昭公元年的虢之盟（晋和楚）。其中弭兵之盟是声势浩大、影响深远的一次会盟活动，这次会盟活动的达成不仅涉及晋、楚两个霸主的决策，还牵涉到了齐、秦两个大国的会盟决策。

在弭兵之前，有关弭兵的消息已在各国散布开来。鲁襄公二十五年，赵武成为晋国的正卿，他在接见鲁卿叔孙豹时提出了晋、楚弭兵的可能性，称："自今以往，兵其少弭矣。"[1]郑国的子产也预判到晋、楚可能议和。此时楚国的盟友秦国已与晋国达成了议和，[2]晋国的竞争者齐国也同晋国重新建立了友好关系。[3]在这一背景之下宋国的向戌发起了此次弭兵运动。

鲁襄公二十七年，向戌首先奔赴晋国，向晋国的正卿赵武提出了弭兵的请求。赵武听取了韩宣子的建议，答应了向戌的弭兵请求；随后向戌又奔赴楚国，楚国也对弭兵运动表示认可；在获得晋、楚两个超级大国对弭兵运动的支持之后，向戌又先后取得齐、秦两个大国的支持；各大国又分别告知与自己亲近的小国和附庸国。至此向戌完成了弭兵之盟的发起工作。向戌活动的路线如图 3-6 所示：

---

① 《左传·襄公二十五年》。

② 鲁襄公二十四年秦、晋为成，两国交相莅盟；鲁襄公二十六年，秦景公之弟鍼出使晋国以加强两国的和平关系；从《左传·襄公二十六年》中晋国太傅叔向命召行人子员出使秦国的记载来看，晋国也应该派出了使者回应秦国的示好。

③ 鲁襄公二十五年，齐国向晋国求和，同年参加了晋国集团在重丘的结盟活动。

向戌 ——→ 晋国 ——→ 楚国 ——→ 齐国 ——→ 秦国

图 3-6　向戌弭兵路线图

在向戌先后出使的四个国家中,没有哪一个国家是依附于另外一个国家的,这四个国家相互之间都不能使另外的国家听命于自己,它们之间基本上是对等的平行关系。晋卿赵武称:"晋、楚、齐、秦,匹也。晋之不能于齐,犹楚之不能于秦也。"①可见虽然晋、楚最为强盛,但也不能使另两个大国完全臣服。如果晋、楚能够使齐、秦听命,向戌也就没有必要再特意分赴这两个国家发出邀请了。

但是这些平行国家之间是能够互通信息的,一个国家的决定将会对另外一个国家的会盟决策产生影响。例如,齐国人一开始并不打算参加弭兵活动,齐国大夫陈文子分析了齐国面临的形势:"晋、楚许之,我焉得已。且人曰'弭兵',而我弗许,则固携吾民矣!将焉用之?"②晋、楚两个最强的国家已经答应了,即便是齐国不同意,弭兵也会强行举行;更为重要的是,弭兵符合天下百姓的愿望,如果齐国坚持不允许的话,将会使齐国的百姓对执政者产生背叛的念头。衡量了利弊之后,齐国也对弭兵之盟表示支持。

弭兵之盟是春秋历史中最为典型的发生于两个会盟集团之间的会盟案例。结合以上的分析我们可以用图 3-7 来示意此次会盟决策的权力结构。这些国家之间没有权力大小的绝对差异,并不存在直接的隶属关系;但是它们能够通过信息的沟通影响彼此的决定。下图,我们用虚线箭头来表示它们之间的影响与互动。

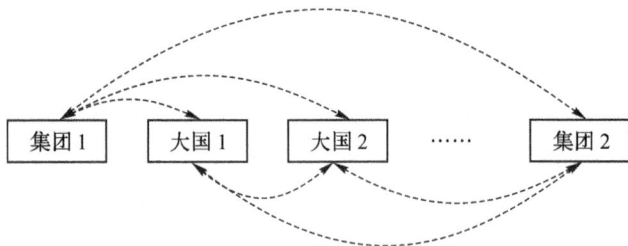

| 集团1 | 大国1 | 大国2 | ⋯⋯ | 集团2 |

图 3-7　会盟集团之间的决策权力结构

以上三种权力结构概括了会盟决策的一般情况。每一次具体的会盟活动

———————————

①　《左传·襄公二十七年》。

②　《左传·襄公二十七年》。

的举行过程都有着特定的历史情境，无论是诸侯内部、集团内部还是集团之间的会盟决策都是六种影响因素共同发挥作用的结果。这六种影响因素包括国家利益、国家实力、地缘关系、国际舆论、文化因素、个人因素等。会盟沟通的最终目的是为了维护诸侯国自身的国际利益，会盟沟通的参加者都希望实现自身利益的最大化，尽管在必要时不得不以屈从他国的利益为代价来避免更大的利益损失。诸侯会盟是一定时期国际利益关系和权力秩序的反映和体现，会盟沟通本质上是国际社会调整利益关系、权力秩序的手段。会盟决策的过程就是不同权力和地位的国君、卿大夫以及其他利益相关者寻找共同利益的过程。当他们能够就共同利益达成一致的判断时，会盟活动就能取得令人满意的结果；反之，当相关各方对共同利益的判断产生较大的分歧时，会盟活动就无法顺利举行。然而分歧广泛地存在于国家内部和国家之间。为了推动会盟活动的举行，针对不同群体或国家的劝服活动就随之而出现了。

第四节　劝服活动的实施

是否应与其他国家举行会盟活动或者参加其他国家举行的会盟活动，这一问题关系到诸侯各国的切身利益，必须加以慎重对待。只有当国内外各方都有意愿就相关的问题和事务举行会晤和盟誓时，会盟活动才能够举行。但是诸侯各国以及各国内部并不是每次都能够轻易达成共识的。不仅国家之间常常存在利益的分歧，就是国家内部的会盟决策者和对会盟决策有影响的政治群体之间也往往对会盟活动产生不同的看法。当潜在的会盟各方（国内、外）对"是否应该举行或参加会盟活动"的判断出现差异时，会盟活动的举行将会受到阻碍。如果会盟活动想要继续进行下去，就必须实施相应的劝服活动，使各方的判断趋于一致。

春秋时期的人们已经能够使用一些基本的技巧或策略来劝服对方同意与自己举行会盟。这些劝服技巧或策略主要体现在六个方面：人员的选择、利害的分析、舆论的运用、威胁的使用、贿赂的使用、仪式的使用。劝服活动所希望达成的目的是影响和改变他人或他国的会盟决策。借助《左传》中的一些事例我们可以从以下六个方面管窥春秋时期会盟决策过程中的劝服活动。

一、人员的选择

劝服活动最终是由人来实施的，劝服者本身对于劝服的效果有着至关重要的影响。春秋时期诸侯各国的会盟决策过程中一个国家能否被说服，很大程度上取决于劝服者的身份、地位以及个人素质和能力。这一判断与传播学的观点和理论相一致。早期的古希腊哲学家亚里士多德在其《修辞学》中强调了演说者的性格和品质。他认为"演说者的性格可以说是最有效的说服手段",而演说者要使人信服,需要具备见识、美德和好意这三种品质,①性格、见识、美德这些都来自于说服者自身;现代传播学的奠基者、研究"说服理论"的学者霍夫兰指出,要想产生积极的说服效果,传播者应有高度的可靠性,可靠性的主要因素是专精(实际具有的知识)和值得信赖(具有良好的品质和动机)。② 他的观点与亚里士多德的观点相一致,同样强调了劝服者自身的某些特质将会对劝服效果产生重要的影响;国内学者邵培仁认为,传播者必须具有一定的权威性、可信性、接近性、熟知性和悦目性等特质因素,才能在信息传播中使受众的态度、行为、情感等方面产生所期望的传播效果。③ 春秋时人已经注意到了劝服者身份、地位及其素养、能力对劝服效果的影响,他们会针对特定的任务选择合适的人员来劝服对方。

(一)身份和地位

从身份方面来看,主要承担劝服任务的是各国的卿大夫。鉴于会盟活动的重要性,除了诸侯国君,参与会盟决策的人员大都是诸侯国内担任重要官职的卿大夫,他们也往往是势力庞大的家族的宗主,这使得他们在会盟事务方面拥有较大的话语权。摩根索认为,"在履行说服,举行谈判以及以武力相威胁借以维持和平的职责中,外交代表发挥及其重要的作用","外交官首先是国家的象征性代表"。④ 劝服者作为外交使节,他们所代表的是国家权威,他们的身份和地位将会显示诸侯国对会盟关系的重视程度。

一个身份显赫的人显然比一个无名小卒更能使对方相信自己的诚意,这也使未来的会盟关系显得更加可靠。鲁成公二年爰娄之盟,齐国派去劝服晋国的是国武子。⑤ 国氏为齐国望族,其家族在齐国世为上卿。⑥ 由国武子出使晋国的军营展开求和行动,能够比较充分地表达齐国对晋国的臣服意愿。鲁襄公二

---

① 亚理斯多德.修辞学[M].罗念生,译.北京:三联书店,1991:25,70.

② 邵培仁.传播学[M].北京:高等教育出版社,2007:349.

③ 邵培仁.传播学[M].北京:高等教育出版社,2007:112-117.

④ 汉斯·摩根索.国家间政治:权力斗争与和平[M].徐昕,郝望,李保平,译.北京:北京大学出版社,2006:652,649.

⑤ 即国佐、宾媚人。

⑥ 《左传·僖公十二年》云:"有天子之二守国、高在……"杜预注曰:"国子、高子,天子所命为齐守臣,皆上卿也。"

十五年的重丘之盟,齐国派隰钼向各国求和,同时又派庆封单独奔赴晋国的军营。庆封此时担任齐国的左相,他的地位要高于赴其他诸侯那里求和的隰钼。鲁昭公十三年的平丘之盟,晋昭公担心齐国不赞同结盟,派叔向邀请齐国参加会盟活动。叔向来自于晋国的公族羊舌氏,在晋平公时期还担任了晋国的太傅。这些卿大夫的身份和地位都有助于他们的出使任务并推动会盟活动的顺利进行。

在一些特殊情况下,国君也会亲自参与到劝服活动中去,这往往发生在诸侯国处于极度危险的时候。鲁宣公十二年,楚庄王率军围困郑国的国都 17 天,楚军攻入郑国国都的皇门,郑襄公亲自裸身、牵羊向楚军求和。郑襄公所使用礼仪的是春秋时期的投降礼。如果不是郑国即将被楚国所灭,郑襄公绝不会亲自出动向楚国求和的。最终他的行为打动了楚庄王,两国随后在郑国的国都举行了结盟活动。

在等级森严的春秋社会里,传播者所能调动的、用以信息传播的资源与身份、地位和级别是对等的,过低的行政级别将会影响到信息传播的效率。派往对方国家的使者或行人的地位也传达了一个国家对另一个国家的亲近和重视程度,这都将影响到对方国家的会盟决策。尤其是当需要使者展开一些劝服工作时,地位较高的使者显然会更有说服力。

(二)素养和能力

除了拥有一定的身份和地位以外,劝服者还需要具备相应的礼仪知识、较高的文化素养、敏锐的洞察力、出色的表达能力和过硬的心理素质。首先,春秋时人的交往活动都是按照一定的礼仪举行的,不具备相应的礼仪知识就无法展开交往活动;其次,在当时的外交活动中人们会引用、创作诗赋来表达自己的态度与情感,有时候还需要援引以前的典故、事例或者圣人之言来支持自己的观点,不具备一定的文化素养的人是很难劝服他人的;再者,敏锐的洞察力、出色的表达能力和过硬的心理素质也都是承担劝服任务的使者应该具备的素养和能力,如果使者缺乏这些素养和能力,劝服活动将不会取得令人满意的效果。在以下事例中我们可以看到这些劝服者的素养及能力对于劝服效果的重要性:

鲁僖公三十年的秦、郑会盟活动中,烛之武的个人才能发挥了关键性作用。如果没有烛之武对秦、晋、郑三国利害关系的精辟分析,秦穆公很可能不会改变主意。鲁宣公十五年楚国伐宋,宋国岌岌可危。宋国的卿大夫华元竟然趁夜奔赴楚师登上楚国司马子反的床,告知他宋国的情况并劝说楚国与宋国结盟。子反遂与华元盟誓,楚军也随后退兵。鲁成公二年爰娄之盟中,齐国的国武子批驳晋国的无理要求时,三次引用了《诗经》中的诗句,这使他的言辞显得有理、有力。

其中,烛之武的事例表明,为了能够成功地劝服对方与自己结盟,当时的国君和卿大夫会依据个人的才能选择适合该任务的人。鲁僖公三十年,晋文公、秦穆公帅军围困郑国的国都,形势十分危急。郑大夫佚之狐向郑文公推荐烛之武,认为如果让烛之武会见秦穆公就能够使秦军退兵。此时烛之武年龄已经很大了,从郑文公的话中听出,他应该是一个权力核心之外的等级较低的大夫。但烛之武一定是具备较强劝服能力的,否则郑国也不会在国家危难之际让他承担这样重要的任务。

劝服者的人际关系也会对会盟活动产生积极的影响。两次弭兵之盟在宋国举行,都是缘于宋国的卿大夫华元、向戌,与晋、楚两国当政者友好的私人关系。如果没有他们的推动,弭兵之盟固然可能会发生,但不一定会在宋国举行,也不一定会这么顺利。

二、利害的分析

会盟活动的目的是为了维护本国在国际社会中的利益,对于被劝服的国家来说也是一样的。劝服活动能否取得成功的关键就在于能否改变被劝服者对会盟利害的判断,使对方认为举行会盟活动、建立友好关系的利大于弊。春秋时期的国君和卿大夫并不避讳对国家和个人利益的追求。鲁襄公十一年,郑国的诸位大夫在讨论会盟决策时,围绕的一个基本问题是"何为而使晋师致死于我",①即如何才能使晋国的军队为我们而死战、使楚国不敢抵抗?子展提出了"与晋国集团结盟以激怒楚国,然后再与楚国议和以激怒晋国,最后再坚定地顺服晋国"的方案。② 在这些讨论、劝服活动中对本国利益的强调是非常露骨的。

因此劝服活动围绕的核心就是利益,利弊分析是劝服者常用的手段。以下是两个在利弊分析方面非常具有典型性的例子:

(一)"邻之厚,君之薄"

晋国在城濮大战中击败楚国后取代了齐国成为北方的霸主。鲁僖公三十年,晋国以郑国曾经无礼于晋文公③且对楚国抱有贰心为借口,会同秦国围困郑国的都城。在两个大国的攻击下郑国面临着灭国的危机。大夫佚之狐向郑文公推荐烛之武出使秦军劝说其退兵。烛之武趁着天黑从城墙上顺着绳子爬下来,然后到秦军的军营会见秦穆公。此时晋、秦关系正处于"蜜月期"。秦国不

---

① 《左传·襄公十一年》。

② 任中峰.春秋时期郑国的国际会盟策略[J].盐城师范学院学报,2016(2):105-109.

③ 晋文公重耳流亡前路过郑国,郑文公曾经对当时还是公子的重耳无礼。

仅帮助晋文公获得了国君之位，还在城濮大战中站在了晋国的一边，随后确立晋国霸主地位的两次会盟活动（鲁僖公二十八年的温之会、二十九年的翟泉之盟），秦国也都派了代表参加。

但是烛之武却能够预见到晋、秦两个大国之间潜在的矛盾，并成功地离间了两国，帮助郑国从危机中摆脱出来。烛之武向秦穆公分析了灭亡郑国的利害关系，其核心的说辞便是"邻之厚，君之薄"，即"晋国所得到的就是秦国所失去的"或者"晋国的强大就是秦国的削弱"。烛之武认为，灭亡郑国并不能给秦国带来实际的利益。因为秦国与郑国相距甚远，越过其他国家而占有偏远的地区，秦穆公自己也应该知道这是非常困难的。这样的话郑国灭亡后的土地只能被晋国所占，而晋国的强大就是秦国的削弱，秦国用不着这样做。相反，如果能够保存郑国使其成为秦国在东方的接应，对秦国有利而无害。

随后烛之武又抓住晋、秦的以往冲突，指责晋国贪得无厌、晋国对秦国曾背信弃义，煽动秦穆公对晋国的厌恶情绪。他说，晋惠公曾经许诺割给秦国焦、瑕两处土地，①然而他早上渡河回家，晚上就建筑城池，显然并不打算履行承诺。晋国贪得无厌，它已经从郑国那里开拓了它东部的边疆，又将开拓它西部的边疆，而如果不损害秦国的利益，它将从哪里获得土地呢？

烛之武的言辞非常巧妙，表面上处处为秦国着想，真正的目的只有一个：保存郑国。但他所指出的都是晋、秦关系中的要害，秦穆公不得不正视灭亡郑国可能带来的后果。最终秦穆公权衡利弊，下决心与晋国决裂，不仅没有再帮助晋国攻打郑国，反而与郑国结盟，而且派杞子、逢孙、扬孙帮助郑国守卫国都。烛之武的成功劝服活动深刻地影响了春秋的国际形势。之后秦国在几次战争中被晋国击败而退回到西戎地区，但逐渐成为了西部的霸主；为了制衡晋国，秦国还一度与楚国结盟。追根溯源，这些后果都源自于烛之武对晋、秦关系的成功离间。

（二）"五利"说

鲁襄公四年，山戎的一支名为"无终"的部落（或国家）派使者孟乐到晋国求和。晋悼公一开始并不同意和解，他认为戎狄"无亲而贪"，不如反过来攻打他们。攻打戎狄能够为晋国带来实实在在的利益，如果在战争中取胜可以为晋国开疆拓土，事实上晋国也一直是通过吞并周边弱小的国家才逐渐强大的。大夫魏绛从另一个角度给出了不同的建议。他认为晋国刚刚使诸侯臣服，甚至长期依附于楚的陈国也归顺了晋国，但是晋国的霸权并不稳定，诸侯们都在观察晋

---

① 晋惠公在韩原之战中被秦国俘虏，后被秦国释放。

国的举动。如果晋国有德,诸侯就对晋国忠诚,如果晋国无德,诸侯则可能对晋国三心二意。假如晋国此时攻打山戎,那么楚国趁机伐陈,晋国则会因伐山戎而无力救援陈国,这就等于抛弃了陈国,华夏诸侯也一定会背叛晋国的。这样做即便是征服了戎狄但也将失去华夏诸侯,可谓得不偿失。

魏绛的劝说使晋悼公有点犹豫不决。随后魏绛进一步概括了与戎和解在五个方面的利益(五利):戎狄重财而轻土,所以土地不必通过战争而以收买的方式就可以获得;边境可以减少警备,百姓安心耕作,收割庄稼的人可以完成任务;戎狄臣服于晋国可以让众邻国震服于晋国的强大,诸侯们心怀畏惧而对晋国更加忠诚;以德行让戎狄归顺于晋国,不需要消耗军事资源,吸取后羿的教训而使用道德法度,将让远国归附、近国安心。

晋悼公所考虑的仅仅是晋国可能获得的眼前利益,而魏绛所考虑的则是晋国的霸权。在魏绛的眼里,与戎和解并不单纯是一次会盟,这一事件关系到晋国的霸主形象,进而对晋国的国际霸权产生影响。如果拒绝与戎和解将可能导致诸侯的背叛,削弱晋国在国际上的竞争力。魏绛在利、害两个方面的劝说使晋悼公改变了主意,他授命魏绛与诸戎举行了盟誓活动。此次盟誓也帮助晋悼公重振了晋国日渐没落的霸业。

三、舆论的运用

春秋时期的国际舆论已经能够发挥一定影响力,时人已经能够利用舆论来影响他人的会盟决策。试举如下三例:鲁襄公二十七年的弭兵之盟,是在国际舆论的推动下得以举行的会盟活动;鲁昭公十三年的平丘之盟,晋国大夫叔向歪曲了当时的舆论;鲁定公八年的事件中,卫灵公操纵舆论与晋国决裂。

(一)舆论的推动

鲁襄公二十七年的弭兵之盟是对国际格局产生深刻影响的一次重大会盟活动,这次会盟活动能够举行固然与晋、楚两国都无力再维持两极体系这一事实有关,同时国际舆论也发挥了不可替代的影响力,可以说此次会盟是在国际舆论的推动下举行的。

所谓的"弭兵运动"就是呼吁各国"停止战争、和平共处"国际运动。弭兵运动本身并不被诸侯看好,诸侯对弭兵的结果并不抱乐观的态度。晋国的韩宣子虽然认可战争的危害,但并不认为战争可以消除;作为弭兵发起国的宋国,宋国的内部也存在反对意见。子罕认为"兵"本身就不可"弭",他宣称"天生五材,民并用之,废一不可,谁能去兵?兵之设久矣,所以威不轨而昭文德也。圣人以兴，乱人以废，废兴、存亡、昏明之术，皆兵之由也"①。显然，让春秋时期的诸侯彻底放弃暴力而和平共处的想法是不切实际的。

但是弭兵运动却取得了出人意料的成功，这不得不说是一个奇迹。晋、楚长期的争霸对峙，国际社会对战争已经产生了厌倦情绪，弭兵成为了国际社会以及诸侯国内部民众的普遍愿望。鲁襄公二十一年，晋国国内爆发了范氏、栾氏两大家族的内讧，栾氏在斗争中失败被驱逐，晋国的实力遭到了削弱；随后晋、齐之间又爆发了冲突，幸好随着齐庄公被弑杀，晋国与齐国实现了和解。南方的楚国则在鲁襄公二十二年发生了楚王诛杀令尹子南的事件，同时新近崛起的吴国频频发动了对楚国的侵扰，这使得楚国也难以继续与晋国争夺霸权。鲁僖公二十五年，秦国与晋国达成了和解，双方互派使者到对方国家莅盟。这样晋、楚、齐、秦大国之间的局势已经出现了缓和。

弭兵的舆论是在鲁襄公二十五年开始逐渐形成的。这一年晋国的正卿赵武在会见鲁国的穆叔时表达了弭兵的愿望。赵武称："自今以往，兵其少弭矣！"②他还分析了弭兵的可能性，认为齐国的崔杼、庆封刚刚掌握了齐国的政权，他们有意与诸侯建立友好关系，而赵武本人也与楚国的令尹子木有私交，这些都是弭兵的有利条件。鲁襄公二十六年，郑国的子产已经察觉到了国际上弥漫的弭兵气氛，他认为晋、楚两个霸主将要媾和，诸侯将要实现和平。宋国的向戌大概也注意到了弭兵的动向，借着他与晋国的正卿赵武、楚国的令尹子木私交友好这层关系，于鲁襄公二十七年发起了声势浩大的弭兵之盟。

向戌先后奔赴晋、楚、齐、秦四个大国劝说它们举行会盟，这时舆论又影响了各国的决策。晋国的韩宣子认为，现在国际上有人提出要弭兵，如果晋国不允许而楚国答应了并以此号召诸侯，那么晋国就会失去盟主的地位；齐国的陈文子认为，各国都主张弭兵，如果齐国不答应将会使百姓离心。显然他们都惧怕与国际舆论背道而驰带来的后果。

舆论成功地推动了弭兵之盟的举行，其中一些卿大夫有意地使用了舆论影响了他人的决策。这一过程可以用图 3-8 示意：

---

①　《左传·襄公二十七年》。

②　《左传·襄公二十五年》。

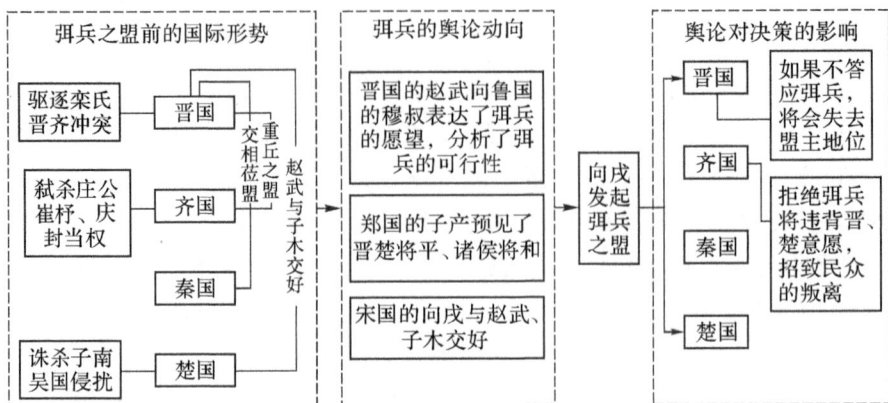

图 3-8　舆论对弭兵之盟的推动

（二）舆论的歪曲

为了迫使其他国家与自己结盟，一些国家试图将舆论加以歪曲，假借国际舆论向对方施加压力。晋国在鲁昭公十三年的平丘之盟时就曾经这样做。

因为虒祁之宫的落成事件，诸侯对晋国产生了背离之心。① 鲁昭公十三年，为了强化诸侯对晋国的忠诚，大夫叔向建议向诸侯展示晋国的威严与力量，晋国决定举行会盟活动，并派遣使者到各国去召集集会。随后，晋国与各国在卫国的平丘举行了集会，借着这个机会，晋国还特意在邾国的南部举行了军事演习以威慑诸侯。可能是认为这样还不足以使诸侯顺服，晋国计划举行盟誓活动以重温以往的盟约。但是齐国人并不愿意再举行盟誓活动——这意味着齐国人此时并不愿意再顺服晋国。

叔向试图假借国际舆论来劝服齐国。他对齐景公说："诸侯请求盟誓，现在已经聚集在这里。而国君您不认为结盟有利，因此我们的国君派我来向您请求。"②实际上此时诸侯早已因晋国虒祁之宫落成事件对晋国抱有二心，各国并没有一致请求寻盟，反而有背叛晋国的念头。叔向却伪称"诸侯求盟"，这实际上是在歪曲国际舆论以逼迫齐国就范。

（三）舆论的操纵

在诸侯国内，国君是最高的会盟决策者，卿大夫是影响会盟决策的重要力

---

① 鲁昭公八年，晋国在虒祁建造宫殿，建成之后，鲁派叔弓赴晋祝贺宫成，郑游吉辅佐郑简公也到晋国祝贺。游吉称："其非唯我贺，将天下实贺。"晋国的奢华以及对各国的苛求使诸侯产生了背叛的念头。

② 叔向曰："诸侯求盟，已在此矣。今君弗利，寡君以为请。"（《左传·昭公十三年》）

量,在特殊的情况下,国人也会对会盟决策产生重要的影响。鲁定公八年卫国发生的一次事件表明,通过操纵舆论改变他人态度的做法在春秋时期就已经存在了。

鲁定公七年已是春秋的末期,晋国的霸权体系逐渐崩溃。该年卫灵公与齐景公结盟于沙,这意味着卫国跟随齐国一起背叛了晋国。晋国为了惩罚卫国,强迫卫灵公与晋国的大夫涉佗、成何在郫泽盟誓。成何宣称卫国仅相当于晋国的温、原二县,没有资格称为诸侯,以此拒绝了卫国让晋国执牛耳的请求。在歃血过程中涉佗挤开卫灵公的手,牲畜的血流到了卫灵公的手腕。这是一次"不礼"的盟誓仪式,卫灵公不仅被迫与身份低于他的晋国大夫盟誓,歃血时也被搞得十分狼狈,这使卫灵公受到了极大地侮辱。

卫灵公下定决心要背叛晋国,但是卫国的大夫们却并不愿意这样做——很可能是因为害怕受到晋国的讨伐。大夫们甚至愿意将国君的公子和大臣们的孩子送到晋国做人质以换取晋国的谅解,他们声称这样也是为了卫国的利益。卫灵公和大夫们意见相左,但是他对此却无能为力。这时一位忠于卫灵公的大夫王孙贾采取了发动国人舆论的办法扭转了形势。王孙贾称,如果卫国有难,工商阶层也将受到祸患,也要使他们迁走避祸才行。王孙贾的目的在于激怒国人,因为这些人并不愿意离开国都。确定好出走的日期,卫灵公朝见国人,让王孙贾向他们询问:"如果卫国叛晋,晋国攻打我们五次,对我们的危害能到什么程度?"此时国人的热情已经被激发起来,他们都说"即便攻打我们五次,我们还可以抵抗"。王孙贾趁机说,既然这样不如先背叛晋国,到了危险的地步再送人质也不迟。随即,在国人的支持下卫国决定背叛晋国,与一同叛晋的郑国在曲濮盟誓,坚定地走上了背叛晋国的道路。

在这次会盟决策中卫灵公并不能直接说服大夫阶层。当他试探出大夫的态度与自己不同后,听从了王孙贾的建议,绕过大夫阶层转而朝见国人。王孙贾先是激怒国人,然后趁机煽动卫国人的好战热情,在国人的支持下终使卫国与晋国决裂。显然相比之下,卫国的卿大夫对晋、卫的力量对比有着较为清醒的认识,但国人更加容易被爱国热情、集体荣誉所感染。战争的舆论一旦被煽动起来,卿大夫就再也无力阻止卫灵公的决定了。整个会盟决策过程中王孙贾对国人舆论的操纵起到了至关重要的作用,具体过程如图 3-9 所示:

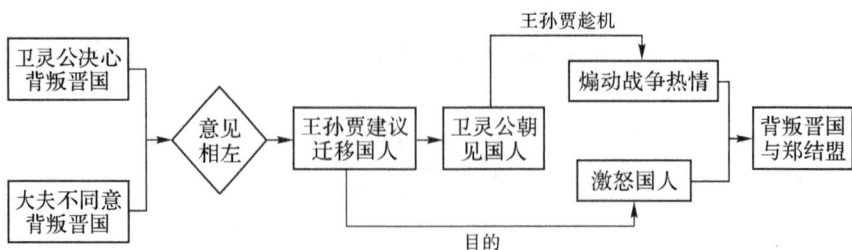

图 3-9　王孙贾对国人舆论的操纵

四、威胁的使用

威胁、恫吓是国际政治中被用来迫使对方屈服的经常性手段。摩根索指出:"尤其在国际政治中,使用武装力量作为一种威胁,或一种潜在可能,是构成一国政治权力的最重要物质因素。"①威胁意味着伤害能力,当对方不同意自己提出的条件时,它将会面临遭受更大损失的风险。"威慑既是军事技术概念,也是心理—政治概念"②,威胁奏效的关键是使对方相信,自己不仅有能力实施伤害,也有决心这样去做。

(一)大国对小国的威胁

威胁以军事优势为后盾,因此威胁通常是优势一方所享有的权力。鲁昭公十三年,邾人、莒人向晋国控诉鲁国攻打它们。晋昭公派叔向对鲁国发出威胁,叔向称:"牛虽瘠,偾于豚上,其畏不死?"③叔向指出晋、鲁实力差距悬殊,晋国像牛、鲁国像豚,牛虽然很瘦但压到豚上,豚也害怕被压死。鲁国虽然有所怨言,但还是惧于晋国的武力,只好听从了晋国的命令。

鲁桓公十一年,宋国扣押郑国大夫祭仲,要求祭仲拥立郑公子突,同时扣押公子突向郑国求取财物。宋国向祭仲发出了死亡威胁,称:"不立突,将死。"④祭仲只好与宋国结盟。

以仁义著称的齐桓公也曾经威胁楚国与北方诸侯会盟。鲁僖公四年,齐桓公统师北方八国诸侯的军队向楚国兴师问罪,齐桓公威胁楚国的使者大夫屈完

①　汉斯·摩根索.国家间政治:权力斗争与和平[M].徐昕,郝望,李保平,译.北京:北京大学出版社,2006:47.

②　詹姆斯·多尔蒂,小罗伯特·普法尔茨格拉夫.争论中的国际关系理论[M].阎学通,陈寒溪,等译.北京:世界知识出版社,2002:379.

③　《左传·昭公十三年》。

④　《左传·桓公十一年》。

说："以此众战，谁能御之？以此攻城，何城不克？"虽然屈完并没有被齐桓公吓倒，但还是迫于北方诸侯的军事压力而与齐国集团举行了盟誓。

鲁昭公十三年的平丘之会后，为了迫使齐景公参加晋国的寻盟活动，晋国大夫叔向指责齐景公的不顺服行为，宣称齐景公故意破坏晋国的会盟计划，威胁齐景公曰："君曰：'余必废之，何齐之有？'唯君图之，寡君闻命矣！"暗示齐国掂量一下不参加盟誓活动的后果。齐景公不敢与晋国公开为敌，不得不表示听从晋国的命令。①

为了使对方相信自己实施伤害的决心和意志，威胁还会和其他军事手段配合以达到更好的威胁效果。鲁庄公四年，楚武王死于伐随的途中，楚军并没有因此而撤兵，令尹鬬祁、莫敖屈重反而率军"除道梁溠，营军临随"，设奇兵开道、架桥，兵临随国国都，随人在恐惧中与楚结盟；鲁宣公十五年，为了使宋国屈服，楚国的申叔时建议楚王建造房屋、让种田的人回来参战，以显示不征服宋国决不罢休的决心。这一举动吓坏了宋国人而促使宋国向楚国请和；鲁襄公九年，晋国也采用了相似的办法迫使郑国屈服。晋国命令跟随作战的诸侯："修器备，盛糇粮，归老幼，居疾于虎牢，肆眚围郑。"②郑国同样被晋国的决心吓坏了，这导致了同年的戏之盟。

(二)小国对大国的威胁

弱小的诸侯通常是被威胁的一方，但这并不意味着它们完全是被动的，它们也可以利用对自己有利的条件和说辞向强国发出威胁。小国希望大国能够理智、公平地对待自己，希望大国不要过分地苛求小国。如果大国的要求突破了小国的底线，它们也会冒险与大国决裂，甚至拼个鱼死网破。鲁文公十七年，晋灵公怀疑郑国对楚国心怀贰心，郑大夫子家派人送信给晋国的赵宣子解释此事。他在信中威胁晋国说："小国之事大国也，德，则其人也；不德，则其鹿也，铤而走险，急何能择？"③这种威胁带有强烈的悲壮色彩，摆出决裂的架势自然是为了寻求大国的怜惜。

鲁宣公十五年，宋华元威胁楚国的子反称"城下之盟，有以国毙，不能从也"④，坚定地表达了宋国宁愿灭国也不和楚国签订城下之盟的态度。华元要求子反退兵三十里，子反被迫同其结盟且满足了华元的退兵要求。鲁成公二年，

---

① 《左传·昭公十三年》。
② 《左传·襄公九年》。
③ 《左传·文公十七年》。
④ 《左传·宣公十五年》。

被晋国击败的齐国拒绝了晋国的无理要求,威胁晋国曰,"请收合余烬,背城借一"①,齐国表示要重新收拾剩余的军队,再与晋国作一死战。以晋国之强也惧怕齐国的殊死决斗,双方终在爰娄举行了盟誓活动。

弱小的诸侯所能利用的另一个武器是国际舆论,它们可以通过指责大国的不德、不礼获得舆论优势,提醒大国注意国际舆论所带来的不利影响。鲁成公二年齐国的宾媚人即指责晋国以齐君之母萧同叔子为人质的要求是不孝,"使齐之封内尽东其亩"的要求是不义。这种威胁能否奏效取决于对方是否会受德、礼观念的困扰,是否会在意本国在国际上的形象。鲁昭公十三年,鲁国的大夫子服惠伯试图以"绝兄弟之国,弃周公之后"的理由批评晋国,而晋国的叔向则反过来威胁鲁国称:"寡君有甲车四千乘在,虽以无道行之,必可畏也。况其率道,其何敌之有?"②叔向不仅不接受"晋国不德"的指责,还表示即便晋国无道,以晋的军事力量也将使其他国家心生畏惧。

威胁性劝服的成功建立在对方相信威胁是真实的,如果对方并不相信威胁可能实现,这种劝服便不可能取得成功。但是假如威胁变成了实际的行动,威胁本身便破产了。因此威胁更多的是一种心理层面的博弈和较量。

五、贿赂的使用

为了达到目的而赠送给其他人或其他国家财物的现象在春秋时期比较普遍,这种现象被称为"纳赂"。李海勇认为纳赂、受赂是春秋诸侯国交往时较为盛行的一种行为,是当时政治、经济、军事、文化发展不平衡的结果,是大国、强国剥削、欺压小国、弱国的表现,也是各国政权下移,"政在大夫""陪臣执国命"的一大反映;李海勇对《左传》《国语》中使用"赂"的事件进行了统计,总共发现了45例这样的事件。③ 在会盟决策的劝服活动中,一些国家为了说服别的国家举行或参加会盟活动,也会采用"纳赂"这种手段。表3-1汇集了《左传》所记载的相关事例。

---

① 《左传·成公二年》。
② 《左传·昭公十三年》。
③ 李海勇.略论春秋诸侯国间的纳赂受赂现象[J].江汉论坛,2002(3):56-59.

表 3-1　会盟决策劝服中的纳赂事例①

鲁纪年	会或盟	地点	会盟国或人员	《左传》的记载
鲁文公十六年	盟	郪丘	齐懿公、鲁公子遂	公使襄仲纳赂于齐侯,故盟于郪丘
鲁宣公元年	会	平州	齐惠公、鲁宣公	季文子如齐,纳赂以请会
鲁成公二年	盟	爰娄	晋郤克、(鲁季孙行父)(卫孙良夫)(曹公子首)、齐国佐	齐侯使宾媚人赂以纪甗、玉磬与地
鲁成公二年	盟	蜀	楚公子婴齐、鲁成公、蔡景公、许灵公、秦右大夫说、宋华元、陈公孙宁、卫孙良夫、郑公子去疾、齐国大夫、(曹人)(邾人)(薛人)(鄫人)	孟孙请往赂之。以执斫、执针、织纴,皆百人。公衡为质,以请盟。楚人许平
鲁成公九年	会	邓	郑成公、楚公子成	楚人以重赂求郑,郑伯会楚公子成于邓
鲁成公十年	盟	修泽	晋景公、齐灵公、鲁成公、宋共公、卫定公、曹宣公、郑子然	郑子罕赂以襄钟,子然盟于修泽,子驷为质
鲁成公十六年	盟	武城	楚共王、郑子驷	楚子自武城使公子成以汝阴之田求成于郑。郑叛晋,子驷从楚子盟于武城
鲁襄公四年	盟		晋魏绛、诸戎	无终子嘉父使孟乐如晋,因魏庄子纳虎豹之皮,以请和诸戎
鲁襄公十一年	会	萧鱼	晋悼公、鲁襄公、宋平公、卫献公、曹成公、齐世子光、莒子、邾子、滕子、薛伯、杞孝公、小邾子、(郑)	郑人赂晋侯以师悝、师触、师蠲,广车、軘车淳十五乘,甲兵备,凡兵车百乘;歌钟二肆,及其镈磬,女乐二八
鲁襄公二十五年	盟	重丘	晋平公、鲁襄公、宋平公、卫侯(卫殇公)、郑简公、曹武公、莒子、邾子、滕子、薛伯、杞文公、小邾子、齐	齐人以庄公说,使隰钼请成。庆封如师,男女以班。赂晋侯以宗器、乐器。自六正、五吏、三十帅、三军之大夫、百官之正长、师旅及处守者皆有赂
鲁昭公七年	盟	濡上	齐、北燕	燕人归燕姬,赂以瑶瓮、玉椟、斝耳

---

① 括号代表该会盟国或人员有可能出席了此次会盟。

续表

鲁纪年	会或盟	地点	会盟国或人员	《左传》的记载
鲁昭公十六年	盟	蒲隧		徐人行成。徐子及郯人、莒人会齐侯,盟于蒲隧,赂以甲父之鼎
鲁哀公二年	盟	句绎	郳子、鲁叔孙州仇、仲孙何忌	邾人爱其土,故赂以漷、沂之田而受盟

这些"纳赂"行为相当一部分带有战争赔款的性质。例如鲁成公二年的爰娄之盟,齐国被晋国集团所击败,为了避免进一步的损失,齐国决定向晋国集团赠送财物及土地,以此向晋国集团求和。宾媚人转述齐顷公的话称:"吾子惠徽齐国之福,不泯其社稷,使继旧好,唯是先君之敝器、土地不敢爱。"鲁、卫劝谏晋国接受求和,称:"子得其国宝,我亦得地,而纾于难,其荣多矣!"①可见齐国的财物被参与攻打齐国的国家即晋、鲁、卫所瓜分,表明了它的战争赔款性质。

除了小国向大国纳赂,《左传》中还出现了大国向小国纳赂的事例,例如:鲁成公九年楚国"以重赂求郑",鲁成公十六年"楚子自武城使公子成以汝阴之田求成于郑"。楚国作为春秋时期的超级大国竟然在鲁成公年间两次向小国郑国纳赂,这显示此时楚国在与晋国的争霸中处于下风,不得不通过纳赂的手段获取郑国的支持。

"赂"的种类一般包括土地、财物、礼器、乐器、奴仆以及军械。纪甗、玉磬、襄钟、歌钟、镈磬、宗器、乐器、瑶瓮、玉椟、罺耳、甲父之鼎,这些都是诸侯在特定的仪式和场合中使用的礼器,都是带有政治象征意义的贵重的器物,纳赂者用它们来表达自己的臣服态度。执斫、执针、织纴、师悝、师触、师蠲、女乐是具有一定技能的奴仆。②鲁襄公十一年,郑国送给晋国的"广车、軘车淳十五乘,甲兵备,凡兵车百乘"则是军用的器械。

纳赂之所以有效,主要是因为会盟决策是由国君和卿大夫一些少数贵族制定的,向他们输送利益可以直接影响到会盟决策的走向。纳赂已经超出了纯粹的礼仪性的礼物的范畴。当时人们交往过程中,互赠礼物是非常普遍的,特别是代表国家形象的外交人员与其他国家的人员交往时,几乎在每一个交往的环

---

①　《左传·成公二年》。

②　杨伯峻认为,执斫为木工,执针为女缝工,织纴为织布帛工,师悝、师触、师蠲都是乐师,女乐为能歌舞的美女。(见:杨伯峻.春秋左传注[M].北京:中华书局,1990:807,991-993.)

节中都需要赠送对方礼物。但是以上所列举的会盟劝服中的"赂",它的礼仪性功能是比较弱化的,这种"赂"带有很强的功利性,它试图用私利去影响对方的决定。因此虽然纳赂是普遍的现象,但受赂却并不完全是正当的行为。

六、仪式的使用

为了加强劝服的效果,劝服者还会使用一些仪式,这些仪式可以向对方传递自己的态度、情感和情绪。以下是一些在会盟决策劝服中出现过的仪式:

(一)投降礼

鲁宣公十二年,楚庄王率军围困郑国的国都,郑国危在旦夕。郑襄公决定向楚国投降,为了获得楚国的允许,郑襄公在投降时使用了一种被称为"降礼"的仪式。《左传·宣公十二年》记载了郑襄公投降的情景:

> 郑伯肉袒牵羊以逆,曰:"孤不天,不能事君,使君怀怒以及敝邑,孤之罪也。敢不唯命是听? 其俘诸江南以实海滨,亦唯命。其剪以赐诸侯,使臣妾之,亦唯命。若惠顾前好,徼福于厉、宣、桓、武,不泯其社稷,使改事君,夷于九县,君之惠也,孤之愿也,非所敢望也。敢布腹心,君实图之。"

杜预注曰:"肉袒牵羊,示服为臣仆。"[1]"肉袒牵羊"的仪式是一种表示臣服的古礼。《史记·宋微子世家》记载:"周武王伐纣克殷,微子乃持其祭器造於军门,肉袒面缚,左牵羊,右把矛,膝行而前以告。"[2]所谓"肉袒"即是褪去上衣、裸露肢体。它表达了三种涵义:一是为了表达自己愿意屈服为臣仆;二是表达一种希望得到哀怜的意思;三是表达一种愿被杀戮的意思。[3] 郑襄公的举止打动了楚庄王,他认为郑襄公能够礼下于人,也一定能够得到郑国百姓的信任和拥护,郑国还是很有希望的。因此楚庄王退兵三十里答应了郑国的请和,派潘尫与郑国结盟。

投降礼带有强烈的仪式感,它以自我羞辱的方式向战胜者传达了甘愿臣服的态度,在自我羞辱的同时也将战胜者推向了一个为难的处境:如果战胜者不明智地拒绝接受投降,进一步羞辱投降者,或者屠杀对方的国民,颠覆对方的国家,他将会被认为缺乏德行,可能会由此遭到国际社会的孤立。使用这种仪式

---

① 《十三经注疏》整理委员会.春秋左传正义[M].左丘明,传.杜预,注.孔颖达,疏.北京:北京大学出版社,1999:634.

② 司马迁.史记[M].裴骃,集解.司马贞,索引.张守节,正义.北京:中华书局,1959:1610.

③ 王进锋."肉袒"降礼考[J].文博,2008(2):70-72.

向对方求和,通常都会被对方大方地赦免。

（二）自焚

鲁僖公十五年,秦国在韩之战中俘虏了晋惠公。秦穆公原计划以晋惠公祭祀天帝,晋惠公的姐姐秦穆公夫人以自杀为威胁劝谏秦穆公。《左传·僖公十五年》记载了穆姬试图劝服秦穆公的事例:

> 穆姬闻晋侯将至,以太子罃、弘与女简、璧登台而履薪焉。使以免服衰绖逆,且告,曰:"上天降灾,使我两君匪以玉帛相见,而以兴戎。若晋君朝以入,则婢子夕以死;夕以入,则朝以死。唯君裁之。"

"罃"是秦国太子,"弘"是其母弟,"简""璧"是"罃""弘"的姐妹。秦穆夫人带着他们登上高台、脚踩柴草,派遣使者穿着丧服去迎接秦穆公,禀告穆公一旦把晋惠公带入国都他们都将自焚身亡。秦穆公夫人的自焚行为是一种自残性的仪式,她以此向秦穆公传达了必死的决心,还试图将秦穆公的孩子拉上作为牺牲品。尽管秦国的大夫们主张秦穆公继续进入国都——这意味着按照原计划用晋惠公祭天,但是秦穆公一方面不忍心造成悲惨的丧事,另一方面更担心加重晋国的仇恨,最终同意释放晋惠公并与晋国结盟。

（三）观兵和治兵

春秋时期的"观兵"指的是显示兵力以威胁其他国家的意思。"观兵最早出现于西周,其形式是通过布列阵势以显示实力,从而达到威慑敌人使其降服的目的。"[1]鲁襄公十一年,晋国率领诸侯在郑国国都的南门"观兵",杜预注曰:"观,示也。"[2]杨伯峻注云:"于南门显示军力,向郑与楚示威。"[3]鲁宣公十二年,楚庄王也称:"观兵以威诸侯,兵不戢矣。"[4]所谓"治兵"在春秋时期主要指的是军事演习和训练,目的是为了使士兵熟悉军中的号令、演习作战之法以便用于战斗。《穀梁传·庄公八年》称:"出曰治兵,习战也。入曰振旅,习战也。"[5]孔颖

①　任慧峰.先秦军礼研究[D].武汉:武汉大学,2010:63-64.
②　《十三经注疏》整理委员会.春秋左传正义[M].左丘明,传.杜预,注.孔颖达,疏.北京:北京大学出版社,1999:898.
③　杨伯峻.春秋左传注[M].北京:中华书局,1990:989.
④　《左传·宣公十二年》.
⑤　《十三经注疏》整理委员会.春秋穀梁传注疏[M].范宁,集解.杨士勋,疏.北京:北京大学出版社,1999:72.

达认为"治兵亦是习号令"①,孙诒让称"治兵"为"习兵之法"。② 此外,与军事演习和训练类似的还有"蒐、苗、狝、狩"③,它们也起到了熟悉号令、演习军法的功能。

"观兵""治兵"类似于现代社会中的军事演习,春秋时期的诸侯用它们来恫吓周边弱小的国家,逼迫它们在国际事务上屈从于大国。以下是《春秋》和《左传》中出现的与会盟劝服活动有关的"观兵""治兵""蒐"的几次事例。

> 《左传·僖公四年》:齐侯陈诸侯之师,与屈完乘而观之。
>
> 《左传·文公十七年》:晋侯蒐于黄父,遂复合诸侯于扈,平宋也。
>
> 《左传·襄公十一年》:六月,诸侯会于北林,师于向,右还次于琐,围郑,观兵于南门,西济于济隧。郑人惧,乃行成。
>
> 《左传·襄公十一年》:诸侯之师观兵于郑东门,郑人使王子伯骈行成。
>
> 《左传·昭公十三年》:叔向曰:"诸侯不可以不示威。"乃并徵会,告于吴。秋,晋侯会吴子于良。水道不可,吴子辞,乃还。七月,丙寅,治兵于邾南,甲车四千乘,羊舌鲋摄司马,遂合诸侯于平丘。
>
> 《左传·昭公十三年》:八月,辛未,治兵,建而不旆。壬申,复旆之。诸侯畏之。
>
> 《春秋·定公十四年》:大蒐于比蒲。

以上的几次事例都发生在会盟活动之前,一定程度上推动了会盟活动的顺利举行。尤其是鲁昭公十三年的两次事例,当时晋国的霸权已日趋衰落,诸侯已经有了背叛晋国的迹象。叔向观察到了这一点,建议晋国向诸侯展示自己的军事力量。晋国随即召集诸侯在平丘相会,并在邾国南部举行了军事演习。平丘之会后,晋国又举行了一次军事演习,开始建立了旌旗而不加飘带,之后又加上了飘带。春秋时期军队将要打仗时才会加上旌旗的飘带,因此晋国的举动使诸侯感到了恐惧。随后诸侯迫于压力,参加了晋国组织的寻盟活动。

与口头的威胁不同,"观兵""治兵"已经把军事力量组织起来了,如果有必要,可以马上演变为实际的军事行动。这种方式可以在心理上威慑对方,使对

---

① 《十三经注疏》整理委员会.春秋左传正义[M].左丘明,传.杜预,注.孔颖达,疏.北京:北京大学出版社,1999:232

② 孙诒让.周礼正义[M].北京:中华书局,1987:2322.

③ 《左传·隐公五年》曰:"春蒐、夏苗、秋狝、冬狩,皆于农隙以讲事也。"杨伯峻认为"蒐、苗、狝、狩"都是田猎名,亦以指习武,因四时而异。(见:杨伯峻.春秋左传注[M].北京:中华书局,1990:42.)

方放弃抵抗和背叛之心，接受会盟邀请，或者主动加入到会盟体系中来。

本章结论

在会盟沟通举行之前，必须有国家将诸侯国召集、组织起来参加会盟活动。但并不是每个国家都有权力向诸侯发出召集的信息。从西周时期到春秋的初期、中期、后期，会盟的召集权从周王手中转移到诸侯，又从诸侯集中于霸主，之后又转移到普通诸侯手中。但是召集权仅仅是显示了霸主的国际话语权，会盟决策主要掌握在诸侯自己手里，霸主并不能代替其他诸侯做出会盟的决策。诸侯国本身是拥有独立利益的政治实体，它们加入到会盟这一国际沟通平台的目的正是为了实现自己在国际上的利益。

诸侯的会盟决策受到六个方面因素的影响，它们分别是：国家利益、国家实力、地缘关系、国际舆论、文化因素、个人因素。这些因素共同发挥作用，决定了国际体系中不同地位的国家所采取的会盟策略也将有所不同。在会盟决策的过程中，不同的诸侯国以及国家内部的不同人员所拥有的权力是有所差别的。按照会盟决策所涉及的国家多少以及各方权力的大小，会盟决策的权力结构可以被划分为三种类型，每一种类型中都涉及决策者之间的信息互动。会盟决策的过程既是影响因素的互动过程，也是信息传播的互动过程。

由于国际无政府状态中的国家很难就权力和利益达成长久的、一致性的看法，随着各种影响会盟决策的因素发生变化，有关权力和利益的分歧就会相应地产生。不仅国家之间常常存在着利益的分歧，甚至国家内部的会盟决策者和影响群体之间也往往对会盟活动产生不同的看法。当分歧发生时，就必须实施相应的劝服活动才能够使会盟活动顺利地举行。春秋时期一些常见的劝服技巧和策略主要体现在六个方面：人员的选择、利害的分析、舆论的运用、威胁的使用、贿赂的使用、仪式的使用。相关的案例揭示了春秋时期的人们是如何使用上述技巧和策略影响并改变他人或他国的会盟决策的。一旦各国就举行会盟活动达成了共识，接下来会盟沟通的仪式也就开始正式启动了。

第四章　会盟仪式:权力秩序的建构、呈现与传播

当诸侯各国决定举行会盟活动之后,各国的与会者将会按照约定的时间聚集在约定的地点,就特定的会盟议题展开沟通活动。与现代社会的会盟活动相比,春秋时期的会盟活动更加重视会盟的仪式,尤其是其中的"盟"的部分更是带有强烈的仪式感。这些会盟仪式包括了哪些主要的环节? 当时的人们是怎样通过仪式来进行交往、沟通的? 他们为什么会按照这些仪式来举行会盟活动的呢? 我们将从这些问题入手来审视春秋时期的会盟仪式。仪式之所以能够存在,它一定具备相应的功能,如果仪式的功能消失了,仪式本身也将失去存在的价值。会盟仪式帮助会盟者完成了两种类别的沟通行为:一是人与人之间的沟通,二是人与神之间的沟通。在霸主出现之后,会盟本身已经演变成了霸主推行霸权的工具,会盟仪式也被用来服务于这一目的。会盟仪式使霸主的国际霸权得到合法化,它进一步确立、呈现、传播了霸主的国际霸权和霸主所主导的国际秩序。

第一节　春秋时期的会盟仪式

已经有一些研究者尝试着对春秋会盟仪式进行了梳理,借助前人的研究成果,我们大致可以了解到春秋国际会盟活动的基本流程。不过这些梳理大多是围绕着盟誓活动即"盟"的部分进行的,"会"的部分较少被考虑在内。盟誓环节确实是会盟仪式最为重要的部分,但是在盟誓之前,应该有一个"会"的部分为"盟"提供对象或内容。现在笔者将把"会"的部分也加入进来,将"会"和"盟"作为一个完整的过程来概括它的仪式。除此之外,会盟者为了显示自己的身份和地位,他们会在沟通和交往中使用一些特定的礼仪,这些礼仪实际上就是一种体现其身份和地位的等级符号,它们也是会盟仪式的一部分。会盟者的一举一动都要符合礼仪的规则,有关仪态的规则也构成了会盟仪式的重要内容。

一、仪式的主要环节

有关会盟礼仪和程序的记载散见于《周礼》《礼记》《仪礼》《春秋》《左传》等古典文献以及前人对它们的注解中。现代的一些学者对这些零散的会盟仪式进行了梳理，这使我们大致明白了古人是如何运作会盟活动的。下面是部分学者对会盟程序具有代表性的总结：

台湾刘伯骥比较早地总结了春秋会盟中盟誓的祭仪程序，将盟誓祭仪的程序划分为七个步骤，分别为：(1)约会；(2)登坛；(3)发言；(4)歃血；(5)载书；(6)享宴与归饩；(7)盟后朝聘。[①]

陈梦家以《左传》为主，结合《周礼》以及汉、晋、唐等朝代的注释者所述，将盟誓的礼仪及其程序划分为 10 项：(1)"为载书"；(2)凿地为"坎"；(3)"用牲"；(4)盟主"执牛耳"，取其血；(5)"歃"血；(6)"昭大神"，祝号；(7)"读书"；(8)"加书"；(9)"坎用牲埋书"；(10)载书之副"藏于盟府"。[②]

徐杰令将会盟礼仪概括为 11 项，它们分别是：(1)会而定盟；(2)除地为坛；(3)起草盟书：盟书由主盟者起草，但须征求与盟各诸侯国的意见，特别是与盟大国的意见；(4)凿地为坎；(5)杀牲取血；(6)歃血；(7)昭大神：由祝史昭告各方神祇前来监盟；(8)宣读盟书：盟书一旦在神祇之前正式宣读，则不得随意更改，否则就会被视为对神祇的亵渎，盟书会失去应有的约束力，也会受到神祇的惩罚；(9)坎牲加书；(10)藏于盟府；(11)飨燕：诸侯会盟结束，由召集会盟的霸主宴请诸侯。[③]

吕静参考了前人的研究，认为"盟誓从开始到最后的完毕，是一个时日不短的过程"，盟誓的祭仪仪式分为三个阶段：第一准备阶段，包括"通告""除地""筑坛""张幕""立木表""凿地""掘坎"；第二阶段是盟誓祭仪阶段，包括"杀牲""割耳""歃血"和"宣读载书"；第三阶段是载书、供物致神阶段。第一阶段主要是事务性的准备、通告阶段，而第二、第三阶段则充满了浓厚的宗教气氛，是一系列巫术式的表演性行为。[④]

以上前人的梳理的共同特点是它们都以"盟誓"的程序为主，没有或较少关注"会"的环节。实际上在"盟"之前应该还有一个"会"的环节来确定"盟"的内

---

①　刘伯骥.春秋会盟政治[M].台北：中华丛书编审委员会，1962：248-266.

②　陈梦家.东周盟誓与出土载书[J].考古，1966(5)：271-281.

③　徐杰令.春秋会盟礼考[J].求是学刊，2004，31(2)：107-113.

④　吕静.春秋时期盟誓研究：神灵崇拜下的社会秩序再构建[M].上海：上海古籍出版社，2007：170-183.

容。《左传·昭公三年》称"有事而会,不协而盟",会和盟不是捆绑在一起的,诸侯相会并不一定会举行盟誓活动。"会"是依事而行,举行会的目的是解决国际事务;而"盟"的举行则更为慎重,只有当诸侯之间出现不团结、有贰心的情况时,或者重大国际事件发生之后,霸主认为有必要时才会举行盟誓活动。盟誓仪式是一种祭祀仪式,诸侯举行盟誓的目的是通过向神灵、祖先等祭祀对象宣告盟誓的内容,请神灵及其他祭祀对象监督盟誓契约的执行,从而对背盟的行为产生一定的心理威慑,增强会盟成员之间的凝聚力。这样会盟所确立的国际权力关系也得到了神圣化,背叛会盟的行为将会受到神灵的惩罚。

因此在"盟"之前基本上有"会",在"会"之后未必有"盟","盟"是"会"的一个组成部分或者是达成的结果。考虑到这一点,有必要在以上前人的总结中加入一个"相会"的环节。笔者以前人的研究结果为基础重新梳理了会盟的相关仪式,将其分为以下四环节:

(一)约会

第一个环节为"约会"。在这个环节里会盟的发起者前往各国,发起、邀请或命令、召集、通知各国参加即将举行的会盟活动,具体的会盟地点、会盟时间也会通过各种方式得到确定并告知给可能的与会国家。由于交通工具落后,会盟时间的确定必须充分考虑到各国的行程、行速,会盟往往要在约会之后很久才会举行。

约会的过程也需要遵循一定的仪式。例如鲁宣公十七年,晋国的郤克到齐国去召集齐国参加会盟活动,郤克就需要朝见齐顷公,"朝见"也是一种春秋时期的交往、沟通仪式。齐顷公在朝堂上接见郤克时做了一件有违礼仪的事:他让一些妇人躲在帷幕后面观看接见郤克的过程。郤克的腿有点瘸,这影响到了他的走路姿势,妇人们看到他滑稽的步姿笑出声来。这种不合礼仪的做法使郤克感受到了侮辱,在以后晋国处理与齐国关系的决策中他极力主张讨伐齐国,最终促成了晋、齐之间的鞌之战。鞌之战的结果是齐国被晋国打败,郤克也报了在约会中受辱的仇恨。

霸主出现之后会盟的召集权成为霸权的一部分,大型会盟活动的约会环节通常由霸主来实施。但是小型会盟活动(主要是由两、三个国家参加的会盟)并不能被完全禁止,一些诸侯也会相约举行会盟活动,例如在晋国称霸期间齐、鲁两国的会盟活动并没有完全停止。

(二)会事

第二个环节为"会事",即所谓"有事而会"。这个环节指的是诸侯在约定的时

间内从各地奔赴会盟地点相见并对会盟事务进行处理的过程,大致包括三项内容:

(1)诸侯与会。由于通讯工具和交通工具比较落后,各国与会人员很难像现在的人们那样精确地控制自己的行程,他们抵达约定地点的时间很可能不一致。正如鲁襄公二十七年的弭兵之盟所显示的那样,先到达会盟地点的人们不得不等待其他与会人员的陆续到来。

(2)朝见议事。与会人员抵达会盟地点之后,在正式的会见开始之前,他们也会展开一些小范围的非正式接触,例如弭兵之盟前夕,向戍与各国人员的私下接触。而"朝见议事"相当于现代国际会议的正式大会,它通常可以实现以下功能:与会人员朝见盟主,盟主在朝会上发布命令,与会人员听取盟主的号令;与会人员就会盟事务进行交流、沟通,就会盟事务达成一致的看法,形成正式的会盟决议。

(3)拟定载书:所谓"载书"又称"盟书""盟辞""盟约",它将被用来向监督盟誓的神明宣告,负责撰写载书的官员是诸侯的祝诅之官。① 除了正式的载书之外,还有一些盟辞是盟誓人员临时插入和添加的,例如鲁襄公九年晋、郑的盟誓仪式中,郑国的公子騑就成功地插入了一段对郑国有利的盟辞。②

"会事"这个环节经常被以往的研究者所忽略,但它却是盟誓环节的前提和基础,盟誓只有在会事达成了共识之后才能够举行。如果会事的结果并不能令人满意,或者在会盟者眼中并不需要通过盟誓来加强它的效果,就不会有接下来的盟誓环节了。因此,会事虽然没有盟誓的仪式感强烈,但是它的重要性一点也不比盟誓的重要性小。

(三)盟誓

第三个环节为"盟誓"。当会盟者认为有必要对会盟的结果进行强化时,他们接下来就要举行盟誓活动了。盟誓的目的是为了在神灵的帮助下进一步巩固会事的结果,统一会盟成员的意志,增进各国之间的友谊,加强会盟者之间的凝聚力。前人对具体的盟誓过程已经进行了详细的梳理,我们这里把他们的成果汇总在一起。具体的事项如下:

(1)除地为坛。在盟誓的地点清理出一块平地,然后在平地上建造高坛,在

---

① 吴柱.关于春秋盟誓礼仪若干问题之研究[J].中国史研究,2015(4):5-24.

② 《左传·襄公九年》记载,晋士庄子拟定的载书要求郑国唯晋命是从,在盟誓环节中,郑公子騑趋进曰:"天祸郑国,使介居二大国之间。大国不加德音,而乱以要之,使其鬼神不获歆其禋祀,其民人不获享其土利,夫妇辛苦垫隘,无所底告。自今日既盟之后,郑国而不唯有礼与强可以庇民者是从,而敢有异志者,亦如之!"

高坛上设置与盟者站立的位置。按照吕静的观点，盟誓的地点"一般总选在人迹罕至，荒芜冷僻，杂草丛生，荆棘遍野的地方。因此砍树割草平地，就成为筹备盟誓的第一步"①。之所以这样，大概是因为野外有足够的空间可以安排下各国的国君和卿大夫以及他们的随从和护卫军队。此外，野外也被认为是神灵经常降临的地方。用以盟誓的坛具有一定的高度，同时还配有登坛的台阶，刘伯骥指出坛"土基高三丈，土阶分三等"。坛上还设有"表"以供与盟人员站位。②盟誓活动既可以在坛上举行，也可以在坛下举行。

（2）凿地掘坎。在地上凿挖一个方形的坑穴，用以宰杀祭祀的牺牲，在宣读载书之后，这个坑穴将被用来掩埋被杀掉的牺牲、歃血剩余的血液和载书的正本。孔颖达云："盟之为法，先凿地为方坎，杀牲于坎上，割牲左耳，盛以珠盘，又取血，盛以玉敦，用血为盟，书成，乃歃血而读书。"③

（3）杀牲歃血。根据上文孔颖达的描述，这个环节大致的过程是这样的：将用以祭祀的牲畜杀死，割掉牲畜的左耳放于珠盘之中，用玉敦盛取牲畜的鲜血，与盟者依次歃血。诸侯盟誓所用的牺牲一般为牛。这个过程中还有一个"执牛耳"的环节：在割牛耳时需要有人握紧牛的耳朵以方便割取。孔颖达认为"盟用牛耳，卑者执之，尊者莅之"④，即会盟中地位较低的一方"执牛耳"；"歃血"是盟誓过程中的重头戏。关于如何歃血的解释有很多，一种说法认为"歃血"即是"含血"，⑤另一种说法认为是"微饮血"，⑥还有一种说法认为"歃血"指的是把动物的血液涂抹在嘴唇上，⑦各种说法莫衷一是。

（4）昭神读书。这个环节描述了人与神的沟通过程。司盟昭告大神降临监

①　吕静.春秋时期盟誓研究：神灵崇拜下的社会秩序再构建[M].上海：上海古籍出版社，2007：172.

②　刘伯骥.春秋会盟政治[M].台北：中华丛书编审委员会，1962：252.

③　《十三经注疏》整理委员会.礼记正义[M].郑玄，注.孔颖达，疏.北京：北京大学出版社，1999：142.

④　《十三经注疏》整理委员会.春秋左传正义[M].左丘明，传.杜预，注.孔颖达，疏.北京：北京大学出版社，1999：1574.

⑤　孔颖达云："歃谓口含血也。"（见：《十三经注疏》整理委员会.春秋左传正义[M].左丘明，传.杜预，注.孔颖达，疏.北京：北京大学出版社，1999：107.）

⑥　杨伯峻认为："……然后参加盟会者一一微饮血，古人谓之歃血。"（见：杨伯峻.春秋左传注[M].北京：中华书局，1990：7.）

⑦　"说文解字"最早提出了盟法中的歃血的具体做法："盟者以血涂口旁，曰歃血。"（见：吕静.春秋时期盟誓研究：神灵崇拜下的社会秩序再构建[M].上海：上海古籍出版社，2007：181.）

督盟誓,向神灵宣读载书的内容,神灵将按照载书的内容来监督各国的执行情况。如果有哪个与盟者胆敢不遵守载书的约定,神灵将会降下灾祸给他们和他们的后代。司盟是掌管会盟事宜的一种官职。吴柱认为,诸侯会盟的盟书一般是由司盟向神明宣读的,并且,盟书的副本也是由司盟抄录的。①

(5)坎牲埋书。歃血完毕将牲畜的尸体、歃血后的余血以及盟书的正本,都一并埋入坎中。孔颖达云"既盟之后,牲及余血并盟载之书加于牲上,坎而埋之……",杨伯峻认为埋掉的载书是载书的正本,副本由各国与盟者带回收藏,即"歃血毕,加盟约正本于牲上埋之,副本则与盟者各持归藏之"②。

(6)享宴归饩。在盟誓仪式结束之后,地主即会盟举办地的诸侯还要设宴款待来参加盟誓的诸侯。不仅如此,在与盟者归国之前,地主还要赠送食物给宾客,这被称为"归饩"。③"饩"指的是生的食物,"凡馈人以食物,其熟者曰饔,其生者曰饩。饩有牛、羊、豕、黍、粱、稷、禾等"④,"归饩""致饩"都是送生的食物给各国宾客。除此之外,参加会盟者也可能会举行享宴庆祝盟誓仪式的结束。

盟誓环节是会盟仪式的高潮,它之所以重要是因为神灵参与了这个环节,会盟者希望借助神灵的力量威慑会盟成员,使他们不敢在会盟之后做出背叛盟誓的行为。

(四)会后

第四个环节为"会后",这时,会盟成员已经离开了会盟的地点。与会盟有关的"会后"事宜包括以下几项:

(1)藏书于府。司盟抄录的载书的副本由各国带回,收藏于各自的盟府之中。盟府大概是收藏典籍的府库,⑤《左传·僖公二十六年》云:"成王劳之而赐之盟,曰:'世世子孙,无相害也。'载在盟府,大师职之。"可见载书是被收藏在盟府的。

(2)饮至策勋。如果参加会盟的是诸侯国君,他们在返回本国后还会举行"饮至"之礼,即祭告宗庙、宴请臣下、犒劳随从。⑥如《左传·桓公二年》所言:"凡公行,告于宗庙;反,行饮至,舍爵策勋焉,礼也。"

---

① 吴柱.关于春秋盟誓礼仪若干问题之研究[J].中国史研究,2015(4):5-24.

② 杨伯峻.春秋左传注[M].北京:中华书局,1990:7.

③ 《左传·哀公十二年》云:"诸侯之会,事既毕矣,侯伯致礼,地主归饩,以相辞也。"

④ 杨伯峻.春秋左传注[M].北京:中华书局,2009:113.

⑤ 杨伯峻认为前人多以"司盟"来解释"盟府",未必与此相合。(见:杨伯峻.春秋左传注[M].北京:中华书局,1990:308.)

⑥ 沈玉成.左传译文[M].北京:中华书局,1981:9.

(3)朝聘莅盟。刘伯骥认为在会盟之后还会伴随着一系列的朝聘之事,包括互相莅(莅)盟、朝聘,"盖欲巩固其盟好而已"[1]。鲁襄公二十七年的弭兵之盟后,晋、楚集团履行了盟约中规定的义务,会盟成员纷纷交相朝见两位盟主。

以上笔者在前人的基础上重新梳理了会盟仪式的程序,这些程序由四个大的环节和若干个小的环节组成,具体环节可以用图 4-1 概括:

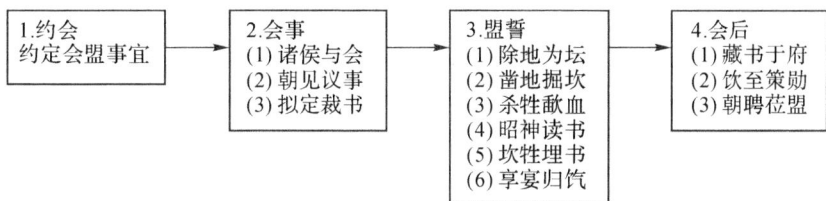

图 4-1　春秋会盟仪式的主要环节

二、仪式中的等级符号

会盟仪式的这些环节又由一系列琐碎、复杂的更小的仪式构成,这些仪式在春秋时期分别被冠以不同的名字,被称之为各种各样的"礼"。例如诸侯相会的仪式被称为"会礼",盟誓的仪式被称为"盟礼",朝见的仪式被称为"朝礼",聘问的仪式被称为"聘礼",招待其他人员又有"享宴"之礼,等等。春秋社会是一个非常强调"礼"的精神的社会,在"礼"的背后是等级秩序。其基本的原则是将人们划分为不同的等级,处于不同等级的人拥有不同的权力、使用不同的物品、享用不同的文化项目。国君和卿大夫们获准使用或享用的物质及文化产品除了具备其使用价值之外,它们还拥有相应的符号价值,是被用来显示使用者身份和地位的等级符号。

符号是用来传达意义的物质载体。皮埃尔把符号定义为:"传播意识的一种意愿标志。"[2]鲍德里亚(波德里亚)对消费主义的研究表明:"物远不仅是一种实用的东西,它具有一种符号的社会价值,正是这种符号的交换价值才更为根本的——使用价值常常只不过是一种对物的操持的保证(或者甚至是纯粹的和简单的合理化)。"[3]皮埃尔提出了社会符号这个概念,认为:"衣装、食品、动作,距离等,它们都是以不同程度、不同形态进入社会传播各种类型构成之中的符号。"[4]

①　刘伯骥.春秋会盟政治[M].台北:中华丛书编审委员会,1962:266.

②　皮埃尔·吉罗.符号学概论[M].怀宇,译.成都:四川人民出版社,1988:24.

③　鲍德里亚.符号政治经济学批判[M].夏莹,译.南京:南京大学出版社,2009:2.

④　皮埃尔·吉罗.符号学概论[M].怀宇,译.成都:四川人民出版社,1988:119-120.

会盟仪式同样也会使用那些具有社会价值的等级符号,它的功能就在于体现并维护现存的政治、社会秩序。春秋时期会盟仪式所涉及的社会等级符号主要包括车、服、宴、乐、舞、旗帜、仪仗等。如果国君或卿大夫使用了超出自己身份和地位的等级符号,他们的行为便被称为"不礼"。"不礼"在春秋时期是一个相当严重的批评,这将大大有损他们以及自己国家的国际声誉,还可能会招致相应的讨伐。以下概括了会盟仪式中常见的等级符号:

(一)车

车在春秋时期又称为路、轩、广,它是春秋时期最为常见的社会等级符号。春秋秉承西周的体制,对车的使用有着严格的等级,《周礼·春官·巾车》对车的等级和使用方法有着明确的规定。其中天子乘坐的车称为"路",共有五个等级,包括:玉路、金路、象路、革路、木路等;周王以下的车称为服车,也有五个等级:"孤乘夏篆,卿乘夏缦,大夫乘墨车,士乘栈车,庶人乘役车。"①车的材质、样式、装饰也依据乘车者的身份和等级而有所不同。

由于国君和卿大夫出行时主要乘坐车,车是春秋贵族阶层的必备之物。大夫这个阶层以上的人才有资格乘坐车,因此它的重要性是不言而喻的。《左传·僖公二十七年》引《夏书》曰"赋纳以言,明试以功,车服以庸",可见车和服都是用来奖励那些有功之人的。鲁僖公二十八年的践土之盟上,周襄王亲自奔赴会盟地点慰劳晋文公。为了拉拢新崛起的晋国,周襄王策命晋文公为诸侯之"侯伯"(即诸侯领袖),还命人赏赐给晋文公"大辂之服,戎辂之服",也就是赐予晋文公"金路""革路"②这两种车和乘坐它们时应穿的衣服。按照周礼的规制,这两种车都是天子才有资格乘坐的车,把它们赏赐给晋文公对于晋国而言是一种极大的荣耀。这样做的目的自然也是为了笼络晋国为王室效力,希望借助晋国的力量维护王室内部的稳定和外部的权力。

(二)服

"服"包括了服装和饰品,它们同样是被用来当作传递等级差别的符号,等级差别主要体现在服装和饰品在材质、样式、颜色、纹饰等方面的不同。鲁桓公二年,鲁国的臧哀伯在劝谏鲁桓公时谈到了春秋时期的服装样式、颜色以及饰

---

① 《十三经注疏》整理委员会.周礼注疏[M].郑玄,注.贾公彦,疏.北京:北京大学出版社,1999:714-725.

② 依据杜预注和孔颖达的正义可知,"大辂"为"金路","戎辂"为"革路",都是车的名字。(见:《十三经注疏》整理委员会.春秋左传正义[M].左丘明,传.杜预,注.孔颖达,疏.北京:北京大学出版社,1999:450.)

品,称:"衮、冕、黻、珽,带、裳、幅、舄,衡、紞、纮、綖,昭其度也。藻、率、鞞、鞛,鞶、厉、游、缨,昭其数也。火、龙、黼、黻,昭其文也。五色比象,昭其物也。"①臧哀伯的描述揭示了春秋时期服饰的复杂程度,其中谈到的"昭其度""昭其数"意思是在说服饰的差异是为了显示它们在"度"和"数"方面的不同。所谓的"度"指的是尊卑上下各有制度,所谓的"数"指的是地位高低各有礼数。"文"指的是服饰的花纹,"象"指的是服饰的颜色,这些也应该按照人们的等级而有所差别。

作为重要的等级符号,"服"的目的仍在于维护已经存在的等级秩序。鲁宣公十二年,晋国的随武子评价楚国时称:"君子小人,物有服章。贵有常尊,贱有等威,礼不逆矣。"②随武子认为君子和小人的衣服也应该有所不同,贵、贱应该有所差别,这样礼才不会被违背。而那些使用了与自己身份不匹配的车、服等礼仪的人,将会被认为不能得到好的结果,即"服美不称,必以恶终"③。

不仅如此,春秋时人还使用服饰来传达自己的态度和情感。鲁闵公二年,晋献公赐给太子申生"偏衣""金玦"。"偏衣"指的是左右颜色不相对称的衣服,"金玦"指的是用金(即青铜)做的一种佩戴饰物。晋国的诸位大夫从不同的角度解释了晋献公此举背后的涵义。大夫狐突感叹道:"时,事之征也;衣,身之章也;佩,衷之旗也。"④狐突认为,此次晋献公命令申生出兵的时间、赏赐给他的偏衣和金玦都传达了晋献公对申生的疏远。随后所发生的事也证明了狐突的判断是正确的。

(三)乐舞

春秋时人还将乐、舞与礼、德、信等道德、伦理联系在一起,赋予其礼的内涵。鲁襄公十一年,晋国的魏绛评价"乐"的意义称:"夫乐以安德,义以处之,礼以行之,信以守之,仁以厉之。而后可以殿邦国,同福禄,来远人,所谓乐也。"⑤显然"乐"已超出了单纯的音乐的概念,具有了道德伦理以及政治、交往的功能。鲁襄公四年,晋悼公设宴款待鲁国的叔孙豹,叔孙豹评价这些音乐称:"三《夏》,天子所以享元侯也,使臣弗敢与闻。《文王》,两君相见之乐也,使臣不敢及。"⑥宴上所演奏的音乐不是诸侯宴请大夫时所应该使用的音乐,而是天子宴享诸侯

---

① 《左传·桓公二年》。
② 《左传·宣公十二年》。
③ 《左传·襄公二十七年》记载,庆封来鲁国聘问时所乘坐的车非常华美,鲁国的叔孙豹对此评价到:"服美不称,必以恶终"。
④ 《左传·闵公二年》。
⑤ 《左传·襄公十一年》。
⑥ 《左传·襄公四年》。

领袖的音乐、国君相见时的音乐,这不符合晋悼公宴请叔孙豹的场景,因此叔孙豹推辞不敢享用。鲁隐公五年,鲁隐公就"万舞"执羽人数的问题咨询众仲,众仲称"天子用八,诸侯用六,大夫四,士二"①,可见舞同乐一样也是表达身份和地位的等级符号。

鲁成公十二年,晋国的郤至到楚国去朝聘同时莅盟,楚王设宴款待他。楚国人在厅堂地下设置了乐室,郤至即将登堂时地底下传来击钟的声音。击钟很可能是在演奏《九夏》其中的一章《肆夏》,这是天子享元侯(即诸侯之长)的乐曲,春秋时期诸侯相见也用此乐,诸侯的卿大夫也有使用此乐的。② 郤至认为这个乐曲超出了自己所应享用的礼仪,但在楚国子反的坚持下郤至还是完成了享宴的仪式。返回晋国后郤至将此事告诉了范文子,范文子认为楚国既然可以在会盟仪式上"无礼",那么将来也一定会违背盟誓的协议,所谓"无礼,必食言"。③

(四)享宴

会盟过程中诸侯相会时举行宴会是避免不了的事情。例如盟誓最后一个小环节为"享宴归饩",即会盟举行地的国家要设宴款待各国的会盟人员,在各国的会盟人员离开会盟地点时还要赠送给他们礼物(主要是食物)。鲁襄公二十七年的弭兵之盟后,宋平公设宴会招待晋、楚两国的大夫,甚至晋国的赵武从宋国返回晋国途中路过郑国,郑简公也设置了宴会来款待赵武。鲁昭公元年的虢之盟后,楚国的令尹公子围还设宴来款待晋国的赵武。此次会盟的举办地点是郑国,楚国和晋国都不是举办地的地主,但是公子围和赵武都是卿大夫并能够举行宴会,这说明宴会并不一定要地主举办,也不一定需要国君的参与。

举办宴会同样也要遵循严格的礼仪规制,身份不同的人享用不同规格的宴会,所谓"王享有体荐,宴有折俎。公当享,卿当宴,王室之礼也"④。按照杨伯峻先生的解释,⑤天子招待诸侯用"享礼",天子招待诸侯的卿用"宴礼";在享礼上有"体荐",即把半个牲体(牲体即牛、羊、豚之类的动物)放到俎(盛纳食物的容

① 《左传·隐公五年》。

② 杨伯峻.春秋左传注[M].北京:中华书局,1990:857.

③ 《左传·成公十二年》。

④ 《左传·宣公十六年》。

⑤ 杨伯峻认为,古代祭祀、宴会上,"杀牲以置於俎(载牲之器)曰烝",如果将整个牲体放到俎上并不煮熟,这被称为"全烝","唯祭天用之"。如果将半个牲体置於俎上,被称为"房烝",即"体荐";"若节解其牲体,连肉带骨置之於俎,则曰殽烝,亦曰折俎";"殽烝,宾主可食,至全烝、房烝则只是虚设,不能食";"天子於诸侯则设享礼","天子招待诸侯之卿,则设宴礼"(见:杨伯峻.春秋左传注[M].北京:中华书局,1990:769-770.)。

器)上；在宴礼上有"折俎"，即肢解牲体，连骨带肉一起放置于俎上；"享"的食物并不是用来吃的，这些食物仅仅是虚设而已，只是用来显示节俭的；"宴"的食物可以食用，目的是为了显示天子的慈惠。享宴同时也是重要的交往场合，可以用来观察人们的威仪，预测未来的祸福，即"观威仪、省祸福也"①。就春秋的情况来看，享和宴有时候可以通用，都可以指宴会。

享宴上所用的牲体的数量也要符合一定的规制。鲁哀公七年吴国与鲁国的鄫之会上发生了一件有违礼数的事件：吴国要求鲁国用"百牢"之礼来招待吴王夫差。所谓的"百牢"就是牛、羊、豕各一百头，这样的礼数前所未闻。鲁国的子服景伯说："周之王也，制礼，上物不过十二，以为天之大数也。"②也就是说，周王的礼数也不超过十二牢，而吴王竟然要求用"百牢"来招待他，这显然是有违于礼数的。

(五)旗帜

旗帜也是春秋时人用以显示身份和地位的等级符号，等级的差别主要体现在旗帜的长度、面积、颜色、形状、纹饰等方面。会盟仪式中国君和卿大夫应该按照自己的等级使用不同的旗帜。鲁昭公十年，齐国内乱，齐景公命大夫王黑执"灵姑鉟"迎战。"灵姑鉟"是齐桓公龙旗，③王黑不敢使用诸侯之旗，请求将旗帜砍断三尺之后才敢使用。即便在危急的形势中王黑仍然不敢僭越使用诸侯的旗帜率领士兵打仗，而"灵姑鉟"断去三尺之后的长度与大夫所使用的旗帜就相类似了，这样王黑才敢用它来抵抗敌军。

此外，在仪式中旗帜的使用方式也可以用来表达态度、传递信息，例如鲁昭公十三年的平丘之盟上晋国就曾经这样做过。当时诸侯对晋国已经有了背叛的念头，晋国为了显示晋国的力量而举行了军事演习。一开始晋国在演习中是将旗帜上面的飘带去掉的，这表示它并不打算攻打其他国家。但是当晋国的寻盟活动被齐国拒绝后(尽管齐国后来又被迫同意了举行寻盟仪式)，晋国决定加强对诸侯的威胁。随后晋国在旗帜上添加了飘带——旗帜只有在将要作战时才会加上飘带，晋国以此暗示将要讨伐那些不顺从的诸侯，这迫使那些原本不愿意寻盟的诸侯只好顺从了晋国的要求。

---

① 《左传·成公十四年》。

② 《左传·哀公七年》。

③ 章炳麟认为："此灵姑鉟即桓公之龙旗。"(见：杨伯峻.春秋左传注[M].北京：中华书局，1990：1316.)

(六)仪仗

仪仗已经包括了上面所讨论的车、服、旗等符号,除此之外还有一些特殊形式的仪仗同样具有符号价值,等级不同的人是不能使用同一种依仗的。鲁昭公元年,诸侯在郑国的虢举行了盟誓仪式,这是一次南、北诸侯共同参加的盛大会盟活动,霸主晋国和楚国也都出席了盟誓仪式。仪式中楚国的公子围"设服离卫",即公子围让两个人执戈在前,一左一右保护自己——这是一种只有国君才能使用的仪仗。晋、齐、宋、卫、鲁、郑、陈等国的大夫对公子围的僭越行为作出了评价,一些大夫还讽刺了公子围的无礼。这种僭越使用仪仗的行为往往并不是简单的误用,它大多暴露了使用者不满足于现有地位的真实意图。公子围最终发动了政变并成功篡位为楚灵王。虢之盟上的僭越行为可以被视作篡位的先兆,显示了他不安于令尹地位的野心。

(七)礼物

春秋时期礼物的使用非常普遍。例如在会盟仪式上,不仅地主要赠送各国与会人员礼物,各国的会盟人员相会时也需要互相赠送礼物,前者称之为"归饩",后者称之为"贽礼"。所谓"贽礼"是春秋时人相会时互相赠送礼物的礼节,"来宾须依自己身份与任务,手执某种礼物,举行例行之相见仪式"①。《左传》记载了一次会盟上的贽礼,这个事例发生在鲁定公八年。鲁定公八年,晋、鲁两国的瓦之会上,晋国的范献子手执羔,赵简子、中行文子手执雁。范献子当时为晋国正卿,赵简子、中行文子为卿,身份的差别造成了他们所执礼物的不同。

以上总结了会盟仪式中常见的七种等级符号,这些符号都需要按照相应的规制来使用。如果与会国君和卿大夫使用了与自己身份和地位不相符的等级符号,就会被认为是做出了"不礼"的行为,这将会损害自己及本国的国际声誉,给国际沟通和交往带来不利的影响。

三、会盟者的仪态

以上等级符号只是会盟者应该遵循的会盟礼仪的一部分,除了这些符号之外,在会盟者所应表现出来的仪态方面,还有一些很重要的沟通和交往原则需要会盟者在仪式中遵守。以上的等级符号都是"礼"的精神"物化"后的结果,它们都有很确定的外在形式,也有着非常明确的使用规则,是否合乎于礼仪可以被熟悉这些规则的人很容易地判断出来。仪态则是由会盟中的人所呈现、表演

---

① 杨伯峻.春秋左传注[M].北京:中华书局,1990:1565.

出来的言语、举止、思想、精神、态度、情绪、情感，这些虽然也有一些原则和要求需要会盟者来遵守，但却十分难以判断仪式中的人是否到达了这些原则和要求。这是因为对仪态的呈现和表演是因人而异的，很难有一个统一的标准。另外仪式之外的观察者对仪式之中的人的评价也往往是主观的，不同的人对同一场仪式中同一个人的表现会产生不同的看法。

即便对仪态的呈现和评价都是因人而异的，春秋时期的人们还是十分重视仪态的。鲁襄公三十一年，卫国的北宫文子认为国君需要有国君的威仪，臣子需要有臣子的威仪，从上到下各阶层都应该有各自的威仪，这样，政治和社会秩序才能稳固。北宫文子还提出了一个完美的仪态"范本"：①

> 故君子在位可畏，施舍可爱，进退可度，周旋可则，容止可观，作事可法，德行可象，声气可乐，动作有文，言语有章，以临其下，谓之有威仪也。

完全像北宫文子所说的君子那样控制、呈现自己的仪态是非常困难的，但是在会盟这样重大的场合中，会盟者必须谨慎对待自己在仪式中可能呈现出来的仪态。鲁昭公十一年，晋国的叔向在评价王室的单子参加戚之会的仪态时谈道："朝有著定，会有表，衣有襘，带有结。会朝之言，必闻于表著之位，所以昭事序也。视不过结襘之中，所以道容貌也。言以命之，容貌以明之，失则有阙。"②叔向指出，会见和朝见的言语一定要能够让所有参加者都能够听见，目的是显示处理事务有条不紊；仪式中人的目光不应该低于衣带的交接之处，目的是端正人的容貌。用言语来发布命令，用仪态容貌来表明态度，如果做不到就会产生错误。这意味着如果国君和卿大夫不能在会盟仪式中表现出合适的仪态，对自己和国家都会带来不利的国际影响。

例如，鲁隐公七年，陈国的五父到郑国莅盟。在歃血环节，五父心不在焉，忘记了盟辞。鲁国的洩伯评价称："五父必不免，不赖盟矣。"③在鲁襄公三十年的澶渊之会上，晋国正卿赵武的言辞有点絮絮叨叨，鲁国的叔孙穆子评价称："赵孟将死矣。其语偷，不似民主。且年未盈五十，而谆谆焉如八、九十者，弗能久矣。"④赵武絮絮叨叨的言辞表现出了苟且偷生之意，叔孙穆子从中预感到赵武即将离世。赵武是此时主持晋国政务的正卿，他的生死关系到晋国霸权的未来。在鲁襄公二十一年的商任之会上，齐庄公、卫献公在仪态方面都不够恭敬，

---

① 《左传·襄公三十一年》。
② 《左传·昭公十一年》。
③ 《左传·隐公七年》。
④ 《左传·襄公三十一年》。

晋国的叔向以此预测这两位国君未来肯定不会有好的结果。

最具有代表性的例子是鲁昭公四年申之会上楚灵王的表现。楚国对举行申之会给予了足够的重视，将它视为关系到楚国霸业能否成功的重大事件。楚国的大夫椒举建议楚灵王要慎重选择礼仪，礼仪的选用关系到楚国霸业的未来，椒举说："臣闻诸侯无归，礼以为归。今君始得诸侯，其慎礼矣。霸之济否，在此会也。"①椒举还列举了历史上的八次会盟事例，②供楚灵王借鉴；楚灵王又向宋国的向戌、郑国的子产咨询礼仪，向戌进献了六种"公合诸侯之礼"，子产进献了六种"伯、子、男会公之礼"。但是很遗憾楚灵王虽然表现出了对礼仪的重视，但并没有真正地在会盟仪式中使用合适的礼仪。楚灵王在会盟仪式中不仅没有展示出其德行的一面，反而向诸侯显示了他的奢侈和骄横，这使楚国的国际形象受到损害，会后子产和向戌都表达了对楚国的轻视。

以上我们从主要环节、等级符号、会盟者的仪态三个方面介绍了春秋时期的会盟仪式，相关的内容可以概括为图4-2：

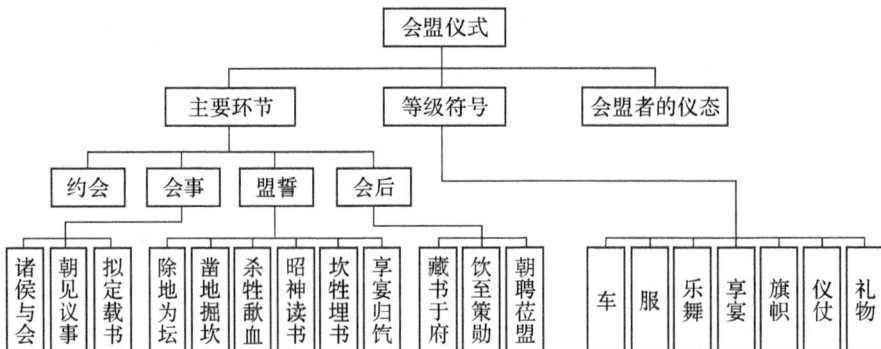

图 4-2　春秋时期的会盟仪式

第二节　会盟仪式的重要性

会盟活动是春秋时期重大的国际交往场合，参加者都是掌握各国政权的国君和卿大夫，这决定了会盟仪式是一种重要的政治性仪式。会盟仪式同时是一种沟通的媒介或方式，它帮助会盟中的人们实现了两种沟通行为：人与人的沟

---

① 《左传·昭公四年》。

② 这八次会盟事例分别为：夏启有钧台之享，商汤有景亳之命，周武有孟津之誓，成有岐阳之蒐，康有酆宫之朝，穆有涂山之会，齐桓有召陵之师，晋文有践土之盟。

通、人与神的沟通。仪式本身就是沟通行为的规则,国君和卿大夫必须掌握这些规则,否则将会在国际沟通、交往活动中使本国利益受损,甚至被排除在国际话语权之外。从国际政治的角度来看,会盟仪式可以被认为是确认、呈现、传播国际权力秩序的工具。

一、会盟仪式的渊源

作为人类社会中普遍存在的一种沟通、交往行为,会盟活动的起源可以被追溯到原始社会。① 当人们为了解决某项事务而相见、相会、沟通、交往时,"会"就产生了;而当他们认为有必要借助神的力量强化"会"的结果时,"盟"也相应地产生了。最早的会盟活动应该不会有太多的仪式性内容,主要原因是原始社会的物质资源比较匮乏、文化观念比较落后,这使他们不可能实施类似于后世的复杂、繁琐的会盟仪式。

随着人类交往活动变得越来越频繁,物质条件的成熟和文化观念的发展允许人们创造出更多的程序和规则在会盟活动时使用,这些程序和规则便构成了会盟的仪式。仪式使人们在举行会盟活动时有章可循,也使会盟活动本身变得更加隆重、更加神圣、更加可信,这将有利于人们实现会盟活动的目的,发挥会盟活动的沟通功能。

会盟活动的效果与会盟仪式的成功与否有很大的关系。成功的会盟仪式能够实现会盟活动的相关目的,而失败的仪式则可能起到与目的相反的结果。楚国的大夫椒曾列举了夏、商、周三代成功的会盟仪式,其中一些获得了巨大的成功,而另外一些却产生了事与愿违的结果。例如"夏启有钧台之享,商汤有景亳之命,周武有孟津之誓,成有岐阳之蒐,康有酆宫之朝,穆有涂山之会,齐桓有召陵之师,晋文有践土之盟"②,这八次会盟活动都采用了适当的礼仪,会盟活动也取得了巨大的成功。而另外三次会盟活动由于在仪式上的失败,没有能够成功地向诸侯展示出盟主的"礼",反而向参加会盟的人展示了盟主的骄横、无礼,都导致了诸侯的背叛,这些会盟是:夏桀举行了仍之会,导致了缗国背叛了他;商纣举行了黎之蒐,东夷背叛了他;周幽王举行了大室之盟,戎狄背叛了他。

椒举向楚灵王推荐了八次成功的会盟活动的仪式供其选择和使用于申之

---

① 见:张全民发表于《吉林大学社会科学学报》1995 年第 4 期的《试论春秋会盟的特点》,莫金山发表于《史学月刊》1996 年第 1 期的《春秋列国盟会之演变》,徐杰令发表于《求是学刊》2004 年第 31 卷第 2 期的《春秋会盟礼考》。

② 《左传·昭公四年》。

会(举行于公元前 538 年),这些会盟活动有些距离椒举的时代已经很久远了。离椒举最近的一次会盟活动是举行于公元前 632 年的践土之盟,它也已经过去了 94 年之久,但是椒举仍然能够描述出当时的会盟仪式,可见这些仪式的影响力是多么得强大。

初期的会盟仪式可能比较简单、杂乱,在权力、等级等政治观念的推动下,会盟的体制逐渐完备,会仪式也日趋复杂。到了西周时期,会盟仪式得以进一步"典章化""制度化"。① 刘伯骥先生认为"大抵结言作誓,可溯诸殷俗以前;而会盟成制,则彰於周礼之后"②,这意味着到了西周时期会盟仪式才形成完备的体制。荀子所谈论的"诰誓不及五帝,盟诅不及三王,交质子不及五伯"③,《穀梁传·隐公八年》称"盟诅不及三王"④,《淮南子》曰"殷人誓,周人盟"⑤,《礼记·檀弓下》云"殷人作誓而民始畔,周人作会而民始疑"⑥,这些关于会、盟起源的说法都是在谈论具体的某一些仪式的会盟的起源,而非会盟活动本身的起源。而正是周人真正地将会盟仪式"典章化""制度化",从而形成了一整套完备的会盟体制。

西周时人将会盟仪式融入到了"会同""巡守"制度之中。诸侯们被要求定期朝见周王,周王也将定期到诸侯各国去视察。在诸侯朝见周王或周王视察诸侯时将会举行会盟仪式,或者当周王有事召集诸侯时也可能举行会盟仪式。西周时期的人们创造出了复杂的会盟仪式,这些仪式现在散见于《周礼》《仪礼》《礼记》以及后人的注解中。不仅如此,周人还设置了专门的官职来主管会盟事宜。《周礼·秋官·司盟》描述"司盟"一职的职责时说,司盟"掌盟载之法。凡邦国有疑会同,则掌其盟约之载及其礼仪,北面昭神"。⑦ 因此相关的会盟仪式都由担任"司盟"一职的官员负责处理。"司盟"官职的设立,一方面说明了会盟仪式已经十分复杂了,必须由专门的官员负责处理相关的事宜;另一方面,专官的设立也将进一步推动会盟仪式更加完备、更加复杂,专官之外的人则可能很

---

① 张全民.试论春秋会盟的特点[J].吉林大学社会科学学报,1995(4):29.

② 刘伯骥.春秋会盟政治[M].台北:中华丛书编审委员会,1962:235.

③ 王先谦.荀子集解[M].北京:中华书局,1988:519.

④ 《十三经注疏》整理委员会.春秋穀梁传注疏[M].范宁,集解.杨士勋,疏.北京:北京大学出版社,1999:26.

⑤ 刘安,等.淮南子全译[M].许匡一,译注.贵阳:贵州人民出版社,1993:765.

⑥ 《十三经注疏》整理委员会.礼记正义[M].郑玄,注.孔颖达,疏.北京:北京大学出版社,1999:311.

⑦ 《十三经注疏》整理委员会.周礼注疏[M].郑玄,注.贾公彦,疏.北京:北京大学出版社:1999:950-951.

难熟知会盟仪式的复杂规则。

进入春秋以后，王室的会同、巡守制度已经名存实亡了，取而代之的是诸侯之间的私下会盟。春秋会盟的主体仪式仍然源自于西周时期的会盟仪式，所不同的是，西周会盟仪式的权力核心是周王，春秋会盟仪式的权力核心是大国或者霸主。孔颖达称："春秋之世，不由天子之命，诸侯自相与盟，大国制其言，小国尸其事，官虽小异，礼则大同。"[1]这说明春秋时期的会盟仪式大体上继承了西周，所不同的仅是"官虽小异"，即会盟者的身份与以往有所差异。

二、仪式的沟通功能

仪式之所以能够被用以相关的活动，是因为它们具有相应的功能，借助仪式的程序和规则，人们可以更有效地进行交往和沟通。当某种仪式不能提供它应该具有的功能时，这种仪式也就失去了存在的价值，它的生命力也就趋于消失了。在会盟活动中，仪式可以帮助会盟中的人们实现两个方面的沟通行为：人与人的沟通、人与神的沟通。这两种沟通行为都是在特定的仪式中进行的，它们都需要遵循一定的沟通、交往规则，脱离了这些规则，沟通行为就无法正常进行下去。

（一）人与人的沟通

会盟的相关仪式首先实现的是人与人之间的沟通。仪式首先是参加会盟的国君和卿大夫沟通、交往的程序与规则。会盟活动的目的是为了处理国际冲突、解决国际问题，没有人与人之间的沟通，这些目的都将无法实现，人与神之间的沟通——盟誓行为也就没有必要了。因此会盟活动中，人与人的沟通行为是后续的人与神之间的沟通行为的前提和基础，后者是对前者结果的确认与强化。

在人与人的沟通行为中，最重要的原则就是"礼"。会盟者的言行举止需要与自己的身份和地位相称，会盟者还应该根据对方身份和地位的高低使用适当的礼仪与对方进行沟通、交往。相关的礼仪规则非常重要，可以说是春秋时期的国君和卿大夫必须具备的知识。如果国君或卿大夫不懂得这些礼仪，或者在交往的场合不能够正确地使用相关的礼仪，他们将会遭到其他人的嘲笑，将严重影响其他人对他们的评价，给自己的地位和国家形象带来不利的影响。鲁昭公七年，鲁国的孟僖子辅佐鲁昭公出使楚国，路过郑国时，郑简公慰劳鲁昭公，

---

① 《十三经注疏》整理委员会.春秋左传正义[M].左丘明,传.杜预,注.孔颖达,疏.北京:北京大学出版社,1999:42.

孟僖子作为鲁昭公的助手，无法完成一些礼仪程序；到了楚国，楚国为了慰劳鲁国的使者施行了"郊劳"之礼，孟僖子又不知应该如何答对。仅从这次出使来看，孟僖子并不能称得上是一位合格的卿大夫，他在礼仪知识方面的欠缺严重影响了他的出使任务。返回鲁国后孟僖子深感自己在礼仪方面的不足，开始认真地学习这方面的知识。不仅如此，他还让自己的两个孩子跟随孔子学礼以避免重走自己的老路。

会盟活动是重要的国际交往平台，在这个平台中的话语权关系到国君和卿大夫的国际地位以及本国国际利益的实现。仪式的重要性还在于它关系到人们在沟通中的话语权，如果不熟悉这方面的规则，就会丧失参与仪式的资格，会被排除在会盟的话语权之外。同时，仪式使人与人的沟通保持在一定的秩序之内，这将有利于维系各国之间的友好关系。只有按照仪式的程序与规则，会盟中的国君和卿大夫才能顺利展开沟通活动。如果人与人的沟通行为能够达成共识、形成决议，将为后续的人与神的沟通行为提供盟誓的基础。

（二）人与神的沟通

会盟仪式还将帮助各国完成另一种沟通行为——人与神的沟通，这个沟通的过程和相关的仪式被称为盟誓。在会事环节中，会盟各方经过沟通、交往已经形成了一个结果，这个结果将被写成正式的盟书用以接下来的盟誓环节，盟誓环节的基本功能是将盟书神圣化。在盟誓之前，盟书仅仅是人与人沟通后的协议，它同样具有一定的法律效力；而在盟誓之后，盟书就从没有神性的人类文本转变成了由神灵监护的神圣契约。因为有了神灵的参与，人—神沟通的"盟"的仪式则要比人—人沟通的"会"的仪式重要得多。

盟誓环节是会盟仪式中最庄严、最神圣的部分，它的过程主要由以下六个环节构成：除地为坛、凿地掘坎、杀牲歃血、昭神读书、坎牲埋书、享宴归饩。在这个过程中人与神①实现了"沟通"，人向神表达了愿望，神倾听、知晓了盟书的内容，并将依据盟书的条款对人的行为进行监督，对那些违背盟书的国家实施惩罚。能否顺利实现人与神的"沟通"是盟誓仪式成功与否的关键所在，但必须使用相应的仪式才能做到这一点。"礼仪只是交流的一种媒介，它构成了一种图片化的语言，通过它，灵魂与灵魂对话……通过宗教形式，人们得以分享神明"②，从这个意义上而言，会盟仪式既是人与人沟通的媒介，也是人与神沟通的

---

① 周代的祭祀神祇主要包括天神、地祇、人鬼三种，我们这里提到的"神""神明""神灵""神鬼"通常是代指这三种神祇。

② 马雷特.心理学与民俗学[M].张颖凡，汪宁红，译.济南：山东人民出版社，1988：56.

媒介。春秋会盟活动中盟誓仪式的整个过程都是围绕着如何实现人与神的沟通而展开的。

盟誓地点通常并不是在城内,而是选择在荒郊野外、人迹罕至的地点。之所以这样做的原因自然是因为参加会盟的人员众多,需要有比较空旷的地方以供会盟人员、随从人员以及护卫军队驻扎、防卫。除此之外还有一个重要的原因,这样的地点可以更好地和神进行沟通:"郊外地势开阔,是能使祭品'上达天聪'的理想场所。"①

同样为了更好地与神沟通,春秋盟誓时还会建造高坛。既然被称之为"高坛",那么坛就具有一定的高度。刘伯骥指出坛"土基高三丈,土阶分三等",这表明坛既有高度同时还配有登坛的台阶。② 盟誓活动可以在坛上举行,也可以在坛下举行。建造高坛的目的仍然是与神沟通,这种做法来自于"高处乃最容易接近神灵、与神灵沟通之地的这种远古的思维意识"③。例如,周人在祭天的时候,必选择在地势较高的地方,原因大概与传说中天帝喜游于高山、高原处有关。④ 诸侯会盟礼仪中的神通常不会是天帝,但与神沟通的原理应该是相类似的。

高坛还可能设有一种被称为"方明"的祭器。按照《仪礼·觐礼》的描述,方明大概是一个木头材质的立方体,立方体的上、下、南、西、北、东各个方位都有相应的颜色和玉来装饰。⑤ 孔颖达认为天子会盟诸侯的高坛上会有"方明",诸侯会盟的礼仪与天子大致是相同的,⑥那么春秋时期诸侯会盟的仪式上也可能设有此物。吕静援引清代胡培翚的观点认为,方明放在高高的祭台上是下降的神灵依凭之所。⑦ 这表明盟誓仪式中的人员对神灵的降临是有所期待的,也就是说,在会盟者看来,神真的会降临盟誓现场并依附在方明这个法器上。

---

① 王志友,刘春华.秦、汉西畤对比研究[J].秦汉研究:第九辑,2005:161-174.

② 刘伯骥.春秋会盟政治[M].台北:中华丛书编审委员会,1962:252.

③ 吕静.春秋时期盟誓研究:神灵崇拜下的社会秩序再构建[M].上海:上海古籍出版社,2007:173.

④ 王志友,刘春华.秦、汉西畤对比研究[J].秦汉研究:第九辑,2005:161-174.

⑤ 方明者,木也,方四尺。设六色:东方青,南方赤,西方白,北方黑,上玄,下黄。设六玉:上圭,下璧,南方璋,西方琥,北方璜,东方圭。(见:《十三经注疏》整理委员会.仪礼注疏[M].郑玄,注.贾公彦,疏.北京:北京大学,1999:527.)

⑥ 《十三经注疏》整理委员会.春秋左传正义[M].左丘明,传.杜预,注.孔颖达,疏.北京:北京大学出版社,1999:41-42.

⑦ 吕静.春秋时期盟誓研究:神灵崇拜下的社会秩序再构建[M].上海:上海古籍出版社,2007:56.

盟誓仪式所用的牺牲一般为牛,"执牛耳"的礼仪即来自于此。春秋祭祀中常用的牺牲包括牛、羊、豕。相比其他二者,牛的体积更为硕大,除了祭祀之外,牛还具有其他实用性的用途,因此牛更加珍贵,重大、庄严的会盟祭祀仪式基本上是采用牛为牺牲的。但并不是所有的牛都可以作为牲,只有那些经过严格挑选和培育的牛才有资格成为祭祀中的祭品。作为祭品,牛需要在体态、毛发、颜色等方面都满足一定的要求。鲁成公七年,鲁国因为鼷鼠两次啃掉用以郊祭的牛的角,最后不得不放弃使用牛来祭祀。祭品是人—神关系建立的媒介,①在会盟仪式中鬼神降临享用诸侯贡献的祭品,作为回报,它们将监督盟誓的执行。

牲在事先挖好的方坑处被杀死,它的左耳被放于珠盘之中,血液被盛入一种称为"玉敦"的容器里。戎右持玉敦依尊卑顺序让盟誓人员歃血。歃血一般被认为是"微饮血"。②江绍原认为歃血有两种动机:其一,所歃之血是诅的"导体",背约者所饮的血将来会发作导致背约者遭受报复;其二,盟者交换饮血,即等于交换精神、好恶、思想、意志,使他们一心一德。③无论是什么样的动机,歃血的目的都是为了加强会盟成员的凝聚力,使他们忠于盟书的协议。

接下来就进入到了"昭神读书"的环节。诅祝之官撰写好载书,司盟之官向神灵宣读载书的内容。④祝史、司盟都是参与盟誓仪式的官员,之所以由他们来处理这些事,是因为他们具有可以和鬼神沟通的能力。童书业先生指出,古代人认为神鬼时常会下降到人间,巫是神人的媒介,神灵会降附到他们身上,巫、祝、史是一类人物。⑤司盟与这些人类似,他们都具备某种能够与神灵沟通的能力。向神灵宣读载书是希望神灵可以按照载书的诅咒条款,惩罚那些违背誓约的盟誓者。孔颖达称"告誓神明,若有违背,欲令神加殃咎,使如此牲也"⑥,意思是说如果有盟誓者违背誓约,神将降下灾难,使其受到像牲被杀那样的惩罚。

盟誓仪式的主要功能即是帮助盟誓的诸侯与神灵进行沟通,那么,仪式中

　　①　曹建墩.周代祭品观念[J].天中学刊,2008,23(6):24-126.

　　②　关于歃血共有三种说法,分别为:含血、饮血、以血涂口。江绍原认为最初可能是饮血,其后虚应故事,仅以血涂口旁。(见:江绍原.江绍原民俗学论文集[M].王文宝,江小蕙,编.上海:上海文艺出版社,1998:124.)

　　③　江绍原.江绍原民俗学论文集[M].王文宝,江小蕙,编.上海:上海文艺出版社,1998:140-141.

　　④　吴柱.关于春秋盟誓礼仪若干问题之研究[J].中国史研究,2015(4):5-24.

　　⑤　童书业.童书业著作集:第一卷:春秋史[M].童教英,整理.北京:中华书局,2008:138-139.

　　⑥　《十三经注疏》整理委员会.春秋左传正义[M].左丘明,传.杜预,注.孔颖达,疏.北京:北京大学出版社,1999:41.

的神灵都包括哪些呢?《左传·襄公十一年》记载的亳之盟为我们揭示了春秋盟誓中神灵的种类。亳之盟的载书提到:"或间兹命,司慎、司盟,名山、名川,群神、群祀,先王、先公,七姓十二国之祖,明神殛之,俾失其民,队命亡氏,踣其国家。"[1]其中"司慎""司盟"是天神;"名山""名川"为大山、大川之神;"群神"为各种天神,"群祀"为天神之外在于祀典者;"七姓十二国之祖"指的是参加盟誓的国家的祖先。这些神灵基本包括了天神、地祇、人鬼三个种类。

盟誓仪式的过程和逻辑大概如下所述:会盟者会聚一个容易与神灵发生接触的地点,通过献祭牺牲请求神的降临;神灵降临后聆听、审察盟书的内容;会盟人员在神灵的见证下用歃血来表达遵守盟约的决心;神灵享用人类进献的牺牲后就需要相应地履行起监察盟书执行情况的责任,那些遵守盟书的人或国家将会得到神灵的庇佑,神灵也将会按照约定的违约责任对那些违背盟书的人或国家实施惩罚。盟誓仪式是沟通人与神的媒介,人与神沟通的过程同时也是盟书被神圣化的过程,在这个过程中盟书所代表的国际权力关系也随之得到神圣化、合法化。

会盟仪式帮助会盟者实现了两种沟通行为——人与人的沟通、人与神的沟通。前者的仪式是"会",后者的仪式是"盟","会"是"盟"的前提和基础,"盟"是"会"的确认和神圣化,"盟"将"会"的结果神圣化为"盟书"。会盟仪式的两种沟通行为和功能如图 4-3 所示:

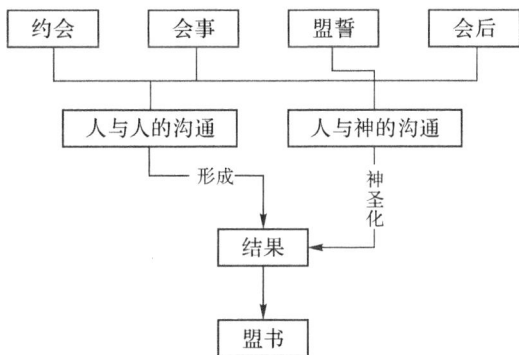

图 4-3 会盟仪式的沟通功能

三、仪式与权力关系

除了具备相应的功能之外,春秋时人使用会盟仪式的目的是什么? 在仪式

----

[1] 《左传·襄公十一年》。

的背后有什么样的深层原因？会盟仪式在当时被称为"会盟礼"，"礼"的目的非常明确，即是为了维护一定时期的权力秩序。西周时期的各种"礼"所维护的是周王的最高权力地位。到了春秋时期王室的实力日益衰微，周王已经实质性地丧失了"天下共主"的地位，霸主逐渐取代周王成为新的权力核心，会盟活动本身也随之成为霸主争夺并维护霸权的工具，会盟仪式被用来服务于霸主的国际霸权。

（一）会盟仪式是政治仪式

仪式（ritual）是指"按一定的文化传统将一系列具有象征意义的行为集中起来的安排或程序"①。关于仪式的定义还有很多表述，不同学科、不同学者所给出的定义也各不相同，同一个概念在涵义上会出现巨大的差异。② 早期的人类学仪式理论主要集中于神话和宗教范畴。③ 例如，涂尔干对仪式研究做出了开拓性的工作，他指出"宗教现象可以自然而然地分为两个基本范畴：信仰和仪式。信仰是舆论的状态，是由各种表现构成的；仪式则是某些明确的行为方式。这两类事实之间的差别，就是思想和行为之间的差别"④。19 世纪"仪式"一词作为一个分析的专门性词语得以出现，它被确认为人类经验的一个分类范畴里的概念。⑤ 随着仪式概念的不断扩展，今天我们再谈论仪式的时候，它早已不再局限于神话、宗教领域，几乎人类生活的方方面面都存在仪式的影子。彭兆荣认为，人们把仪式或仪式把人们引进到了历史文化、社会生活的各个方面，甚至人的一生都是在仪式中度过的。⑥

在传播学领域，美国的社会、传播学家詹姆斯·W.凯瑞提出了"传播的传递观"和"传播的仪式观"，⑦把"传播"和"仪式"两个概念融合在了一起，为仪式研究在传播学领域开辟了一条新路。事实上仪式、传播都是非常宽泛的概念，两者之间从一开始就存在交叉的现象。人类的各种仪式中必然涉及符号、媒介、信息、传播者、接受者、交流、沟通等等传播学的概念；仪式的最终目的是调

---

① 陈国强，石奕龙.简明文化人类学词典[M].杭州：浙江人民出版社，1990：135.

② 彭兆荣.人类学仪式的理论与实践[M].北京：民族出版社，2007：17.

③ 彭兆荣.文学与仪式：文学人类学的一个文化视野——酒神及其祭祀仪式的发生学原理[M].北京：北京大学出版社，2004：14.

④ 涂尔干.宗教生活的基本形式[M].渠东，汲喆，译.上海：上海人民出版社，1999：42.

⑤ 彭兆荣.文学与仪式：文学人类学的一个文化视野——酒神及其祭祀仪式的发生学原理[M].北京：北京大学出版社，2004：17.

⑥ 彭兆荣.人类学仪式的理论与实践[M].北京：民族出版社，2007：3-4.

⑦ 詹姆斯·W.凯瑞.作为文化的传播："媒介与社会"论文集[M].丁未，译.北京：华夏出版社，2005：4.

整人与自然、人与人、人与社会、群体与群体、国家与国家之间的关系,仪式所关注的现象同样也是传播学的主要研究对象。仪式和传播的研究者都希望发现支配仪式行为的背后原理。

在众多的仪式类型中,有一种仪式被称为"政治仪式","政治仪式"是关于权力、秩序、政治的仪式。春秋时期的政治仪式主要存在于以国家名义举行的庆典、祭祀、军事活动中。科泽在《仪式、政治与权力》一书中指出,"仪式普遍存在于政治制度中","权力必须披着象征的外衣才能表现出来"。[①]"政治仪式的本质是象征之权威性的构建,或者在过程意义上,是权力的生产和再生产。"[②]福柯指出:"政治仪式的作用一直是造成过分的但也受到控制的权力表现。这是一种权势的炫耀、一种夸大的和符合化的'消费'。权力通过它而焕发活力。"[③]春秋会盟的参加者都是诸侯国内最有权势的国君和卿大夫,他们同样也是国际政治舞台的主角;他们聚集在一起参加会盟的目的不仅仅是为了增进各国之间的友好关系,更为重要的是通过参与国际事务建构国际政治的权力秩序。从这个意义上来说,会盟仪式是一种政治性的仪式。

(二)确认并传播权力秩序

会盟仪式中的各种繁琐、复杂的礼仪与等级符号显然是为了体现参与者身份、地位的等级。仪式把每一个人都安排到一个合乎其身份的位置,为每一个国家都设置了一个适当的地位。鲁庄公二十三年,鲁国的曹刿称:"故会以训上下之则,制财用之节;朝以正班爵之义,帅长幼之序;征伐以讨其不然。诸侯有王,王有巡守,以大习之。"[④]鲁昭公十三年,晋国的叔向又称:"是故明王之制,使诸侯岁聘以志业,间朝以讲礼,再朝而会以示威,再会而盟以显昭明。志业于好,讲礼于等,示威于众,昭明于神。自古以来,未之或失也。存亡之道,恒由是兴。"[⑤]会盟的目的就是为了建立、明确与会国家之间的等级关系。

那么在等级的背后是什么? 是秩序。等级的目的是为了显示、宣扬、维护、巩固已经存在的政治、宗族、利益关系。沿着这条线索继续向下探讨,下一个问题就是"秩序的背后是什么?"从笔者的研究视角来看,秩序的背后就是权力。会盟仪式所表达的秩序是由国际社会的权力关系所决定的,而身份、地位的等

---

① 科泽.仪式、政治与权力[M].王海洲,译.南京:江苏人民出版社,2014:3,203.

② 王海洲.政治仪式的权力策略:基于象征理论与实践的政治学分析[J].浙江社会科学,2009(7):42.

③ 福柯.规训与惩罚:监狱的诞生[M].刘北成,杨远婴,译.北京:三联书店,1999:211.

④ 《左传·庄公二十三年》。

⑤ 《左传·昭公十三年》。

级又总是伴随着一定的政治权力和利益。

本质而言,国际会盟是一定时期内国际利益关系和权力秩序的反映和体现;会盟沟通本质上是国际社会调整利益关系、权力秩序的手段;参加会盟意味着对会盟所代表的利益关系和权力秩序的接受和确认,拒绝会盟则意味着对会盟背后的利益关系及权力秩序的否认和挑战。作为会盟运作的一部分,仪式也必然是对会盟所代表的利益关系和权力秩序的表达和确认,同时又对这种国际利益关系和权力秩序的现状进行了维护和巩固。利益通常又和权力紧密地联系在一起。因此春秋会盟的仪式是一种政治仪式,这种仪式表达、确认、传播、强化了某一时期内国际社会已经存在的权力秩序。

春秋会盟仪式中各国之间存在着这样一个基本的等级序列:盟主(霸主)、大国、小国。通过会盟仪式,国际社会中的霸主被推举为会盟的主持者,即盟主,盟主成为国际社会公认的领袖,原则上,其他会盟成员需要听从盟主的号令;大国、小国也都依据各自的地位拥有一定的权力、承担一定的会盟义务。"人们通过象征认识到谁有权有势、谁无权无势,当权者通过操纵象征强化他们的权威。"①在会盟仪式上国际秩序的等级序列被明确地表达、演示出来,它们对诸侯国的行为产生了约束力。

会盟仪式还对这种权力秩序进行了确认。我们可以发现在会盟的盟书中通常会对各国进行排序,在会事、盟誓环节各国也都要依据一定的次序采取相应的行为,这些次序又都体现在了会盟的各种礼仪和符号中。这些仪式还对它的参与者以及国际社会产生了影响,在国际范围内进一步传播、强化了各国之间的权力秩序。参加会盟仪式的国君和卿大夫在仪式中强化了国际权力秩序。同时,会盟所代表的国际权力秩序也被记载到盟书中,参加会盟的诸侯国会将盟书的副本收藏于国内。这些盟书也是春秋时期贵族学习的对象。通过这种途径,会盟的权力秩序被传递给下一代的国君和卿大夫,在更长的时间内发挥持续性的影响。

第三节　会盟仪式对权力秩序的建构

会盟仪式对于春秋时期的国际政治来说具有非常重要的作用,特别是对于盟主(霸主)来说,因为它们比其他诸侯更加需要这种仪式来建立并维护它们在国际社会中的权威地位。因此从国际政治的角度来看,会盟仪式是建构国际权

---

① 科泽.仪式、政治与权力[M].王海洲,译.南京:江苏人民出版社,2014:6.

力秩序的重要工具,通过会盟仪式国际权力秩序得到确认、呈现和传播。

一、仪式是国际权力转移的标志

西周时期,周王是天下共主,王室和各诸侯在形式上是一个统一的国家,周王处在权力的中心,充当了诸侯之间冲突的裁决者。至春秋时期,东周王室日益衰微,诸侯国逐渐摆脱了对王室的依附关系,基本上成为近乎完全独立的国家。这时,国际社会需要有新的权威替代周天子,填补周天子影响力衰退后留下的权力真空,充当国际事务新的裁决者。在这种背景下,诸侯中的大国纷纷起来争夺国际霸权。但是争夺霸权不能一味依赖军事力量,霸主地位的获得还需要其他国家的认可。而其他国家向霸主表示顺服的主要方式就是参加霸主组织的会盟活动。因此会盟仪式的成功与否关系到霸权能否获得国际社会的承认。春秋时期发生的几次国际权力转移都与会盟活动有重大关系,会盟仪式是国际权力发生转移的标志。

(一)会盟仪式与权力转移

阎学通认为,一个地区要成为世界权力中心首先需要在该地区存在世界上最具影响力的国家,即有一个或几个国家具备世界级的物质力量(尤其是军事力量)和文化力量(尤其是思想力量),并成为世界其他国家所模仿的榜样。[①] 这样的国家在春秋时期被称为"伯""霸主""盟主"。霸主掌握了春秋国际社会的权力,但这种权力不同于诸侯在各自国内的绝对统治权,而是一种影响其他会盟成员的国际影响力。一些学者认为影响力即是国际政治关系,例如,"我们给国际政治下的定义是:一个国家或国际行为体以某种方式对另一国家或另一国际行为体施加影响的努力"[②]。摩根索认为"国家政治一如其他一切政治,也是一种权力斗争",而权力"指的是人对他人的思想和行为的控制力量"[③]。在会盟关系中,虽然霸主控制着国际社会的权力,但这仅仅意味着霸主在国际社会中具有更大的影响力,而并不是霸主建立了类似于国内政治中的统治权,其他会盟成员依然对霸主保持着独立。

一个国家无法永久性地垄断国际权力。春秋 255 年的历史中,曾经掌握过

---

① 阎学通.世界权力的转移:政治领导与战略竞争[M].北京:北京大学出版社,2015:65.

② 詹姆斯·多尔蒂,小罗伯特·普法尔茨格拉夫.争论中的国际关系理论[M].阎学通,陈寒溪,等译.北京:世界知识出版社,2002:23

③ 汉斯·摩根索.国家间政治:权力斗争与和平[M].徐昕,郝望,李保平,译.北京:北京大学出版社,2006:45-47.

国际霸权的国家主要集中在齐、晋、楚三个大国。大国之间的力量对比发生重大变化时,国际权力就会发生转移,或者被新的崛起者攫取,或者被各国所分享。权力的转移与会盟有很大的关系,会盟往往成为国际权力转移过程中的标志性事件,以下几次重要的国际会盟清楚地显示了这一点。

1. 齐桓公与葵丘之盟

真正意义上第一个控制国际权力的霸主是齐桓公。春秋初期齐国在诸侯中已最强大,之后齐桓公任用管仲治理齐国,使齐国的社会、经济获得了更加快速的发展。① 齐桓公非常重视会盟在称霸活动中的作用,用他自己的话来说"寡人兵车之会三,乘车之会六,九合诸侯,一匡天下"②,可见会盟在齐桓公霸权的建立过程中功不可没。从鲁庄公十五年的鄄之会开始,齐桓公的霸业正式得到承认,中原地区国际权力的中心已由周王那里正式转移到齐桓公那里。

鲁僖公九年的葵丘之盟标志着齐桓公权力顶峰的到来,这一年齐桓公已经在位 35 年了。此前齐桓公帮助周襄王顺利继承了王位,鲁僖公四年,齐桓公还率领北方诸侯与南方劲敌楚国在召陵缔结了盟约,这两件事使齐桓公的国际声望达到了顶点。鲁僖公九年,也就是周襄王即位的第二年,齐桓公与诸侯在葵丘举行了会盟。周襄王为了感谢齐桓公在争夺王位中的支持,派宰周公出席了会盟,赐给齐桓公祭肉,③还请齐桓公不要下拜谢恩。葵丘之盟标志着齐桓公的霸业兴盛到了极点,齐国在国际事务上拥有其他诸侯甚至周王都无法相比的影响力。但自此之后,齐国的霸权开始由盛转衰。

2. 晋文公与践土之盟

齐国在齐桓公去世后并没有像郑国在郑庄公去世后那样迅速衰落,但是齐国却不再是中原地区国际社会的权力中心,因为这时出现了比齐国更为强大的晋国。晋文公在秦穆公的帮助下结束了流浪生活返回晋国继承了君位。鲁僖公二十七年,借着楚国伐宋事件,晋国的先轸提出了争霸的计划:"报施救患,取威定霸,于是乎在矣。"④鲁僖公二十八年,晋、楚两国争夺霸权的决战在城濮展开。晋国在城濮大战中击败了楚国,北方诸侯被晋国的强大所震服,纷纷加入

---

① 徐喜辰,斯维至,杨钊.中国通史:第三卷:上古时代[M].白寿彝,主编.上海:上海人民出版社:2004:364.

② 司马迁.史记[M].裴骃,集解.司马贞,索引.张守节,正义.北京:中华书局,1959:1491.

③ 按周礼,宗庙里的祭肉只能赐给同姓及二王之后(夏、商),这里赐给齐桓公是将其比成二王之后。

④ 《左传·僖公二十七年》。

了晋国的阵营。

虽然晋国已经成为北方诸侯事实上的领袖，但是它还需要一个仪式正式宣告对国际权力的接管。鲁僖公二十八年，晋文公在践土举行了盟誓活动。周襄王亲自奔赴会盟地慰劳晋文公，又命尹氏、王子虎、内史叔兴父策命晋文公为侯伯，即诸侯之长，还赐给晋文公"大辂之服，戎辂之服，彤弓一，彤矢百，玈弓矢千，秬鬯一卣，虎贲三百人"，授权晋文公及晋国"敬服王命，以绥四国，纠逖王慝"。① 这意味着晋国的霸权正式获得了周王室的承认，国际社会的领导权也从齐国那里转移到晋国手中。

3. 楚庄王与辰陵之盟、蜀之盟

楚国在春秋初期已经强大起来了。鲁桓公八年，楚武王已合诸侯于沈鹿，这实际上也是一次楚国举行的会盟活动，意味着楚国成为南方诸侯、部落的领袖。但是楚国的霸权地位仅限于南方，楚国的北上计划先后受到齐、晋的压制。鲁僖公四年，楚国与齐桓公率领的北方诸侯在召陵会盟，间接承认了齐桓公的霸主地位；鲁僖公二十八年楚国在城濮大战中失利，晋文公又成为北方新的霸主。

但是楚国并没有放弃北上的计划，多次对陈、蔡、郑、宋等国发动了攻击。鲁宣公十一年，陈、郑向楚国臣服，楚庄王、陈成公、郑襄公在辰陵举行了会盟，楚庄王开始北上称霸。鲁宣公十二年，楚国与晋国决战于邲，楚国终于击败晋国就此成就了楚庄王的霸主地位。之后中原地区主要的小国都逐渐归附了楚国，② 这意味着楚国的霸权已不限于南方，中原地区的部分国家也尊奉楚国为领袖。鲁宣公十八年，楚庄王去世，但是北方的诸侯仍然十分畏惧楚国。鲁成公二年它们与楚国盟于蜀，各国担心与楚国结盟被晋国发现会遭到晋国的讨伐，所以这次会盟是秘密举行的。之后晋、楚争霸进入了相峙阶段，各小国被迫交替臣服于晋、楚两位霸主。

4. 晋、楚的弭兵之盟

长期的拉锯战使晋、楚双方认识到谁都无法垄断国际霸权，与其旷日持久地消耗两国的资源，不如双方暂时和解、共享霸权。在这样的思维支配下弭兵之盟出现了。鲁襄公二十七年，晋、楚两个国家集团在宋国举行了盛大的弭兵之盟。弭兵之盟确立了新的国际权力分配原则，即晋、楚成为诸侯共同的领袖，

---

① 《左传·僖公二十八年》。

② 童书业. 童书业著作集：第一卷：春秋史[M]. 童教英，整理. 北京：中华书局，2008：229.

除齐、秦之外"晋、楚之从交相见也"。弭兵之盟是国际均势的一个反映,它所建立的国际秩序大约维持了四十多年。但是均势不可能永远保持稳定,随着大国力量对比的变化,国际权力又将发生新的转移。春秋末期,新崛起的吴、越以及试图恢复霸权的齐国最终瓦解了晋、楚两国的霸权体系,春秋时代也就此转入竞争更为残酷的战国时代。

(二)仪式赋予霸权合法性

齐桓公、晋文公、楚庄王及其他被称为春秋霸主的诸侯在会盟之前已经凭借强盛的武力成为事实上国际权力的掌握者,但是他们仍然需要一个仪式性的活动来获得其他诸侯的正式承认。权力的转移总是伴随着一定的政治仪式,"政治仪式对于所有社会来说都很重要,因为任何地方的政治权力关系的呈现和变更,都需要借助象征性的表达方式"①。

齐桓公和晋文公都得到了周王室的册封,是少数被王室承认的诸侯领袖。他们之所以能够获得王室的承认,主要是因为他们都对王室做出过独特的贡献。齐桓公在周襄王继承王位的过程中发挥了关键性的作用。周惠王想废黜世子郑(即后来的周襄王)而立王子带为继承人。齐桓公召集诸侯与王世子郑会于首止,借助与王世子郑相会这一举动表达了对世子郑的支持。鲁僖公七年周惠王驾崩,王世子郑担心王子带兴乱而秘不发丧,派人向齐桓公告难。鲁僖公八年,齐桓公召集诸侯与世子郑的使者相盟于洮,诸侯奉立世子郑即位为襄王。可以说如果没有齐桓公的支持,周襄王很难顺利继承王位。

鲁僖公二十四年,周襄王为了躲避王子带和狄人的祸乱出居到郑国避难,周襄王派人到各国去请求靖难。鲁僖公二十五年,晋文公在狐偃的劝说下起兵帮助周襄王,派右师围温,左师迎接襄王,送襄王回王城复位,并擒拿王子带于温。因此晋文公在践土之盟所受到的王室册封和礼遇与他在靖难中的功劳有很大的关系。

其他那些没有受到王室册封的霸主更需要有一个仪式来显示他们在国际社会中的权力,会盟仪式就起到了这一作用。首先,那些参加会盟的人都是顺服于霸主的诸侯,至少是在表面上表示顺服的国家,参加会盟就表示对霸主领袖地位的承认。不顺服的诸侯不会参加霸主召集的会盟,怀有贰心的诸侯在会盟仪式上也会有所表现。例如,鲁宣公十七年的断道之盟,齐国仅派遣了大夫与会,而其他国家都是国君亲自参加的;鲁襄公十六年晋国与诸侯会于溴梁,会后的宴会上齐国大夫高厚所唱的诗与舞蹈不匹配,在之后的盟誓活动中高厚还

_____

① 科泽.仪式、政治与权力[M].王海洲,译.南京:江苏人民出版社,2014:207.

逃回齐国。这些都显示了齐国对晋国在国际社会中的权力心怀不满。

其次，霸主在会盟仪式上转变为更具合法性的盟主。一些会盟仪式显示，霸主在会盟上会受到诸侯的推举，由凭借武力称霸的霸主转变为被国际社会所共同推举的盟主。鲁庄公十四年、十五年的两次鄄之会，诸侯在会盟上欲推举齐桓公为伯主，鲁庄公十六年的幽之盟，齐桓公终被诸侯推为盟主。① 这样会盟仪式正式赋予盟主于管理、协调国际社会的权力。

再次，霸主在会盟仪式上享有一些独特的权力，象征着霸主在国际社会中超越于其他诸侯的最高地位。例如在歃血盟誓活动中，盟主往往占据着会盟仪式中最为尊贵的位置：歃血时盟主先歃，盟书中盟主排在第一位，等等。这些独享的礼仪标志着霸主对权力的占有。

因此，通过会盟仪式，霸主获得了国际社会的承认，霸主的决策也由此变成会盟集团的集体决策，国际权力也正式转移、集中于霸主手中，霸主也将会盟作为管理国际社会、推行国际霸权的工具。

二、仪式对霸主权力的建构

为了显示自己在国际社会中的权力，盟主（通常为霸主）还会在会盟中享有、使用一些特权使自己与其他普通的会盟成员有所差别。这种差别无疑呈现、传播并巩固了霸主的权力，并有利于进一步在诸侯中强化霸主高于普通诸侯的地位。

（一）祭祀

"盟"实际上是一种供牲血祭的宗教仪式，通过这一仪式，祭祀自己的祖先，向神灵表达敬畏和崇拜的感情。② 在周王失去对诸侯的影响力之后，盟誓活动中的祭祀成为唯一的一种诸侯各国可以共同参与的祭祀活动。祭祀在春秋时期人们的政治生活中占有极其重要的地位。《尚书·周书·洪范》概括了中国古代的八种政务，"一曰食，二曰货，三曰祀，四曰司空，五曰司徒，六曰司寇，七曰宾，八曰师"③，其中第三个即是祭祀。《左传·文公二年》称"祀，国之大事也……"，《左传·成公十三年》又称"国之大事，在祀与戎"，祭祀被认为是与战

---

① 《十三经注疏》整理委员会.春秋穀梁传注疏[M].范宁，集解.杨士勋，疏.北京：北京大学出版社，1999：79.

② 吕静.春秋时期盟誓研究：神灵崇拜下的社会秩序再构建[M].上海：上海古籍出版社，2007：91.

③ 《十三经注疏》整理委员会.尚书正义[M].孔安国，传.孔颖达，疏.北京：北京大学出版社，1999：305.

争相提并论、事关国家生死存亡的"大事"。祭祀和征战"反映两个现实层面问题：直接的交战，决定国家存亡；间接的祭祷，透露生活安定的愿望"①。鲁襄公二十六年，遭到驱逐的卫献公在诱使宁喜帮助其复位时称："苟反，政由宁氏，祭则寡人。"②卫献公承诺政务由宁氏做主，但却坚持保留主持祭祀的权力，由此可见祭祀是多么重要。

祭祀之所以受到如此重视是因为祭祀与权力紧密地联系在一起，掌握了祭祀的权力就等相当于掌握了国家政权。国家祭祀与宗教原始及各种民间的崇拜祭祀活动的最大不同，主要在于它所附加的王权主义、等级制度等政治因素和统治理念。③ 主持国家重大祭祀是早期国家君王的特权，君王的权力也直接表现为祭祀，他们通过举行祭祀活动，建立政权的权威与秩序。④ 祭祀的政治功能表现为"上所以教民虔也，下所以昭事上也"⑤，通过祭祀实现民众的教化，以巩固贵族的统治秩序。因此，主持国家祭祀即成为掌握国家政权的象征。

盟誓的祭祀主要集中于盟誓仪式中的杀牲、歃血、告神等环节，在这些环节中霸主表现出祭祀的主持者的身份。在最重要的歃血环节中，歃血的次序是按照尊卑的顺序举行的，霸主是第一个歃血者。鲁僖公二十七年的弭兵之盟上，晋国人表示，晋国一直就是诸侯的霸主，从来没有哪个国家先于晋国歃血，可见霸主在祭祀仪式中有着超然于其他国家之上的地位。

（二）朝会

朝会出现在会盟仪式中的"会事"环节。朝会类似于现代国际组织的正式大会，是诸侯讨论、交流、解决国际事务的场所和平台。在现代国际会议中，大会的主持者是轮换的，每个国家都有可能成为会议的主持者，目的在于显示各国之间无差别的平等地位。春秋会盟中的主持者只能是霸主，其他诸侯无从染指，这是霸主权力的象征。

朝会很可能模仿自周天子会盟诸侯的仪式。霸主在会盟仪式中也会像周天子或者诸侯国内朝会那样设置朝位，在朝会中听取诸侯的汇报，主持有关国际事务的讨论、裁决，对诸侯进行批评或嘉奖，制定、颁布会盟集团的决策和命

---

① 陈绍棣.中国风俗通史：两周卷[M].上海：上海文艺出版社，2003：520.

② 《左传·襄公二十六年》。

③ 王柏中.神灵世界：秩序的构建与仪式的象征[M].北京：民族出版社，2005：10.

④ 廖小东.政治仪式与权利秩序：古代中国"国家祭祀"的政治分析[D].上海：复旦大学，2008：44.

⑤ 徐元诰.国语集解[M].王树民，沈长云，点校.北京：中华书局，2002：519.

令。鲁僖公三年的阳榖之会上,齐桓公带着帽子、身穿朝服朝见参加会盟的诸侯,①这种仪式显然类似于天子朝见诸侯的仪式;鲁襄公十四年的向之会,主持会盟的晋国正卿范宣子在朝会上批评了吴国的不德行为,拒绝了吴国人的请求;②范宣子还命人拘捕了戎子驹支,③在朝会上批评他泄露机密信息,命令他不要参加第二天的朝会。显然霸主在朝会仪式中所处的地位是高于其他诸侯的,这样才能匹配霸主不同于诸侯的地位。

(三)班序

班序是会盟仪式各个环节中诸侯参与互动的先后、尊卑顺序,它是各国在会盟中的地位和权力的反映。春秋时期的诸侯对班序非常重视,认为班序是关系到个人及国家荣耀、尊严的大事。鲁桓公六年北戎伐齐,诸侯各国的大夫率军救援齐国,齐国为了表达感谢而赠送各国食物并让鲁国负责确定赠送食物的先后顺序。鲁国将郑国排在了后面,郑国对此十分不满,四年后(鲁桓公十年)郑国竟然纠合齐国、卫国讨伐鲁国以报复此事。可见班序在诸侯心目中的重要性。

会盟仪式的各个环节都需要按照一定的班序举行。例如,在朝会中的站位需要按照特定的班序,所谓"朝有著定,会有表,衣有襘,带有结"④,意思是指在朝会中诸侯的位置都是有固定的顺序的。歃血也要有先后顺序,"乃尊卑以次歃"⑤,即按照尊卑的顺序依次歃血;盟书中也会记载诸侯的班序,如《左传·定公四年》中提到的践土之盟,盟书中的参盟者也是按照一定的班序进行排列的。

会盟仪式的各种班序中,霸主自然必须排列在最尊贵的位置,这同样是只有霸主才能享受的特权。践土之盟的盟书曰"晋重、鲁申、卫武、蔡甲午、郑捷、齐潘、宋王臣、莒期"⑥,晋文公即排在第一位。鲁襄公二十七年的弭兵之盟,晋国和楚国争论谁先歃血,晋人称"晋固为诸侯盟主,未有先晋者也"⑦,可见霸主在歃血的环节也是第一个歃血的。鲁哀公十三年的黄池之会,晋、吴两国又为

---

① 《榖梁传·僖公三年》曰:"委端搢笏而朝诸侯。"(见:《十三经注疏》整理委员会.春秋榖梁传注疏[M].范宁,集解.杨士勋,疏.北京:北京大学出版社,1999:111.)

② 鲁襄公十三年,楚共王卒,吴国趁楚丧侵楚,这被认为是不德的行为。

③ 戎是时人对少数民族的称呼,戎的首领被称为"戎子","驹支"为"戎子"的名字。

④ 《左传·昭公十一年》。

⑤ 《十三经注疏》整理委员会.礼记正义[M].郑玄,注.孔颖达,疏.北京:北京大学出版社,1999:41.

⑥ 《左传·定公四年》。

⑦ 《左传·襄公二十七年》。

谁先歃血的问题发生了争执,双方都援引有利于自己的证辞希望先歃。

班序不仅将霸主推到了权力最高的位置,也还为其他诸侯设定了属于他们的位置,通过这种手段会盟确认并强化了国际社会的权力秩序。

(四)盟书

盟书是记录在正式的文本中用以盟誓的言辞。盟书带有宣誓性,与现代国际组织的宣言、共识相类似;盟书又具有契约性,参加盟誓的诸侯都需要遵守盟书的约定,维护盟书所代表的共同利益。

虽然盟书制定时也需要考虑会盟成员的共同意愿,但它的内容一般是由霸主确定的。鲁襄公二十七年的弭兵之盟的盟辞,是由宋国的向戌往返于晋、楚两个霸主的营地,征求两位霸主的意见,经由两位霸主同意而最终达成的。鲁襄公九年的戏之盟,所用的盟书是由霸主晋国的士弱制定的,盟书要求郑国“自今日既盟之后,郑国而不唯晋命是听,而或有异志者,有如此盟”①。后来郑国的公子騑临时趁机插入了有利于郑国的盟辞。

总体而言盟书是服务于霸主的利益的,主要所维护的是霸主的权力和利益。例如盟书中的班序是以盟主(通常是霸主)为首,等于承认了霸主的权力处在其他诸侯之上。盟书的约言也基本上反映了霸主的意志。例如鲁宣公十二年的清丘之盟的盟辞曰“恤病,讨贰”,②“恤病”是指救助那些遭受楚国讨伐的国家,这部分地具有维护会盟共同体安全的意味;“讨贰”则指的是讨伐那些不忠于会盟的国家,实际上是讨伐那些背叛霸主晋国、臣服于其竞争对手楚国的诸侯。

(五)享宴

享宴是会盟仪式不可缺少的一个环节,会盟举办地的国家要设置享宴款待参加会盟的诸侯以尽地主之谊。在享宴上霸主地位最尊,霸主国家的国君和卿大夫会被安排到最为尊贵的席位上。鲁襄公二十七年的弭兵之盟,宋平公专门设宴招待晋、楚两国的大夫,可能是为了平衡歃血环节楚国先歃之事,晋国的赵武被宋国安排为此次宴会的“客”。杜预注曰:“客,一坐所尊。”③在众多的被招待对象中,“客”是最为尊贵的位置。

享宴需要按照一定的标准举行,但是为了显示对霸主的优待,享宴的标准

---

① 《左传·襄公九年》。
② 《左传·宣公十二年》。
③ 《十三经注疏》整理委员会.春秋左传正义[M].左丘明,传.杜预,注.孔颖达,疏.北京:北京大学出版社,1999:1061.

往往会超过一般礼仪所规定的标准。即便是这样,一些霸主并不轻易满足,还会要求使用更高标准的礼仪。鲁哀公七年的鄫之会,吴国派使者命令鲁国以"百牢"的标准款待吴王。"牢"是祭祀、享宴中使用的动物,一般包括牛、羊、豕。《周礼·天官·宰夫》曰:"凡朝觐、会同、宾客,以牢礼之法掌其牢礼、委积、膳献、饮食、宾赐之飧牵,与其陈数。"杜预认为"牛、羊、豕各一为一牢",郑玄称"三牲牛羊豕具为一牢",那么所谓的"百牢"就是牛、羊、豕各一百头。① 这是一个极为庞大的数字,对于春秋时期的诸侯国来说是一个不小的负担。这种超乎寻常的礼仪也显示了霸主的强权。

(六)朝见

会盟结束后,诸侯还有朝见霸主的礼仪,各国还需要派遣使者(通常是国君或卿大夫)到霸主国家去朝见。这实际上也是一种利益输送,在朝见过程中向霸主贡纳礼物是必不可少的一项内容。鲁襄公二十八年,即弭兵之盟后的第一年,各国履行了弭兵之盟的"交相见"的盟约,晋、楚两国的随从交相朝见二位霸主。齐侯、陈侯、蔡侯、北燕伯、杞伯、胡子、沈子、白狄到晋国去朝见,鲁侯、宋公、陈侯、郑伯、许男则到楚国去朝见。

鲁哀公十三年的黄池之会结束后,吴国人想要帅鲁哀公朝见晋侯。鲁大夫子服景伯劝阻说:"王合诸侯,则伯帅侯牧以见于王。伯合诸侯,则侯帅子男以见于伯。"② 天子会合诸侯,那么诸侯的领袖就率领诸侯进见天子;诸侯的领袖会合诸侯,那么爵位为侯的诸侯就率领爵位为子、男的诸侯进见领袖。③ 吴国如果率领鲁国进见晋国,那么就等于是说吴国侍奉晋国为霸主。

霸主在会盟仪式中享受的特权来源于其在国际社会中所拥有的权力,仪式仅仅是在会盟中呈现了这种权力而已。其他会盟成员对仪式的认可则意味着它们对霸主权力的认可,这在一定程度上等于是将霸主的权力正式合法化。会盟仪式在建构、呈现、传播甚至赋予霸主权力的同时,也为其他的会盟成员设置了相应的位置,这在一定程度上建构了国际社会的秩序。

三、仪式对国际秩序的建构

这里所说的"建构"主要是指会盟仪式反映、确认、强化并传播了其所代表

---

① 《十三经注疏》整理委员会.周礼注疏[M].郑玄,注.贾公彦,疏.北京:北京大学出版社,1999:68.

② 《左传·哀公十三年》。

③ 沈玉成.左传译文[M].北京:中华书局,1981:575.

的国际秩序。会盟仪式的这一功能主要通过仪式中诸侯的班序得以实现。班序即诸侯在会盟仪式中的先后、尊卑顺序,它体现在会盟仪式的各个环节,显示了诸侯在国际社会中权力等级的差异,即"确定联盟内部诸侯国的等级,主要体现在会盟时诸侯国的排列次序中"①。会盟仪式的班序既然是国际权力关系的反映,那么它就会像国际权力关系那样在一定时期内不会发生大的变化,除非诸侯国之间的力量对比发生了重大改变,诸侯国的排列次序通常是稳定的。会盟的班序主要取决于以下四个原则:宗法原则、强权原则、重要性原则、奖惩原则。会盟诸侯的排序是这四个原则共同发挥作用的结果。

(一)宗法原则

西周时期以血缘关系为纽带的宗法制度是国家政权的基础,各国之间的宗法关系可以简单地概括为:天子为天下大宗,由王室分封出去的诸侯为小宗;诸侯对天子而言是小宗,对其下属而言则为大宗,最终形成了"大邦维屏,大宗维翰;怀德维宁,宗子维城"②的宗族政治格局。不仅周之同姓诸侯奉周天子为宗主,连异姓诸侯也通过姻亲关系奉周天子为宗主。③ 宗法制度将普遍存在的血缘亲族关系形成为统一的社会力量,有利于防止离心倾向和制止叛乱行为,④对巩固周王室的统治发挥了重要的作用。⑤

春秋时期宗法思想依然存有一定的影响。鲁隐公十一年,滕侯、薛侯到鲁国朝见鲁隐公,两人就朝见行礼时的班序发生了争执。薛是任姓之国,滕是姬姓之国,⑥鲁同为姬姓,因此鲁隐公向薛侯请求在班序上以滕侯为长。这种宗法思想在会盟中表现为对同宗同族血缘关系的重视,"周人贵亲,先叙同姓。以其

---

①　熊梅.论春秋时期的联盟战略与霸权迭兴[J].军事历史研究,2004(3):90-99.

②　王美凤,周苏平,田旭东.春秋史与春秋文明[M].上海:上海科技文献出版社,2007:114.

③　吴浩坤认为,异姓诸侯本与王室有姻亲关系,也就跟着宗室称周王室或镐京为"宗周"了。(见:吴浩坤.西周和春秋时代宗法制度的几个问题[J].复旦学报:社会科学版,1984(1):87-92.)

④　梁颖.西周春秋时代宗法制度成因试探[J].广西师范大学学报:哲学社会科学版,1989(2):52-58,67.

⑤　马卫东.春秋时期宗法制度的延续及其瓦解[J].鲁东大学学报:哲学社会科学版,2008,25(4):1-4.

⑥　顾栋高在《春秋列国爵姓及存灭表》中将滕列为姬姓之国,薛列为任姓之国。(见:顾栋高.春秋大事表[M].吴树平,李解民,点校.北京:中华书局,1993:564,569.)

笃于宗族,是故谓'宗盟'"①。在会盟仪式中诸侯按照宗法的顺序进行排序,最基本的要求就是"周之宗盟,异姓为后"②,即会盟仪式中周之同姓排在前面,周之异姓排在后面。③ 鲁僖公二十八年的践土之盟的盟书中,诸侯的排列顺序为"晋重、鲁申、卫武、蔡甲午、郑捷、齐潘、宋王臣、莒期"④,晋、鲁、卫、蔡、郑都为姬姓,齐、宋、莒是异性。即便齐国是没有争议的大国,仍然在盟誓中排在了周的同姓之国的后面。其至卫国只是派卫叔武代替国君出席会盟,卫国也排在了大国齐国的前面。

但是春秋时期周王室的影响力已经日渐衰微,周天子自己都得不到诸侯的充分尊重,所谓"王室而既卑矣,周之子孙日失其序"⑤,以周天子为天下大宗的宗法秩序逐渐土崩瓦解,春秋宗法就像"日西之景"⑥再也无法恢复到西周时期的严谨状态。因此在春秋整个历史的会盟中,很少能够看到像践土之盟、鲁定公四年的皋鼬之盟这样严格体现宗法原则的班序。孔颖达对此解释称,"盟之先同姓者,唯谓王官之宰临盟时耳","其余杂盟,亦以国之大小为次"。⑦ 会盟仪式中的宗法原则尽管仍然是霸主决定班序时所考虑的因素,但强权原则成为会盟仪式中更加有力、更加普遍的班序原则。

(二)强权原则

春秋时期虽然宗法思想依然具有一定的影响力,但它的影响力主要存在于诸侯国内,国际社会中强权法则主导了国际新秩序的建构。诸侯之间国家地位的高低不再主要遵循宗法原则,而是主要按照国家实力的大小尤其是军事力量的强弱来进行排序。在国际无政府状态中,为了创造有利于自己生存的国际环境,诸侯国必须对实力强大的国家给予充分的尊重,否则就会遭到强权的报复。例如鲁桓公六年,鲁国在分发齐国馈赠的礼物时将郑国排在后面,这一做法在鲁国看来并无不妥,因为鲁国是按照周王分封的爵位尊卑确定赠送礼物的顺序

① 《十三经注疏》整理委员会.春秋左传正义[M].左丘明,传.杜预,注.孔颖达,疏.北京:北京大学出版社,1999:123.

② 《左传·隐公十一年》。

③ 杨伯峻认为"宗盟"即是"会盟"。(见:杨伯峻.春秋左传注[M].北京:中华书局,1990:72.)

④ 《左传·定公四年》。

⑤ 《左传·隐公十一年》。

⑥ 陈筱芳.春秋宗法文化的形态与特点[J].传统文化与现代化,1995(4):29-35.

⑦ 《十三经注疏》整理委员会.春秋左传正义[M].左丘明,传.杜预,注.孔颖达,疏.北京:北京大学出版社,1999:1552.

的。齐、卫为侯爵，郑为伯爵，①按照周代公、侯、伯、子、男五等爵位的顺序，郑国应排在齐、卫的后面，因此"先书齐、卫，王爵也"②。但是当时郑国是北方诸侯中最为强盛的国家，并且此次救援齐国的各国军队中，郑国是主力且功劳最大，因此郑国对鲁国的排序便心生不满。

孔颖达曰"春秋之时，专行征伐，以其不禀王命，故以主兵为首。虽小国主兵，即序大国之上……虽大夫为主，国君从之，亦序主兵于上"，这被认为是春秋时期史策记载的常法。③ 正是因为这个原因，郑国联合齐、卫讨伐鲁国对其进行报复。以国之大小或主兵为序，虽然只是当时史官记录事件的惯例，但这种记录方式首先是依据对方的告知来如实记载的，④记载的诸侯次序应该得到了事件中诸侯国的承认，这种次序必然反映了当时人们的一种普遍的看法。这表明，春秋时期国家实力特别是军事力量越来越受到重视，诸侯国际地位的高低很大程度上取决于国家实力而非西周时期强调的宗法顺序。

会盟仪式中各国的先后、尊卑次序也同样按照国家实力进行排列。除了少数的盟誓活动之外，大多数会盟都是按照国家大小确定的诸侯次序，"同姓为先、异姓为后"的宗盟法则不再是常例而是极少的现象。"其春秋之世，狎主齐盟者，则不复先姬姓也"⑤，只有在少数的有王官以周王之命参加的诸侯盟誓活动中——例如践土之盟，我们才能看到"宗盟"的痕迹。

杜预、孔颖达在对《春秋》《左传》的注解中多次指出了这种排序的原则。《左传·桓公十六年》中，孔颖达正义曰："诸侯之序，以大小为次班序"；《春秋·庄公十六年》中，杜预注曰："班序上下，以国大小为次，征伐则以主兵为先，《春秋》之常也"；孔颖达正义曰："诸侯会，许男在曹滑之上，班序上下，以国大小为次，不以爵之尊卑也"；《左传·僖公二十七年》中，孔颖达正义曰："会同以国大小为序，征伐则以主兵在前……"；《左传·成公二年》中，孔颖达正义曰："征伐以主兵为先，盟会以尊卑为序，《春秋》之常也"；《左传·襄公二十六年》中，孔颖

---

① 顾栋高.春秋大事表[M].吴树平，李解民，点校.北京：中华书局，1993：564，566-567.

② 《左传·桓公十年》。

③ 《十三经注疏》整理委员会.春秋左传正义[M].左丘明，传.杜预，注.孔颖达，疏.北京：北京大学出版社，1999：90.

④ 《左传·哀公十三年》中，孔颖达正义曰："经据鲁史策书，传采鲁之简牍，鲁之所书，必是依实。"（见：《十三经注疏》整理委员会.春秋左传正义[M].左丘明，传.杜预，注.孔颖达，疏.北京：北京大学出版社，1999：1671.）

⑤ 《十三经注疏》整理委员会.春秋左传正义[M].左丘明，传.杜预，注.孔颖达，疏.北京：北京大学出版社，1999：123.

达正义曰:"会之班次,以国大小为序……";《左传·定公四年》中,杜预注曰:"霸主以国大小之序也。"①

按照强权的原则,国际社会中最有权势的霸主在会盟仪式上通常处于最为尊贵的位置,我们可以从齐国、晋国、楚国等霸主所主持的会盟中看到这一点。齐桓公并非姬姓,但仍然能够获得霸主的尊贵地位,齐国在丧失霸主地位之后,在会盟仪式中还能排在除晋国之外的其他中原诸侯前面;楚国也非姬姓之国,在与中原诸侯的会盟中也能被尊为霸主,甚至先于晋国歃血,使姬姓霸主晋国也为之让步。这些都表明,国际社会中的强权原则在会盟仪式中得到了充分体现。

(三)重要性原则

随着王室影响力的衰微,霸主接管了王室留下来的国际权力。霸主的出现,是西周严密的宗法制度遭到破坏的一个明显标志,残存的天下大宗的特权落入到了霸主之手。② 强大的实力使霸主能够按照自己的意愿、围绕着自己的霸权来建立国际秩序,在会盟仪式中那些对于霸主更加重要的诸侯会获得较高的地位,而那些对于霸主不太重要的诸侯,在会盟仪式中也会受到一定程度的冷落。仪式是霸主管理诸侯、维护霸权的工具。

陈国原本是一个力量较为薄弱的小国,但是从齐桓公成为霸主之后,陈国在大部分国际会盟中的次序都高于卫国和郑国。是什么原因导致了这样的结果呢?陈国获得了与自身实力不相匹配的国际地位,它也并不是姬姓之国。原因在于陈国受到了齐桓公的重视。在齐桓公称霸时期,楚国对于北方诸侯的威胁逐渐增大,陈国的地理位置介于齐、楚两个大国之间,它的重要性增加了。同时陈国还是"三恪之客"③,周将舜的后代封于陈,以表示对舜的尊敬,因此陈国对霸主齐国的顺服也带有一些象征意义。出于这些原因,齐桓公在鲁庄公十六

---

① 《十三经注疏》整理委员会.春秋左传正义[M].左丘明,传.杜预,注.孔颖达,疏.北京:北京大学出版社,1999:207,254,434,688,1038,1551.
② 陈筱芳.春秋宗法文化的形态与特点[J].传统文化与现代化,1995(4):29-35.
③ 《左传·襄公二十五年》云:"庸以元女大姬配胡公,而封诸陈,以备三恪。"杜预注曰:"周得天下,封夏、殷二王后,又封舜后,谓之恪。并二王后为三国。其礼转降,示敬而已,故曰三恪。"(见《十三经注疏》整理委员会.春秋左传正义[M].左丘明,传.杜预,注.孔颖达,疏.北京:北京大学出版社,1999:1022.)

年的幽之盟上,将陈国的班序提高到了卫、郑之上。①

　　相对于陈国而言,郑国在会盟仪式中的次序是比较靠后的。但在晋、楚争霸的大部分时间里,陈、蔡往往与楚国站在一起。郑国的地理位置比陈、蔡更加重要,郑国成了晋、楚争霸的主战场。为什么郑国地理位置的重要性增加并没有对它在会盟仪式中的地位有所帮助呢? 这很可能是因为晋、楚对郑国的争夺过于激烈,两国都无法长期保持住郑国的顺服;郑国自身又多次在两国之间摇摆,没有坚定地跟随其中的一个。这使得尽管郑国的地理位置很重要,但它对于霸主的价值却并不像看起来那样大,因此郑国在会盟中一直都没有获得较高的班序。鲁定公四年的召陵之会——这时已经到了春秋的后期,陈哀公去世,他的世子参加了会盟。即便是这样,《春秋》所记载的顺序中陈国处于卫国之下,但仍然在郑国之上。

　　整体而言,会盟的班序一般情况下是比较稳定的,但霸主也能够运用自己的权威使那些对其而言更加重要的诸侯在仪式上得到更多的礼遇,以换取它们对霸权的支持。除此之外,霸主还可以将会盟仪式作为奖惩的手段,鼓励那些对自己更为忠心、行事更加积极的诸侯。

　　(四)奖惩原则

　　在国际无政府的状态下,各诸侯国基本上都保持着独立,霸主并不能完全左右其他国家的对外政策。为了增强会盟的凝聚力,维系会盟成员对霸主的忠诚,盟主或霸主需要对那些更加顺从、积极执行霸主命令的诸侯国给予鼓励,对那些不太听话、三心二意的会盟成员加以惩罚。会盟仪式中各国的次序也体现了霸主的奖惩态度,那些友好的、坚定的追随者在仪式中会受到相应的优遇。

　　在此方面宋国是一个极为典型的例子。宋国本身即是一个实力较强的诸侯,春秋初期它是郑国在国际社会中的主要竞争对手,与郑国同为春秋初期的大国。霸主出现之后,宋国的国际地位一直都比较高,会盟中的次序也非常靠前,通常排在齐国之后。宋国是传统的强国,这是它能够获得优势次序的基础。但更为重要的是,宋国与霸主的关系一直都比较友好,使其能够受到齐、晋两个北方领袖的青睐。

　　宋国的地理位置比陈、蔡、郑稍微偏北、偏东一点,南方临于陈、蔡,西方紧靠郑国,陈、蔡、郑将宋国与楚国间隔开来,大大降低了楚国对宋国的威胁,因此

---

　　①　杜预注曰:"陈国小,每盟会皆在卫下,齐桓始霸,楚亦始强,陈侯介于二大国之间,而为三恪之客,故齐桓因而进之,遂班在卫上,终于《春秋》。"(见《十三经注疏》整理委员会.春秋左传正义[M].左丘明,传.杜预,注.孔颖达,疏.北京:北京大学出版社,1999:254.)

宋国得以坚定地跟随齐、晋。宋国在鲁庄公十四年的鄄之会臣服于齐桓公之后就坚定地跟随齐桓公，积极地参加了齐桓公主持的每一次大型会盟活动。在晋文公还是公子而流浪于各国时，宋襄公以国礼接待重耳（晋文公），[①]赠送重耳拉车的马二十乘。[②] 由于晋文公这层关系，宋国是较早地与晋国建立友好关系的国家之一。城濮大战时，宋国还加入晋、齐、秦的阵营一同与楚国作战。这些都是很关键的因素，在后来的会盟中对宋国的次序和国际地位产生了影响。鲁僖公九年，宋桓公去世，接替君位的宋襄公受到了齐桓公的礼遇。在葵丘之盟上，宋襄公以"宋子"[③]的身份出席会盟，宋国仍然排了卫、郑、许、曹之前。而晋、楚争霸时代的两次弭兵之盟，都选择了在宋国举行，这不能不说是一种对宋国信任的表现。

鲁昭公元年诸侯各国的大夫会于虢，卫国大夫齐恶排在了陈公子招、蔡公孙归生、郑罕虎、许人、曹人的前面。诸侯会盟中，卫国通常排在陈、蔡之下，但是这一次卫国却排了它们之前。按照杜预和孔颖达的解释，卫国之所以排在了前面，是因为卫国率先响应霸主的号召，比其他诸侯更早地到达了会盟地点。[④] 鲁襄公十年、十一年，晋国率诸侯会伐郑国，齐世子光率先到达晋师，晋国提高了齐世子光的班序。鲁襄公十一年举行的两次会盟活动分别是亳城之盟、萧鱼之会，它们都发生在会伐之后，《春秋》《左传》仅记载了会伐诸国的次序，并没有记载这两次会盟的次序。杜预注曰"为盟主所尊，故在滕上"[⑤]，既然是"盟主所尊"，很可能后面两次会盟也相应地提高了齐世子光的次序。

鲁成公十六年晋国举行了沙随之会，鲁成公因为担心国内发生叛乱而先在国内做了防范的准备后才启程，因此晚到于会。晋国听信了鲁国大夫宣伯的谗言，认为鲁成公心怀贰心，因此在会盟上晋侯不接见鲁文公。虽然该会上诸侯的次序我们不得而知，但晋国的冷遇对鲁国的国际地位肯定会产生不利的影响。

---

① 司马迁.史记[M].裴骃,集解.司马贞,索引.张守节,正义.北京：中华书局,1959：1658.

② 《左传·僖公二十三年》。

③ 杜预注曰："在丧公侯曰子。"（见：《十三经注疏》整理委员会.春秋左传正义[M].左丘明,传.杜预,注.孔颖达,疏.北京：北京大学出版社,1999：354.）

④ 杜预注曰："卫在陈、蔡上，先至于会。"（见：《十三经注疏》整理委员会.春秋左传正义[M].左丘明,传.杜预,注.孔颖达,疏.北京：北京大学出版社,1999：1137.）

⑤ 《十三经注疏》整理委员会.春秋左传正义[M].左丘明,传.杜预,注.孔颖达,疏.北京：北京大学出版社,1999：880.

鲁襄公十四年的向之会,鲁国派季孙宿、叔老两卿参加会盟以表达对霸主晋国的敬奉之意。叔老虽然是季孙宿的助手,晋国为了嘉奖鲁国,把季孙宿和叔老都列为了参会人员。考虑到春秋时期人们对出席会盟资格的重视,晋国此举是对鲁国的一个很大的礼遇。同时晋国还因此而减轻了鲁国应缴纳给霸主晋国的贡赋。

那些与霸主关系密切的会盟成员会得到一定的照顾,这将有利于它们国际地位的提高。但是会盟次序与国际秩序一样具有的稳定性使霸主不可能经常性地大幅度地在会盟中提高部分会盟成员的地位,因为这样会使霸主失去国际信誉,反而更加不利于霸权的维护。

借助于宗法、强权、重要性、奖惩这四项确定次序的原则,会盟仪式帮助霸主建构了国际社会的等级秩序。宗法原则体现了对传统的尊重,强权原则表达了对大国的顺服,重要性原则和奖惩原则赋予国际秩序一定的灵活性,允许在小的范围内进行适度的微调。通过这些原则,会盟仪式将每一位会盟成员都纳入了国际体系,为每一位会盟成员都提供了一个属于它的位置。国际秩序也由此而得到进一步地确认、传播和强化。

本章结论

会盟仪式是会盟活动中的程序和规则,它被当时的人们称为"会礼"和"盟礼"。"会"是依事而行,举行会的目的是解决国际问题、处理国际事务;而"盟"的举行则更为慎重,只有当诸侯之间出现不团结、有贰心的情况时,或者重大国际事件发生之后,诸侯(尤其是霸主)认为有必要时才会举行盟誓活动。会盟仪式主要包括约会、会事、盟誓、会后四个大的环节,它们又可以被分为若干个更小的环节。会盟仪式中的国君和卿大夫会使用一些等级符号来显示自己的身份和地位,常见的等级符号有车、服、乐舞、享宴、旗帜、仪仗、礼物等。除此之外,会盟者的仪态也十分重要。仪态即会盟中的人所呈现、表演出来的言语、举止、思想、精神、态度、情绪、情感。春秋时期的会盟活动是诸侯各国展开沟通、交往的重大场合,会盟仪式的举行过程中,会盟者必须按照自己的身份和地位使用适当的等级符号、表现出适宜的仪态,否则将会给个人和国家的国际声誉带来负面的影响。

会盟仪式是人与人之间、人与神之间的沟通媒介,仪式帮助会盟者完成了人与人之间、人与神之间的两种沟通行为。人与人的沟通是为了达成共识、形成协议,人与神的沟通则是将前者的沟通结果加以神圣化,神圣化后的盟书对会盟成员的背盟行为产生约束力。作为一种政治性仪式，会盟仪式同时也是建构国际权力秩序的重要工具，通过会盟仪式国际权力关系得到确认、呈现和传播。

会盟仪式往往成为国际权力转移过程中的标志性事件。仪式赋予霸权以合法性，会盟成为霸主管理国际社会的工具。通过会盟仪式霸主获得了国际社会的承认，国际权力正式转移、集中于霸主手中，霸主的决策转变成会盟集团的集体决策。霸主是会盟仪式的权力核心，仪式在祭祀、朝会、班序、盟书、宴享、朝见等方面建构了霸主的国际权力。同时，通过宗法原则、强权原则、重要性原则、奖惩原则，会盟仪式将每一位会盟成员都纳入了国际体系，为每一位会盟成员都提供了一个属于它的位置。最终，会盟仪式建构、呈现和传播了霸主所主导的国际权力秩序。

第五章 会盟议题：框架、建构与权力

对于春秋时期的诸侯各国来说，参加会盟并不是一件容易的事，会盟不仅意味着经济方面的成本，还意味着政治方面的风险——在国君和卿大夫离开国都参加会盟期间，国内很可能会发生政变使他们失去权力。[①] 巨大的成本实在不允许各国的国君和卿大夫浪费会盟的沟通机会，他们只有在必要的情况下才会举行会盟活动，因此会盟作为春秋时期最为重要的国际沟通平台总是围绕着特定的事务和问题即议题举行的。这些议题的大致情况是怎么样的呢？从这一个基本的问题入手本章将春秋时期的会盟议题分为九大类别。而这些议题又是如何产生的呢？为了回答这一问题，本章又进一步探讨了议题的来源、根源以及它的三个影响因素，概括了春秋会盟议题的建构过程。在此基础上，本章的第三节借用了国际关系理论的"权力"概念和传播学理论的"话语权""把关人"等概念分析了霸主对会盟议题的控制，发现霸主在掌握了会盟议题设置权的同时也扩大了会盟议题的影响力。此外，国际社会的两极格局对霸主权力的使用产生了一定的限制。

第一节 会盟议题的分类框架

所谓"会盟议题"指的是诸侯各国在会盟上交流、沟通、处理、解决的国际事务和问题。和现代社会的国际会盟活动一样，春秋时期的会盟活动也是针对特定的事务和问题而举行的。"会盟"即是"有事而会，不协而盟"，"事"所指的就是事务、事件、事情；"不协"指的是不和睦、不协调。这意味着无论"会"还是"盟"都是有着特定的目的的。当会盟者在会盟现场就国际事务和问题展开交流和沟通时，这些事务和问题就变成了可以被讨论的"议题"。

一些事例显示会盟者对议题的争论可能是非常激烈的。例如鲁昭公十三

---

① 《左传·成公十六年》记载，鲁成公不得不先安排好留守人员以应付可能发生的政变，之后才敢出行参加晋国召集的讨伐齐国的军事行动和鲁成公十六年的沙随之会。

年的平丘之盟,郑国的子产为了减轻郑国向霸主晋国缴纳的贡赋,从中午一直争论到晚上,最终迫使晋国同意了他的请求。鲁定公四年的召陵之会,在会盟举行之前卫国的大夫子行敬子就向卫灵公建议带着祝陀参加会盟活动,因为"会同难,啧有烦言,莫之治也"①。这句话的意思是说诸侯的会盟活动难以事事顺利,发生分歧时难免会带有情绪地互相责备且誓死力争。而祝陀在这方面具有一些特殊的才能。

　　对春秋时期的会盟议题进行分类是十分困难的一件事。第一,古代文献记载的信息不够充分,每次会盟的具体过程和议题的具体内容现在已经无从知晓,我们只能从只言片语的记载中了解当时的简单情况,而且这些记载本身也带有模糊性,这对准确了解会盟议题带来了相当大的困难;第二,古代文献的语言很难与现代语言形成一一对应的关系,这意味着我们所习惯的现代国际关系、传播学领域关于议程、议题研究的分类框架,无法直接套用到春秋会盟议题的分类中去,古代、现代两套话语体系如何兼容在一起是个难题;第三,春秋会盟中诸侯各国的关系类似于现代国家之间的军事同盟,会盟所处理的问题和事务大多都与国家安全问题有关,它们很难被界限分明地归入不同的议题类别;第四,会盟还是一个执行机构,它往往被用来处理具体的问题和事务,在霸主产生之后它更演变成霸主传达命令、诸侯执行命令的工具。在春秋会盟中缺乏现代国际会议和国际组织中相对充分、完备的对话沟通、表达表决的机制,"题"的部分存在而"议"的部分却非常少,这对"议题"这一概念的使用也造成了一定的困难。

　　因此,如果我们要尝试对"议题"进行分类,必须把"议题"理解为会盟所要处理的问题和事务,只有这样才能将它们归入到不同的类别中去。接下来笔者即将按照这种思路来审视春秋会盟的议题类别。笔者将先用一些现代的词语确立会盟议题大的类别,然后将《春秋》《左传》以及前人的注疏中有关会盟议题的词汇归入到这些大的类别中。这种分类方法虽然较为粗糙,但大致能够为我们概括出春秋会盟议题的基本情况。按照这一方法,笔者把春秋会盟的议题分为以下九个大的类别:国际规则,关系维护,国际干涉,军事行动,停战与议和,调解、诉讼和裁决,国际救济,国际契约,其他。其中一些较大的类别又可以细分为更小的类别。

---

① 《左传·定公四年》。

一、国际规则

春秋时期的国际规则和社会秩序遭到了一定程度的破坏。在国际层面,王室日益衰微,诸侯国不再履行以往对王室的责任,同时对王室也表现出越来越多的不尊重。失去周王的约束之后,诸侯之间的利益摩擦越来越多。大国对小国的欺凌更加肆无忌惮,不同的国家因利益勾结在一起相互攻击,最终演变成诸侯争霸的局面;诸侯国内部的政治和社会秩序也受到了冲击。国君和卿大夫的僭越行为广泛存在,他们之间因争夺权力而爆发了各种各样的冲突,在一些国家里其至国君都因权力争夺而被卿大夫弑杀。此外诸侯国的立嗣的问题也引发了各政治群体之间的许多矛盾,成为国际社会普遍关注的问题。

有鉴于此,一些会盟将制定国际规则和重建社会秩序作为会盟的议题,会盟形成的盟书提出了会盟成员需要遵守的国际规则——这些规则也适用于诸国内部。会盟所制定的国际规则大概包括了三个方面的内容:第一,各国处理国际事务的具体规则;第二,诸侯各国处理内部事务需要遵循的原则;第三,社会伦理和公共道德方面的要求。

霸主在制定国际规则方面发挥了巨大的影响力。虽然国际规则所试图解决的国际问题从春秋初期就已经存在了,但是在霸主出现之前却没有哪一个国家有实力可以组织会盟提出相应的解决方案。直到霸主的出现,这一任务便理所当然地由霸主承担了。鲁僖公九年,齐桓公主持的葵丘之盟提出了一系列有关国际规则、社会秩序方面的会盟共识,共识以盟书的形式形成正式的宣言性、契约性的决议文件,会盟各国有义务加以推行和维护。以下是孟子所记载的葵丘之盟的盟辞:

> 初命曰,诛不孝,无易树子,无以妾为妻。再命曰,尊贤育才,以彰有德。三命曰,敬老慈幼,无忘宾旅。四命曰,士无世官,官事无摄,取士必得,无专杀大夫。五命曰,无曲防,无遏籴,无有封而不告。曰,凡我同盟之人,既盟之后,言归于好。①

这一盟辞实际上涉及了很多方面,包括政治、经济、外交、公共利益、家庭、教育、伦理,等等。虽然它很可能夹杂了孟子及后世儒家的政治理想,但基本上反映了春秋时代的历史情境,表达了当时各社会阶层的愿望与诉求。

在齐桓公之后,晋文公主持的践土之盟提出了"皆奖王室,无相害也";鲁襄

---

① 　杨伯峻.孟子译注[M].北京:中华书局,1960:287-288.

公十一年的亳城之盟提出了"毋蕴年,毋壅利,毋保奸,毋留慝,救灾患,恤祸乱,同好恶,奖王室";鲁襄公十九年的祝柯之盟提出了"大毋侵小"。限于文献记载有限,其他会盟的盟书我们无幸得见,但很可能其他会盟也在盟书中提出了类似的宣言。

除此之外,霸主的朝聘和贡赋制度也成为一些会盟的议题,这也构成了国际规则的一部分。除了向霸主的军事行动提供支持之外,诸侯各国还需要经常到霸主国朝见、聘问,同时也需要按时向霸主缴纳贡赋。这既是霸主掌握霸权的象征,也是维持霸权的需要,当然也是对小国的压榨和剥削。以此为议题的会盟主要举行了三次:

鲁襄公八年,晋悼公欲复兴晋文、晋襄的霸业,在他即位后不久即专门召集各国大夫会于邢丘,会盟上晋国向各国传达了它们应该朝聘晋国的次数以及应缴纳的财物。鲁襄公二十七的弭兵之盟,要求晋、楚两大集团的诸侯交相朝见两位霸主,会盟也相应地商讨了各国应该缴纳的贡赋。在国内守国的鲁卿季武子以鲁襄公的名义,命令参加会盟的鲁卿叔孙豹"视邾、滕",[①]欲意自比于邾、滕两个附庸国,以减轻向晋、楚缴纳的贡赋。鲁昭公十三年的平丘之会也涉及了晋国集团的贡赋问题,会盟上郑国的子产向晋国抱怨贡赋繁重,要求减免郑国所应承担的贡赋。这些记载表明了贡赋问题有时候会是春秋会盟的重要议题之一。尤其是邢丘之会更是专门为讨论朝聘、贡赋而召开的国际会盟。

二、关系维护

诸侯各国还会举行会盟活动来加强它们之间已经存在的友好关系,在一些特殊的事例中,诸侯国还通过国君和卿大夫之间的婚姻来强化这种关系。

（一）求好、结好、通好、修好

此类会盟的目的就是与其他国家建立友好的关系,这是春秋会盟常见的议题(或所处理的事务)之一。尤其在新的国君即位后,他们往往会注意加强与周边国家的友好关系,所谓"凡君即位,卿出并聘,践修旧好,要结外授,好事邻国,以卫社稷,忠信卑让之道也"[②]。在一些事例中各国通过举行会盟活动来加强友好的关系。例如鲁隐公即位后,鲁国先后与邾、宋、戎举行了会盟活动,在《左传》中被记为"求好于邾""始通(宋)""修戎好";鲁桓公即位后的第二年也与戎盟于唐以"修旧好"。这些会盟的举行都有特定的背景:鲁隐公是摄位而立,当

---

① 《左传·襄公二十七年》。
② 《左传·文公元年》。

时因为本应即位的鲁桓公年少,隐公代替桓公摄位为君,没有施行即位之礼。这意味着鲁隐公的国君地位是不稳固的,与周边国家举行会盟对他巩固君位是有帮助的;鲁桓公则是弑杀了鲁隐公而即位的。这两位国君即位的过程都有点不合正统,因此他们一上台都首先希望改善与周边邻国的关系,通过这种方式换取邻国的支持以巩固国内的地位。不过,即便是正常即位的国君往往也会通过会盟来与邻国建立友好关系。

那些为了建立友好关系而举行的会盟中,以中原诸国与吴国建立关系的过程最为艰辛,影响也最为深远。从鲁成公七年开始,与吴国建立友好关系成为晋国会盟集团最重要的议程,晋国在与吴国的接触中表现出了足够的慷慨和耐心。鲁成公七年,楚国大夫巫臣出奔到晋国,向晋景公提出了出使吴国的请求。晋国希望能够利用吴国牵制楚国,但吴国目前力量薄弱,对楚国形不成大的威胁。晋国决定帮助吴国强大起来,派巫臣帮助吴国训练士兵,教导吴国作战的阵法,挑拨吴国背叛楚国。鲁成公九年,晋国组织诸侯同盟于蒲,其中一项议程就是计划与吴国相会,但是吴国没来参加。六年之后的鲁成公十五年,晋国大夫士燮组织诸侯大夫与吴会于钟离,吴国从此开始与中原诸国建立了会盟关系。鲁襄公三年的鸡泽会盟,与吴国修好又被列为会盟的一项议程,但是吴王寿梦因"道远多难"没有参加。鲁襄公五年的戚之盟,会吴仍然是会盟的主要议程。为了确定吴国参加,晋国还命令鲁、卫与吴先行相会以告知会期。吴国也如晋国所计划的那样实现了晋国的战略意图。强大起来的吴国对楚国起到了巨大的牵制作用,使楚国不敢全力北上与晋国争夺中原地区的霸权。

(二)寻盟、修会

如果已经举行过会盟活动的诸侯各国感觉到它们之间的关系存在潜在的威胁和风险,它们会举行以"寻盟""修会"为议题的会盟来强化以往的友好关系。"寻盟"是当时的常用语,"即修旧好之辞"①,意思是加强原来的友好关系。孔颖达云:"则诸言'寻盟'者,皆以前盟已寒,更温之使热。温旧即是重义,故以寻为重。"②从这里来看,"寻盟"大概就是各国举行会盟重申以往的盟约。鲁隐公三年,齐僖公、郑庄公盟于石门,即是为了"寻卢之盟也",③这是春秋时期的第一次寻盟活动。之后《春秋》《左传》还记载了多次类似的"寻盟""修会""修言"

---

① 杨伯峻.春秋左传注[M].北京:中华书局,2009:30.
② 《十三经注疏》整理委员会.春秋左传正义[M].左丘明,传.杜预,注.孔颖达,疏.北京:北京大学出版社,1999:1666.
③ 《左传·隐公三年》。

的活动,这些会盟活动的目的都是为了重温以往的友好关系,加强盟友彼此之间的团结。表 5-1 罗列了部分涉及重温友好关系的会盟活动,共计 21 次。

表 5-1　春秋时期寻盟、修会的会盟活动①

鲁公纪年	会盟国或人员	会或盟	会盟地	《左传》的记载
隐公三年	齐僖公、郑庄公	盟	齐	寻卢之盟也
桓公十四年	鲁桓公、郑伯弟语	盟	鲁	郑子人来寻盟,且修曹之会
桓公十七年	鲁桓公、邾仪父	盟	趡	寻蔑之盟也
僖公三年	齐、鲁季友	涖盟	齐	齐侯为阳榖之会,来寻盟
僖公九年	宰周公、齐桓公、鲁僖公、宋子、卫文公、郑文公、许僖公、曹共公	会	葵丘	寻盟,且修好,礼也
	齐桓公、鲁僖公、宋子、卫文公、郑文公、许僖公、曹共公	盟		
僖公十五年	齐桓公、鲁僖公、宋襄公、陈穆公、卫文公、郑文公、许僖公、曹共公	盟	牡丘	寻蔡丘之盟,且救徐也
僖公二十六年	鲁僖公、莒兹丕公、卫宁速	盟	向	寻洮之盟也
僖公二十九年	王子虎、晋狐偃、鲁僖公、宋公孙固、齐国归父、陈辕涛涂、蔡人、秦小子憖	盟	翟泉	寻践土之盟,且谋伐郑也
文公十三年	晋灵公、鲁文公	盟	晋	公如晋,朝,且寻盟
文公十五年	晋灵公、宋昭公、卫成公、蔡庄公、(陈灵公)、郑穆公、许昭公、曹文公	盟	扈	寻新城之盟,且谋伐齐也
成公三年	鲁成公、晋荀庚	盟	鲁	晋侯使荀庚来聘,且寻盟
	鲁成公、卫孙良夫	盟	鲁	卫侯使孙良夫来聘,且寻盟
成公七年	晋景公、齐顷公、鲁成公、宋共公、卫定公、曹宣公、莒子、邾子、杞桓公	同盟	马陵	寻虫牢之盟,且莒服故也
成公九年	晋景公、齐顷公、鲁成公、宋共公、卫定公、郑成公、曹宣公、莒子、杞桓公	同盟	蒲	以寻马陵之盟

---

①　此表仅列举了《左传》所记载的寻盟、修会活动,还有一些《左传》并没有明确提到是寻盟或修会的会盟,但前人的注疏中认为是的,并没有列举在内。

续表

鲁公纪年	会盟国或人员	会或盟	会盟地	《左传》的记载
成公十七年	（尹子）、（单子）、晋厉公、齐灵公、鲁成公、宋平公、卫献公、曹成公、邾人	同盟	柯陵	寻戚之盟也
襄公七年	鲁、卫孙林父	盟	鲁	寻孙桓子之盟
襄公十五年	（鲁襄公）、宋向戌	盟	刘	宋向戌来聘，且寻盟
襄公十八年	晋平公、鲁襄公、宋平公、卫侯（卫殇公）、郑简公、曹成公、莒子、邾子、滕子、薛伯、杞孝公、小邾子	会	鲁济	寻溴梁之言，同伐齐
昭公元年	晋赵武、楚公子围、齐国弱、鲁叔孙豹、宋向戌、卫齐恶、陈公子招、蔡公孙归生、郑罕虎、许人、曹人	盟	虢	寻宋之盟也
昭公三十二年	晋魏舒、齐高张、鲁仲孙何忌、宋仲幾、卫世叔申、郑国参、曹人、莒人、薛人、杞人、小邾人	盟	狄泉	寻盟，且令城成周

（三）议婚

春秋时期的婚姻显然带有很强的结援性质，一些婚姻是通过会盟的形式来确认的。例如《春秋》《左传》记载的鲁桓公、鲁庄公向齐国求取婚姻的几次会盟即是这样。鲁羽父弑杀隐公后拥立鲁桓公即位，桓公担心遭到诸侯讨伐而欲结好齐国以为外援。鲁桓公三年，鲁桓公会齐僖公于嬴，亲自向齐僖公请求聘文姜为夫人——由国君亲自提出婚约在当时是不符合惯例的；同年，齐僖公亲自送文姜于讙，鲁桓公也亲自到讙去迎接，于是两君再次相会于讙。鲁庄公二十二年，齐国的高傒来鲁议婚，鲁庄公①与高傒盟于防；鲁庄公二十三年，齐桓公与

---

① 杜预认为与高傒相盟者不是鲁侯，而是鲁国的微者，即地位低下者（见：《十三经注疏》整理委员会.春秋左传正义[M].左丘明，传.杜预，注.孔颖达，疏.北京：北京大学出版社，1999：267）；程颐认为是鲁庄公亲盟，结盟的原因是"与仇为昏"，即与齐国结亲（见：顾栋高.春秋大事表[M].吴树平，李解民，点校.北京：中华书局，1993：1620）。

鲁庄公遇于谷①；同年，齐桓公、鲁庄公又盟于扈②。毫无疑问，这些婚姻都是政治性的，目的都是为了加强两国之间的关系。

三、国际干涉

国际干涉也是春秋会盟的重要议题之一。陈琪、黄宇兴在研究春秋时期国家间的干涉现象时提出了"干涉"的定义，认为"干涉是一国或多国采取强制性行动对另一个国际社会认可的合法政府明确提出旨在影响该国内政政策或内部政治进程要求的行为"。在选择干涉案例时，他们将两国发生纠纷时另一国居间斡旋、调停等第三方干预排除在外。③ 按照这一理解，笔者也将斡旋、调停以及霸主裁决的议题单独列出，这里只讨论试图对某国内政问题进行干涉的国际行动。由于会盟是一个国际沟通的平台，因此国际干涉议题的会盟一方面是为了组织力量干涉他国，另一方面目的的实现不一定都要借助于武力，有时候仅需要发挥影响力即可。这一点与陈琪、黄宇兴的"干涉"强调军事或强制性措施有所差异。笔者的重点是审视春秋会盟在哪些事项上影响了某一国家的内政，因此只要各国举行的会盟发挥了影响力、处理了相关的干涉事务即可。

春秋会盟通常的干涉议题主要有立君、纳君和卿大夫出奔事宜这两项。

（一）立君、纳君

"立君"指的是国际社会干涉某国确立君位继承人以及帮助继承人即位为君的事件；"纳君"指其他国家帮助那些遭到驱逐、出逃在外的国君重返国内争夺君位的事件。春秋后期卿大夫窃取了国君的部分权力，但形式上国君仍然是该国最高权力的掌握者。整个春秋时期各国国君的废立都是国内外各方政治势力斗争的焦点。国内的卿大夫希望借助拥立国君的功劳获得并保持更大的权势，其他国家则试图支持那些对自己国家更加有利的竞争者夺取并巩固君位，以期在未来获得相应的回报。

齐桓公称霸时期最有代表性的一个立君事件是周襄王的即位。周惠王计划废黜大子郑而立王子带，但是诸侯的领袖齐桓公却支持大子郑。为了表达对

---

① 杜预注曰："遇者，草次之期，二国各简其礼，若道路相逢遇也。"（见：《十三经注疏》整理委员会.春秋左传正义［M］.左丘明，传.杜预，注.孔颖达，疏.北京：北京大学出版社，1999：84.）

② 程子曰："要结姻好也。"（见：顾栋高.春秋大事表［M］.吴树平，李解民，点校.北京：中华书局，1993：1615.）

③ 陈琪，黄宇兴.春秋时期的国家间干涉：基于《左传》的研究［J］.国际政治科学，2008（1）：33-73.

大子郑的支持,巩固郑的继承人地位,齐桓公组织了鲁僖公五年的首止会盟,率领各国国君与大子郑相会,会后还举行了盟誓活动。周惠王派人挑唆郑文公不要参加首止的盟誓活动,意图破坏诸侯对大子郑的支持。鲁僖公七年,周惠王崩,大子郑即位为周襄王,由于担心王子带作乱而秘不发丧,因此派人向齐国告难。鲁僖公八年,为安定周襄王的王位,齐桓公又率领诸侯与大子郑(嗣位为周襄王)的使者相盟于洮。最终在齐桓公的支持下,大子郑得以顺利继承王位。在整个过程中齐桓公并没有动用军事力量,而是将此事件设置为会盟议题进而形成支持大子郑的国际舆论,这一事件的过程见图 5-1 所示:

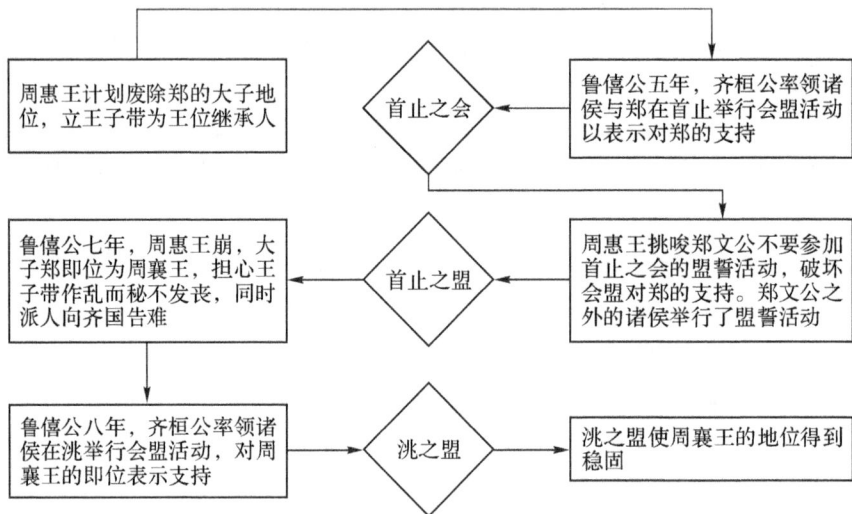

图 5-1　会盟活动对周襄王继位的支持

最具有代表性的一个纳君案例是鲁昭公复国失败。结果与周襄王的例子相反,鲁昭公由于没有得到霸主晋国的支持而最终没有能够重返鲁国。鲁昭公二十五年,鲁昭公在与季氏的争权斗争中失败而出逃。这一事引起了国际社会的广泛关注,宋元公还专门奔赴晋国报告此事,不幸的是宋元公随后便去世了。齐景公有意借送纳鲁昭公来树立国际威信,组织了鄟陵之盟谋划帮鲁昭公复国,并兴兵讨伐鲁国,但最后还是放弃了。霸主晋国一开始忙于平定周室王子朝的内乱而无暇顾及鲁昭公,在王子朝败局已定的情况下,晋国于鲁昭公二十七年组织了扈之会,会上命令诸侯帮助守卫成周且一并讨论送纳鲁昭公的问题。尽管宋、卫两国在会盟上都坚持请求送鲁昭公复位,但晋卿范献子受赂于季孙而阻挠了此事。直到鲁昭公三十一年,晋国终于决定出兵帮助昭公复国,却在范献子的建议下举行了适历之会来考察季孙。由于范献子事先向季孙透

露了消息,晋国对季孙的表现非常满意,随即便彻底放弃了送纳鲁昭公的计划。这一事件的过程如图 5-2 所示:

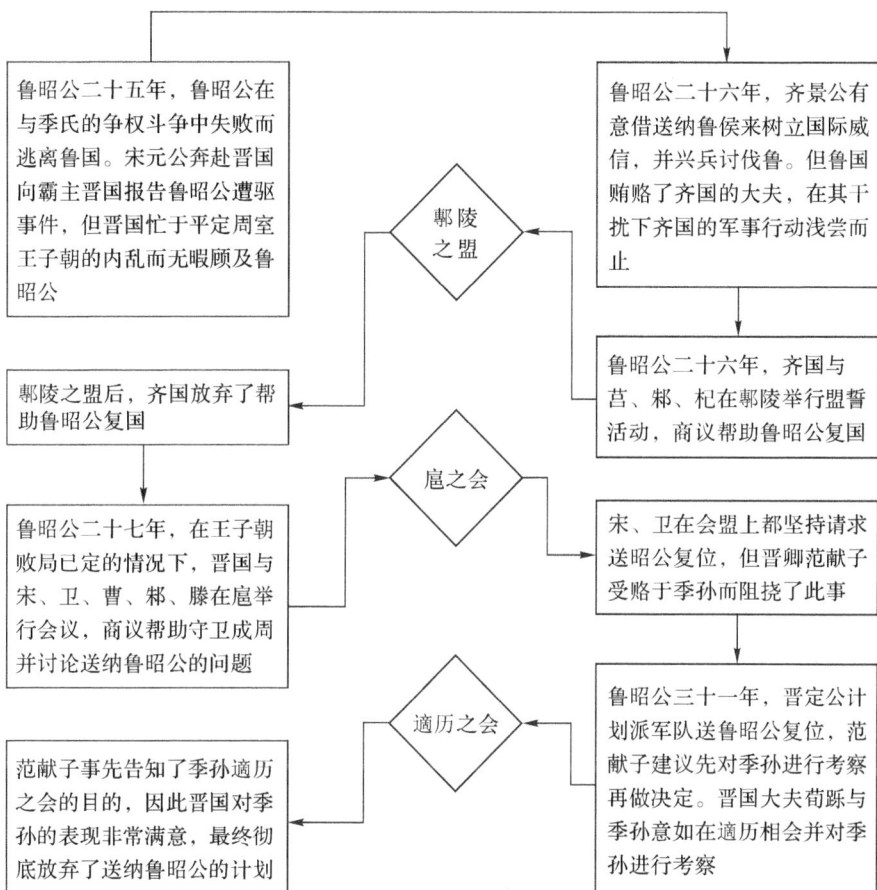

图 5-2 会盟活动对鲁昭公事件的干涉

从以上两起事例来看,尽管一些事件被上升为国际会盟的议题,获得了国际社会的关注,但仍然可能会有不同的结果。议题能否得到解决仍然取决于国际社会各方势力之间利益和权力斗争的结果。表 5-2 罗列了有关立君、纳君的国际会盟活动,共计有 18 次。

表 5-2 春秋时期立君、纳君的会盟活动

鲁国纪年	会盟国或人员	会或盟	会盟地	议题
桓公二年	齐僖公、鲁桓公、陈桓公、郑庄公	会	稷	原计划平定宋国弑君之乱,但各国受贿承认了宋庄公即位

续表

鲁国纪年	会盟国或人员	会或盟	会盟地	议题
桓公十一年	宋人、郑祭仲	盟	宋	立郑厉公
桓公十五年	宋庄公、鲁桓公、卫惠公、陈庄公	会	袲	纳郑厉公
桓公十六年	宋庄公、鲁桓公、蔡桓公、卫惠公	会	曹	谋划伐郑,纳郑厉公
桓公十七年	齐襄公、鲁桓公、纪侯	盟	黄	调解齐、纪,同时处理卫国驱逐其君的问题
桓公十八年	齐襄公、郑子亹	会	首止	讨伐郑国弑君事件
庄公十三年	齐桓公、宋桓公、陈宣公、蔡哀公、邾子	会	北杏	平定宋国弑君之乱,安定新君即位
僖公五年	齐桓公、鲁僖公、宋桓公、陈宣侯、卫文公、郑文公、许僖公、曹昭公、王世子	会	首止	支持周大子郑
	齐桓公、鲁僖公、宋桓公、陈宣侯、卫文公、许僖公、曹昭公	盟	首止	支持周大子郑
僖公八年	王人、齐桓公、鲁僖公、宋桓公、卫文公、许僖公、曹共公、陈世子款	盟	洮	安定周襄王之位
文公十四年	鲁文公、宋昭公、陈灵公、卫成公、郑穆公、许昭公、曹文公、晋赵盾	会	新城	谋纳捷菑
		同盟		
文公十七年	晋灵公、宋文公、卫成公、蔡庄公、陈灵公、郑穆公、许昭公、曹文公	会	扈	讨伐宋国弑君之乱,但仍然立了宋文公
成公十五年	晋厉公、鲁成公、卫献公、郑成公、曹成公、宋世子成、齐国佐、邾人	同盟	戚	曹公子负刍杀太子自立为成公,晋国讨伐曹成公
襄公十四年	晋士匄、鲁季孙宿、宋华阅、卫孙林父、郑公孙虿、莒人、邾人	会	戚	谋划安定卫殇公(公孙剽)之卫
昭公二十六年	齐景公、鲁昭公、莒子、邾子、杞悼公	盟	鄟陵	谋纳鲁昭公
昭公二十七年	晋士鞅、宋乐祁犂、卫北宫喜、曹人、邾人、滕人	会	扈	令戍周,且谋鲁纳公
昭公三十一年	晋荀跞、鲁季孙意如	会	適历	为纳鲁昭公而考察季孙

（二）卿人大出奔

春秋时期卿大夫出奔的事件屡见不鲜,那些在权力斗争中失败的卿大夫选择暂时逃离本国是明智之举。随着形势的变化,部分出奔的卿大夫还有机会返回国内,重新获得失去的财富和权力。对于一些重要的卿大夫出奔的事件,相关国家可能会通过会盟达成一致的处理意见。春秋时期有三起卿大夫出奔事件成为了国际会盟的议题:

第一次发生在鲁闵公元年。该年鲁闵公与齐桓公盟于落姑,会盟上鲁国向齐国请求允许出奔在陈的鲁国公子季友回国,齐桓公答应了鲁国的请求。季友是在鲁庄公三十二年共仲的叛乱中逃到陈国的。鲁闵公即位后因季友的忠诚和贤能,于是举行会盟向霸主齐桓公请求季友复国,希望霸主能够出面协调此事。之后齐桓公便派人到陈国召回季友并让他返回鲁国。

第二次发生在鲁襄公二十一年。晋国下卿栾盈在权力斗争中失败而遭到范宣子的驱逐,随后出奔到楚国。同年冬,晋国召集诸侯会于商任,号令各国不准接纳栾盈及其党羽;鲁襄公二十二年,栾盈从楚国逃奔至齐国,晋国召集诸侯会于沙随,再次要求诸侯不要接纳栾盈等人。

第三次发生在鲁定公十四年。晋国的卿族范氏和中行氏在权力斗争中失败。齐景公从中看到了削弱晋国的机会,先后组织了牵之会、洮之会谋划救援范氏和中行氏。鲁、卫、宋跟随齐国参与了这些会盟并走上了背叛霸主晋国的道路。

春秋时期卿大夫出奔的事例不在少数,但是以此为议题的国际会盟仅有 5 次,而处理争夺君位的会盟则有 18 次。造成这种差别的主要原因在于国君在国际社会的影响力更大,而卿大夫一旦失去权力或宗族的支持,他们在国际上的影响力是比较微弱的。以鲁昭公为例,尽管鲁昭公在国内早已被三卿架空,但由于其身份原因以及卿大夫驱逐国君事件所造成的恶劣影响,使鲁昭公的事件获得了广泛的国际关注,因此先后有 3 次会盟都是以此事为议题而举行的。

四、军事行动

战争对于春秋时期的国家来说是关系到国家生死存亡的头等大事。鲁成公十三年,王室卿士刘子称:"国之大事,在祀与戎。"[①]这反映了战争在当时人们心目中的重要性。如果我们将会盟与争霸活动联系在一起,就很容易发现:参加会盟的成员国之间实际上是一种军事同盟性质的盟友关系,相当多的会盟活

---

① 《左传·成公十三年》。

动都与谋划或实施军事行动有着直接的关系。谋划军事行动的会盟一般包括以下两种议题：

（一）攻击时间

即商讨发动军事攻击的具体时间。如鲁隐公十年的中丘之会、邓之盟，齐、鲁、郑三国以宋国不履行对王室的责任为借口，准备以王命讨伐宋国。为了约定具体的攻击时间，三国的国君先是在中丘相会，后又相盟于邓，随后便发动了对宋国的攻击。

（二）军事策略

为了保证军事行动获得成功，诸侯各国还会召开会盟活动商讨采取什么样的军事策略。最为典型的例子是鲁襄公二年的两次戚之会。晋国在同楚国争霸的过程中一个很关键的决策就是在虎牢修筑城邑，而这一重大决策也是在会盟上提出并得到执行的。鲁襄公二年的戚之会，鲁国的孟献子建议在虎牢筑城以逼迫郑国。这一极富战略眼光的提议立刻获得了会议主持者晋卿荀罃的称赞。在向晋悼公汇报并得到同意后，晋国再次在戚召集诸侯参加会议，随即在虎牢修筑城邑。两次戚之会的决议迫使郑国加入了晋国集团，在很长一段时间内保持了对晋国的忠诚，这有效地遏制了楚国的争霸活动。

五、停战与议和

会盟是各国之间结束战争或敌对状态的常见方式，《春秋》和《左传》中记载了不少被称为"平""成""顺服""弭兵"的会盟活动，目的都是为了停战与议和。处理停战与议和为议题的会盟包括三种情况：

（一）释怨

所谓的"释怨"，是指会盟各方曾经发生过战争、冲突与纠纷，会盟者之间彼此抱有仇恨和怨愤，通过举行会盟活动各方抛弃旧怨、重归于好。这样的会盟主要发生在春秋初期，例如鲁隐公元年的宿之盟，所针对的是鲁惠公时期宋、鲁之间的旧恨。在春秋之前的鲁惠公时期，鲁国曾打败过宋国。鲁隐公摄位后向宋国求和，双方开始通好。它与顺服的区别在于，会盟中双方的地位是平等的，而顺服则是一方向另一方示弱或投降。

（二）顺服

战争中的一方失利，为了避免遭受更大的损失，战败方向战胜方请求停战，双方在会盟上达成停战协议。在这种情况下，战败者实际上是以会盟的方式向胜利者表达了顺服的态度。例如鲁宣公十二年，楚庄王攻克了郑国的都城，郑襄公"肉袒牵羊"迎接楚庄王并请求投降。楚庄王退兵三十里后答应了郑国的请求,之后楚国与郑国结盟,郑国的子良到楚国做人质。

(三)弭兵

所谓"弭兵"指的是晋、楚两大对立集团通过会盟暂时结束对立,双方相互通好,同时确定一个共同遵守的规则。弭兵总体上和释怨相类似,也都起到了放弃冲突、结束对立的作用,但是它的规模更大、影响更广。这样的弭兵之盟共有两次:第一次发生在鲁成公十二年,双方脆弱的和平仅维持了四年,鲁成公十六年,晋、楚便爆发了鄢陵之战。影响力更大的第二次弭兵之盟发生于鲁襄公二十七年,它标志着晋、楚两大集团争霸活动的衰退。

六、调解、诉讼和裁决

会盟还是解决国际纠纷的一种方式。通过会盟活动,相对独立的国家或者第三方国家可以对一些国际冲突进行调解,帮助处于冲突中的国家达成和解;同时,实力弱小的国家也可以在会盟上提出诉讼,实力强大的诸侯或者霸主来对这些诉讼做出调解或者裁决。

(一)调解

以调解诸侯矛盾为目的的会盟活动主要发生在春秋初期,这一时期没有霸主裁决国际事务,因此诸侯之间可以由第三方国家来调解其他国家之间的矛盾和冲突。鲁隐公八年的温之会和瓦屋之盟是为了调解宋、卫和郑之间的冲突,同年的浮来之盟是纪国成功调解鲁、莒矛盾的结果;鲁桓公六年纪侯会鲁侯于成,希望鲁国能够帮助调解齐、纪之间的关系;鲁桓公十二年的曲池之盟调解了杞、莒之间的矛盾;鲁桓公十二年的穀丘之盟、虚之会、龟之会都是鲁国为了调解宋、郑矛盾而举行的。

以宋、郑之间的矛盾为例,温之会、瓦屋之盟是齐国发起的试图解决它们之间冲突的会盟。这两次会盟并没有真正取得成功,仅在一年之后郑国便谋划以宋公不朝周王为借口而攻打宋国。鲁桓公十二年,鲁国试图调解宋、郑之间的矛盾。宋国贪图郑国的财物而最终拒绝了鲁国的调解,①鲁国随即转而与郑厉公结盟讨伐宋国。这些并不算真正成功的事例表明,由于缺乏国际权威的制约力量,会盟的调解往往见效甚微。

---

① 宋国依仗帮助郑厉公获得了君位这一功劳,而向郑国要求财物回报,郑国不堪忍受宋国的财物索求,这是两国的矛盾所在。

(二)诉讼和裁决

进入霸主时代之后,霸主充当了国际纠纷的调解和裁决者,霸主甚至还可以对诸侯国内的纠纷进行裁决。鲁僖公二十八年的温之会,晋国就卫国国内的一次事件令卫成公与元咺诉讼、对质并作出了裁决;鲁襄公十六年的溴梁之会,晋国号令诸侯归还侵占对方的田地,并因为邾、莒数次伐鲁而扣留了邾宣公、莒犁比公;鲁襄公十九年的祝柯之盟,晋国重申"大毋侵小",再次因邾数次伐鲁而扣留了邾悼公,并重新勘定了邾、鲁两国的疆界。

霸主的裁决一定程度上维持了国际社会的正义,但是裁决也很难做到完全的公正,霸主自身的利益起到了很大的导向作用。最基本的一个问题是,那些不符合霸主利益的议题很可能无法进入会盟的议程,裁决自然也无从谈起。总体而言,霸主为了使霸权得到其他诸侯支持,还是在一定程度上愿意向受害的一方提供援助——当然这需要以维护霸权为前提。

七、国际救济

为了区别军事性质的救助、救援、戍城等援助行为,笔者这里选择了"救济"一词来指代国际社会向处于祸乱、自然灾害中的诸侯国提供的物质援助。对邻国的灾难进行吊慰、援助是一种受到推崇的道义行为。秦国的大夫百里奚曾称:"天灾流行,国家代有。救灾恤邻,道也。行道有福。"[①]我们可以看到,一些会盟的盟辞也明确表达了对社会救助的肯定。葵丘之盟的盟辞称:"五命曰,无曲防,无遏籴,无有封而不告。"这即是告诫诸侯各国不要到处筑堤,不要禁止邻国来采购粮食;[②]鲁成公十二年的宋之盟,盟辞曰"同恤菑危,备救凶患"[③];鲁襄公十一年诸侯同盟于亳城北,盟辞曰"救灾患,恤祸乱"[④]。这些盟辞都表明了救助灾患被时人认为是一种道义的行为。盟辞显示了国际救济是这些会盟讨论的议题之一。

此外,晋国作为霸主召集了春秋历史上唯一的一次专门讨论对灾难实施救济的会盟活动。鲁襄公三十年宋国发生了大火,晋国的赵武与诸侯大夫会于澶渊,商讨向宋国馈赠财物。虽然澶渊之会最终并没有付诸实际行动,但也从侧面暗示了利用会盟实施救助行为存在一定的可能性。

---

① 《左传·僖公十三年》。
② 杨伯峻.孟子译注[M].北京:中华书局,1960:288-289.
③ 《左传·成公十二年》。
④ 《左传·襄公十一年》。

八、国际契约

诸侯各国还会召开一些签订契约性文件的会盟以达成某种交易或协议。例如鲁、郑之间许田、祊田的交换即是通过会盟而达成的。鲁隐公八年,郑庄公向鲁国提出以齐国的泰山之祊交换鲁国的许田,鲁国一直没有同意这一提议。直到鲁桓公即位后,因为担心羽父弑杀隐公的事件被诸侯讨伐而急于与郑国结好,郑国抓住机会再次提出交换祊田。于是鲁桓公元年鲁桓公和郑庄公会于垂,达成了交换祊田的协议。同年两国因祊田交换成功而结好,鲁桓公和郑庄公盟于越,盟辞曰"渝盟,无享国"①。

鲁僖公十八年,郑文公开始到楚国朝见,楚成王赐郑文公以金(即是铜),之后楚成王又反悔了,他担心郑国会用这些铜铸造兵器。于是楚成王和郑文公专门就此事结盟,楚国要求郑国"无以铸兵"。郑国只好用这些铜铸造了三口钟。

此外,那些涉及勘定疆界的会盟很可能也都形成了一些契约性质的文件(如鲁襄公十九年的祝柯之盟,晋国主持勘定了鲁、邾的疆界),只是限于历史文献资料的缺乏我们很难找到更多的相关记载。

九、其他

最后,《春秋》《左传》中没有明确记载会盟的目的和所处理的事务的那些会盟活动,还有那些无法归入以上分类框架的会盟活动,我们一并称之为其他议题的会盟活动。

春秋会盟议题的分类可以汇总到表5-3。一级议题即我们所提出的九个大的类别,它们总体上是方向性的议题或者议程;二级议题是《春秋》《左传》中提到的会盟处理的具体事务,它们是会盟活动所要处理的事务性的议题或议程。

表 5-3　春秋会盟议题框架

一级议题	二级议题
(一)国际规则	国际交往原则;诸侯处理内部事务的原则;社会伦理道德;宗法秩序;朝聘和贡赋制度
(二)维护关系	1.求好、结好、通好、修好
	2.寻盟、修会
	3.议婚

---

① 《左传·桓公元年》。

续表

一级议题	二级议题
（三）国际干涉	1.立君、纳君
	2.卿大夫出奔
（四）军事行动	1.攻击时间
	2.军事策略
（五）停战与议和	1.释怨
	2.顺服
	3.弭兵
（六）调解、诉讼和裁决	1.调解
	2.诉讼和裁决
（七）国际救济	国际救济的共识；国际救济的实施
（八）国际契约	国际交易、承诺、边界勘定等契约
（九）其他	未知和无法归类的议题

第二节　会盟议题的建构

春秋会盟的议题是如何产生的呢？这些议题首先都是国际社会亟待处理、解决的事务或问题，它们大多与春秋这一转型时期的独特国际状况有关：国际秩序有待重建、国际冲突日益加剧、国际安全面临威胁。这一时期独特的国际政治状况催生出各种各样的国际事务或问题，使诸侯各国所面临的形势更为复杂。当诸侯各国在会盟活动中就这些事务或问题进行沟通、交流，寻求解决方案并加以处理、解决时，它们就成为了会盟活动的议题。春秋时期的国际状况又根源于诸侯各国之间的实力对比，尤其是大国之间的力量对比。显然并不是所有的问题和事务都能成为会盟议题，它们中只有少数的一部分最终得以进入会盟的议程。会盟议题生成的过程就是议题被建构的过程。国际事务和问题能否被建构为会盟议题取决于本身的属性、建构的时机以及诸侯有所差别的建构权力。

一、议题来源

春秋时期的会盟议题来自于当时国际社会广泛关注的各国国内、国外的现象、问题、事件和事务,在这里为了叙述方便,笔者统一使用"国际问题"来指代所有可能成为会盟议题的现象、问题、事件和事务。国际问题和国内问题也是相对而言的,因为某一个国家内部的问题发展到必须通过国际社会来共同解决时,国内问题已经不再局限于国内的概念了,它已经成为一个国际性的问题了。例如诸侯的立君问题所引发的国内斗争,往往会牵涉与君位有利害关系的其他诸侯,这将导致国际干涉的出现,这时原本是一国国内的立君问题就上升为牵涉到多国利害的国际问题。

会盟议题来源于国际问题,当这些问题被提交到国际会盟上,由各国共同商讨、解决,或者在霸主的主导下各国共同参与解决,此时国际问题就变成了会盟议题了。国际问题演变成会盟议题表明它已经获得了国际社会的广泛关注,它变得比以前更加重要了,必须以会盟的形式或交由会盟组织来解决。

春秋被认为是中国社会的转型时期,在转型时期国际社会很容易集中爆发各种各样的问题。这一时期最为突出的国际问题主要集中于以下三个方面:国际秩序问题、国际冲突问题、国际安全问题。这三个问题紧密联系在一起,互相影响、互为因果。笔者在上面的章节所讨论的会盟议题基本上都由这三方面的问题衍生而来的。

(一)国际秩序有待重建

春秋时期国际秩序的转变是从周平王东迁开始的,这一事件标志着王室地位的衰落,周王所建立的分封体系就此瓦解,诸侯各国成为事实上的独立王国。鲁隐公十一年,郑庄公感叹道:"王室而既卑矣,周之子孙日失其序。"[①]这是春秋时期国际秩序发生转变的一个写照,不仅姬姓的诸侯日益失去以往的班序,整个国际社会的秩序更是处于重新建构之中。这一时期国际社会的突出特征是"国际无政府"状态——这是笔者在第一章的一个主要观点,这里就不再赘述了。

从根本上来说,任何一个会盟都包含着建立国际秩序的意图。在春秋初期,会盟所建立的国际秩序仅仅能够影响到少数几个国家。霸主出现后会盟的规模逐渐扩大,会盟所建立的秩序几乎覆盖了春秋时期所有的主要诸侯国。各国之间的会盟关系本身就是国际秩序的重要反映,建构国际秩序成了春秋会盟最基本的议题之一。例如葵丘之盟、践土之盟、宋之盟都是因为确立了重大的国际新秩序而成为重要的国际会盟的。再比如,"尊王"概念所针对的就是诸侯各国对王室不尊重这一普遍问题所提出的,虽然它是服务于霸主维护霸权的需

---

① 《左传·隐公十一年》。

要。王室的问题多次成为会盟的议题,从王位继承到王室内乱,再到王室遭到狄戎的侵伐,齐、晋两个霸主国都曾经把这些问题放到会盟上来解决。"尊王"从表面上看是在维护旧有的国际秩序,但实际上"尊王"的目的是为了建立霸主的权威,因此"尊王"相关的会盟议题客观上起到了建构国际新秩序的作用。

诸侯各国内部的宗法秩序也遭到了一定程度破坏,各国普遍出现了围绕君位的斗争以及卿大夫争权的现象。在鲁襄公二十七年的弭兵之盟以后,各国的政权逐渐被卿大夫所控制,但是整个春秋时期诸侯国内部的权力争夺从来都没有停止过。立君问题成为春秋会盟的经常性议题之一,例如齐桓公登上国际会盟舞台的第一件事就是宋国的立君问题。当时宋国的大夫南宫万弑杀宋闵公,齐国会同其他诸侯举行了北杏之会,商讨如何平定宋国的内乱。到了春秋后期,鲁昭公和鲁卿季孙的权力斗争也多次成为国际会盟的议题,齐景公更是借鲁昭公遭到驱逐的事件举行了鄟陵之盟并开启了齐国复霸的道路。

因此国际上王室日益衰微,诸侯国内君位的争夺以及国君同卿大夫的权力斗争,这些与分封体系、宗法秩序有关问题也构成了会盟议题的重要内容。

(二)国际冲突日益加剧

国际无政府状态导致了春秋时期频繁爆发的国际冲突,可以说春秋会盟之所以如此频繁正是与当时的国际冲突状况有关。从地理区域上来看,春秋时期的国际冲突可以被划分为三类:南北冲突、区域冲突、焦点地区冲突。笔者在第一章已经分析过这些冲突的具体表现。以霸主的出现为分水岭,在霸主出现之前和霸主影响力下降之后的冲突基本上属于区域冲突。在霸主时期即从鲁庄公十三年到鲁定公四年——春秋会盟的第二个阶段,霸主将当时主要的诸侯国都纳入了南北冲突的框架。南北冲突又集中体现在南、北集团对焦点地区(如郑国)的争夺上,同时在边缘局部地区又存在着区域冲突。

国际冲突为春秋会盟议题贡献了相当主要的一部分内容,大部分会盟都是围绕着冲突而举行的。"谋伐"议题是为了攻打敌对国家,"谋救"议题是为了救援遭受攻击的同盟,"顺服"议题是为了向另一方霸主表示臣服,"平成""弭兵"议题是为了停战议和、暂时妥协,"寻盟""修会"议题是为了加强内部团结,等等。这些会盟有的加剧了冲突对抗,有的暂时缓解了紧张局势。会盟的议题服从于冲突之中各方对力量对比的判断,不同类型的议题对国际冲突问题产生了不同的影响。

(三)国际安全面临威胁

国际冲突也使安全问题成为国际社会广泛关注的议题,每个国家都不得不为自己的安全着想而联合其他国家。基欧汉和奈认为,在现实主义的条件下,某一问题的议程由安全威胁和均势变化所决定。① 那些弱小的国家很容易遭到周边强大诸侯的攻击,而诸侯大国也需要其他国家的支持来确保自己的国际霸权不受威胁。例如崛起中的楚国使郑、蔡二国感受到了安全威胁,两国便在邓举行了会盟,商讨如何应付楚国的威胁。

那些"修好""结好"的会盟自然是为了和其他国家搞好关系,以便在安全受到威胁时能够获得援助,至少希望可以避免同对方形成对立;为了换取大国的保护或缓解大国的威逼,小国借会盟之机向大国传递顺服的意愿;霸主更是大规模地联合诸侯小国来维护自己霸权的安全。

直接以安全为议题的会盟并不是很多,这大概是因为当时对安全的定义与现代"安全"的概念有所差异。当时并没有相类似的词语能够直接传达出"安全"的含义。但是,对于春秋时期的诸侯国而言,安全是头等重要的大事,安全问题隐藏在每一个会盟议题的背后,每一个会盟议题都包含了安全的诉求。如果诸侯有能力保护自己的安全,又没有争霸的欲望,相信它们不会花费很大的力气举办或参与会盟活动。以秦国为例,秦国的实力足够自保,自秦穆公之后秦国也收敛了称霸的念头,再加上它所处的地理位置较偏,所以它参加会盟的次数较少。而中原诸侯就没有秦国那么幸运,它们不得不为安全考虑而参加众多的国际会盟。

国际秩序、国际冲突、国际安全的相关问题交织在一起,这三个基本问题衍生出来众多的其他问题,其中的一些问题获得了国际社会的广泛关注,牵涉到主要国家的利益,因而被提交到会盟上加以讨论、沟通、处理、解决,由此形成了各种各样的会盟议题。

二、议题根源

我们已经初步得出这样的结论:议题来自于国际问题。那么国际问题又来自于哪里? 国际秩序、国际冲突、国际安全这些相互关联的问题是什么原因造成的? 这些问题的出现主要是因为国际体系中主要国家的力量对比发生了变化,尤其是大国之间力量对比的改变是推动国家体系变革的主要动力。一些学者已经指出了大国在国际体系中的重要性。例如:"国际体系的特征是由大国的兴衰来决定的,这些国家决定了国际互动模式并建立了体系运行规则。大国

---

① 罗伯特·基欧汉,约瑟夫·奈.权力与相互依赖[M].门洪华,译.北京:北京大学出版社,2002:128.

的兴衰改变了体系内部的权力分配关系。"①罗伯特·吉尔平认为:"(国际)体系的界限是按那些大国极力施加控制和影响力的区域来划分的。"②

当一个新兴的强国崛起后,它必然会进一步谋求国际权力,而国际体系中旧的领袖也必然会极力抑制挑战者,维护自己已经取得的权力。"随着相对权力的增加,新兴的国家会企图改变调整国际体系的规则,改变势力范围的划分,最重要的是,改变领土的国际分配。作为对此的反应,支配国通过改变其政策以努力恢复体系的平衡来对付这种挑战。"③在权力的争夺过程中,国际冲突也必然在所难免。而解决冲突的手段往往是战争,"通观历史,解决国际体系结构与权力再分配之间不平衡的主要手段是战争,尤其是我们所称的霸权战争"④。

春秋时期缺乏完善的国际机制来协调诸侯之间的关系,国际权力的和平转移几乎是不可能的。如果实力较弱小的诸侯国不主动屈服的话,战争往往是解决权力争夺的唯一手段。按照基欧汉的观点,"在这样的情境之下,安全问题处于支配地位,军事实力的分配(加上支撑军事实力的经济基础)决定着权力结构。战争是引起结构变化最为重要、最富有戏剧性的因素"⑤。因此我们可以看到,春秋国际会盟议题的背后都隐藏着潜在的安全问题,即便那些加剧冲突的会盟议题,其出发点也是为了本国及盟国的安全需要。

在王室影响力衰退之后,北方诸侯因失去了制约各自行为的国际权威而一度陷入混乱的战争之中。而王室实力的下降使它这个曾经的国际领袖不得不依附于新崛起的齐、晋来解决自己的安全问题,王室的相关问题通过霸主的建构而上升为国际议题。齐国崛起后倡导"尊王攘夷"的政治纲领,致力于建立一个新的国际秩序,这其中就要解决好国际冲突、国际安全等问题,齐桓公所主持的很多次国际会盟即是围绕着这些问题举行的。

楚国崛起后对北方诸侯的安全带来了威胁。齐桓公试图抑制楚国的北上,他举行了几次以谋划攻打楚国为议题的会盟。但最终通过召陵之盟,南北集团

①　詹姆斯·多尔蒂,小罗伯特·普法尔茨格拉夫.争论中的国际关系理论[M].阎学通,陈寒溪,等译.北京:世界知识出版社,2002:90.

②　罗伯特·吉尔平.世界政治中的战争与变革[M].宋新宁,杜建平,译.上海:上海人民出版社,2007:45.

③　罗伯特·吉尔平.世界政治中的战争与变革[M].宋新宁,杜建平,译.上海:上海人民出版社,2007:190.

④　罗伯特·吉尔平.世界政治中的战争与变革[M].宋新宁,杜建平,译.上海:上海人民出版社,2007:200.

⑤　罗伯特·基欧汉,约瑟夫·奈.权力与相互依赖[M].门洪华,译.北京:北京大学出版社,2002:43.

实现了妥协,从此之后南北冲突的问题成为会盟议题的主导框架。晋国在城濮大战中击败楚国,随即取代齐国成为北方的霸主。践土之盟确立了新的国际权力分配格局,但晋国仍然要面对楚国对霸权的竞争,会盟议题的主导性框架仍然是南北冲突。双方争夺的焦点是郑国,会盟议题大多与郑国的顺服或谋划讨伐郑国有关。

晋国因为国内卿大夫的权力斗争实力下降,为了保持对国际霸权的竞争力,晋国发起了"通吴"的议题,希望扶持吴国在后方侵扰楚国。同时晋国在北方还要面对齐国的竞争,它不得不举行了一些以讨伐齐国为议题的会盟。楚国的力量遭到吴国的削弱,这又推动了晋、楚以弭兵为议题的宋之盟的举行。而当意识到吴国的力量超出了自己的掌控后,晋国只好在黄池之会上承认与吴国分享霸权。一直对霸权抱有窥觎之心的齐国则趁晋国卿大夫内讧之机发起了以"叛晋"为议题的会盟活动,这导致了新一轮的国际冲突。

从春秋会盟发展的历史脉络来看,尽管小国也对会盟有所贡献,但它们基本上只是议题所针对的对象,在议题建构过程中只是从属者角色。而影响历史进程和国际体系结构性调整的重大议题无一例外都来自于大国力量对比的变化。这一结论与笔者前面所提到的国际政治方面的有关理论相一致。

三、影响因素

在众多的有可能成为会盟议题的国际问题以及国际事务、事件、现象中,有些最终进入了会盟议程,有些则没有;有些会盟议题仅影响了少数几个国家,有些则在更大范围内发挥了作用;有些仅仅是处理了当前特定的、具体的事务,有些则奠定了未来国际权力格局的基础。造成这些差别的原因一方面来自于议题本身的属性,另一方面取决于不同国家在国际体系中权力的大小。

(一)议题属性

那些成为会盟议题的问题通常都无法单纯依靠一个国家获得解决,或者尽管一个国家或许具备相应的实力来解决这些问题,但是可能需要付出的代价非常大,这迫使它们选择了合作。只有在以上情况下,诸侯各国才有必要寻求国际合作伙伴共同应对国际问题。例如春秋时期的主导性冲突框架即南北冲突问题,没有哪一个国家可以完全凭借自己的力量解决这一问题,南、北霸主都需要联合其他国家结成联盟才能保护自己及盟友的安全。因此那些成为会盟议题的国际问题都具有一定的重要性。重要性并不是体现在经济、文化、社会等方面,因为这些方面的国家交往在春秋时期并不显著。会盟议题的重要性主要体现在安全方面,议题所涉及的安全威胁越大,会盟议题的重要性就越强。

虽然有些国际问题对于个别的几个国家很重要,但是对于其他国家的重要性则不是很大,这种情况下议题的影响力就仅限于被涉及的几个国家之内。那些重大的国际议题往往涉及众多的国家,具有比其他议题更大的普遍性。例如,南北冲突并不是一开始就成为春秋的主导性冲突的。尽管郑国、蔡国在鲁隐公十一年就举行了会议来应对楚国所构成的安全威胁,但是有这种威胁感的国家也仅限于陈、蔡、郑几个临近楚国的国家,南北冲突还不具有广泛性。随着楚国力量的增强,北上活动的频繁,楚国逐渐成为北方霸权的竞争者。此时在北方霸主的推动下南北冲突开始成为主导性的冲突,对抗楚国的相关议题具有了普遍性。从鲁僖公四年的召陵之盟开始,南北冲突正式成为会盟议题的主导性框架,春秋时期会盟议题基本上都是围绕着南北冲突而建构的。

(二)建构时机

会盟议题的构建还与时机有关系:随着时间的推移,原本不重要的问题会变得更加重要,例如南北冲突问题;随着国际形势的变化,原本不大可能解决的问题也产生了可能性,例如弭兵问题;随着冲突的加剧,一些事件、事务必须得到及时处理,否则问题会变得越来越严重,对涉及的国家越来越不利,例如救援、干涉、谋伐的相关议题。

因此国际问题升级为会盟议题还需要恰当的时机,意欲设置会盟议题的诸侯需要抓住机会才能够最大限度地发挥影响力。特别是对于一些弱小的诸侯来说,它们本身对会盟议题并没有很大的建构能力,时机对它们来说非常重要。例如齐灵公时期齐国支持邾、莒对鲁国发动了多次侵扰,虽然这一时期举行了很多的国际会盟,但并没有会盟议题涉及此事。霸主晋国此时最重要的策略是征服郑国、联合吴国。由于齐国一直积极参加了晋国组织的多项行动,晋国很可能为了拉拢齐国而牺牲鲁国。因此鲁国并没有机会将自己的问题上升为国际会盟的议题。

鲁襄公十四年的戚之会,齐国没有派人参加晋国召集的此会。同时由于范宣子借齐国"羽毛事件",使晋国意识到齐国的背叛成为事实,促使晋国决定讨伐齐国。此时鲁国抓住时机,再次派人向晋国投诉,晋国决定将齐、邾、莒和鲁国的争端上升为国际议题。晋国于鲁襄公十六年召集溴梁会盟,命令各国归还相互侵占的田地,并拘留了邾宣公、莒犁比公;鲁襄公十八年的鲁济之会,重温了溴梁会盟的决议,决定讨伐齐国;鲁襄公十九年的祝柯之盟又称"大毋侵小",晋国在会盟上拘留了邾悼公,命令邾国归还侵占鲁国的田地。至此,鲁的问题才经由会盟得以解决。这个案例很好地体现了时机对于会盟议题建构的重要性(见图5-3)。

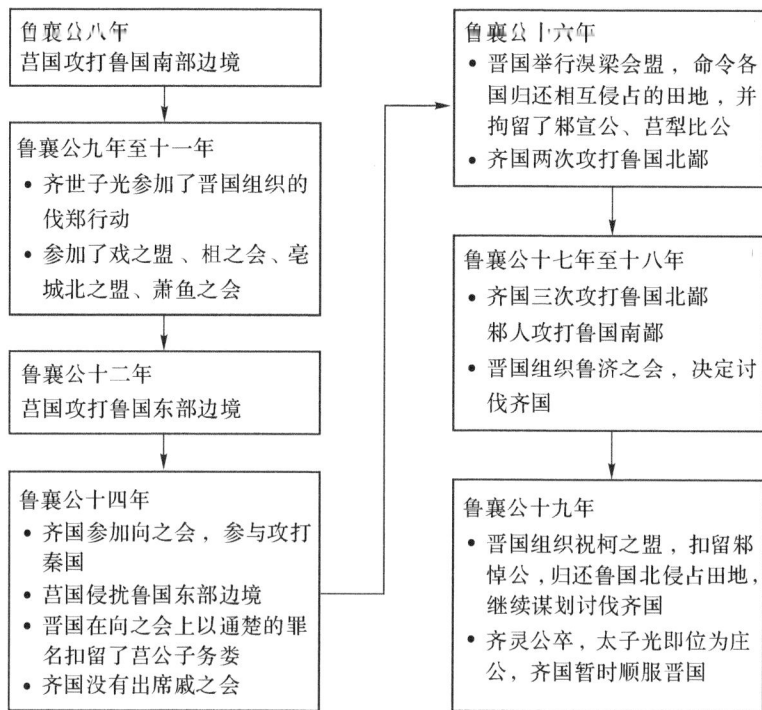

图 5-3 齐灵公年间齐、邾、莒与鲁国的冲突和议题设置的过程

(三)建构权力

国际体系中的诸侯各国所拥有的议题设置能力显然取决于它们在国际体系中的权力和地位。从下面对于议题设置的定义中也可以看出这一点:"这种国际议程的设置能力可以广义地理解为:相关行为主体围绕特定的目的,通过主动的议题选择界定、冲突拓展和利益动员,适时选择议程切入点,有效吸引国际社会的关注,最终使之纳入国际议程,并使国际舆论成功导向有利于己的议题选择与把控能力。"[①]没有雄厚实力尤其是军事力量的支持,想在国际会盟上发挥影响力是非常困难的。特别是在春秋这样一个崇尚实力、等级分明的社会中,权力就意味着国际影响力。

会盟议题的建构中,霸主的权力大于大国,大国的权力大于普通诸侯,这与它们在会盟体系中地位是一致的。实际上霸主主导了绝大多数的议题设置,大

---

① 陈正良,高辉,薛秀霞.国际话语权视阈下的中国国际议程设置能力提升研究[J].中国矿业大学学报:2014(3):93-98.

国也只有在与比它弱小的国家会盟时才拥有设置议题的权力。从上文所提到的齐、邾、莒与鲁的冲突案例中,我们基本上可以得出这样的结论:尽管国际问题所直接涉及的对象往往是小国,但只有当这些问题对霸主的霸权产生较大影响时,国际问题才可能成为会盟议题;出于维护霸权的需要,霸主往往会抑制一些局部国际问题上升为会盟议题。

会盟议题的生成过程可以描述如下(如图 5-4 所示):诸侯各国实力的变化导致国际体系的失衡,由此产生诸多的国际问题;国际问题经过议题构建的环节上升为国际会盟的议题;在会盟的推动下国际问题得到处理,国际利益和权力重新得到分配,国际体系暂时回归于平衡。

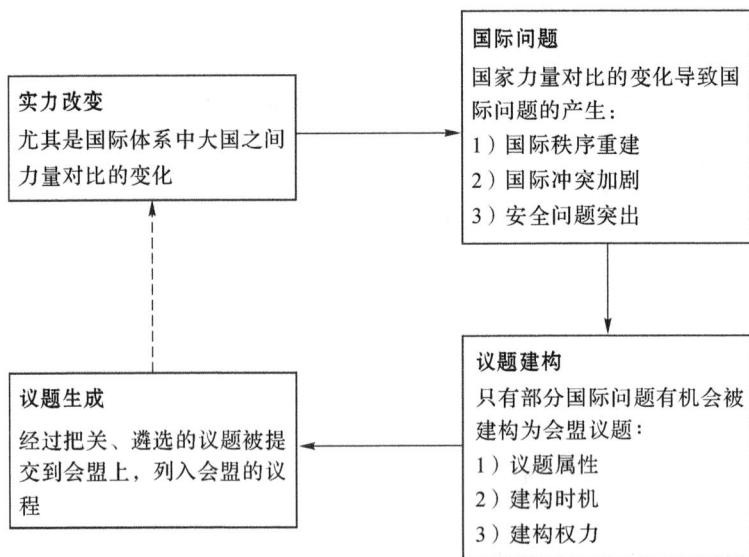

图 5-4　春秋会盟议题的建构过程

第三节　议题设置与霸主权力

在现代国际社会中,议题设置的能力是一个国家在国际社会中话语权的体现,国家如果能够在议题设置方面拥有较大的影响力,就能够在国际交往活动中获得更多的国家利益。春秋时期的会盟议题设置同样也是如此。霸主相比其他诸侯国在会盟议题设置方面拥有更大的权力,霸主依靠自己的强大实力控制了会盟议题的设置权,进一步提升了会盟议题的影响力。春秋时期的霸权具有一定的公权性质,诸侯国一方面认可霸主在会盟议题设置方面的独特权力,但它们也认为霸主不能够过分苛求小国,同时两极格局也一定程度上限制了霸主的权力。

一、议题设置和国际话语权

所谓的"会盟议题"或"会盟议程"都是指用于交流、讨论的问题和亟待解决的事务或事项。"议程"一词包含了"安排""程序""过程"等词语所具有部分意义。笔者所要讨论的春秋时期的会盟只是现代国际组织、国际会议、国际联盟的最原始的初级形式,不涉及大规模的复杂的互动过程(至少从我们所能接触到的文献上来看是这样的)。"议题"一词与问题、事务或事项等概念的联系更加紧密一些,它的涵义更加简单、纯粹。相比"议程"的概念,"议题"更加适合用以探讨春秋会盟中并不太复杂、互动性较弱的传播现象。因此笔者在接下来的研究中使用了"议题"的概念,这样可以使研究焦点更加集中、语言表述更加简单。①

(一)大众媒体的议程设置

与会盟议题相关度最大的理论是传播学领域的"议程设置"(agenda-setting)理论。自 20 世纪 70 年代初诞生以来,"议题设置"始终是传播理论领域里的主导概念之一。② 尽管人们都将"议程设置"理论的提出归功于麦库姆斯(McCombs)和肖(Shaw),但他们却将李普曼视为"议程设置"思想的先祖,认为李普曼虽然没有使用"议程设置"这个词语,但他却总结了议程设置的思想。③李普曼(Lippmann)在《公众舆论》(*Public Opinion*)一书中使用了"虚拟环境"的概念,他指出:在人和真实的环境之间还有一个"虚拟环境",每个人的行为依据都不是直接而确凿的知识,而是他自己制作的或者别人给他的图像,他们的

---

① 署名"慎之"的作者在探讨"议程设置"理论时提到,过去台湾学者将"agenda-setting"翻译为"议题设定",这种译法可能是因为早期的这类研究多集中于争议问题(issues),主要考察在大选时期新闻报道对议题前后轻重的安排、对公众注意力的导向作用。但这只是"agenda-setting"概念的一个方面,"议题"是"所议问题"亦无不可,但"程序"的意义却表达不出来。因此"议程设置"的译法较好一点。(见:慎之.议程设置研究第一人:记马克斯韦尔·麦考姆斯博士[J].新闻与传播研究.1996(3):95.)大陆传播学领域有关"agenda-setting"的翻译大多都采用了"议程设置"一词。不过限于文献的限制,我们在探讨春秋会盟时将集中于问题和事务,因此采用"议题"一词更加适合会盟议题这一研究对象。

② 沃纳·赛佛林,小詹姆斯·坦卡德.传播理论:起源、方法与应用[M].郭镇之,等译.北京:华夏出版社,1999:267.

③ 麦库姆斯.议程设置:大众媒介与舆论[M].郭镇之,徐培喜,译.北京:北京大学出版社:2008:3.

虚拟环境,世界在他们内心形成的图像,是他们思想、感情和行为中的决定性因素。① 李普曼的这些观点启发了麦库姆斯和肖的研究。

1972 年麦库姆斯和肖发表了一篇名为《大众媒体的议程设置功能》的论文,②这篇广为传播的论文被认为是关于议程设置理论的第一项系统研究成果。③ 麦库姆斯和肖研究了 1968 年美国总统竞选期间的议程设置,结果表明,大众媒介具有议程设置的功能,在媒介突出强调的各类选举问题和选民对各类选举问题之间,显著性与重要性的判定两者之间,存在非常密切的关系。④ 传播学的集大成者施拉姆评价他们的研究称:"他们发现了可靠的证据,证明在特定的时间和特定的地点,选民们关心和讨论的主要问题,正是这个时间和地方的主要新闻媒介所突出的问题。"议程设置理论在解释媒介议程和公众议程之间的关系时是非常有效的和富有启发性的。

议程设置理论诞生之后很快成为传播学最重要的理论之一,越来越多的研究者使用这一概念展开了他们的研究,这些研究又进一步扩展了议程设置理论的研究领域。麦库姆斯对议程设置理论图谱的演变过程进行了概括,把它描述为三个阶段:阐释大众传播与舆论过程的五个阶段;超越公共事务与大众传播,进入新的领域;阐释基本的理论概念,包括显要性、导向需求、属性和框架等概念。⑤ 有关议程的研究大致都可以归入罗杰斯(Everett M. Rogers)和迪琳(James Dearing)所概括的三种类型,即议程分为政策(政府)议程、公众议程和媒介议程,⑥也有人将之称为议程设置理论研究的三个"理论支派"。⑦ 实际上这三个所谓的"理论支派"很难有清晰的界限,但是这种说法却非常清晰地将"议程"划分为三类,十分有助于我们理解议程设置理论的一些观点。

议程设置理论的相关研究表明,大众媒体突出报道某些议程,这些议程就

---

① 李普曼.公众舆论[M].阎克文,江红,译.上海:上海人民出版社,2002:12,20-22.

② McCombs,M. E. ,D. L. Shaw. *The agenda-setting function of mass media*[J]. Public Opinion Quarterly,1972,36:176-187.

③ 沃纳·赛佛林,小詹姆斯·坦卡德.传播理论:起源、方法与应用[M].郭镇之,等译.北京:华夏出版社,1999:247.

④ 沃纳·赛佛林,小詹姆斯·坦卡德.传播理论:起源、方法与应用[M].郭镇之,等,译.北京:华夏出版社,1999:247.

⑤ 麦库姆斯.议程设置:大众媒介与舆论[M].郭镇之,徐培喜,译.北京:北京大学出版社,2008:180-181.

⑥ 吴瑛.中国话语权生存机制研究[D].上海:上海外国语大学,2010:25.

⑦ 王雄军.议程设置理论的研究范式与理论源流[J].北京大学研究生志,2008(3):86-89.

能够成为受众重点关注的议程,大众媒体在影响受众对议程重要性的认知上具有显著效果,[①]媒体议程、公众议程、政策(政府)议程之间存在着紧密的互动关系。这也几乎是所有议程设置研究的一个基本假设。这种理论也暗示了议程或者议题是被"设置"出来的,部分研究还揭示了议程或议题是被设置的过程。另一方面,传播学领域中议程设置研究的核心是大众媒体,大众媒体是沟通公众议程和政策或政府议程的桥梁。

(二)会盟议题的话语与权力

传播学有关议程设置的研究有一部分涉及国际政治领域,例如一些研究者从媒体报道的内容来分析国家形象的传播。这些研究通常认为大众媒体是国家形象传播的重要渠道,大众媒体的报道也总是遵循一定的话语框架;使用国际媒体或者举办大型国际活动(event)——例如国际会议、国际赛事、国际博览会等等——能够为国际形象的展示和传播创造机会,推广本国的国际形象是国家对外传播的一个重要内容。但这些研究的出发点往往也都是大众媒体的报道议程。以下这些概念启发了我们把会盟议题研究的关注焦点从大众媒体上移开,进一步深入到国际政治领域对权力的探讨中去。

1.话语权

议程设置理论的假定表明,议程具有某种能够影响他人的力量,这种力量也可能被一些利益群体所攫取来谋取利益。舆论学的先驱李普曼已经指出了这一点。他认为,媒介更像是探照灯(searchlight),该探照灯往何处照,往往取决于在某议题上有特殊利益的集团,取决于人们为获取注意而制造的伪事件,也取决于新闻记者本身的工作惯例。[②] 从这个意义上说,议程即意味着权力,这种权力就是话语权。

国际会盟议题的设置是国际话语权的体现,那些在会盟议题设置方面拥有更多权力的国家基本上都是实力强大的、具有较大影响力的国家。它们往往会利用自己在议题设置方面的特权进一步巩固自己在国际事务上的话语权,维护话语权所代表的利益和权力体系。"话语权"的概念被认为来源于法国社会学家米歇尔·福柯关于话语与社会权力关系的理论,[③]福柯的主要学术贡献就是

①　吴瑛.中国话语的议程设置效果研究:以中国外交部新闻发言人为例[J].世界经济与政治.2011(2):17-18.

②　沃纳·赛佛林,小詹姆斯·坦卡德.传播理论:起源、方法与应用[M].郭镇之,等译.北京:华夏出版社,1999:268.

③　李慎明.厘清国际关系理论中一些话语的本质内涵,建立中国特色社会主义话语体系[J].国外社会科学,2011(1):4-7.

深刻地阐述了权力与话语的关系。① 福柯提出了"话语即权力"这一著名的论断,他认为权力产生于话语的机制,它在话语的运行中运作,体现于一切关系之中,或者说权力本身就是关系。② 权力关系普遍存在于人类的社会中,"有多样的权力关系渗透到社会的机体中去,构成社会机体的特征,如果没有话语的生产、积累、流通和发挥功能的话,这些权力关系自身就不能建立起来和得到巩固"③。福柯在"话语的秩序"的演讲中指出,"话语并非仅是斗争或控制系统的记录,亦存在为了话语及用话语而进行的斗争,因而话语乃是必须控制的力量"④。福柯的研究将"话语"的概念从语言学领域中摆脱出来,给政治、社会领域的话语研究指明了方向。在《巅峰与文明》《规训与惩罚》《性史》等著作中,福柯都坚持从权力的角度来解释政治和社会现象。

另一位话语研究大师法国社会学家布迪厄从符号学的视角将话语与权力结合起来,提出了"符号权力"的概念。布迪厄指出,语言的权力特征无法从语言本身的层面去理解,而应该把它"放在行使权力者和那些接受权力者的特定关系"中加以理解。能够制造话语的力量,乃是能够维持或颠覆社会秩序的力量。⑤ 布迪厄认为,语言的运用充分体现了权力的运作,人类的每一次语言交流都体现了权力关系,每一次语言的表达都应该视为一次权力行为。⑥ 布迪厄还将"市场"的概念引入到他的话语研究中来,创造了"语言市场"的概念,用市场中的价格机制、需求机制、交换关系来探讨语言中的权力关系。

国际政治领域的学者将福柯、布迪厄有关话语和权力的观点引入到国际政治的研究中来,将国际政治的实质推演为国际话语权政治。有的观点宣称,"如果说国际政治的实质是权力政治,那么,国际政治越来越变为国际话语权政治"⑦。下面一位学者对国际话语权的概括十分中肯地描述了国际政治中话语

---

① 甘均先.压制还是对话:国际政治中的霸权话语分析[J].国际政治研究,2008(1):118.

② 张廷琛.拨开性的历史迷雾:译序[M]//性史.米歇尔·福柯,著.张廷琛,林莉,范千红,等译.上海:上海科技文献出版社,1989:5.

③ 福柯.两个讲座[M]//权力的眼睛:福柯访谈录.严锋,译.上海:上海人民出版社:1997:228.

④ 米歇尔·福柯.话语的秩序[M]//语言与翻译的政治.肖涛,译.许宝强,袁伟,选编.北京:中央编译出版社,2000:3.

⑤ 刘永涛.理解含义:理论、话语和国际关系[J].外交评论,2007(2):21.

⑥ 甘均先.压制还是对话:国际政治中的霸权话语分析[J].国际政治研究,2008(1):119.

⑦ 李智.再论国际话语权及其提升路径[J].北大新闻与传播评论,2014:205.

与权力的关系:

> 国际话语权内含了一国对国际事务与国际舆论的主导控制能力、价值理念贡献能力、国际议程的设置能力与相应政治操作能力,以及对国际事件的定义权、各种国际规则标准制订上的影响能力、是非曲直的评议权、裁判权,其所涉及的内容包括政治、经济、军事、文化、外交、传媒等多个方面,本质上体现的是一国在国际社会权力结构中的地位影响力。①

正如这为研究者所继续表述的那样,"一国对国际议程的设置能力无疑是一国国际话语权的重要内涵"。春秋时期会盟议题的设置毫无疑问也必然反映了当时国际社会中的利益和权力结构。特别是在霸主出现以后,霸主将会盟当作维护、管理霸权的工具,通过设置、输出议题,霸主将国际社会的话语权牢牢地掌握在自己手中,使对本国有利的国际问题进入到国际会盟的议程,使霸主国对国际问题的观点在国际社会中得到传播。

2.软权力

国际话语权本身既是一种影响他国的软权力,同时也是一个国家软权力在国际舞台上的体现。尽管约瑟夫·奈并不是第一个使用"软权力"(soft power)一词的学者,但"软权力"能成为一个广为流行的学术概念,主要应归功于奈的努力。1989年奈在其《注定领导:变化中的美国力量的本质》一书中使用了"软权力"的概念,1990年他又发表了《变化中的世界权力的本质》《软权力》两文,对软权力进行了深入地阐释。②

软权力是与硬权力相对应的一个概念,它又被翻译为"软实力""软力量"等词语。奈认为,"权力"概念在政治学上的基本含义是一个行为者把自己的意志强加于另一个行为者的能力,③"在国际政治中制定纲领计划和吸引其他国家,与通过威胁使用军事和经济手段迫使它们改变立场一样重要。这种力量——能让其他人做你想让他们做的事,我称之为软实力"④。奈指出软权力主要来自于三种资源:文化(在能对他国产生吸引力的地方起作用)、政治和价值观(当它在海内外都能真正实践这些价值时)及外交政策(当政策被视为具有合法性及

①　陈正良,高辉,薛秀霞.国际话语权视阈下的中国国际议程设置能力提升研究[J].中国矿业大学学报:社会科学版,2014(3):93.

②　吴瑛.中国话语权生存机制研究[D].上海:上海外国语大学,2010:8.

③　周琪,李枏.约瑟夫·奈的软权力理论及其启示[J].世界经济与政治,2010(4):74.

④　约瑟夫·奈.美国霸权的困惑:为什么美国不能独断专行[M].郑志国,何向东,杨德,等译.北京:世界知识出版社,2002:9.

道德威信时）。①

春秋会盟议题的设置也是软权力的体现，同时也构成了一个国家软权力的一部分内容。齐、晋等大国之所以能够成为霸主，除了武力煊赫以外，还在于它们能够提出具有号召力的政治纲领。例如"尊王""攘夷"的纲领从齐桓公开始一直到晋国称霸，又持续到春秋末期都还在执行。这些纲领帮助霸主将其他诸侯团结在一起，反过来又增强了霸主在国际会盟议题设置中的软权力。

3. 权力

"软权力"从根本上来讲是一种影响力，我们从奈的表述中很容易发现这一点。事实上在奈系统地对"软权力"展开论述之前，已经有学者从影响力的角度来审视国际权力了。国际政治理论的大师汉斯·摩根索在《国家间政治：权力斗争与和平》一书中指出，权力"指的是人对他人的思想和行动控制力量。所谓政治权力，指的是对公众具有权威的人们之间，或这些人与广大民众之间的控制关系"，"政治权力是行使政治权力者与被行使者之间的一种心理关系，它通过行使者对被行使者思想上的影响，使行使者对被行使者的某些行动加以控制"。② 摩根索还总结了影响国家权力的 9 个因素，这些因素包括：地理条件、自然资源、工业能力、战备情况、人口、民族性格、民族士气、外交的巧拙、政府的英明。显然以上因素中既包括了有形的"硬权力"，也包括了奈所提的无形的"软权力"。③

罗伯特·基欧汉和约瑟夫·奈本人继承了摩根索的观点，他们在《权力与相互依赖》一书中，将权力定义为"一种能力，即某行为体促使其他行为体做其原本不会去做的事情（其代价为前者可以接受）。权力也可以视为对结果进行控制的能力"。④ 不仅如此，他们还发现，传统政治家们假定，议程的设置取决于如下因素：均势的实际或预期变化，国家所感知的安全威胁等。其他问题只有在影响安全和军事实力的情况下才会变得非常重要。在这些情况下，议程将严重受制于总体势力均势的考量。⑤ 基欧汉和奈还探讨了现实主义条件下和复合

---

① 约瑟夫·奈. 软力量：世界政坛成功之道[M]. 吴晓辉，钱程，译. 北京：东方出版社，2005：11.

② 汉斯·摩根索. 国家间政治：权力斗争与和平[M]. 徐昕，郝望，李保平，译. 北京：北京大学出版社，2006：47.

③ 汉斯·摩根索. 国家间政治：权力斗争与和平[M]. 徐昕，郝望，李保平，译. 北京：北京大学出版社，2006：151-204.

④ 罗伯特·基欧汉，约瑟夫·奈. 权力与相互依赖[M]. 门洪华，译. 北京：北京大学出版社，2002：12.

⑤ 罗伯特·基欧汉，约瑟夫·奈. 权力与相互依赖[M]. 门洪华，译. 北京：北京大学出版社，2002：33.

相互依赖条件下议程形成的不同情况。就笔者所研究的春秋会盟议题这一命题,现实主义的传统更符合当时的历史情境。

由于缺乏现代国际社会中的大众传播媒体和成熟的国际组织,春秋时期国际会盟议题的设定更多地依赖于国家的"硬权力",虽然当时也存在一些"软权力"发挥作用的现象,但总体而言国际话语权主要掌握在军事力量强大的诸侯国手中。这和笔者对国际会盟的一贯判断是相一致的,这一判断认为:国际会盟是一定时期内国际利益和权力关系的反映和体现。由此我们也可以认为,春秋时期国际会盟议题的设置由国际利益关系和权力格局所决定,议题设置又反过来维护了诸侯之间的利益关系和权力格局。

二、霸主掌握了议题的设置权

会盟是春秋时期最为重要的国际沟通平台,掌握了会盟议题的设置权力就等于掌握了国际话语权,因此会盟议题的设置是发挥国际影响力的重要途径。会盟议题的设置权是如此重要,以至于从齐桓公成为霸主之后,国际会盟议题的设置权便主要地掌握在霸主手中。霸主作为国际社会的领袖,它在国际社会中的独特权力是得到其他诸侯承认的。与现代国际组织、国际会盟所倡导的民主原则不同,霸主在设置会盟议题方面的权力被当时的人们认为是理所应当的,这是春秋时期国际强权法则与时人"伯""霸"观念共同发挥作用的结果。

"霸主"在春秋时期又被称为"霸"或"伯",即"诸侯之长","霸"和"伯"都是诸侯领袖的意思。获得霸主地位的一种途径是王室的册权。通过王室的册封,诸侯大国的国君成为凌驾于其他诸侯之上的国际领袖,例如齐桓公、晋文公都是被东周王室所正式承认的霸主;另一种获得霸主地位的途径是在会盟上被诸侯推举。虽然这种方式绕过了王室的授权,看起来并不像王室任命这种方式显得那么正式、合法,但它同样是有效的。霸主不仅仅指的是某一个诸侯国君,它可以同时指代那些获得领袖地位的国家,例如齐国、晋国、楚国。作为诸侯领袖,霸主的地位是高于普通诸侯的,它拥有普通诸侯所没有的国际权力。鲁僖公四年,齐国的管仲援引西周王室召康公任命齐国的第一任国君太公望为"王官之伯"的命令,称"五侯九伯,女实征之,以夹辅周室",[①]意思是齐国有权力讨伐获罪的五等诸侯、九州之伯。讨伐其他国家的权力是霸主拥有的特权之一。

鉴于会盟活动的重要性,霸主所拥有的国际权力必然也是要延伸到会盟活动中的。霸主出现之前的会盟规模较小,仅有少数几个直接利益相关的国家参

---

① 《左传·僖公四年》。

加,它们在会盟中的地位也大致平等。因此它们应该可以根据具体的问题和事务自行设定议题,这时候某一个诸侯国对议题的控制现象并不明显。随着霸主的出现,会盟规模变得越来越大,参加会盟的国家并不都是直接的利益相关者,在这种情况下议题设置者的地位就非常重要了。霸主围绕着霸权建立了覆盖广泛的会盟体系,会盟成为霸主管理国际社会的工具。出于维护霸权的需要,霸主会抑制那些对其霸权不利的议题进入会盟程序,霸主控制了会盟议题的设置权。尽管普通的诸侯国仍然有一定的权力对会盟议题提出建议,但霸主充当了议题"把关人"的角色,只有霸主允许的问题和事务才能够真正进入会盟的议程。

大型国际会盟活动的召集权已经成为霸权的一部分,其他较为弱小的诸侯没有能力也没有资格召集大规模的会盟活动,这就使会盟的议题设置权力掌握在霸主的手中。从鲁庄公十三年齐桓公登上会盟的国际舞台开始,直到鲁定公四年后大规模的会盟活动结束,大型国际会盟都是在霸主的组织、主持下举行的,这意味着霸主垄断了这些会盟的议题设置权。重大国际问题的解决离不开霸主的支持,没有霸主支持的问题和事务很难被提升为国际会盟的议题。而当时的诸侯、卿大夫也基本认同霸主在会盟议题方面的控制权。

霸主对会盟议题设置权力的控制既由其强大的实力所致,也是当时国际社会的需要并得到了诸侯各国的支持。例如,鲁昭公元年宋国的向戌称"大国令,小国共"①,鲁昭公十三年齐国又称:"小国言之,大国制之,敢不听从?"②这些观点都表达了小国对大国命令的顺服之意,从侧面肯定了霸主在国际议题方面的话语权。鲁襄公十九年,鲁国的大夫季武子称:"小国之仰大国也,如百谷之仰膏雨焉。"③季武子的说法略带夸张地表述出小国对大国既敬仰又畏惧的心态。

在春秋时期的诸侯国看来,为霸主提供贡赋、听取霸主的命令是天经地义的事,这反映在国际会盟上即是国际社会对霸主议题设置权力的承认。以"尊王攘夷"相关的议题为例,孔子曾高度评价了齐桓公、管仲为维护周礼作出的贡献,称:"微管仲,吾其被发左衽矣。"④意思是说,没有齐桓公和管仲提出的"尊王攘夷"的国际主张,王室和中原诸侯就要受到北方少数民族的侵扰,中原的礼仪文化就要被蛮夷文化所代替。齐、晋作为霸主多次将"尊王"相关的事务设置为

---

①　《左传·昭公元年》。
②　《左传·昭公十三年》。
③　《左传·襄公十九年》。
④　杨伯峻.论语译注[M].北京:中华书局,1980:151.

国际会盟的议题,组织国际力量贯彻、执行了会盟的决议。霸主承担了这些国际责任,要求获得相应的权力回报就在所难免了。其他方面的议题也是如此,责任和权力同样是相对应的。

既然霸主已经取得了会盟议题的控制权,必然会运用这一权力维护自身的利益。对于霸主而言,最大的利益就是国际霸权。在霸主的主导下,诸侯各国在会盟上讨论、沟通、处理了以下重大议题:尊王、攘夷、拒楚、通吴、伐齐、弭兵、贡赋。这些议题全部都与霸主的霸权紧密地联系在一起。"尊王、攘夷"是霸主号召诸侯的口号,"拒楚"是为了对抗霸权竞争者,"通吴"的目的在于牵制竞争者北上,"伐齐"是为了抑制区域霸权的竞争者,"弭兵"确立了"共享霸权"的原则,"贡赋体制"的利益输送将霸权转化为现实的利益且增强了霸主的竞争力。这些议题通过会盟的形式转变成国际社会的集体决议,会盟成员必须加以贯彻、执行。议题决议和执行结果对当时的国际社会产生了重大的影响,改变了国际利益和权力格局,同时决定了春秋历史发展的脉络走向。

霸主会根据国内外的政治形势设置会盟议题的优先等级,那些有利于霸权的议题将优先被纳入会盟的议程,那些不利于霸权的议题将受到霸主的抑制。例如在晋国力量遭到削弱时,"通吴"就成了当时最重要的一个国际议题;只要齐国参与晋国组织的会盟活动,晋国就愿意牺牲鲁国的利益,对齐国称霸东路诸侯采取睁一只眼闭一只眼的策略;而只有当齐国公然与晋国决裂时,晋国才会将"伐齐"纳入会盟的议程。很显然,霸权是议题设置所围绕的核心。

三、霸主扩大了议题的影响力

霸主掌握了会盟议题的设置权,且依靠自身强大的军事实力,使国际会盟议题的影响力发生了根本性的变化。

第一,霸主使会盟的规模大大地增加了。从下面的两张图(图 5-5、图 5-6)可以看出:非霸主时期的会盟活动中,[①]参加会盟的国家通常是两到四个,没有一次会盟活动的参加国家超过了四个。其中绝大部分的会盟活动都是由两个国家参加的,仅有 8.75% 的会盟活动参加国家达到了四个;在霸主时期的会盟活动中,两个国家参加的会盟活动仍然很多,但百分比下降到 45.13%,而 5 个

---

① 在第二章我们将春秋会盟的发展脉络划分为三个时期,分别为会盟初兴期、会盟兴盛期、会盟衰落期,其中霸主的争霸活动主要活跃在会盟兴盛期,即鲁庄公十三年到鲁定公四年,在这里我们称之为"霸主时期的会盟活动",非霸主时期主要指的是除此之外的两个时期。

及其以上国家参加的会盟活动的比例却占到了 44.10%。由此可见霸主对会盟影响力的提升是决定性的。会盟的规模大大增加了,这意味着会盟议题所涉及的国家数量增加了,议题所覆盖的地理区域更加广阔了。鲁定公四年的召陵之盟是春秋会盟活动的最顶峰,19 个国家参加了此次的会盟活动,如果不是霸主晋国的强大号召力,不可能会有这么多的国家出席。

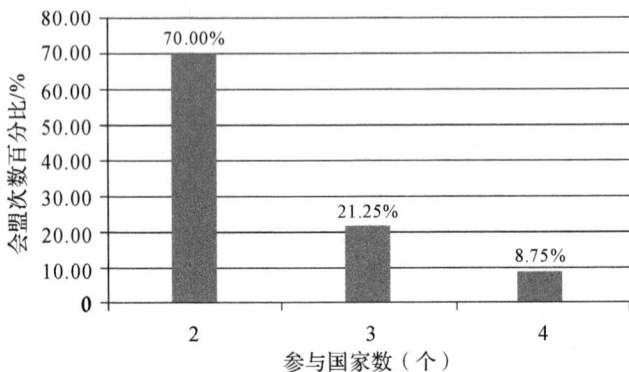

图 5-5　非霸主时期会盟活动的规模

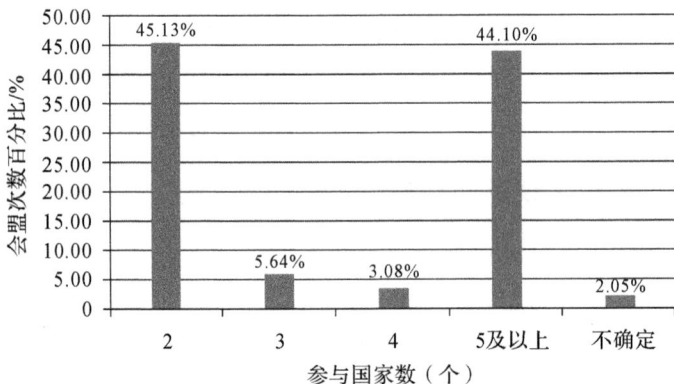

图 5-6　霸主时期会盟活动的规模

第二,霸主根本性地改变了国家之间的力量对比,从而使会盟议题集中于南北冲突这个大的框架之内。在齐桓公作为第一个公认的霸主出现之前,会盟议题所处理的问题大多是北方中原地区几个诸侯之间的冲突,这种冲突属于区域性的冲突,仅仅局限于宋、卫、郑、齐等几个主要的诸侯国之间。而齐桓公在北方建立霸权之后,会盟议题开始围绕南北冲突展开,楚国成为北方诸侯会盟所针对的假想敌人。之所以造成这样的结果,主要是因为北方诸侯中除了齐国和晋国两个霸主之外，再也没有其他国家有实力抵抗南方楚国的向北扩张。南北冲突是春秋时期全局性、主导性的国际冲突，会盟议题围绕着这一冲突展开，使会盟议题更加具有全局性和战略性。例如，以和吴国建立盟友关系为目的的一系列会盟活动正是在霸主晋国的主导下完成的。吴国与北方的诸侯相距甚远，一开始也是一个非常弱小、落后的国家，如果不是为了牵制楚国，中原的诸侯实在没有必要和吴国建立交往关系。但是"通吴"却是极具战略性的决策，深远地影响了春秋后期的国际局势。通过晋国的不懈努力，吴国终于和中原诸侯建立了联系，最终对楚国形成了极大的干扰。

第三，在霸主的主导下一些会盟议题致力于建立国际规则并取得重大成果。霸主所具有的实力和地位使它有能力举行一些建构国际规则的重大会盟活动。例如葵丘之盟、践土之盟以及鲁襄公十一年的亳城北之盟，这些重要的会盟活动制定了各国处理内外事务所需要遵守的规则，对国际交往活动产生了重大的影响。在这些会盟活动中，霸主起到了至关重要的作用。试想一下，如果葵丘之盟是由实力弱小的鲁国或宋、卫、郑、陈、蔡等国家发起的，它能否真正获得举行就值得怀疑；即便它真的得以举行，也很难制定出孟子所记载的五条规则——实际上这些规则的制定需要借助于霸主权威才能够完成，缺少了霸主的权威，会盟诸侯很难就会盟议题达成共识。

第四，霸主还是会盟议题结果得到执行的保障力量。推动会盟决议执行的只能是实力强大的霸主而非那些弱小的诸侯国。没有霸主的参与，会盟议题所得出的结果将会流于形式，很容易被那些规则破坏者所违背。

四、两极格局制约了霸主的权力

春秋时期的霸权并非完全是私权，霸权带有一定的公权性质。也就是说，作为国际社会的领袖，霸主在主持国际活动、处理国际事务时不能仅仅考虑本国的利益，还必须承担领袖的责任，还需要在确保本国利益的基础上维护国际社会的共同利益。实际上弱小的诸侯国并不反对霸主的存在，甚至是渴望国际社会有一个主持国际正义的霸主。但是弱小的诸侯对于霸主的顺服并不是没有条件的。它们希望通过顺服霸主而免于霸主的讨伐，希望霸主对小国给予安全方面的庇护，也希望霸主能够体谅小国的处境，不要对小国过分苛求。霸主和小国之间实际上是一种互相依赖的关系，两者之间的权力和义务都是双向的。

鲁昭公三十年，郑国的卿大夫游吉指出了霸主和小国之间的依赖关系，他说："诸侯所以归晋君，礼也。礼也者，小事大、大字小之谓。事大在共其时命，字小在恤其所无。"①游吉认为诸侯之所以顺服于晋国,主要原因是晋国有"礼"。"礼"在国际关系上可以解释为:小国侍奉大国,大国抚爱小国;侍奉大国在于恭敬地执行大国命令、参与大国的时事,抚爱小国在于体恤小国的不足、照顾小国的需求。春秋时期的霸主也认识到了这一点:想要获得小国的顺服,必须要用"礼""德"来对待小国,对小国承担必要的责任。鲁成公十八年,晋国的韩献子明确指出晋国想要称霸就必须勤于小国的事务,即:"欲求得人,必先勤之。成霸安强,自宋始矣"②;鲁襄公九年,晋国的知武子也说:"非礼,何以主盟? ……我之不德,民将弃我,岂唯郑? 若能休和,远人将至,何恃于郑?"③可见春秋时期那些贤明卿大夫对霸主与小国的依赖关系有着清醒的认识。

　　霸主如果过分苛求小国就会造成小国的背离。虽然霸主的军事力量远远超越了普通的诸侯国,但是小国在国际关系中并不是完全的被动,原因在于春秋时期的两极格局给了小国一定的生存空间。春秋时期的国际社会在非常长的一段时间内都是南北两位霸主对峙的局面,双方都没有足够的力量彻底击败对方。要想在南北争霸中获得优势,霸主就需要弱小诸侯的支持。这种局面一定程度上使小国的重要性增加了。如果原来的霸主不能够体恤小国,小国可以转向顺服另一位霸主。为了避免这种情况的发生,霸主必须将自己的权力限制在一个合适的度之内。鲁文公十七年,郑国大夫子家写信给晋卿赵宣子称:"小国之事大国也,德,则其人也;不德,则其鹿也,铤而走险,急何能择?"④子家利用双方的依赖关系威胁晋国,如果晋国不注意自己的德行,郑国将铤而走险与晋国对抗。鲁哀公七年,鲁国大夫子服景伯也说:"小所以事大,信也。大所以保小,仁也","唯大不字小,小不事大也"⑤。这意味着如果霸主不抚爱小国,小国也不必侍奉大国。

　　在议题设置方面也是如此。霸主不能够利用会盟随心所欲地谋取本国的私利。霸主必须在国际社会主流的价值观念体系之内组织会盟活动,那些与主流价值观念相一致的会盟议题和决议才能够得到诸侯的普遍支持。如果霸主过分追求私利,置国际社会的公共利益于不顾,弱小的国家将会抛弃原有的霸主,推举出新的能够抚恤小国的国际领袖。例如,鲁成公二年,晋国在鞌之战中击败齐国,面对齐国的议和请求,晋国提出了非常苛刻的条件——这实际上是

---

① 《左传·昭公三十年》。
② 《左传·成公十八年》。
③ 《左传·襄公九年》。
④ 《左传·文公十七年》。
⑤ 《左传·哀公七年》。

在拒绝齐国的请求,也意味着议和的议题被晋国否决。晋国的目的是最大化地削弱齐国的力量,并彻底征服齐国。参与伐齐的鲁国和卫国都认为晋国的要求过分了。它们担心日后遭到齐国的报复,因此建议晋国同意齐国的议和请求。在鲁、卫的威胁下,晋国不能再坚持否决议和的议题,否则,这样做的代价将是失去鲁、卫以及齐国对其霸权的支持。

春秋时期没有哪一个国家可以同时垄断南、北霸权,国际社会的两极格局一定程度上约束了霸主在会盟事务方面的权力,使它们不能随心所欲地滥用自己的权力以免失去诸侯的拥护。

本章结论

春秋时期的"会盟议题"指的是诸侯各国在会盟上交流、沟通、处理、解决的国际事务和问题,这些议题大致可以被分为九个类别:国际规则,维护关系,国际干涉,军事行动,停战与议和,调解、诉讼和裁决,国际救济,国际契约,其他。会盟议题根源于国际体系中大国之间力量对比的变化。力量对比的变化导致国际问题的产生,这些问题主要体现在三个方面:国际秩序有待重建、国际冲突日益加剧、国际安全面临威胁。这使诸侯国产生了更加迫切的沟通需求,为了更好地沟通、处理相关的国际事务和问题,诸侯各国举行了会盟活动,但只有部分国际问题有机会被建构为会盟议题。能否被建构为会盟议题取决于三个方面的因素:议题属性、建构时机、建构权力。会盟议题的解决反过来又对国际体系中的力量对比产生了影响,维护或改变了当前的国际体系。

会盟议题的设置权力是国际话语权的重要体现。霸主逐渐控制了会盟议题的设置权,充当了会盟议题的"把关人"角色。霸主会根据国内外的政治形势设置会盟议题的优先等级,那些有利于霸权的议题将优先被纳入会盟的议程,那些不利于霸权的议题将受到霸主的抑制。依靠霸主强大的号召力,会盟议题的影响力也进一步得到提高。春秋时期的两极格局一定程度上限制了霸主的议题设置权力,一方面霸主的议题设置权力得到了普通诸侯国的承认。另一方面霸主并不能毫无限制地滥用它的权力,否则将会导致诸侯国的叛离。

第六章 盟书的传播：会盟共同体的形成、扩张与融合

参加会盟活动的国君和卿大夫相会之后会形成一个会晤的"结果"，这个"结果"类似于现代国际会议所达成的共识或协议。对于非常重要的共识或协议，诸侯各国还会为此举行盟誓活动来进一步对其进行确认和强化。经过了与神灵沟通的盟誓仪式，共识或协议就变成了得到神灵见证的盟书。尽管春秋会盟活动高达 275 次，但是得以记载下来的盟书却不是很多。通过这些仅有的被记载下来的盟书，我们得以了解春秋时期盟书的大致面貌。对于当时的人们而言，这些盟书有什么样的功能？盟书的内容即盟辞是如何形成的？作为一种对会盟成员有约束力的法律性文本，盟书的大概格式是怎么的？本章将尝试对以上问题进行探讨。对这些问题的探讨将我们引向另一个问题：春秋时期诸侯各国的会盟关系究竟是一种什么样的关系？盟书为我们揭示了会盟成员之间的关系可以用"会盟共同体"的关系来概括。尽管这种共同体仍处于比较初级的阶段，但它也具备了现代社会国家共同体的一些基本特征。盟书在会盟共同体的形成、发展和演变中发挥了重要的作用。

第一节 春秋时期的盟书

"盟书"在春秋时期又被称为"载书"，"载"也是"盟辞"的意思，[①]盟书或载书是春秋盟誓活动中形成并使用的一种宣言性、契约性的文本。会盟各方就国际问题或事务达成共识之后，会将共识写成正式的文本供盟誓环节使用，这个文本就是盟书或载书。现代社会中的国际会议和国家之间的结盟活动同样也会形成相应的协议，春秋时期的盟书与其相比最大的不同之处在于盟书具有神圣性。春秋盟书的形成过程涉及两种沟通行为：人与人的沟通、人与神的沟通。人与人的沟通的目的是为了达成共识、形成决议，人与神的沟通是为了将人与

---

① 郑玄注曰："载，盟辞也。"见：《十三经注疏》整理委员会.周礼注疏[M].郑玄，注.贾公彦，疏.北京：北京大学出版社，1999：950.

人的沟通之结果神圣化。人与人沟通的结果必须通过盟誓环节才能够成为真正意义上的盟书，这些环节包括除地为坛、凿地掘坎、杀牲歃血、昭神读书、坎牲埋书、享宴归饩等。因此盟书是上述两种沟通行为共同作用的结果，它的形成过程可以概括如图 6-1：

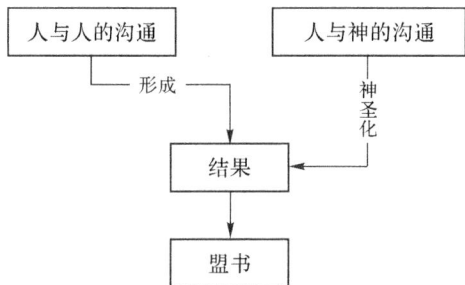

图 6-1　盟书形成的过程

一、盟书的功能

盟誓的诸多环节都会用到盟书：盟书形成后司盟将正本抄录为多个副本，副本供参与盟誓的各国在会后带回本国收藏；在"昭神读书"的环节，司盟向神明宣读盟书的内容，请神灵监督盟书内容的执行情况；在"坎牲埋书"的环节，盟书的正本和用以祭祀的牲的尸体、歃血后的余血一并埋入事先凿好的洞穴中；盟书的副本由各国带回收藏于各国的盟府。盟书在春秋盟誓中的使用情况如图 6-2 所示：

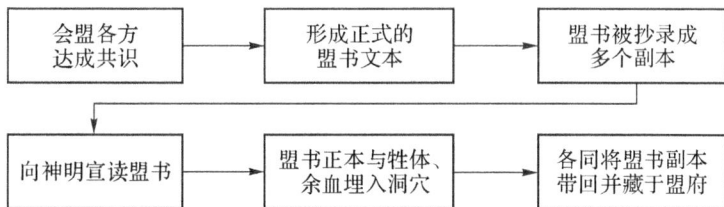

图 6-2　盟誓仪式中盟书的使用

并不是所有的会盟活动都会使用盟书，只有在盟誓时才会使用盟书。一般的"会"可能也会形成一定的协议、契约或宣言，但是由于没有进行歃血盟誓，所以并不会形成正式的盟书文本。因此盟书只有在更为重大、庄严、神圣的歃血盟誓活动中才会出现。在春秋时期的国际社会中，盟书主要具有以下功能：

（一）宣示功能

盟书是会盟共识的正式文本化，在盟书中会盟各国明确了权利与义务、确立了规则、表明了态度、表达了决心，这类似于现代社会国际会议、国际组织结盟活动发表的宣言、共识和精神。盟书被用来向神明宣读，表达了诸侯各国愿意遵守盟书约定的决心，并请求神明监督盟书条款的执行，违背盟书的行为将会遭到神明的惩罚；同时盟书也是向参加会盟的各国国君、卿大夫乃至各国的百姓发出的一种宣言，提醒各国注意遵守盟书的约定，背盟行为将会遭到其他会盟成员的讨伐；盟书还是向假想中的对立国家发出的宣言，展现了会盟成员团结一致、同仇敌忾的态度和决心，给假想敌人以警告和威慑。

（二）载体功能

根据吕静的观点，盟书的内容被记录在玉石、金属等材料上。[①] 1965 年 12月山西省侯马市东郊出土的"侯马盟书"是记载于玉片和石片上的，文字一般是毛笔书写的红字，少量为墨色；[②]1980 年 3 月至 1982 年 6 月在河南温县武德镇发现的"温县盟书"，[③]记于石片上，文字为墨书。[④] 侯马盟书的盟誓时间大约在春秋晚期，[⑤]温县盟书的年代与侯马盟书的年代相近，[⑥]它们的材质也都是石片或玉片。侯马和温县盟书的出土遗址被认为是当时举行盟誓的地点，按此推理，掩埋于地下的盟书正本的材质即为玉或石。埋于地下的盟书正本和被诸侯带回收藏的盟书副本是否都是用同种材料制作而成的？这个问题的答案我们不得而知。

从《左传》的记载来看，春秋时期史册典籍的常用载体是竹或木。[⑦] 杜预曰："命者，国之大事政令也。承其告辞，史乃书之于策。若所传闻行言，非将君命，

① 吕静.春秋时期盟誓研究：神灵崇拜下的社会秩序再构建[M].上海：上海古籍出版社，2007：185.

② 江村治树.侯马盟书考[J].王虎应，史画，编译.文物季刊，1996(1)：81.

③ 程峰.侯马盟书与温县盟书[J].殷都学刊，2002(4)：46.

④ 王星光.温县盟书[J].档案管理，2005(3)：80.

⑤ 江村治树《侯马盟书考》一文认为：以出土遗物为中心对盟书的年代进行推断，认定盟书的年代大体为春秋晚期，即公元前 5 世纪中叶。（见：江村治树.侯马盟书考[J].王虎应，史画，编译.文物季刊，1996，1：81-96.）

⑥ 程峰.侯马盟书与温县盟书[J].殷都学刊，2002(4)：46.

⑦ 杨伯峻曰："古代书写多用竹木。用木者曰方，曰牍，曰版；用竹者曰简，曰册。析言之，单执一札谓之简，连编诸简乃名为策。"（见：杨伯峻.春秋左传注[M].北京：中华书局，1990：78.）

则记在简牍而已，不得记于典策。此盖周礼之旧制。"①重大的事件，诸侯各国的史官会将其记载于木或竹做的简册上面，收藏到特定的档案室交由专人保管。因此很可能盟书的副本也是记载于木片或竹片上的。诸侯带回去的盟书副本将被收藏在盟府中。鲁僖公二十六年，鲁大夫展喜称"载在盟府，大师职之"②，"大师"为保管盟书的官职。

无论是哪种载体形式，可以肯定的是诸侯各国都十分重视保管这些典籍。鲁昭公二十六年，王子朝叛乱失败，王子朝及其党羽逃奔去楚国时专门带走了"周之典籍"，可见典籍在周人眼中的重要性。鲁哀公三年，鲁国发生了火灾，在救火过程中南宫敬叔、子服景伯特意命令保管典籍的官员注意抢救御书、礼书等典籍。正卿季桓子到达救火现场专门下令要收藏好国家的典章、法令，曰"旧章不可亡也"。③ 这说明到了春秋晚期，国家典籍的保管、传播仍然是一件十分重要的行政工作。

包括盟书在内的各种典籍都是诸侯、卿大夫阅读、学习的对象。盟书以及史书把会盟的历史情境记载了下来，其中的规则、协议、约定、共识等内容通过学习、教育被传递给下一代的国君和卿大夫，又进一步被应用于国家政令的各个方面。这在客观上起到了扩大会盟影响力的作用，对当前和未来的国际社会都形成了一定的影响。例如鲁僖公二十八年（公元前632年）践土之盟确立的国际规则，到了鲁定公四年（公元前506年）还被人提及，这说明126年过去了，践土之盟的盟书依然在发挥着效力。在此意义上而言，盟书是承载、传递信息的载体，它使会盟共识在国际社会中得到广泛地传播和扩散。

(三)征信功能

信，在春秋时期非常受人们的重视。"信"的概念并不仅仅停留在道德层面，时人更注重从其实践价值层面强调"信"的重要性。从个人到国家再到国际社会，无论在哪个层面，"信"都是不可或缺的。对个人而言，"匹夫一为不信，犹不可，单毙其死"④，个人失去信用就不能善终；对国家而言，"信，国之宝也，民之所庇也"⑤，信用是国家之宝，能够为百姓提供庇护；对小国而言，"小所以事大，

①　《十三经注疏》整理委员会.春秋左传正义[M].左丘明,传.杜预,注.孔颖达,疏.北京:北京大学出版社,1999:129.
②　《左传·僖公二十六年》。
③　《左传·哀公三年》。
④　《左传·襄公二十七年》。
⑤　《左传·僖公二十五年》。

信也。小国无信,兵乱日至,亡无日矣"①,小国如果抛弃信用,国家就会很快灭亡;对大国和霸主而言,"信不可知,义无所立,四方诸侯,其谁不解体?"②,大国无信则诸侯就会背叛,霸权就会崩溃。

正是因为信用如此重要,所以诸侯希望用盟誓的形式敦促大家不要违背信义,盟誓的目的即是为了"征信"。但是春秋时期国家之间的失信现象经常发生,这是盟誓活动频繁的一个重要原因。范宁曰:"世道交丧,盟诅滋彰。"③《左传》称:"《诗》云:'君子屡盟,乱是用长。'无信也。"④诸侯各国至少在表面上都将"信"视为盟誓活动的意义所在,盟誓如果缺乏了信用就丧失了它的意义。在《左传》中我们可以发现当时的人们往往将"盟"与"信"联系在一起,例如,"苟信不继,盟无益也"⑤,"齐盟,所以质信也"⑥,"盟以底信"⑦,"盟所以周信也"⑧。郑国的子驷、子展其至表示,如果盟誓活动是在要挟下举行的,神也不会降临盟誓仪式,神所降临的只有那些诚信的会盟。⑨

从"信"的角度来看,盟书就是诸侯盟誓活动的"信物",作为诸侯盟誓仪式的重要道具和凭证,盟书对会盟信用的维护起到了一定的作用。因为有盟书的存在,诸侯之间的规则、协议、约定和共识不再仅仅是口头的承诺。盟书将较为随意的口头承诺转变成正式的、标准的文本,盟誓的内容也被保存下来,随时可以翻阅查看,这样背叛盟誓的行为就可以很容易得到鉴别和确定。

不仅如此,在盟誓祭仪中盟书是很重要的道具,它还是"人"与"神"沟通的一种媒介。盟书被宣读给神灵,盟书正本和祭祀的牲及血液一起埋入地下,神灵由此也一定知晓了盟书的内容。会盟者请求神灵依据盟书内容监督盟书的执行,对那些违背盟书的行为降以灾祸以示惩罚。因此盟书是带有某种"神性"的文本,它借助诸侯对神秘力量的崇敬和恐惧发挥它的效力,对背叛盟誓的行为产生一定的约束力。

---

① 《左传·襄公八年》。

② 《左传·成公八年》。

③ 《十三经注疏》整理委员会.春秋穀梁传注疏[M].范宁,集解.杨士勋,疏.北京:北京大学出版社,1999:26.

④ 《左传·桓公十二年》。

⑤ 《左传·桓公十二年》。

⑥ 《左传·成公十一年》。

⑦ 《左传·昭公十三年》。

⑧ 《左传·哀公十二年》。

⑨ 子驷、子展曰:"且要盟无质,神弗临也,所临唯信。信者,言之瑞也,善之主也,是故临之。"(《左传·襄公九年》)

（四）引证功能

盟书还是国家之间签订的契约性文件，以现在的观点来看它应该具有法律效力。符合盟书内容的行为具有合法性和正义性，违反盟书内容的行为则是非法的和非正义的。处于纠纷中的国家可以援引盟辞支持、解释自己的观点，为自己的行为找到合法的依据。陈智勇发现，春秋时人在处理某些具体事务时，为了一定的目的常称引春秋以前或春秋时期的盟誓。其中晋文公主持的践土之盟是春秋霸主主持的会盟中被称引次数最多的一个，另一个被称引最多的是鲁襄公二十七年的宋之盟，被引用了十二次之多。①

盟书之所以可以被用来引证，是因为它具有公信力。而它之所以能够具有公信力，则是因为盟书的副本被收藏于每个会盟成员的档案保管部门，每个国家都可以自己查阅、核对。换而言之，盟书的广泛传播是其合法性的保证。那些被引用最多的盟书，都是来自于由盟主主持的、众多国家参与的大规模的国际会盟活动。相比小型的国际会盟活动而言，这些大型国际会盟所处理的国际事务也更加重要，会盟结果对国际社会的影响也更为深远。

鲁僖公二十八年的践土之盟是晋国在击败楚国之后举行的一次重大会盟活动，它标志着晋国霸权地位的确立，会盟所确立的新的国际秩序对当时以及其后的国际社会产生了重大影响。践土之盟的重要性使它成为《左传》中盟书被引用最多的一次会盟。以鲁定公四年的一次引用为例，卫灵公听说该年举行的皋鼬之盟上，晋国将提升蔡国的地位，在歃血环节让蔡昭公排在卫灵公前面。皋鼬之盟的最终参加国家有 18 个，在这样一次大型会盟活动中排序的降低是非常不利于卫国的国际地位的。卫大夫祝佗引用践土之盟的盟书所记录的诸侯歃血顺序，指出即便践土之盟中卫成公没有亲自出席，仅派了卫叔武参加，卫国仍然排在蔡国前面。践土之盟盟书中诸侯的排序是一个有力的凭据，盟主晋国只好仍然让卫灵公先歃。

践土之盟从举行那一年到其盟书最后一次被《左传》引用的时间，总共经历了 126 年之久。可见重大国际会盟的盟书有着持久的法律效力，在一个世纪之后仍然对国际社会产生着影响。

以上盟书的四个功能可以概括为图 6-3：

①　陈智勇.试析春秋盟誓对春秋时人的影响及时人对盟誓与盟主的评价[J].中国历史博物馆馆刊,2000(2):17-23,38.

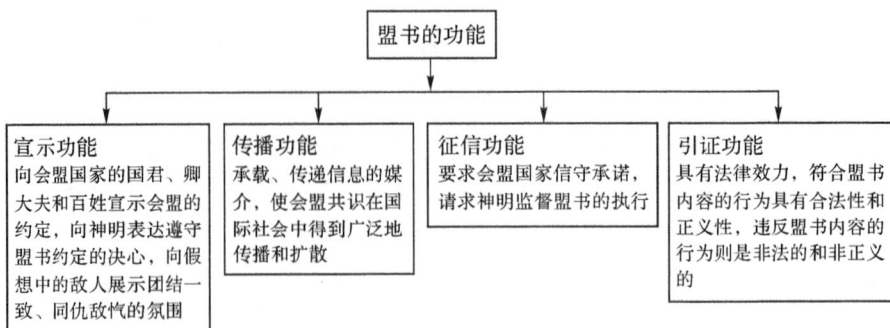

图 6-3　盟书的功能

二、盟辞的来源

鉴于盟书所具有的以上四种功能,它是诸侯盟誓仪式中非常重要的道具,也是各国建立会盟关系的重要信物或凭证。那么,盟书的内容即盟辞是如何形成的呢? 先秦文献对会盟过程的记载本身不是很详细,对盟辞形成过程的记载就更加少了。不过从《左传》仅有的少数记载来看,我们还是可以发现盟辞的形成主要有以下三种方式:

(一)会盟者事先约定

一般情况下盟书是由会盟各方共同商议之后形成的。即便在那些所谓的“城下之盟”,盟书可能主要体现了战胜者的意志,但既然是共同盟誓,那么盟书也必然是事先得到另一方认可的,否则盟誓仪式也不会进行下去。因此在盟誓之前,会盟各方会就盟誓的内容事先约定,这是盟书形成的一般途径。

鲁襄公二十七年的弭兵之盟是春秋历史上最为重要的会盟活动之一,《左传》详细记载了这次会盟的过程——这是少数几个记载得比较详细的会盟活动之一。此次会盟的盟辞是经过各方多次会晤形成的,这些会晤的情况如表 6-1 所示:

表 6-1　弭兵之盟盟辞形成过程中的各方会晤情况①

会晤次序	起始时间	会晤人员	地点	会晤内容和结果
第一次	六月十六日	楚公子黑肱、晋国大夫	宋	形成初步的共识
第二次	六月二十一日	楚令尹子木、宋向戌	陈	商定楚国的条件；子木提出：晋之盟国朝楚，楚之盟国朝晋
第三次	六月二十四日	晋正卿赵武、宋向戌	宋	向戌向赵武转告楚国的条件；赵武回复：晋国无法号令齐国，楚国无法号令秦国，如果楚国能让秦国朝见晋国，晋国就请求齐国朝见楚国
第四次	六月二十六日	楚令尹子木、宋向戌	陈	向戌向子木转告晋国的答复；子木无法定夺，派人向楚康王请示；楚康王回复：不管齐、秦，请其他国家互相朝见对方盟主
第五次	七月初二	晋正卿赵武、楚公子黑肱、向戌	宋	向戌转告楚国的答复；当夜，赵武与公子黑肱商定了盟书的盟辞

　　从弭兵之盟的情况来看，此次盟誓的盟书内容是通过五次会晤而形成的，前后经历了半个多月。会晤的参与方除了晋、楚两位盟主，还包括了弭兵之盟的发起国宋国。宋国的向戌作为会盟的发起者，往返于晋、楚之间，充当了信息的传递者角色。楚国最终参加盟誓的是令尹子木，但子木仅仅是代理人而不是最高决策者，子木还需要向楚康王请示才能行动。从记载来看，晋国的正卿赵武并没有向晋国国君请示，直接就作出了裁决。

　　其他会盟活动的盟书很可能不会像此次弭兵之盟这样复杂。晋、楚的长期对抗使双方都表现得小心翼翼。两国的最高决策者并不直接进行对话，他们的沟通是通过代理人和中介进行的。考虑到春秋时期的礼仪文化，其他盟誓的盟书很可能也是通过卿大夫们的会晤形成的，形式上的最高决策者应该都是通过所谓的"介"来进行交流的，盟书也是由各国代理人共同商定的。

　　（二）临时添加盟辞

　　鲁定公十年，齐景公和鲁定公在夹谷举行会盟，孔子作为鲁定公的助手参加了此次会盟。在盟誓仪式之前，双方已经商定了盟书内容。但是齐国的犁弥

---

　　①　由于不能确定每次会晤持续了多长时间，这里仅标出了每次会晤开始的时间；其中的具体日期来自于沈玉成的《左传译文》和杨伯峻的《春秋左传注》，日期为农历。

认为孔子"知礼而无勇",如果让莱人①劫持鲁定公逼迫孔子,一定能够使盟誓按照齐国的意愿举行。齐国确实这样做了,但是孔子并没有屈服。齐国人在盟书上临时添加了有利于齐国的盟辞,要求在齐国边境打仗时鲁国必须派遣三百辆甲车跟随齐国作战。这一要求显然是原来盟书中所没有的条款。孔子并没有直接反对这一要求,而是让鲁国的大夫兹无提出了约束条件:只有齐国归还鲁国汶阳的土地,鲁国才会满足齐国的要求。

这一事例表明,事先商议好的盟书在盟誓仪式中还可以临时添加内容,虽然这种情况可能并不是普遍的现象。毕竟盟誓仪式是有神灵参加的非常庄严的仪式,这样做即是对神灵的亵渎也不符合仪式的礼仪。但临时添加盟辞的现象确实存在,临时添加的盟辞也能够成为盟书的内容。夹谷之会后,齐国果然将郓、讙、龟阴的土地归还给鲁国,这很可能就是执行盟书的结果。

临时添加的盟辞不仅具有同样的法律效力,也同样受到神灵的保护。鲁襄公九年的戏之盟,晋国士庄子订立的盟书要求郑国自今之后唯晋国的命令是从。在向神灵宣读盟书时,郑国的公子騑提出了新的盟辞,称:郑国只服从有礼且强大、能够庇护郑国百姓的国家,唯这样的国家之命是从。这其实就是在盟辞中添加了限制性条款,要求晋国既要以礼待郑又要在楚国讨伐时要保护郑国。这样盟书就从原来对晋国有利而转变成对郑国有利。公子騑的话也被写进了盟书,于是晋国的荀偃要求修改盟辞。公孙舍之认为盟书已经在神灵面前进行过宣誓,盟辞就不可以修改了。

戏之盟的事例表明,向神灵宣读盟书时添加的盟辞也受神灵的保护。盟辞一经告神,即不可修改,会盟各国同样要执行新添加的盟辞的约定。

(三)使用以往的盟辞

鲁昭公元年,晋、楚两大集团在郑国的虢举行了盛大的寻盟仪式,所"寻"之盟是鲁襄公二十七年的弭兵之盟。这次寻盟所用的盟书就是宋之盟的盟书。在鲁襄公二十七年的弭兵之盟中,晋国让楚国先歃血,正常情况下,此次寻盟楚国应该让晋国先歃,这样以表明两位霸主的对等地位。但楚国并不愿意这样做,为了防止晋国先歃血,楚国请求取消歃血环节。最终这次寻盟只是宣读了旧有的盟书,并没有举行完整的盟誓仪式。

像虢之盟这样使用以往盟誓的盟辞举行新的盟誓仪式的情况被称之为"寻盟"。"寻盟"是春秋时人的一个常用词语,寻盟行为也非常常见。孔颖达称:

---

① 莱国此时也被齐国所灭,莱人也并入齐国。

"则诸言'寻盟'者，皆以前盟已寒，更温之使热。温旧即是重义，故以寻为重。"①按照这一解释，所谓的"寻"即是重温旧约，所谓的"前盟已寒"大概是指会盟成员之间的关系趋于冷淡，此时有必要重新就原有的盟辞再次盟誓，目的在于号召诸侯不要忘记旧约，加强会盟成员之间的团结。杨伯峻认为寻盟"即修旧好之辞"②，"修"还包含了对以往的盟辞进行调整之意，这意味着会盟成员可能会依据新的国际形势赋予盟约新的内容。但是既然是"重温旧约"，盟辞应该主要以旧有盟辞为主。

三、盟书的内容

在笔者统计的 275 次国际会盟活动中，除去 100 次被记载为"会"的，剩余的 175 次都是盟誓活动，包括了莅盟和涖盟、同盟、寻盟（见表 6-2）。这些盟誓活动当中，寻盟的盟书所用的是以往的盟书，除此之外的莅盟、同盟应该都是使用新的盟书。但是大部分的盟书都没有被记载下来。《春秋》《左传》（主要是《左传》）仅记载了 15 次会盟活动的盟辞或盟书，这不能不说是一件遗憾的事。

表 6-2 《春秋》《左传》记载的国际会盟活动的类别

类别	次数/次
会	100
莅盟和涖盟	19
寻盟	138
同盟	18
总计	275

即便是得以记载的 15 次会盟的盟辞，其中有不少仅仅是记录了只言片语。例如鲁桓公元年，郑庄公与鲁桓公的盟誓，《左传》仅记载了一句盟辞："渝盟，无享国。"很显然这只是盟书中的自我诅咒部分，即如果违背了盟誓将受到什么样的惩罚。盟书还应该包括具体的条款，但是没有被记录下来。盟辞记载得较为详细的会盟包括鲁僖公九年的葵丘之盟③、鲁襄公二十七年的践土之盟、鲁成公十二年的宋之盟、鲁襄公十一年的亳城北之盟。其中，得益于孟子的记载，我们

---

① 《十三经注疏》整理委员会.春秋左传正义[M].左丘明，传.杜预，注.孔颖达，疏.北京：北京大学出版社，1999：1666.

② 杨伯峻.春秋左传注[M].北京：中华书局，2009：30.

③ 《左传》对葵丘之盟的盟辞记载很少，更多的内容来自于《孟子》中所提到的盟辞。

所看到的葵丘之盟的盟辞是非常具体和详细的。另一个在《左传》中记载得非常详细的毫城北之盟,不仅盟书的约定内容非常详细,格式也是比较完备的。

在这些得到记载的盟辞中,大部分会盟活动都是北方诸侯举行的,或者是北方诸侯与楚国共同举行的。15次盟书得到记载的会盟活动,楚国参加了其中的三次,吴国参加了其中的一次。总体而言,得到记录的都是由北方诸侯参加的会盟活动的盟辞。这很可能是信息传播不方便造成的结果,那些能够传播到鲁国的会盟活动的盟书就可能得到记载,那些没有传播到鲁国的盟书就不能被记载下来。

这15次会盟的具体情况以及盟书如表 6-3 所示:

表 6-3　春秋国际会盟的盟书①

鲁公纪年	会盟国或人员	盟誓地/国	盟辞
鲁桓公元年	郑庄公、鲁桓公	越	渝盟,无享国
鲁僖公九年	宰周公、齐桓公、鲁僖公、宋子、卫文公、郑文公、许僖公、曹共公	葵丘	凡我同盟之人,既盟之后,言归于好。初命曰,诛不孝,无易树子,无以妾为妻。再命曰,尊贤育才,以彰有德。三命曰,敬老慈幼,无忘宾旅。四命曰,士无世官,官事无摄,取士必得,无专杀大夫。五命曰,无曲防,无遏籴,无有封而不告。曰,凡我同盟之人,既盟之后,言归于好②
鲁僖公十八年	楚成王、郑文公	楚	无以铸兵
鲁僖公二十八年	晋文公、齐昭公、鲁僖公、宋成公、蔡庄公、郑文公、卫子(弟叔武)、莒子	践土	王若曰:晋重、鲁申、卫武、蔡甲午、郑捷、齐潘、宋王臣、莒期。③ 皆奖王室,无相害也!有渝此盟,明神殛之,俾队其师,无克祚国,及而玄孙,无有老幼。凡我同盟,各复其职④
鲁宣公十二年	晋先縠、宋华椒、卫孔达、曹大夫	清丘	恤病,讨贰

———————————

①　括号表示该会盟国或人员可能参加了该次会盟。

②　"五命"的盟辞来自于孟子的记载,《公羊传·僖公三年》也记载有类似的盟辞,但据《孟子·告子下》,该盟辞应为僖公九年葵丘之会的盟辞。

③　诸侯排序的内容来自鲁定公四年卫国祝佗的叙述。

④　"凡我同盟,各复其职"一句,来自于鲁定公元年薛宰的叙述。

续表

鲁公纪年	会盟国或人员	盟誓地/国	盟辞
鲁宣公十五年	楚子反、宋华元	宋	我无尔诈，尔无我虞
鲁成公十二年	晋士燮、楚公子罢、许偃	宋西门之外	凡晋、楚无相加戎，好恶同之，同恤菑危，备救凶患。若有害楚，则晋伐之；在晋，楚亦如之。交贽往来，道路无壅；谋其不协，而讨不庭。有渝此盟，明神殛之，俾队其师，无克胙国
鲁襄公九年	晋悼公、鲁襄公、宋平公、卫献公、曹成公、莒子、邾子、滕子、薛伯、杞孝公、小邾子、齐世子光、（郑简公）	戏	（晋）自今日既盟之后，郑国而不唯晋命是听，而或有异志者，有如此盟……（郑）天祸郑国，使介居二大国之间。大国不加德音而乱以要之，使其鬼神不获歆其禋祀，其民人不获享其土利，夫妇辛苦垫隘，无所厎告。自今日既盟之后，郑国而不唯有礼与强可以庇民者是从，而敢有异志者，亦如之①
鲁襄公十一年	晋悼公、鲁襄公、宋平公、卫献公、曹成公、齐世子光、莒子、邾子、滕子、薛伯、杞孝公、小邾子、（郑）	亳城北	凡我同盟，毋蕴年，毋壅利，毋保奸，毋留慝，救灾患，恤祸乱，同好恶，奖王室。或间兹命，司慎、司盟，名山、名川，群神群祀，先王、先公，七姓十二国之祖，明神殛之，俾失其民，队命亡氏，踣其国家
鲁襄公十六年	晋荀偃、鲁叔孙豹、宋向戌、卫甯殖、郑公孙虿、曹大夫、莒大夫、邾大夫、薛大夫、杞大夫、小邾之大夫	溴梁	同讨不庭
鲁襄公十九年	晋平公、鲁襄公、宋平公、卫侯（卫殇公）、郑简公、曹成公、莒子、邾子、滕子、薛伯、杞孝公、小邾子	祝柯	大毋侵小
鲁襄公二十七年	晋赵武、楚屈建、鲁叔孙豹、蔡公孙归生、卫石恶、陈孔奂、郑良霄、许人、曹人、（宋大夫）	宋西门之外	释齐、秦，晋、楚之从交相见

---

①　此盟辞为晋士庄子所说的盟辞与郑公子𬨎所添加的盟辞合并在一起后的结果。

续表

鲁公纪年	会盟国或人员	盟誓地/国	盟辞
鲁昭公十三年	刘子、晋昭公、齐景公、宋元公、卫灵公、郑定公、曹武公、莒子、邾子、滕子、薛伯、杞平公、小邾子	平丘	无或失职①
鲁定公十年	齐景公、鲁定公	夹谷	(齐)齐师出竟,而不以甲车三百乘从我者,有如此盟。(鲁)而不反我汶阳之田,吾以共命者,亦如之
鲁哀公十三年	(单平公)、晋定公、吴夫差、鲁哀公	黄池	好恶同之②

四、盟书的格式

表 6-3 中的盟书都是不完整的盟辞片段,实际上春秋时期的盟书是一种相对比较成熟的文体,它有自己的独特结构。李艳红将《侯马盟书》《温县盟书》与《左传》的盟誓语言进行了比较,认为春秋盟辞是一种非常正规的书面语,受其文体本身的要求,它有专门的格式化的语言,其公文通用性很强,类似于我们今天的国际公约。③

对于盟书的具体结构,吕静考察了侯马、温县盟书以及《左传》中的盟书,把春秋时期的盟书格式分为三部分,分别为:"序章""契约条款"和"自我诅咒"。④其中"序章"通常会记录盟誓举行的纪年及日期、宣誓人的名字;"契约条款"是盟书的正式内容,是会盟成员达成的共识或宣言,是会盟成员需要遵守的协议、契约、规则和规范;"自我诅咒"是违背盟约的行为应该遭受什么样的惩罚。

另一位研究者董芬芳认为,盟书是一种特殊的法律文书,有规范行为、迫使人们践履相关约定的特征。⑤ 春秋盟书的文体结构包括以下五个部分:会盟日

---

① 鲁昭公十九年郑子产提到了此次会盟的盟辞,称此次会盟为寻盟活动。
② 鲁哀公二十年,晋赵襄子提到了黄池之会的该部分盟辞。
③ 李艳红.《侯马盟书》《温县盟书》与《左传》盟誓语言比较研究[J].殷都学刊,2007(3):124-129.
④ 吕静.春秋时期盟誓研究:神灵崇拜下的社会秩序再构建[M].上海:上海古籍出版社,2007:213.
⑤ 董芬芳.盟书:春秋时代特殊的法律文书[J].甘肃政法学院学报,2006(1):90-93.

期、与盟成员、会盟缘起、盟首、诅辞。① 董芬芳指出，由于盟书的日期同会盟日期一致，所以我们看到的《左传》等先秦典籍所保留的盟书都是没有日期的，不过在侯马、温县盟书中会盟日期是存在的。"盟首也就是对所有与盟成员的要求，是一份盟书中最重要的部分，是会盟的最终目的和核心。"在这里"盟首"相当于吕静所说的"契约条款"。董芬芳认为盟书还包括一个"缘起"部分，一般用于陈述会盟的具体历史背景，如刘勰《文心雕龙·祝盟》所说"盟之大体，必序危机"。"诅辞"部分即是吕静所称的"自我诅咒"部分。

以上两位学者的研究基本揭示了春秋盟书的大体结构。综合二位研究者的发现，笔者将盟书的结构分为五个部分：会盟日期、会盟成员、会盟缘起、会盟誓约、违约诅咒。这个结构将两位研究者的成果综合在一起，用形式上更为统一的语言表述出来。为了更清楚地概括盟书的结构，我们用表6-4对其进行示意：

表 6-4　春秋盟书的结构

盟书结构	解释	示例
第一部分：会盟日期	董芬芳认为会盟日期即是盟誓举行的日期，也是盟誓生效的日期	温县盟书硪 T1 坎:3216:"十五年十二月乙未朔,辛酉。"
第二部分：会盟成员	1.吕静认为盟书中会盟成员的名字都是他们的私名,不能使用尊号、官职名 2.盟书中会盟成员的顺序即是盟誓歃血的顺序,通常按尊卑排序,盟主的名字排在第一位	践土之盟盟书:"王若曰:晋重、鲁申、卫武、蔡甲午、郑捷、齐潘、宋王臣、莒期。"
第三部分：会盟缘起	介绍、陈述举行会盟活动的背景	戏之盟盟辞:"天祸郑国,使介居二大国之间。大国不加德音而乱以要之,使其鬼神不获歆其禋祀,其民人不获享其土利,夫妇辛苦垫隘,无所底告。"
第四部分：会盟誓约	即盟书的正式内容,是会盟成员达成的共识或宣言,是会盟成员需要遵守的协议、契约、规则和规范	亳城北之盟盟书:"凡我同盟,毋蕴年,毋雍利,毋保奸,毋留慝,救灾患,恤祸乱,同好恶,奖王室。"
第五部分：违约诅咒	列举监盟的神灵,诅咒违约行为	亳城北之盟盟书:"或间兹命,司慎、司盟,名山、名川,群神群祀,先王、先公,七姓十二国之祖,明神殛之,俾失其民,队命亡氏,蹄其国家。"

---

① 董芬芳.春秋会盟文化与盟书的文体结构[J].西北师大学报:社会科学版,2008,45(2):82-87.

第二节　春秋时期的会盟共同体

上文我们所汇集的春秋会盟盟书中，有两个词语出现的频率是比较高的，它们是"我"和"同"。例如，葵丘之盟有"凡我同盟之人"，践土之盟有"凡我同盟"，鲁成公十二年西门之盟有"好恶同之，同恤葘危"，亳城北之盟有"凡我同盟"，溴梁之盟有"同讨不庭"，黄池之会有"好恶同之"。这些表述显然是在表达参加盟誓的诸侯国自盟誓之日开始结为一个整体，共同遵守盟誓的约定。以现代社会的共同体理论来看，这些表述体现了一种原始的、朴素的共同体思想，这些盟书都在尝试将一种共同的价值体系、制度和规则传播、推广、实施于同盟的诸侯国成员所组成的国际社会之内。

一、国际共同体理论

(一)共同体的概念

现代的一些研究者已经使用了"共同体"的概念来表述春秋时期的国际关系。例如，许倬云将中国民族与疆域发展的历史过程称之为是"一个不断变化的复杂共同体"，认为"'中国'这个共同体，与其说是国家，毋宁说是个'天下'，它没有边界，可是周边对中央王朝有不同程度的归属"，春秋时期"以王室为代表的'华夏'是'我者'；相对而言，所谓的'他者'则是华夏以外的'外族'——例如楚国代表的南方，以及北方许多所谓的'戎狄'"。① 在这里中国民族内涵不断丰富、疆域不断扩大的过程就是中国这个共同体不断纳入新的文化、新的文明和新的民族的过程。许倬云认为西周所构建的封建体系，"本是血缘共同体和权力共同体的重叠：周王即是君主，也是大家长，宗法体制也就是封建统治机制的基础"。② 这种共同体体系被春秋时期的霸主所继承，体现在齐、晋这些霸国长期不懈地坚持"尊王攘夷"的策略。

威廉·麦克尼尔在《西方的兴起：人类共同体史》一书中使用了"人类共同体"(human community)的概念来指代世界各地的不同文明。威廉·麦克尼尔认为，"公元前771年西周灭亡以后，十几个诸侯瓜分了对全国的有效(尽管并非理论上的)统治权"，但是长期的内乱也促进了中国文化的传播，"许多在战争

---

① 许倬云.说中国：一个不断变化的复杂共同体[M].桂林：广西师范大学出版社，2015：2，50.

② 许倬云.说中国：一个不断变化的复杂共同体[M].桂林：广西师范大学出版社，2015：58.

中逃离家园的流亡者和冒险者把中国的思想和行为方式传播到临近的蛮族地区"，"被纳入文明圈的蛮族对中国文明做出了重大的贡献"。①

许倬云、威廉·麦克尼尔都将中国以及相关的民族、文明视为一种"共同体"，这与本尼迪克特·安德森的研究思路相一致。本尼迪克特·安德森将"民族"定义为一种想象的共同体(imagined communities)，认为："它是一种想象的政治共同体——并且，它是被想象为本质上是有限的，同时也享有主权的共同体。"②安德森超越一般将民族主义当作一种单纯的政治现象的表层观点，将它与人类深层的意识与世界观的变化结合起来，民族主义不再只是一种意识形态或政治运动，而是一种更复杂深刻的文化现象(或者借用他自己的话来说，一种"文化的人造物")。③ 安德森指出"民族被想象为一个共同体，因为尽管每个民族内部可能存在普遍的不平等与剥削，民族总是被设想为一种深刻的，平等的同志爱"④，这意味着共同体能够向成员提供某种认同和归属感。安德森还认为语言、媒介对于共同体的形成非常重要，例如人们之所以能够产生对基督教世界、伊斯兰教世界甚至中国(the middle kingdom)的想象，主要是通过"某种神圣的语言与书写文字的媒介"⑤，而"拉丁文的衰亡，其实是一个更大的过程，也就是被古老的神圣语言所整合起来的神圣的共同体逐步分裂、多元化以及领土化的过程的一个例证"⑥。因此共同体的形成实际上与语言、媒介、传播有很大的关系。

马克斯·韦伯将"共同体"定义为一种"社会关系"，他在《经济与社会》一书中使用了家族共同体、氏族共同体、邻里共同体、政治共同体、语言和文化共同体的概念。⑦ 韦伯认为"共同体化"是与"社会化"相区别的一种社会关系，"共同

① 威廉·麦克尼尔.西方的兴起：人类共同体史[M].孙乐，陈志坚，于展，等译.北京：中信出版社，2015：266-268.

② 本尼迪克特·安德森.想象的共同体：民族主义的起源与散布[M].增订本.吴叡人，译.上海：上海人民出版社，2011：8.

③ 本尼迪克特·安德森.想象的共同体：民族主义的起源与散布[M].增订本.吴叡人，译.上海：上海人民出版社，2011：14.

④ 本尼迪克特·安德森.想象的共同体：民族主义的起源与散布[M].增订本.吴叡人，译.上海：上海人民出版社，2011：7.

⑤ 本尼迪克特·安德森.想象的共同体：民族主义的起源与散布[M].增订本.吴叡人，译.上海：上海人民出版社，2011：12.

⑥ 本尼迪克特·安德森.想象的共同体：民族主义的起源与散布[M].增订本.吴叡人，译.上海：上海人民出版社，2011：18.

⑦ 马克斯·韦伯.经济与社会：上卷[M].林荣远，译.北京：商务印书馆，1997：409-413.

体化"建立在"主观感觉到参加者们（情绪上或者传统上）的共同体属性上"，"社会化"建立在"以理性（价值或目的合乎理性）为动机的利益的平衡或者同样动机上的利益的结合之上"。① 按照韦伯的理解，"共同体"是一种社会关系，这种社会关系更加强调成员之间的情感，"只有当它在主观上被感觉到是共同的特征时"，共同体才能成为一种共同体。韦伯还指出，通过社会交往建立共同体并不是那么容易，并非所有的"排异"都是建立在缺乏共同"理解"的基础上，共同的语言以及除此而外礼仪上受类似的宗教观念制约的生活管理的相同方式，构成"人种的"亲和感情的异常强大的、处处都在发挥影响的因素，尤其是因为对方行为在意向上的"可理解性"是共同体化的最基本前提。②

德国社会学家和哲学家斐迪南·滕尼斯将"共同体"视为人类生活群体的两种结合类型之一。滕尼斯概括了人类群体生活中的两种结合类型：共同体和社会——这种观点和韦伯的观点类似。但无论共同体还是社会，都是我们理解群体结合的方式，"关系本身即结合，或者被理解为现实的和有机的生命——这就是共同体的本质，或者被理解为思想的和机械的形态——这就是社会的概念"③。这种解释其实无助于我们更加清楚地理解"共同体"的概念。不过滕尼斯还是提出了与共同体有关的一些启发性论断。例如：共同体的类型主要是建立在自然的基础上的群体（家庭、宗族）里实现的；共同体建立在有关人员的本能的中意或者习惯制约的适应或者与思想有关的共同的记忆之上；血缘共同体、地缘共同体和宗教共同体等是共同体的基本形式。④

英国社会学家齐格蒙特·鲍曼更加广义地使用了"共同体"的概念。在鲍曼的《共同体》（Community）一书中，"共同体"泛指"社会中存在的、基于主观上或客观上的共同特征（这些共同特征包括种族、观念、地位、遭遇、任务、身份等等）（或相似性）而组成的各种层次的政治组织，而且还可能指国家和民族这一最高层次的总体，即民族共同体或国家共同体"。⑤ 鲍曼强调了共同理解对于共同体建构的重要性，共同体意味着一种"自然而然""不言而喻"的共同理解，一

① 马克斯·韦伯.经济与社会：上卷[M].林荣远，译.北京：商务印书馆，1997：70.
② 马克斯·韦伯.经济与社会：上卷[M].林荣远，译.北京：商务印书馆，1997：434，437，442.
③ 斐迪南·滕尼斯.共同体与社会：纯粹社会学的基本概念[M].林荣远，译.北京：商务印书馆，1999：52.
④ 林荣远.译者前言[M]//斐迪南·滕尼斯.共同体与社会：纯粹社会学的基本概念.林荣远，译.北京：商务印书馆，1999：2-3.
⑤ 齐格蒙特·鲍曼.共同体：序曲[M].欧阳景根，译.南京：江苏人民出版社，2003：1.

旦理解变得不自然,共同体就不会再存在下去;共同理解的共同体即使实现了,也将处于一种脆弱的、易受伤害的状态,它永远需要警戒、强化和防御。① 加入共同体同样也要付出相应的代价,"为了得到'成为共同体中的一员'的好处,你就需要付出代价……付出的代价是自由,它还有不同的说法,如'自主'、'自决权'或'成为自我的权利'……失去共同体,意味着失去安全感;得到共同体,如果真的发生的话,意味着将很快失去自由"。②

以上这些研究涉及了中文、英文和德文,在各种语言的转换过程中"共同体"的概念很容易出现"失真"。"共同体"对应的英文词语为 community,这本身即是一个十分模糊且难以清晰界定的概念,不同的学科、不同的学者从不同的角度赋予了它不同的内涵。正如霍布斯鲍姆(Eric Hobsbawm)所指出的那样:"'共同体'一词不会比最近几十年来(在这几十年中,在现实生活中,很难找到社会学意义上的共同体)更为不加区别地、空泛地得到使用了。"③

(二)国际共同体

在国际关系领域,"国家之间如何建立并维持和平、友好的关系"是一个亘古不变的命题。当国家之间的关系越来越紧密,交往越来越频繁,国际规则越来越被认同,价值观越来越趋于一致,这时国家之间的共同体也就出现了。当今社会中欧盟是国际共同体的典范。在共同理念和制度的推动下,欧洲的国家正在联结成一个庞大的政治、经济、文化共同体。同时,国际上其他的国际组织也大都在致力于增进成员之间的互相理解和认同,或多或少都在朝着共同体的方向努力。

国际关系的现实主义理论强调国际关系中的利益。摩根索指出"利益观念的确是政治的精髓,不受时间和地点的影响"。他援引修昔底德的观点来支持自己的论断:"无论国家或个人间,利益相同才算最牢固的纽带。"④这种观点直到现在仍然具有很大的影响力。毫无疑问,任何共同体都必然建立在共同利益的基础上,缺乏共同体利益的共同体注定无法长久存在。

温特的国际体系社会建构理论强调了国家之间"共有知识"的重要性。"共有知识指行为体在一个特定社会环境中共同具有的理解和期望","共有知识建

---

① 齐格蒙特·鲍曼.共同体[M].欧阳景根,译.南京:江苏人民出版社,2003:7,11.
② 齐格蒙特·鲍曼.共同体[M].欧阳景根,译.南京:江苏人民出版社,2003:6-7.
③ 齐格蒙特·鲍曼.共同体[M].欧阳景根,译.南京:江苏人民出版社,2003:12.
④ 汉斯·摩根索.国家间政治:权力斗争与和平[M].徐昕,郝望,李保平,译.北京:北京大学出版社,2006:22.

构行为体的身份和利益"。① 温特还将"社会共有知识（socially shared knowledge）"解释为"文化"，"互为敌人和互为朋友同样都是文化事实（cultural fact）"，文化包括很多具体的形式，例如规范、规则、制度、意识形态、组织、威胁体系等等。② 温特指出："国际生活的特征取决于国家与国家之间相互存有的信念和期望，这些信念和期望在很大程度上是由社会结构而不是物质结构造就的。"③"共有知识"的概念揭示了共同体不仅建立在共同利益的基础之上，"共同的理解和期望"同样十分重要。

有关国际冲突、国际合作、国际一体化的理论也包含了一些国际共同体相关的思想。例如，"冲突不仅可以整合群体，而且有助于建立群体认同，明确群体界限，并有利于增强群体的凝聚力。几乎每位社会学家和人类学家都假定，团体内部对外部群体抱有一定程度的敌意"④。外部的冲突有利于加强共同体内部之间的团结，共同体内部的冲突也有助于内部权威的建立。如果把这一观点放到春秋时期的历史背景中，我们可以看到春秋会盟共同体的出现与国际冲突频繁有很大的关系。

詹姆斯·多尔蒂和小罗伯特·普法尔茨格拉夫在《争论中的国际关系理论》一书中讨论了合作理论与一体化理论。就国际合作而言，它必然是在文化上相异、地理上相分离的成员之间进行的，合作就有必要充分了解成员的动机和意图，克服信息不充分所带来的困难。合作也被定义为"一组关系"，这种关系是以"成员的共同意志为合法基础的"。⑤ 一体化方面理论也强调了共同的信仰和价值取向对于共同体的重要性，"一体化程度高的共同体并不仅仅是因为对外部的恐惧、敌意和冲突才团结在一起。共同的信仰和价值取向，对共同生活会使彼此受益的预期，都是形成凝聚力的重要因素"⑥。阿米塔伊·埃齐奥尼（Amatai Etzioni）指出共同体"承载着一套共同的道德价值和社会价值"，共同

---

① 秦亚青.译者前言[M]//温特.国际政治的社会理论[M].秦亚青,译.上海:上海人民出版社,2001:24.

② 温特.国际政治的社会理论[M].秦亚青,译.上海:上海人民出版社,2001:181.

③ 温特.国际政治的社会理论[M].秦亚青,译.上海:上海人民出版社,2001:24.

④ 詹姆斯·多尔蒂,小罗伯特·普法尔茨格拉夫.争论中的国际关系理论[M].阎学通,陈寒溪,等译.北京:世界知识出版社,2002:283.

⑤ 詹姆斯·多尔蒂,小罗伯特·普法尔茨格拉夫.争论中的国际关系理论[M].阎学通,陈寒溪,等译.北京:世界知识出版社,2002:543-544.

⑥ 詹姆斯·多尔蒂,小罗伯特·普法尔茨格拉夫.争论中的国际关系理论[M].阎学通,陈寒溪,等译.北京:世界知识出版社,2002:285.

体所拥有的价值不能由外界强加，而要源于共同体成员的互动。① 此外，约瑟夫·奈基于如何推进国际区域一体化的问题，概括了影响一体化进程的三个感性认识条件和四个一体化进程的特征。②

国内研究者任东波在其博士论文中提到了这样一个事件：1932 年国际法学会议第 37 届会议对国际共同体进行了较为详细的论述。任东波的论文综述了该次会议对国际共同体探讨的主要内容，③其中对国际共同体的概括应该说代表了现代社会对共同体的认识。但是"国际共同体"的概念是不断发展变化着的，很难以现代社会的共同体观念去评判历史中出现的共同体，依据历史情境的不同，共同体的概念和内涵也应该有所区别。

巴里·布赞、安娜·冈萨雷斯·佩莱兹列举了国际共同体内涵界定的众多观点后指出，有关国际共同体内涵的分歧主要有两大派："一些人将国际共同体视为作为一个伦理对象而存在的某种形式的人类道德集合体，即使它不以任何方式组织起来；而另一些人将国际共同体看作拥有某种行动能力的施动者。"而（共同体）它意味着一种共同的价值观，达到认同的程度，它建立在各成员之间权利、义务和责任的相互关系基础之上。④ 这一论述基本上概括了国际共同体的本质。国际共同体既是利益的共同体，又是观念的共同体，缺少其中的任何一个，都无法称之为共同体。

二、会盟共同体的概念

春秋时期诸侯各国通过会盟结成的关系是什么样的一种性质？首先，毫无疑问的是，会盟关系是一种军事性的同盟，各国通过会盟活动联合起来防备、应付外来的安全威胁。在春秋初期北方的诸侯分裂成宋卫、郑齐两个集团，军事冲突主要发生在这两个集团之间。在霸主出现之后会盟关系仍然主要是一种军事同盟，诸侯各国围绕着南、北两个区域的霸主结成国家集团，在霸主的主持下同另一国家集团展开竞争。霸主在北方先后是齐国、晋国，在南方则主要楚

---

① 詹姆斯·多尔蒂，小罗伯特·普法尔茨格拉夫. 争论中的国际关系理论[M].阎学通，陈寒溪，等译. 北京：世界知识出版社，2002：548.

② 詹姆斯·多尔蒂，小罗伯特·普法尔茨格拉夫. 争论中的国际关系理论[M].阎学通，陈寒溪，等译. 北京：世界知识出版社，2002：556-557.

③ 任东波. 从帝国到国际共同体：东亚国际体系的理论批判与重构[D].吉林大学，2008：26-27.

④ 巴里·布赞，安娜·冈萨雷斯·佩莱兹."国际共同体"意味着什么？[J].史学集刊，2005(2)：1-6.

国,会盟成为它们争夺、维护国际霸权的工具。

但是春秋时期的会盟关系并不仅仅是纯粹的军事同盟关系。从那些被文献记录下来的盟书来看,会盟所处理的事务还涉及政治、经济、文化、道德、伦理等方方面面的内容。最为典型的是鲁僖公九年的葵丘之盟、鲁僖公二十八年的践土之盟、鲁成公十二年的宋西门之盟、鲁襄公十一年的亳城北之盟、鲁襄公二十七年的弭兵之盟。这些会盟活动的盟书都要求诸侯不要相互加害,倡议各国和平共处。这些盟书还为国际交往建构了基本的制度规范,要求会盟成员在国际交往中予以遵守、不要违背。

这些盟书的出现表明,会盟已经从纯粹的军事同盟关系发展成为一种"共同体"关系,会盟活动成为一种处理成员内外部事务的沟通、管理工具。许倬云对中国民族与疆域的发展历史的定义是"一个不断变化的复杂共同体"①,威廉·麦克尼尔也将包括中国春秋时代在内的不同地区的文明定义为"共同体",②他们都从研究历史的角度使用了"共同体"的概念来描述春秋时代。就会盟活动的情况来看,参加会盟活动的国家往往被视为一个集体,会盟关系之中的各个国家也构成了一个"共同体",这一点在霸主出现之后更为明显。由于霸主强大的号召力,它可以将会盟成员凝聚起来团结在它的周围,构成一个更大的政治实体。盟书对集体概念的强调逐渐在成员之中培育了共同体的意识,这使会盟成员与其他国家区别开来。

春秋时期会盟沟通所维系的国家集团可以被称之为"会盟共同体":对于共同体外部,会盟仍然是集团对抗、大国争霸的工具;在共同体内部,会盟成为沟通、管理内部事务的工具。会盟所具有的沟通功能对于共同体的形成至关重要。研究安全共同体的学者多伊奇特别注重运用沟通理论,他把国际关系的沟通比作"政治的神经",认为在国际关系研究中不能再以国家为中心,而应重视国家之间的相互沟通关系。③ 春秋时期的国家集团之所以可以称为"会盟共同体",是因为"会盟"是维系这一共同体的纽带,会盟是诸侯各国处理国际问题的沟通平台。

当时的国际会盟有点类似于现代社会的国际组织。虽然它没有常设性机构,但是它有相对固定的组织者和主持者——霸主或盟主;会盟活动虽然不是

---

① 许倬云.说中国:一个不断变化的复杂共同体[M].桂林:广西师范大学出版社,2015.

② 威廉·麦克尼尔.西方的兴起:人类共同体史[M].孙乐,陈志坚,于展,等译.北京:中信出版社,2015.

③ 倪世雄.当代西方国际关系理论[M].上海:复旦大学出版社,2001:94-95.

定期举行，没有固定的周期，①但是次数却是十分频繁，成员之间"有事而会，不协而盟"②，基本能够保证国际问题及时得到沟通和处理。在霸主的推动下，诸侯各国通过会盟沟通来协调利益、统一思想、确立规则。会盟现场的仪式以及盟书的传播进一步增强了成员之间的凝聚力，强化了诸侯的共同体意识。会盟活动的参加者基本上是诸侯国的国君和卿大夫，这些掌握国家权力的贵族能够使会盟决议得到贯彻执行，并通过他们的影响将共同体意识传递给下一代的国家统治者。在缺乏现代化传播工具的历史背景下，会盟沟通有效地塑造了诸侯的共同体意识、维系了成员之间的共同体关系。

总体而言，春秋时期的会盟共同体只是"共同体"的一个初级阶段，它与现代社会的共同体形态相去甚远，它缺乏现代共同体完善的制度和沟通机制，也不可能像现代共同体那样运作规范、精密。但是我们不能以现代社会的眼光来评判当时的社会情境，不能以现代共同体的标准来否认春秋会盟共同体所具有的共同体属性。春秋会盟共同体确立了基本的国际交往规则，将离散的诸侯国凝聚成一个整体，这对中华民族共同体的形成具有非凡的意义。

三、会盟共同体的形成

真正的会盟共同体是在霸主出现之后才得以建立起来的。在此之前会盟活动的规模仅限于少数的几个国家，它们所结成的会盟关系并不稳定，也缺乏较为明确的政治主张和国际规则，因此它们之间的会盟关系仅是临时的同盟和联合，还不能够说是真正意义上的会盟共同体。在霸主出现之后，会盟的规模扩大了，主要的诸侯国家都被囊括在内，成员之间的会盟关系也趋于稳定，较为系统的国际规则也得以建立起来，此时诸侯的会盟关系也越来越具备了更多的共同体特征。

由于霸主的实力远远强于普通的诸侯国，它成为维护会盟共同体的核心力

---

① 鲁昭公十三年，晋国大夫叔向称："是故明王之制，使诸侯岁聘以志业，间朝以讲礼，再朝而会以示威，再会而盟以显昭明。"杜预注曰："凡八聘四朝再会，王一巡守，盟于方岳之下。"也就是说古代贤明帝王的管理诸侯的制度是每年一聘，三年一朝，六年一会，十二年一盟。鲁昭公三年，郑国大夫游吉称："昔文、襄之霸也，其务不烦诸侯。令诸侯三岁而聘，五岁而朝，有事而会，不协而盟。"晋文、襄作为霸主所推行的霸令看起来是受诸侯所欢迎的，他们让诸侯三年一聘、五年一朝。杨伯峻认为，"列国间有事则会，有不和睦而相冲突则盟，无定期"。从笔者所整理的会盟活动表来看，诸侯之间的会盟虽然十分频繁，却没有固定的周期，诸侯基本上是依据时事需要而举行会盟的。

② 《左传·昭公三年》。

量,在它的组织下,会盟共同体拥有了保护成员安全、维护内部团结的能力。齐桓公称霸的时代,在齐国的主导下诸侯救援、迁移了受狄人侵扰的邢、卫二国,安定了周襄王的王位,还通过召陵之盟暂时抑制了楚国的北上。齐桓公以及管仲为维护中原地区的文化做出了很大的贡献,因此"五霸之中,仲尼独许齐桓"①,孔子称"微管仲,吾其被发左衽矣"②,孟子也说:"五霸,桓公为盛。"③

　　晋国在齐国之后崛起为中原地区的霸主,它与楚国的争霸活动旷日持久,两国对霸权的争夺更为激烈。晋国延续了齐桓公的争霸策略,组建了庞大的会盟集团与楚国对抗,救援那些受到楚国攻打的国家;晋国还帮助东周王室平定了多次叛乱,安定了王室的地位;为了维护会盟共同体的统一,晋国率领诸侯讨伐齐国,打击了共同体的分裂势力;晋国还通过会盟活动处理共同体内部的事务,维护了共同体内部的和平秩序;此外,晋国还做了一件非常有意义且影响深远的事:把边远的吴国纳入北方的会盟共同体,扩大了共同体的覆盖范围。

　　诸侯维护会盟共同体的行为实际上是在执行盟书的约定、维护盟书的权威,如果没有这些实际的行动,盟书也就会沦落为"空头支票",共同体也只能是虚无缥缈的空中楼阁。也正是这些维护会盟共同体的实际行动才使得春秋会盟共同体能够存在下去。

　　(一)北方会盟共同体

　　会盟共同体首先在北方中原地区的国家中形成。相比南方国家,北方国家拥有地理优势,这使它们聚合在一起更加容易。尽管楚国在南方也很早就举行了会盟活动,但看起来楚国并不热衷于利用会盟来联络周边的国家,所以南方国家的会盟次数大大低于北方国家之间的会盟次数,这使楚国组建的国家集团看起来不如北方国家集团那样声势浩大。

　　北方会盟共同体主要指的是先后以齐、晋为首,与宋、卫、陈、蔡、郑、鲁等中原地区的诸侯所结成的国家集团。这些国家拥有相似的政治、社会制度,经济发展程度相近,在文化、语言、礼仪、风俗、习惯方面也十分相近,各国的贵族之间又有着千丝万缕的血缘关系,地理位置相邻、交通较为便利,国家之间的交往行为十分频繁。这些有利的条件使它们更容易形成共同体。然而在齐桓公作为真正意义上的霸主出现之前,这些优势并没有使这些国家紧密地团结在一起。它们反而分裂成宋卫、郑齐两大对立的国家集团,相互之间怀着敌意,通过

　　① 顾栋高.春秋大事表[M].吴树平,李解民,点校.北京:中华书局,1993:1951.
　　② 杨伯峻.论语译注[M].北京:中华书局,1980:151.
　　③ 杨伯峻.孟子译注[M].北京:中华书局,1960:287.

战争而不是和平的手段来解决国际争端。

1. 内部凝聚力的增强

霸主的出现使这种局面得到扭转。齐、晋两个北方霸主国家的实力远远大于普通的诸侯国，这是它们之所以成为霸主的基础。齐桓公十分注意争取北方诸侯的支持，以管仲的话来说就是"戎狄豺狼，不可厌也。诸夏亲暱，不可弃也"①，"招携以礼，怀远以德。德、礼不易，无人不怀"②。晋国也采取了"德""威"并举的策略来笼络诸侯。③ 齐、晋霸主的会盟策略使诸侯各国紧密地结成一个整体，集团内部的凝聚力大大增强，会盟的规模也进一步扩大，会盟成为解决国际冲突的有效手段。盟书所形成的共识和国际规则的确立，传播了共同体意识，增进了诸侯之间的交往、合作，加强了它们之间的情感纽带。因此霸主在会盟共同体的建立过程中起到了决定性的作用，正是霸主的努力，会盟共同体才得以真正建立。

2. 外部威胁的增加

诸侯所面临的外部威胁的增加也推动了会盟共同体的建立。春秋初期，楚国已经威胁到了郑、蔡两个北方诸侯的安全。出于对楚国的恐惧，鲁桓公二年郑、蔡两国在邓举行会盟。但是此时楚国还没有真正成为北方诸侯的心腹之患，当时对它们侵扰最大的是北方的少数民族部落。鲁桓公六年，郑国率领诸侯成功救援了正遭受北戎攻击的齐国，这是春秋初期发生的一件重大国际事件。齐桓公称霸初期，为了帮助邢、卫摆脱北方狄人的侵扰，齐桓公和诸侯将邢迁到夷仪、将卫迁到楚丘。此时楚国的势力变得更加强大，齐国不得不开始考虑对付楚国的威胁。鲁僖公四年，齐国率领诸侯与楚国在召陵会盟，暂时抑制住了楚国势力的北上，也使北方诸侯围绕齐国形成了会盟共同体。

晋国在城濮之战中一举击败楚国而成为新的霸主。晋国在战争中的胜利使诸侯感到震惊，也使诸侯认识到只有晋国才能为它们提供安全庇护。于是以晋国为首的会盟集团取代了原有的齐国为首的会盟集团，晋国成为新的会盟共同体的领袖。

齐、晋两个会盟共同体的诞生过程都与外部威胁有着直接的关系。外部威胁为会盟共同体提供了共同体的敌人，也形成了"他"与"我"的身份区别。为了

---

① 《左传·闵公元年》。

② 《左传·僖公七年》。

③ 鲁文公七年，晋国郤缺对正卿赵宣子说："叛而不讨，何以示威？服而不柔，何以示怀？非威非怀，何以示德？无德，何以主盟？"（《左传·文公七年》）建议赵宣子同时采取威逼和怀柔的双重争霸策略，赵宣子非常赞许他的建议。

应对共同的外部威胁,会盟共同体的成员必须紧密地团结在一起,只有这样,它们才能在集体中获得个体的安全。

北方会盟共同体建立的标志性事件主要包括两次会盟活动:鲁庄公十六年的幽之盟和鲁僖公二十八年的践土之盟。对于齐桓公而言,"只要征服了鲁和宋,霸业的基础便建筑完成了"①。鲁庄公十六年的幽之盟,鲁、宋都参加了,这意味着两国都已经臣服了齐国,因此,从幽之盟开始,齐桓公真正成为广为诸侯认可的霸主。晋国为首的会盟共同体的建立无疑是以践土之盟为标志的。晋国借城濮之战的胜利组织了此次会盟,齐、鲁、宋、蔡、郑、卫、莒等国参加了盟誓活动,周襄王亲自奔赴会盟地点慰劳晋文公,并且册命晋文公为侯伯,王子虎代表王室出席了会盟活动。践土之盟无可争议地确立了晋国的霸权地位,从此以晋国为首的会盟共同体开始形成。

(二)南方会盟共同体

由于地理位置的原因,南方国家的会盟活动没有得到更多的历史记载,与中原地区的国家相比,它们举行的会盟活动显得要少得多。但是南方国家之间也很早就有了会盟关系。鲁定公四年,楚国在柏举之战中被吴国打败,楚昭王逃到随国避难,吴国要求随国交出楚昭王,随国以它与楚国"世有盟誓,至于今未改"②为理由拒绝了吴国。这说明楚、随之间的盟友关系在很久之前就存在了。楚国作为南方国家的霸主,在鲁桓公八年就已经"合诸侯于沈鹿",这实际上也是一次楚国以称霸为目的而举行的会盟活动,参加的国家应该主要是南方的国家或少数民族部落。除此之外,楚国还与随(鲁桓公八年、鲁庄公四年、鲁定公四年)、贰与轸(鲁桓公十一年)、绞(鲁桓公十二年)、群蛮(鲁文公十六年)、吴和越(鲁宣公八年)、三夷(鲁哀公十九年)等南方国家和部落建立了会盟关系。但限于文献的记载,南方国家的会盟关系看起来更加松散一点,会盟关系的稳定性、成员之间的凝聚力都要弱于北方国家。

四、会盟共同体的扩张

先后以齐、晋为首的北方会盟集团与以楚国为首的南方会盟集团长期处于对立的状态,双方都试图扩张自己的实力,都希望吸纳更多的成员加入己方共同体。齐国的主要贡献是一度把江、黄二国纳入了北方会盟共同体。江、黄原

---

① 童书业.童书业著作集:第一卷:春秋史[M].童教英,整理.北京:中华书局,2008:180.

② 《左传·定公四年》。

本是楚国的同盟国，①鲁僖公二年、三年，齐国会同宋国与江、黄二国举行了两次会盟。齐国此举的目的是为讨伐楚国做准备。江、黄二国处于楚国的东北部、齐国的西南部，它们加入北方会盟集团后可以防止楚国从背后袭击齐国，齐国就可以放心大胆地组织诸侯与楚国对抗。

晋国扩张会盟共同体的一个主要成果是将吴国吸纳为共同体的成员。晋国为了牵制楚国而大力扶持吴国。从鲁成公七年开始，晋国派巫臣出使吴国，巫臣"以两之一卒适吴，舍偏两之一焉。与其射御，教吴乘车，教之战陈，教之叛楚"。② 这客观上起到了将中原较为发达的文明传播到边远地区的作用。吴国先后在鲁成公十五年、鲁襄公五年、十年、十四年与北方会盟共同体的成员举行了五次会盟活动（见图 6-4）。吴国在晋国的扶持下发展成为最强大的国家之一。到了鲁哀公十三年的黄池之会，吴国已经能够和晋国分庭抗礼了，甚至得以先于晋国歃血，可见吴国之强盛。到了春秋末期，越国也模仿吴国通过会盟和中原诸侯建立了联系。

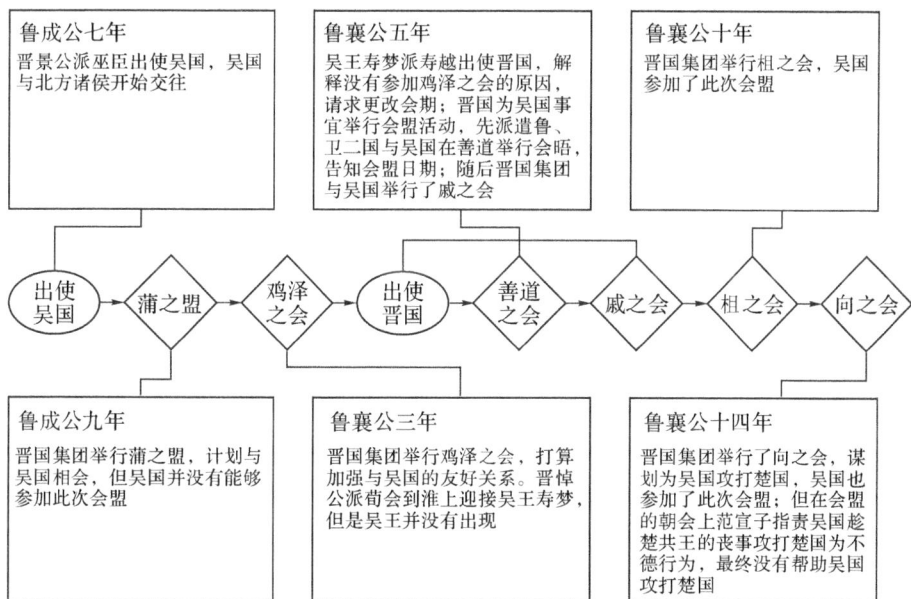

图 6-4　吴国加入晋国会盟共同体的过程

　　① 杜预注曰："江、黄，楚与国也，始来服齐，故为合诸侯。"（见：《十三经注疏》整理委员会.春秋左传正义[M].左丘明,传.杜预,注.孔颖达,疏.北京:北京大学出版社,1999:325.）
　　② 《左传·成公七年》。

除了吴国以外,晋国还将一些少数民族部落纳入了会盟共同体。鲁襄公四年,晋国与诸戎(多个少数民族部落)和解并建立了盟友关系。鲁襄公十四年的向之会,被称之为"姜戎"的少数民族部落参加了此会。从其首领戎子驹支答复晋卿范宣子的言辞中,我们可以发现晋国和诸戎的关系十分密切——驹支称:"晋之百役,与我诸戎相继于时,以从执政。"①除了向之会以外,诸戎部落很可能还参加了晋国组织的其他会盟活动。

楚国也采取了会盟的方式来扩张自己的势力,陈、蔡、郑这些靠近楚国的中原诸侯也都曾经加入过以楚国为首的会盟集团。鲁成公二年,楚、鲁、蔡、许、秦、宋、陈、卫、郑、齐、曹、邾、薛、鄫共计 14 个国家在鲁国的蜀举行了秘密的盟誓活动。蜀之盟是楚国主持的最大规模的会盟活动之一,在这次会盟活动中,除了晋国以外的其他主要的诸侯国都成为了楚国的盟友。

五、会盟共同体的融合

南、北会盟集团除了扩张各自的势力展开对抗之外,它们还会通过会盟的形式达成和平协议。特别是在春秋后期,双方都没有能力再维持以往的激烈竞争局面,南、北霸主的争霸热情日渐消退,南、北会盟共同体便出现了明显的融合趋势。直到鲁襄公二十七年的弭兵之盟,两大会盟集团正式融合成一个会盟共同体。

(一)召陵之盟

鲁僖公四年的召陵之盟是齐桓公为霸主时南、北国家集团举行的一次会盟活动,这次会盟活动暂时抑制了楚国的北上。在此之前,齐国已经与楚国东北部的江、黄两国举行了两次会盟,江、黄二国的臣服解除了齐国的后顾之忧,齐国可以安心地谋划楚国的问题。鲁僖公四年,齐桓公率领齐、宋、陈、卫、郑、许、曹等八个国家的军队攻打楚国。但是楚国并没有贸然与北方诸侯展开决战,而是派遣使者进行斡旋。管仲以"尔贡包茅不入,王祭不共,无以缩酒"②的理由指责楚国,齐桓公还号召楚国继续先君们建立起来的友好关系。齐桓公排列诸侯的军队给楚国的使者屈完观看,但是屈完并没有被诸侯的军队吓倒。最后齐国率领诸侯与屈完在召陵举行了盟誓,双方就此罢兵。

这次召陵之盟是第一次由南、北霸主共同参加的会盟活动。由于双方没有举行决战,齐国并没有真正打败楚国,因此它所起到的作用仅仅是对楚国的北

---

① 《左传·襄公十四年》。
② 《左传·僖公四年》。

上有所抑制,楚国并没有放弃北上的行动。

(二)第一次弭兵之盟

晋国取代齐国成为中原诸侯的霸主后继续与楚国展开对抗。双方在争霸战争中互有胜负。鲁襄公二十八年的城濮之战中晋国击败了楚国,鲁宣公十二年的邲之战中楚国又击败了晋国。南、北对立的局面在鲁成公九年出现转机。这一年晋景公在范文子的建议下释放了楚国的俘虏钟仪,让他返回楚国撮合晋、楚的友好关系。楚国虽然并没有停止在北方的军事行动,但仍然派了公子辰为使者赴晋以回报晋国,同时请求缔结友好关系。作为回报,晋国又于鲁成公十年派籴茷出使楚国。宋国大夫华元同时与楚国令尹子重、晋国正卿栾武子交好,当他得知晋、楚都有意缓和关系之后,遂于鲁成公十一年先后到楚国、晋国发起了弭兵行动。

鲁成公十二年晋国的士燮与楚国的公子罢、许偃在宋国国都的西门之外举行了盟誓活动,双方约定"无相加戎,好恶同之,同恤菑危,备救凶患。若有害楚,则晋伐之。在晋,楚亦如之。交贽往来,道路无壅,谋其不协,而讨不庭"[1]。这次会盟被称为第一次弭兵之盟,[2]之后晋、楚又互派使者到对方国家进行聘问、莅盟。此外,在晋、楚弭兵运动的过程中,晋国与齐国也举行了盟誓活动(鲁成公十一年),这很可能是受到弭兵运动的影响而出现的一个结果。但是这次弭兵之盟几乎没有起到什么作用,鲁成公十六年,晋、楚就爆发了鄢陵之战,国际社会又重新回到南北对立的局面。

(三)第二次弭兵之盟

鲁襄公二十七年,南、北国家集团又举行了一次弭兵运动,这次弭兵的影响要比第一次弭兵的影响大得多。鲁襄公二十一晋国发生了范氏、栾氏的内讧,随后晋、齐之间又爆发了冲突,晋国的实力遭到削弱;鲁襄公二十二年楚国也发生楚王诛杀令尹子南的事件,同时吴国对楚国的侵扰也使楚国疲于应付。晋、楚两国所面临的内外形势已再不允许更加激烈的争霸冲突,弭兵的舆论逐渐在国际上扩散。鲁襄公二十五年,即将成为晋国正卿的赵武指出了弭兵的可能性,鲁襄公二十六年,郑国的子产也预感到弭兵运动的到来。宋国大夫向戌观察到了这种弭兵的动向,他与晋国的赵武、楚国的令尹子木私人关系友好,趁机发起了声势浩大的弭兵之盟。

---

① 《左传·成公十二年》。

② 童书业.童书业著作集:第一卷:春秋史[M].童教英,整理.北京:中华书局,2008:235.

鲁襄公二十七年,晋、楚两大集团的14个国家在宋国举行了盟誓活动,会盟确立了新的"共享霸权"的国际权力分配原则,各国尊奉晋、楚两国为共同的霸主,这样南、北两个会盟集团正式融合在一起,形成了一个新的庞大的会盟共同体。此次会盟是春秋中期史的一个结束,晋、楚称霸暂告一个段落,[①]晋、楚两国之间在四十年内没有发生冲突,战争的中心由中原转移到了东南地区的吴楚、吴越之间。[②] 在新的会盟共同体内部,各国获得了一个难得的和平时期,诸侯纷纷结伴到晋、楚交相朝见、聘问,各国之间的交往得到了大大地加强。

(四)申之会

鲁昭公四年,楚国举行了一次精心筹划的大规模的会盟活动——申之会,这是一次有意识地建立会盟共同体的国际行动。申之会发生在弭兵之盟之后,各国已经按照弭兵之盟确立的国际规则和平交往、友好相处了几年时间。楚灵王为了显示其霸主地位,以"寡人愿结欢于二三君"的名义向晋国请求举行会盟活动,最终包括楚国在内的13个国家参加了申之会,陈、蔡、郑、宋这四个主要的中原诸侯也都参加了此次会盟。楚国对申之会的举行非常重视。大夫椒举称"霸之济否,在此会也",他认为楚国的霸业能否成功就取决于此次会盟的结果。郑国的子产建议楚灵王"与人同欲",只有将楚国的愿望和其他国家的愿望协调一致,楚国所谋求的霸权才能够成功。这显然包含着一种原始的共同体思想。椒举还向楚灵王推荐了夏启、商汤、周武、周成、周康、周穆、齐桓、晋文会盟诸侯的八种礼仪供其选择,向戌提供了公侯会合诸侯的六种礼仪,子产提供了伯、子、男会见公侯的六种礼仪。

尽管楚国非常希望申之会能够成功举办,但它的结果却事与愿违。楚灵王并没有能够向诸侯展示出礼的精神,相反却展示了他的骄纵。楚灵王在申之会上的表现使诸侯感到失望,子产和向戌都表达了批评的观点。因此,虽然申之会是一次精心筹划的强化共同体意识的盛会,但最终却由于楚灵王的骄纵加速了诸侯对楚国的背离。

以上四次南、北会盟共同体之间的融合可以用图6-5示意:

① 童书业.童书业著作集:第一卷:春秋史[M].童教英,整理.北京:中华书局,2008:252.

② 徐喜辰,斯维至,杨钊.中国通史:第三卷:上古时代[M].白寿彝,主编.上海:上海人民出版社,2004:403.

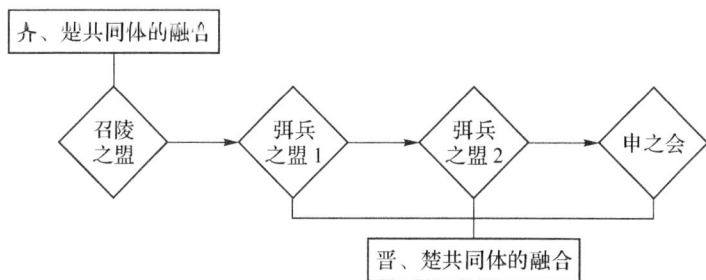

图 6-5　南、北会盟共同体的融合

第三节　盟书与会盟共同体

盟书是会盟共同体的纲领性文件,在春秋会盟共同体的形成、发展、演变过程起到了至关重要的作用,春秋时人的共同体思想也主要反映在盟书的内容中。以霸主为领袖的诸侯各国借助盟誓活动结成一个遵守盟誓约定的会盟共同体,它们还建立了一套处理国际、国内问题的制度和规则,在共同体内部塑造并推行统一的信念和价值取向。这些做法使会盟关系超越了纯粹以安全为目的的军事同盟,在某些方面具有了共同体的特征。概括而言,盟书对会盟共同体的影响集中体现在以下五个方面:

一、确立共同利益

春秋时期的会盟活动发生在频繁、激烈的国际冲突之中,会盟活动是诸侯处理国际冲突的一种方式,它是冲突发展到一定阶段导致的一个自然结果。会盟共同体的首要目标是确保共同体成员的安全,安全是会盟共同体的利益基础。但是安全并不是那么容易实现,尽管加入共同体能够获得一定的安全保障,但是共同体的成员必须为此付出一定的代价。鲍曼已经指出了这一点:"为了得到'成为共同体中的一员'的好处,你就需要付出代价……失去共同体,意味着失去安全感;得到共同体,如果真的发生的话,意味着将很快失去自由。"[1]会盟共同体的诸侯也面临着这样的抉择,要么让渡一定的权力、承担一定的责任享有共同体提供的安全保障,要么脱离共同体以保持独立,独立的代价是承担独立可能带来的风险。

---

① 齐格蒙特·鲍曼.共同体[M].欧阳景根,译.南京:江苏人民出版社,2003:6-7.

　　在会盟共同体内部,诸侯国被要求以和平的方式来处理国家之间的争端,成员之间不应该相互欺凌,尤其是大国不能够侵伐弱小的国家。这是内部成员得到安全的保证。葵丘之盟的盟书要求会盟成员自会盟开始就要放弃旧怨、言归于好;践土之盟的盟辞要求诸侯各国"无相害也",意思是要求会盟成员不要相互侵伐;鲁宣公十五年,楚、宋盟誓的盟辞宣言"我无尔诈,尔无我虞",也是在指不要相互加害对方;鲁成公十二年,宋之盟的盟辞称"晋、楚无相加戎,好恶同之""若有害楚,则晋伐之,在晋,楚亦如之",这更是一种以安全为目的的协议;溴梁之盟的盟辞曰"同讨不庭",祝柯之盟的盟辞称"大毋侵小",其目的都是在制止内部的侵伐;黄池之会的盟辞有"好恶同之",这也是在要求内部不要相互攻击。

　　在处理会盟共同体与外部其他国家之间的冲突时,集体安全这一利益体现得更为明显。小国加入会盟共同体的目的是为了寻求霸主的庇护,霸主组建会盟共同体的目的是为了保障其国际霸权的安全。因此当某一个诸侯小国受到共同体之外其他国家的攻击时,会盟共同体的霸主(盟主)需要组织力量对小国实施救援。鲁闵公元年狄人攻打邢国,管仲建议当时的霸主齐桓公救援邢国,曰:"诸夏亲暱,不可弃也";鲁成公十七年楚国伐宋,鲁成公十八年晋国的正卿韩献子曰:"欲求得人,必先勤之。成霸安强,自宋始矣";鲁宣公二年晋国帅诸侯之师伐郑,楚国的令尹斗椒曰:"能欲诸侯,而恶其难乎。"[1]齐、晋、楚三个不同时期、不同集团的霸主都作出了救援的决定,虽然主观上是为了维护霸权的需要,但客观上起到了维护会盟共同体安全的作用。郑国的子产对会盟共同体的共同利益作出了非常恰当的评价:"求逞于人,不可。与人同欲,尽济。"[2]子产的观点表明,想要建立一个成功的会盟共同体,诸侯各国必须做到"同欲",即找到共同的愿望和利益。在大多数时候,共同体的利益基础都是国际安全。

二、制定制度规范

　　春秋会盟共同体已经超越了概念层面,它不是停留在后人幻想中的想象之物,而是一种能够被我们认识到的历史事实。遗留下的盟书显示,会盟共同体制定了一系列的国际规则,共同体的成员必须在国际交往中加以遵守。从这个意义上来说,盟书就类似于现代社会的国际法或国际制度。通过会盟仪式,盟书得到诸侯的普遍承认,从而拥有了法的效力。这些盟书的语言都很简洁,但内涵却十分丰富,所针对的也都是当时特定历史情境中突出的、国际社会普遍

---

①　这三个事例都来源于《左传》。
②　《左传·昭公四年》。

关注的重大事件、现象和问题。尽管这些盟书很难以现代的语言将其全部涵义都翻译出来，但是通过下面的例子我们还是能够确定这一点：盟书为会盟共同体的建立确立了基本的制度规范。

以下内容是依据葵丘之盟、宋西门之盟、亳城北之盟三份盟书翻译的白话文：

> 第一条盟约说：诛责不孝之人，不要废立太子，不要立妾为妻。第二条盟约说，尊贵贤人，养育人才，来表彰有德者。第三条盟约说，恭敬老人，慈爱幼小，不要怠慢宾客和旅客。第四条盟约说，士人的官职不要世代相传，公家职务不要兼摄，录用士子一定要得当，不要独断专行地杀戮大夫。第五条盟约说，不要到处筑堤，不要禁止邻国来采购粮食，不要有所封赏而不报告（盟主）。最后说，所有我们参与盟会的人从订立盟约以后，完全恢复旧日的友好。①（鲁僖公九年的葵丘之盟）

> 凡是晋、楚两国，不要互相以武力相加，要好恶相同，一起周济灾难危亡，救援饥荒患难。如果有危害楚国的，晋国就攻打它；对晋国，楚国也是这样。使者往来，道路不要阻塞，协商不和，讨伐背叛。②（鲁成公十二年的宋西门之盟）

> 凡是我们同盟国家，不要囤积粮食，不要垄断利益，不要庇护罪人，不要收留坏蛋。救济灾荒，安定祸乱，统一好恶，辅助王室。③（鲁襄公十一年的亳城北之盟）

除此之外，会盟共同体还制定了其他很多重要的国际交往规则，例如祝柯之盟重申了"大毋侵小"，弭兵之盟确立了"交相见"的霸权分享原则。这些国际规则涉及了当时社会生活的方方面面，包括继承人、妻和妾、老人和小孩、对外接待、人才选用、官员任免和赏罚、水利设施、粮食采购、军事问题、和平问题、国际救济和援助、国际交通、国际犯罪，等等。如果这些国际规则都得到认真地贯彻实施，无疑会极大地增强共同体成员之间的友谊，减少不必要的误解和冲突。因此，盟书为会盟共同体的建构提供了制度保障，盟书的传播推动了会盟共同体的扩张和文明的传播。

三、赋予身份认同

共同体的一个特征是共同体的成员对共同体身份拥有强烈的认同感。如

---

① 杨伯峻.孟子译注[M].北京：中华书局，1960：287-288.
② 沈玉成.左传译文[M].北京：中华书局，1981：228.
③ 沈玉成.左传译文[M].北京：中华书局，1981：280.

果成员对其共同体身份没有相应的认同感，共同体也就失去了存在的意义。韦伯已经指出了这一点："只有当它在主观上被感觉到是共同的特征时，它才会成为一种共同体。"①

对于北方的诸侯而言，建立共同体身份的认同感更加容易一点。在春秋以前，西周所沿袭的封建体制原本也具有共同体的性质："西周建构的封建体系，本是血缘共同体和权力共同体的重叠：周王即是君主，也是大家长，宗法体制也就是封建统治机制的基础。"②春秋时期的诸侯对这种共同体并不陌生，它们对以往历史上出现的贤明天子（王）以及他们所建立的制度充满了感激和怀念。③春秋的会盟共同体仅仅是模仿这种已经存在过的共同体模式，以霸主取代周王而成为新的共同体的权力核心。北方诸侯具备了一些建立共同体的优势条件：它们对西周时期的共同体存在一定的怀念；④它们在血缘上有着错综复杂的关系，这在春秋时期是非常重要的情感和政治纽带；它们原则上都比较推崇周礼，在语言、文化、风俗、习惯方面具有相似性。因此共同体的特征在北方国家集团中体现得更加明显。

春秋盟书所使用的一些词语也显示了诸侯对共同体身份的强调。"我"和"同"两个词语在盟书中的出现频率较高，例如"凡我同盟之人""凡我同盟""好恶同之，同恤菑危""同讨不庭"等。"我"的概念所强调的是一种集体感和归属感，它代表着共同体的诸侯不再是单一、零散、孤立的个体，而是通过盟誓结成了一个拥有共同信念的整体。"同"的概念所传达的是"共同的意愿和信念"。在《公羊传》中"同盟"指的是"同欲"，⑤在《穀梁传》中"同盟"指的是"同尊周"。⑥

---

① 马克斯·韦伯. 经济与社会：上卷[M]. 林荣远，译. 北京：商务印书馆，1997：434.

② 许倬云. 说中国：一个不断变化的复杂共同体[M]. 桂林：广西师范大学出版社，2015：58.

③ 鲁成公二年，齐国宾媚人称："四王之王也，树德而济同欲焉。"这种说法传达了一种对前代及周代贤明圣王（禹、汤、文、武）的怀念，希望现在的霸主也像他们一样树立德行、满足诸侯的共同要求。类似的表达对以往圣人和制度的怀念之情的言论在《左传》中还有不少。

④ 赵俊在《国家关系中的共同体与共同体主义》概括了共同体形成的原动力：经济利益增量、权力增量、历史记忆与集体认同，认为"我们感"是共同体的文化属性，一部分"我们感"来自于组成共同体国家的历史记忆。（见：赵俊. 国家关系中的共同体与共同体主义[J]. 世界经济与政治，2008（12）：54-61.）

⑤ 《十三经注疏》整理委员会. 春秋公羊传注疏[M]. 公羊寿，传. 何休，解诂. 徐彦，疏. 北京：北京大学出版社，1999：153.

⑥ 《十三经注疏》整理委员会. 春秋穀梁传注疏[M]. 范宁，集解. 杨士勋，疏. 北京：北京大学出版社，1999：79.

换而言之，"同"意味着共同的意愿和共同的信念。

春秋会盟共同体所倡导的价值观主要体现在诸侯所签订的盟书中。我们可以看到盟书的内容涉及了当时社会生活的方方面面，不仅包括国家的行为，也包括社会成员个人的行为，它们都可以在盟书中找到相应的规范。"规范有助于协调国家与社会之间的价值。通过对不同国家制定同样的要求，规范确实在更广泛的范围内创造了国家之间相似的行为方式。这有助于保证和平行动的原则和实践，使各个国家共同免除战争，进而有助于形成一种共同体意识。"[①]盟书的传播使共同体的价值体系在诸侯各国扩散，诸侯之间的信任也得到进一步加强，对共同体的归属感和认同感也会相应地增加。

如果没有对共同体成员身份的自我认同，共同体是不会建立的。"共同体是一种拥有共同身份认同的社会关系，它是以由情感和传统所激发的'我们一感觉'（'we-feeling'）为基础的。"[②]阿米塔·阿查亚指出："认同的形成不仅需要发展一种'我们是谁'的集体意识，而且需要一种'我们与他者是如何区别'的集体意识。"[③]盟书既强调"我""同"的概念，又通过其所确立的国际规则将诸侯整合在一起，它的传播对于塑造共同体的认同感起到了至关重要的作用。

四、建构内部秩序

会盟共同体内部成员之间的地位并不是平等的，这是它区别于现代国际共同体的最大不同之处。现代国际共同体是按照民主原则组织起来的，虽然国家大小、强弱有别，但原则上每个国家在共同体内部的地位是平等的，每个国家都可以用投票来表达自己的态度和选择。但是在会盟共同体内部，诸侯之间的关系却不是如此，它们按权力的大小和地位的高低分为霸主（盟主）、大国、小国三个层级——甚至在小国之下，还有那些依附于他国的附庸，这些附庸不具备与其他诸侯并列与会的资格。霸主是共同体的领袖，是共同体的最高权威，其他国家在会盟上要服从霸主的号令，向霸主缴纳贡赋，派遣士兵跟随霸主作战。这种不平等性作为具有法律效力的契约被写入了盟书。

---

① 阿米塔·阿查亚.建构安全共同体：东盟与地区秩序[M].王正毅，冯怀信，译.上海：上海人民出版社，2004：33.

② 巴里·布赞，安娜·冈萨雷斯·佩莱兹."国际共同体"意味着什么？[J].史学集刊，2005(2)：1-6.

③ 阿米塔·阿查亚.建构安全共同体：东盟与地区秩序[M].王正毅，冯怀信，译.上海：上海人民出版社，2004：37.

例如第二次弭兵之盟之所以获得巨大的成功，一个重要原因是该会盟的盟书比较适宜地处理了会盟共同体内部霸主、大国、小国之间的关系。盟书称"交相见"，即要求会盟成员同时尊奉晋、楚为各国共同的霸主，交相到两位霸主国家去朝见；盟书同时兼顾了齐、秦两个会盟成员中的大国的利益，而不要求齐、秦两个国家对霸主承担义务——虽然从后来齐国也到楚国去朝见的事例来看，齐国并不敢完全不承担对霸主的义务。

但是，这并不意味着会盟共同体中的诸侯国丧失了独立性，实际上共同体的成员依然拥有主权，依然在本国国内享有最高权威。霸主地位虽然主要是依靠本国的实力获得的，但它仍需要诸侯的推举才能成为合法的领袖。① 霸主也必须遵从盟书的约定，如果霸主无礼于诸侯，或者过于苛求诸侯，诸侯就会脱离共同体。当霸主的行为危害到其他成员的独立性时，共同体就会因为成员的离散而分崩离析。例如郑国的子产曾批评晋国过多地干涉了郑国的事务，说："若寡君之二三臣，其即世者，晋大夫而专制其位，是晋之县鄙也，何国之为？"②所谓"晋之县鄙也"指的是晋国将郑国当成晋国的一个县，这种丧失主权的事情，任何国家都不会答应。

多伊奇和他的同事将安全共同体分为合并型（amalgamated）和多元型（pluralistic）。前者指原来相互独立的各种政治单位组成了一个有统一政府的单一安全体；后者指由彼此分离并在法律上保持独立的政府组成的安全共同体。③ 春秋的会盟共同体是介于合并型和多元型之间的一种共同体类型，其成员之间的关系既具有多元型共同体的独立性，又具有合并型共同体的等级性。会盟共同体成员地位的等级化是在特定历史背景下形成的，是春秋时期人们的等级思想在国际关系中的一种自然反映。

五、传播价值观念

作为会盟成员国共同签署的法律文本，盟书反映了当时人们所倡导的价值观念。从这个意义而言，盟书是一种价值观念的载体，随着盟书的扩散、传播，这些价值观念也被扩散、传播到会盟成员的国家之中。共同体的建构过程实际

---

① 例如，鲁庄公十四年、十五年的两次鄄之会，诸侯在会盟上想要推举齐桓公为伯主；鲁庄公十六年的幽之盟，齐桓公最终被诸侯推举为盟主。（见《十三经注疏》整理委员会. 春秋穀梁传注疏[M]. 范宁，集解. 杨士勋，疏. 北京：北京大学出版社，1999：79.）

② 《左传·昭公十九年》。

③ 詹姆斯·多尔蒂，小罗伯特·普法尔茨格拉夫. 争论中的国际关系理论[M]. 阎学通，陈寒溪，等译. 北京：世界知识出版社，2002：559.

上可以被认为是盟书内容的传播过程。盟书所代表的价值体系需要得到共同体成员的广泛认同，没有对盟书的认同，共同体的建构就无从谈起。盟书内容的传播不止局限于地理层面——即仅仅被传播到共同体所覆盖地理区域内，这种传播同时还是时间层面的传播——即通过教育与学习，盟书思想被传递给下一代的执政者，对共同体的维护产生更加持久的影响。最终盟书还通过执政者管理国家的行为被传递给普通的百姓，对普通社会个体的思想、行为产生影响。

盟书以及其携带的价值观念的传播路径主要包括三种：

第一种传播发生在在会盟现场，通过会盟现场的仪式，盟书得以形成并被传播给参加会盟仪式的国君和卿大夫。由于在会盟现场真正有资格直接接触到盟书的人并不多，因此现场仪式这种传播途径所影响的人是比较少的。但是这些人都是当时各国中最有权势的人，他们虽然人数有限，却是非常有影响力的群体，他们决定了盟书的执行效果，也进一步影响了盟书的后续传播。

第二种传播途径是教育学习。会盟现场形成的盟书被各国抄录为盟书副本，这些副本将被各国带回去收藏到各国的档案储存部门，成为各国下一代国君、卿大夫学习的内容。践土之盟的盟书在经历了 126 年之久还能够被后来的卿大夫引用，表明了盟书的持久传播效力。

第三种传播途径是国家管理。盟书中的规则、观念被内化为国家管理的具体措施，再通过国家管理的实践被传递给那些低级的贵族和普通的百姓，从而对数量庞大的底层群体发挥影响。这种传播途径是隐性的，传播效果也只有经过长期的实践之后才能够显现出来。

春秋盟书及其承载的价值观念的传播路径可以用图 6-6 示意：

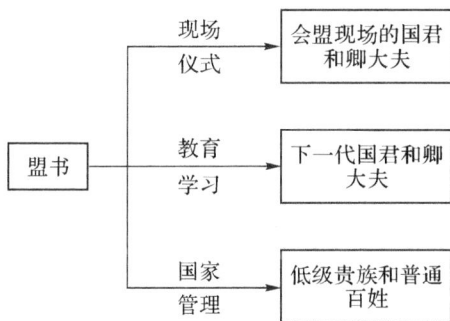

图 6-6　春秋盟书的传播路径

春秋时期的盟书不仅对当时人们的价值观念产生了巨大的影响，还对后代人们的思想产生了深远的影响。研究者田兆元、罗珍将孔子信义学说的形成追溯到盟誓制度中的伦理问题,指出孔子思想中的这些学说的形成与西周以来政治生活中不断的盟誓行为及伦理信条有直接的联系,[①]盟书的影响力通过孔子的学说进一步被放大。盟书的传播将有利于整合各国的价值观念,最终进一步推动了中华民族这个民族共同体的形成以及统一帝国的形成。

盟书对共同体所产生的五个方面的影响可以用图 6-7 示意:

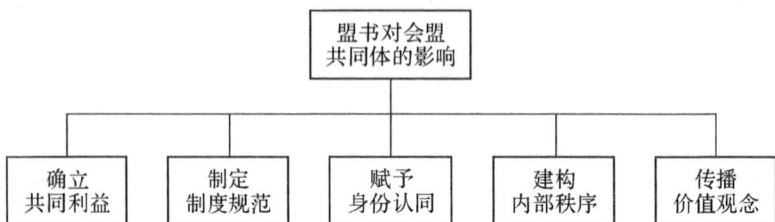

图 6-7 盟书对会盟共同体的影响

本章结论

"盟书"是春秋盟誓活动中形成的一种宣言性、契约性文本。对于会盟成员而言,盟书主要具有四个方面的功能:宣示功能、载体功能、征信功能、引证功能。盟辞的来源主要包括三种方式:事先约定、临时添加、使用以往的盟辞。无论是哪种方式,盟辞即盟书的内容都主要地体现了盟主或霸主的意志。完整的盟书的格式可以被分为五个部分:会盟日期、会盟成员、会盟缘起、会盟誓约、违约诅咒。

从盟书的内容来看,春秋时期诸侯所结成的会盟关系不仅仅是纯粹的军事性同盟,会盟所处理的事务涉及政治、经济、文化、道德、伦理等方方面面的内容。盟书中包含了原始的、朴素的共同体思想,会盟成员通过盟书结成了一种可以被称为"会盟共同体"的会盟关系。霸主的出现使会盟共同体得以真正形成。霸主凭借自己强大的实力和号召力,将会盟成员凝聚起来团结在它的周围,构成了一个更大的政治实体。在共同体外部,会盟仍然是集团对抗、大国争霸的工具;在共同体内部,会盟成为沟通、管理内部事务的工具。相比于南方的国家,北方的国家拥有相似的政治与社会制度,经济发展程度相近,在文化、语言、礼仪、风俗、习惯方面也十分相近,各国的贵族之间还有着千丝万缕的血缘

---

① 田兆元,罗珍.论盟誓制度的伦理与孔子信义学说的形成[J].湖北民族学院学报:哲学社会科学版,2006,24(6):15.

关系，地理位置相邻、交通较为便利，国家之间的交往行为十分频繁，这使它们更加容易形成会盟共同体。

盟书对会盟共同体的形成、发展、演变的影响主要体现在五个方面：确立共同利益、制定制度规范、赋予身份认同、建构内部秩序、传播价值观念。通过这些影响，盟书将离散的诸侯国凝聚成一个整体。盟书的传播有利于增进各国之间的信任，减少因误解带来的摩擦和冲突。在统一的规则之下，蛮、戎、狄、夷与中原诸侯的交往活动促进了各民族之间的融合，共同体建立的过程也是华夏与其他民族融合的过程。就此意义而言，会盟共同体可以被视为中华民族这个民族共同体在春秋时期的一个表现形态。

第七章　结语：体系的崩溃与研究总结

第一节　春秋会盟体系的崩溃

　　鲁定公四年对于春秋会盟来说是一个转折点。这一年晋国组织各国在楚国的召陵举行了会盟活动，参加此次会盟活动的国家达到了 19 个，东周王室也派代表出席了此次会盟活动。这一次召陵之会是春秋会盟活动的顶峰，从来没有哪一次会盟活动像这次会盟一样有这么多的国家参与。令人奇怪的是，在这次会盟活动之后，各国参与会盟活动的热情像断线的风筝一样，从其所能飞到的最高点急剧向下跌落，从此之后再也没出现过 5 个以上国家参加的会盟事例。在春秋转入战国的过程中，会盟活动逐渐失去了以往的影响力。齐国在齐景公时期试图恢复齐国霸权而组织了几次会盟活动，鲁哀公十三年衰落的霸主晋国和新崛起的吴国组织了黄池之会，除此之外，再也没有会盟活动对当时的国际政治格局产生过重大的影响了。①

　　为什么在春秋时期如此兴盛的会盟活动却在历史上销声匿迹了呢？原因可以主要归结为两个方面：一是维系会盟体系的成本超出了霸主所愿意承担的范围，二是战争性质的转变已不再有利于会盟体系的维持。

一、维持会盟体系的成本

　　会盟体系之所以能够成为春秋时期最为重要的国际沟通平台，主要得益于盟主或霸主的强大号召力。霸主使会盟体系的成员变得更多，使会盟体系所覆盖的范围变得更广，还使会盟成员凝聚为一个共同体，使会盟的决议能够得到执行。正是霸主的努力使会盟真正成为拥有巨大影响力的国际沟通机制，会盟体系的维持主要依靠霸主超越于其他诸侯的强大实力。

---

　　① 《史记》中记载了越国在灭掉吴国之后，与诸侯在徐州会盟，并且被周元王封为侯伯的事例。但是《左传》并没有记载此事。

　　但是对于霸主而言,会盟体系是一把双刃剑:会盟可以将臣服于霸主的诸侯国整合起来增强霸主的国际竞争力,帮助霸主争夺、维护和推行霸权;另一方面,会盟体系同时意味着国际责任,霸主在享受霸权所带来的利益时还需要为此付出相应的代价。例如:霸主不能随意欺凌会盟成员,霸主要维护会盟体系内部的正义,霸主要监督盟书的执行,霸主要为会盟成员提供安全庇护,等等。春秋时期的人们已经对霸主与会盟成员之间的依赖关系有了深刻地概括。如:宋国的西钮吾曰"且事晋何为? 晋必恤之"①;晋国的韩献子曰"欲求得人,必先勤之"②;晋国的郤成子曰"非德,莫如勤,非勤,何以求人"③;鲁国的季武子曰"小国之仰大国也,如百谷之仰膏雨焉"④;郑国的游吉曰"诸侯所以归晋君,礼也。礼也者,小事大,大字小之谓。事大在共其时命,字小在恤其所无"⑤。这些观点都表明了维系会盟体系需要付出相应的成本。

　　国家采取某种行为的目的是为了利益,而一旦加入会盟体系的成本超出了这一行为所带来的利益时,会盟体系的崩溃就在所难免了。摩根索认为:"一国是否采取联盟政策,并不是原则问题,而是取决于对该国是否有利。假如一国确信它已强大到不需要外援的程度,或者按盟约所承担的义务负担有可能超过预期的利益时,一国将避免联盟。"⑥与摩根索的观点类似,罗伯特·吉尔平也指出了"利益"对于国际政治变革的重要性,认为"建立国际体系与建立任何一种社会制度或政治制度都是出于同样的理由。行为者进入社会关系并创立社会结构,都是为了更多地谋取各种特殊的政治经济利益以及其他各种类型的利益"。罗伯特·吉尔平提出了"理解国际政治变革问题的基本框架",他用"成本""收益"等经济学概念来解释国际政治的变革,认为"一个国家将通过领土、政治和经济扩张的方法来谋求国际体系的变革,这种努力要到为进一步的变革所付出的边际成本等于或大于边际收益的时候才会停止"⑦。对于同盟中的国家而言,"每个国家都会认真考虑单独行动同成为同盟成员所获得的边际效益

---

① 《左传·成公十八年》。
② 《左传·成公十八年》。
③ 《左传·宣公十一年》。
④ 《左传·襄公十九年》。
⑤ 《左传·昭公三十年》。
⑥ 汉斯·摩根索.国家间政治:权力斗争与和平[M].徐昕,郝望,李保平,译.北京:北京大学出版社,2006:239.
⑦ 罗伯特·吉尔平.世界政治中的战争与变革[M].宋新宁,杜建平,译.上海:上海人民出版社,2007:15-17.

的差异"。利斯卡指出："同盟的内聚性最终'取决于内外压力之间的关系,取决于每个盟国应得利益与应负责任的比率'。"①

春秋会盟体系的崩溃大致如以上国际关系理论所描述的那样。体系崩溃的原因之一就是停留在会盟体系之内的成本已经大于会盟体系所能带来的利益。尤其对于日益衰落的晋、楚两位霸主而言,它们无力再继续承担维持会盟体系的庞大成本。

晋、楚两国的衰落在鲁襄公二十七年的弭兵之盟前后就已经显露出来了。弭兵之盟正是两国衰落的结果,它表明,两位霸主必须依靠合作才能够保证双方的"共同利益"。鲁定公四年召陵之会前后发生的事,则进一步显示了晋、楚两位昔日霸主实力的下降。蔡昭公在楚国受到了侮辱,他希望借助晋国的力量来报复楚国,请求晋国帮助蔡国讨伐楚国,于是晋国组织了召陵之会来谋划此事。除了晋国之外,参加召陵之会的国家达到了 18 个,如果晋国都要为它们提供安全庇护的话,可想而知晋国需要付出多么大的成本。事实上晋国最终甚至连蔡国的请求也拒绝了。晋国的荀寅指出了晋国所面临的艰难处境:"国家方危,诸侯方贰,将以袭敌,不亦难乎!"②

晋国对蔡国的放弃给了新崛起的吴国以称霸的机会,蔡国转而求助于愿意进攻楚国的吴国。自从楚昭王以来,楚国每年都会受到吴国的侵扰,楚国对此却无能为力,这显示了楚国实力的下降。吴国随后发动了柏举之役并攻破了楚国的都城,楚国完全丧失了昔日霸主的威风。而北方的晋国也在此后受到了齐国的挑战,以往顺服于晋国的中原诸侯纷纷加入了背叛晋国的队伍。

这些事例表明,由于国际力量对比的改变,晋、楚两位会盟体系的主导者已经没有能力继续支付维护会盟体系的成本,原来会盟体系的成员逐渐脱离了霸主的控制,这导致了会盟体系的瓦解。正如罗伯特·吉尔平对霸权衰落所揭示的那样,"霸权国保持体系支配地位的成本不断扩大,而各种各样的经济、技术和军事优势和创新都转移到了其他国家"③。但是无论新崛起的吴国还是之后的越国,它们崛起和衰落的速度都同样地迅速,以至于它们都没有显示出有足够强大且持久的实力维持以往的会盟体系。随着春秋时期的争霸战争转入战国时代更为残酷的灭国之战,各国逐渐放弃了会盟沟通这种相对和平的交往方式。

---

① 詹姆斯·多尔蒂,小罗伯特·普法尔茨格拉夫.争论中的国际关系理论[M].阎学通,陈寒溪,等译.北京:世界知识出版社,2002:573.

② 《左传·定公四年》。

③ 詹姆斯·多尔蒂,小罗伯特·普法尔茨格拉夫.争论中的国际关系理论[M].阎学通,陈寒溪,等译.北京:世界知识出版社,2002:335.

一、战争性质的转变

进入战国以后,战争性质的转变使会盟体系的维持变得更加不利。这些转变主要体现在:出现了职业化的军人和军事谋略家,军队的数量更为庞大,战争所持续的时间更长,武器更为先进,战斗更加激烈,战争的结果更加残酷。更为重要的是战争的目的也发生了变化。史学家杨宽将战争的目的概括为:"春秋时代战争的主要目的在于争霸,战国时代战争的主要目的在于兼并。"①为了说明战争所发生的根本性转变,赵鼎新将东周时期(包括春秋和战国两个时期)的战争历史分为三个阶段,分别为霸主期(公元前 770—前 546 年)、转型期(公元前 546—前 419 年)和全民战争时期(公元前 419 年—前 221 年)。霸主期虽然也出现了一些弱小的国家被强国灭掉的情况,但尚未有哪一个诸侯国实力强大到可将所有的国家都灭掉,因此战争的战略目的是"成为一个能够支配其他国家的霸主";而在第三个阶段全民战争时期,战争的首要目标是"扩充版图和削弱敌国"。②

是什么原因导致战争性质发生了这样的变化呢? 在进入战国以后,主要的诸侯国都推行了政治改革,改革加强了各国的中央集权,使一些诸侯国的实力变得更为强大;随着各国疆域的扩大,人口数量也急剧增多;先进的冶炼技术使武器变得更为锋利,同时军事技术和军事谋略也得到了进一步的发展。在赵鼎新所概括的"全民战争"中,国家大部分的男性都被动员来参加战争,而一旦输掉战争,"它就很可能再也无法从随之而来的人口灾难中恢复元气"。③ 史学家张荫麟对此作了一个非常生动的比喻:"若把战争比于赌博,那么春秋的列强,除吴国,全是涵养功深的赌徒,无论怎么大输,绝不致卖田典宅;战国时代的列强却多半是滥赌的莽汉,每把全部家业作孤注一掷,每在旦夕之间,以富翁入局,以穷汉出场,虽然期间也有一个赌棍,以赌起家,终于把赌伴的财产骗赢净尽。"④

为了在战争中获胜,国家不得不动员全国之力与对方展开决战。而它投入的资源越多,所要求的回报也将越大。当国家集中全国的资源战败另一个国家

---

①　杨宽.战国史[M].增订本.上海:上海人民出版社,1998:2.

②　赵鼎新.东周战争与儒法国家的诞生[M].修订版.夏江旗,译.上海:华东师范大学出版社,2011:45-50.

③　赵鼎新.东周战争与儒法国家的诞生[M].修订版.夏江旗,译.上海:华东师范大学出版社,2011:50.

④　张荫麟.中国史纲[M].上海:上海古籍出版社,1999:94.

时,它必然要尽可能地夺取对方的资源来补偿自己在战争中的消耗,同时又要对战斗人员进行奖励,以换取他们的效忠、鼓舞他们的士气、提高他们的战斗力。而那些实力较弱的小国,在春秋时期还可能成为大国之间的缓冲,而在战国时期它们变得更加屡弱,已经无法充当大国之间的缓冲区了。① 在这种情况下灭国将成为战争唯一的结果。

战争性质的转变对会盟体系的崩溃产生了重大影响。钱穆先生指出了进入战国以后国际关系所发生的变化,认为"诸夏和平联盟之锁链已断,各国遂争趋于转换成一个新军国,俾可於列国斗争之新局面下自求生存"②。相比春秋时期,战国时期的战争更加频繁、更加激烈,国际形势也更加多变,张荫麟甚至称"论世变的剧繁,战国的十年每可抵得过春秋的一世纪"③。这对会盟体系的维持产生了极为不利的影响,主要体现在三个方面:第一,各国参加会盟活动需要一个相对和平的国际环境,过于频繁的战争使国际环境越来越不利于国君和卿大夫的出行,国际社会很难像以往那样举行庄严、盛大的会盟仪式;第二,更为残酷的战争使各国更加唯利是图,这对会盟的信用带来了严重挑战,在利益面前战国的国家更容易违背会盟的约定,各国之间难以形成稳定的盟友关系;第三,众多弱小的国家在战争中被灭国,最后形成七雄并立的局面,国家数量的减少削弱了会盟活动的基础。

到春秋末期霸主已经表现出无力承担维持会盟体系的成本,而进入战国后战争性质的转变使会盟沟通机制失去了它赖以生存的历史土壤。基于这两个方面的原因,随着秦朝这个统一中央集权制帝国的建立,中国历史上的会盟沟通活动再也没有能够出现像春秋时期那样的盛况。

第二节　春秋会盟沟通机制的研究总结

一、研究的主要发现

春秋与战国经常一起被定义为中国历史上的转型时期,中国体系内的各个

---

① 吕思勉指出,"那些较为弱小的二等国日益陵夷,不复足为诸大国间之缓冲。诸大国则争战益烈,终至由争霸之局易为并吞之局。"(见:吕思勉.先秦史[M].上海:上海古籍出版社,1982:210.)

② 钱穆.国史大纲[M].北京:商务印书馆,1996:75.

③ 张荫麟.中国史纲[M].上海:上海古籍出版社,1999:94.

诸侯国、王国和藩属国之间进行着复杂而频繁的国家间互动,①实现了血缘宗法社会向地缘政治社会的转型、权力分散型社会向高度中央集权制社会的转型。②春秋和战国对后世的历史产生了重大的影响,不少学者对此进行了概括。晁福林认为:"春秋战国时代的历史发展是我国古代社会的转折点",上古时代的优秀文化"在春秋战国时期进行了总结","各族的融合和相互促进,是春秋战国时期作为辉煌时代的标志之一";③这一时期实现了"中华民族的第一次融合"④,"各地区人们迁移流徙,联系密切,交往频繁,打破了部族隔绝的状态,加速了民族大融合的步伐"⑤,为"多民族统一国家打下了基础"⑥;"至春秋结束时,华夏族和'四裔'之间的融合在中原已经基本完成,中华民族已开始形成"⑦;"上古的许多不同的种族,就是在春秋时代混合而成立了一个整个的'华夏民族'",春秋时代还酝酿了统一的局面,"秦汉的统一规模"在这时开始酝酿。⑧

作为春秋时期最为突出的历史现象之一,会盟活动对统一局面的形成、对中华民族共同体的形成都产生了重大的影响。会盟在春秋时期成为国际社会最为重要的沟通、交往平台,通过会盟沟通机制以及会盟共同体的相关实践,诸侯各国建构了国际秩序、确立了国际规则、传播了主流价值观念、增强了诸侯之间的凝聚力,诸侯各国的政治、经济、文化交往以及各族之间的融合都是在会盟所确立的秩序和规则之下展开的。因此,春秋时代对于整个后世的影响与会盟沟通机制的功能发挥是密不可分的。

本书对春秋会盟沟通机制所做的研究在前面已经进行过讨论,现归纳如下:

第一,春秋时期的国际无政府状态为会盟活动的兴盛提供了需求。对于春秋的霸主国而言,它们需要维护本国霸权、应对国际竞争、管理国际事务;对于普通的诸侯国而言,它们需要结交友好关系、寻求安全庇护、协调矛盾和冲突。

---

① 王日华.国际关系理论中的历史主义[J].国际政治科学,2015(4):139.

② 辛田.春秋战国时期社会转型研究[M].西安:陕西人民出版社,2006:3.

③ 晁福林.春秋战国的社会变迁[M].北京:商务印书馆,2011:7,1.

④ 刘宝才,钱逊,周苏平,等.中国历史:先秦卷[M].张岂之,主编.北京:高等教育出版社,2001:246.

⑤ 何成轩.春秋战国时期中原华夏文化南渐述略[J].学术论坛,1999(6):23.

⑥ 王美凤,周苏平,田旭东.春秋史与春秋文明[M].李学勤,主编.上海:上海科技文献出版社,2007:197.

⑦ 顾德融,朱顺龙.春秋史[M].上海:上海人民出版社,2001:23.

⑧ 童书业.童书业著作集:第一卷:春秋史[M].童教英,整理.北京:中华书局,2008:291,293.

由于缺乏现代社会发达的国际组织和高效的传媒工具,各国的国君和卿大夫需要借助会盟的途径展开沟通和交往活动。

第二,会盟沟通包括信息沟通、利益沟通、权力沟通三个层次;会盟沟通本质上是国际社会调整利益关系、权力秩序的手段;会盟沟通又是一定时期内国际利益关系和权力秩序的反映和体现;参加会盟意味着对会盟所代表的利益关系和权力秩序的接受和确认,拒绝会盟则意味着对会盟背后的利益关系及权力秩序的否认和挑战。会盟沟通在参加者的级别、集聚性、仪式感、事件性、互动性方面具有独特的优势,这使它在缺乏高效的传播媒介以及战争频繁的环境中成为国际社会最重要的沟通、交往平台。

第三,春秋时期会盟活动的召集权主要由霸主掌握;诸侯各国的会盟决策受到国家利益、国家实力、地缘关系、国际舆论、文化因素、个人因素这六个方面因素的影响;会盟决策的过程既是影响因素的互动过程,也是信息传播的互动过程;当有关各方的利益发生分歧时,必须实施相应的劝服活动才能推动会盟的举行;常见的劝服技巧或策略主要包括六个方面:人员的选择、利害的分析、舆论的运用、威胁的使用、贿赂的使用、仪式的使用。

第四,会盟仪式主要包括了约会、会事、盟誓、会后四大环节;会盟仪式是人与人之间、人与神之间的沟通媒介,仪式帮助会盟者完成了人与人之间、人与神之间的两种沟通行为;人与人的沟通是为了达成共识、形成协议,人与神的沟通则是将前者的沟通结果加以神圣化;作为一种政治性仪式,会盟仪式同时也是建构国际权力秩序的重要工具,通过会盟仪式国际权力关系得到确认、呈现和传播;会盟仪式往往成为国际权力转移过程中的标志性事件,仪式赋予霸权以合法性,会盟成为霸主管理国际社会的工具;最终,会盟仪式确认、呈现和传播了霸主所主导的国际权力秩序。

第五,春秋会盟活动的议题主要包括九个类别:国际规则,维护关系,国际干涉,军事行动,停战与议和,调解、诉讼和裁决,国际救济,国际契约,其他;这些议题都与国际秩序有待重建、国际冲突日益加剧、国际安全面临威胁这三个方面的国际问题有关,而这些国际问题又根源于国际体系中大国力量对比的变化;国际问题能否被建构为会盟议题主要取决于议题属性、建构时机、建构权力等因素;会盟议题设置的权力主要由霸主掌握,霸主充当了议题设置的"把关人",霸主会依据霸权的需要优先设置或抑制某些国际问题进入会盟的议程;但霸主设置议题的权力同时也受到两极格局的限制。

第六,"盟书"是会盟沟通所形成的一种宣言性、契约性文本,主要起到宣示、载体、征信、引证四个方面的功能;完整的盟书通常由会盟日期、会盟成员、会盟缘起、会盟誓约、违约诅咒五个部分构成；盟辞即盟书的内容的形成主要包括三种方式：事先约定、临时添加、使用以往的盟辞，无论哪种方式都主要体现了盟主或霸主的意志；盟书包含了原始的、朴素的共同体思想，会盟成员通过盟书结成一种可以被称之为"会盟共同体"的会盟关系；盟书对于会盟共同体的形成、发展和演变有着重要影响，这些影响主要体现在确立共同利益、制定制度规范、赋予身份认同、建构内部秩序、传播价值观念五个方面；通过这些影响，盟书将离散、分立的诸侯各国凝聚成一个共同体。

二、新传播环境下的再观照

春秋时代距离我们现在已经非常久远了，当时会盟沟通机制的一些具体做法显然已经不适应于新的国际环境，但对它的梳理和研究仍然能够给我们的外交政策和对外传播带来若干有益的启示：第一，国际组织和国际机构所举办的各种会议和活动仍然是十分重要的沟通、交往平台，国家作为国际社会中最为重要的行为体需要积极参与其中，否则会遭到国际社会的孤立，被排除在国际话语权力体系之外。第二，对外沟通和交往仍然要以国家利益为主要目的，要善于并主动利用沟通、交往的机会传播国家形象、维护国家利益。第三，现代政府之间的国际沟通活动几乎不再像春秋时期的会盟沟通活动那样需要神灵的参与，沟通的仪式性内容大大地减少了。但是近年来随着大众传播媒体的日益发达，仪式对普通民众的影响力正在变得越来越大，举办或参加大型活动的仪式也成为展示国家实力、传播国家形象、提高国家地位的重要机会。第四，设置国际议题的能力仍然是国际话语权的重要体现并且正在变得比以往更加重要，国家需要增强自己的议题设置能力，只有这样才能在国际事务中发挥更大的影响力。第五，春秋时期会盟共同体的实践活动为现代国际社会中的共同体建构带来了有价值的启示。其中，最重要的是共同体的建构过程实际上就是价值体系的传播过程。共同体的利益基础、制度规范、身份认同、内部秩序都有赖于沟通活动。在一定程度上，正是沟通活动塑造了人类社会中的共同体。

在传播媒介极度发达的今天，人们实在不必亲赴现场就可以进行非常高效的信息沟通活动，但是世界各地的政府首脑或领导人仍然愿意在约定的时间集聚在约定的地点展开面对面的沟通和交往。诸如联合国、欧盟、G8、G20、亚太经济合作组织（APEC）、世界贸易组织（WTO）、上海合作组织（SCO）等，都是因为它们能够将各国政府中掌握权力的人或者他们的代理人聚集在一起进行面对面的沟通进而对世界政治、经济、文化事务产生重要影响的。以上这些国际组织以及它们所举办的国际会议的成功，表明在当今的国际社会中类似会盟活动的沟通机制仍然在发挥着不可替代的重要作用。

最后,笔者愿意以春秋时期贤明卿大夫子产所说的一句话来结束本书。它指出了会盟沟通能否获得成功的关键所在,以便使我们在世界未来将更美好的期盼中有所依循,因而在国际冲突依然十分频繁的今天特别具有启发意义。让我们重温子产的名言:"求逞于人,不可。与人同欲,尽济。"

参考文献

一、著作

[1] 马雷特.心理学与民俗学[M].张颖凡,汪宁红,译.济南:山东人民出版社,1988.

[2] 皮埃尔·吉罗.符号学概论[M].怀宇,译.成都:四川人民出版社,1988.

[3] 米歇尔·福柯.性史[M].张廷琛,林莉,范千红,等译.上海:上海科技文献出版社,1989.

[4] 哈罗德·D.拉斯韦尔.政治学[M].杨昌裕,译.北京:商务印书馆,1992.

[5] 福柯.权力的眼睛:福柯访谈录[M].严峰,译.上海:上海人民出版社,1997.

[6] 马克斯·韦伯.经济与社会:上卷[M].林荣远,译.北京:商务印书馆,1997.

[7] 涂尔干.宗教生活的基本形式[M].渠东,汲喆,译.上海:上海人民出版社,1999.

[8] 福柯.规训与惩罚:监狱的诞生[M].刘北成,杨远婴,译.北京:生活·读书·新知三联书店,1999.

[9] 沃纳·赛佛林,小詹姆斯·坦卡德.传播理论:起源、方法与应用[M].郭镇之,等译.北京:华夏出版社,1999.

[10] 斐迪南·滕尼斯.共同体与社会:纯粹社会学的基本概念[M].林荣远,译.北京:商务印书馆,1999.

[11] 米歇尔·福柯.语言与翻译的政治:话语的秩序[M].肖涛,译.许宝强,袁伟,选编.北京:中央编译出版社,2000.

[12] 温特.国际政治的社会理论[M].秦亚青,译.上海:上海人民出版社,2001.

[13] 詹姆斯·多尔蒂,小罗伯特·普法尔茨格拉夫.争论中的国际关系理论[M].阎学通,陈寒溪,等译.北京:世界知识出版社,2002.

[14] 约瑟夫·奈.理解国际冲突:理论与历史[M].张小明,译.上海:上海人民出版社,2002.

[15] 罗伯特·基欧汉,约瑟夫·奈.权力与相互依赖[M].门洪华,译.北京:北

京大学出版社,2002.

[16] 李普曼.公众舆论[M].阎克文,江红,译.上海:上海人民出版社,2002.

[17] 约瑟夫·奈.美国霸权的困惑:为什么美国不能独断专行[M].郑志国,何向东,杨德,等译.北京:世界知识出版社,2002.

[18] 肯尼斯·华尔兹.国际政治理论[M].信强,译.上海:上海人民出版社,2003.

[19] 布赞,利特尔.世界历史中的国际体系:国际关系研究的再构建[M].刘德斌,译.北京:高等教育出版社,2004.

[20] 阿米塔·阿查亚.建构安全共同体:东盟与地区秩序[M].王正毅,冯怀信,译.上海:上海人民出版社,2004.

[21] 詹姆斯·W.凯瑞.作为文化的传播:"媒介与社会"论文集[M].丁未,译.北京:华夏出版社,2005.

[22] 约瑟夫·奈.软力量:世界政坛成功之道[M].吴晓辉,钱程,译.北京:东方出版社,2005.

[23] 齐格蒙特·鲍曼.共同体[M].欧阳景根,译.南京:江苏人民出版社,2003.

[24] 库朗热.古代城邦:古希腊罗马祭祀、权利和政制研究[M].谭立铸,等译.上海:华东师范大学出版社,2005.

[25] 汉斯·摩根索.国家间政治:权力斗争与和平[M].徐昕,郝望,李保平,译.北京:北京大学出版社,2006.

[26] 罗伯特·吉尔平.世界政治中的战争与变革[M].宋新宁,杜建平,译.上海:上海人民出版社,2007.

[27] 斯蒂芬·沃尔特.联盟的起源[M].周丕启,译.北京:北京大学出版社,2007.

[28] 莫斯,于贝尔.巫术的一般理论:献祭的性质与功能[M].杨渝东,梁永佳,赵丙祥,译.桂林:广西师范大学出版社,2007.

[29] 麦库姆斯.议程设置:大众媒介与舆论[M].郭镇之,徐培喜,译.北京:北京大学出版社,2008.

[30] 欧文·戈夫曼.日常生活中的自我呈现[M].冯钢,译.北京:北京大学出版社,2008.

[31] 鲍德里亚.符号政治经济学批判[M].夏莹,译.南京:南京大学出版社,2009.

[32] 兰德尔·柯林斯.互动仪式链[M].林聚任,王鹏,宋丽君,译.北京:商务印书馆,2009.

[33] 约翰·肖内西,尤金·泽克迈斯特,珍妮·泽克迈斯特.心理学研究方法:第 7 版[M].张明,等译.北京:人民邮电出版社,2010.

[34] 缪勒.宗教的起源于发展[M].金泽,译.上海:上海人民出版社,2010.

[35] 本尼迪克特·安德森.想象的共同体:民族主义的起源与散布[M].增订本.吴叡人,译.上海:上海人民出版社,2011.

[36] 明斯特,阿雷奎恩-拖夫特.国际关系精要[M].5 版.潘忠歧,译.上海:上海人民出版社,2012.

[37] 怀特海.宗教的形成:符号的意义及效果[M].周邦宪,译.南京:译林出版社,2012.

[38] 科泽.仪式、政治与权力[M].王海洲,译.南京:江苏人民出版社,2014.

[39] 威廉·麦克尼尔.西方的兴起:人类共同体史[M].孙乐,陈志坚,于展,等译.北京:中信出版社,2015.

[40] 徐元浩.国语集解[M].王树民,沈长云,点校.北京:中华书局,2002.

[41] 孙诒让.周礼正义[M].北京:中华书局,1987.

[42]《十三经注疏》整理委员会.春秋左传正义[M].左丘明,传.杜预,注.孔颖达,疏.北京:北京大学出版社,1999.

[43]《十三经注疏》整理委员会.春秋穀梁传注疏[M].范宁,集解.杨士勋,疏.北京:北京大学出版社,1999.

[44]《十三经注疏》整理委员会.春秋公羊传注疏[M].公羊寿,传.何休,解诂.徐彦,疏.北京:北京大学出版社,1999.

[45]《十三经注疏》整理委员会.周礼注疏[M].郑玄,注.贾公彦,疏.北京:北京大学出版社,1999.

[46]《十三经注疏》整理委员会.礼记正义[M].郑玄,注.孔颖达,疏.北京:北京大学出版社,1999.

[47]《十三经注疏》整理委员会.尚书正义[M].孔安国,传.孔颖达,疏.北京:北京大学出版社,1999.

[48]《十三经注疏》整理委员会.仪礼注疏[M].郑玄,注.贾公彦,疏.北京:北京大学,1999.

[49] 叶农.左传注译[M].广州:花城出版社,2007.

[50] 杨伯峻.春秋左传注[M].北京:中华书局,1990.

[51] 杨伯峻.论语译注[M].北京:中华书局,1980.

[52] 杨伯峻.孟子译注[M].北京:中华书局,1960.

[53] 王先谦.荀子集解[M].北京:中华书局,1988.

[54] 姚彦渠.春秋会要[M].北京:中华书局,1955.

[55] 刘安,等.淮南子全译[M].许匡一,译注.贵阳:贵州人民出版社,1993.

[56] 顾栋高.春秋大事表[M].吴树平,李解民,点校.北京:中华书局,1993.

[57] 司马迁.史记[M].裴骃,集解.司马贞,索引.张守节,正义.中华书局,1959.

[58] 沈玉成.左传译文[M].北京:中华书局,1981.

[59] 吕思勉.先秦史[M].上海:上海古籍出版社,1982.

[60] 杨宽.战国史[M].增订本.上海:上海人民出版社,1998.

[61] 钱穆.国史大纲[M].北京:商务印书馆,1996.

[62] 王宇信,杨升南.中国政治制度通史(第二卷):先秦[M].白钢,主编.北京:人民出版社,1996.

[63] 张荫麟.中国史纲[M].上海:上海古籍出版社,1999.

[64] 石井宏明.东周王朝研究[M].北京:中央民族大学出版社,1999.

[65] 顾德融,朱顺龙.春秋史[M].上海:上海人民出版社,2001.

[66] 刘宝才,钱逊,周苏平,等.中国历史:先秦卷[M].张岂之,主编.北京:高等教育出版社,2001.

[67] 徐喜辰,斯维至,杨钊.中国通史:第三卷:上古时代[M].白寿彝,主编.上海:上海人民出版社:2004.

[68] 张志广.西周史与西周文明[M].李学勤,主编.上海:上海科技文献出版社,2007.

[69] 王美凤,周苏平,田旭东.春秋史与春秋文明[M].上海:上海科技文献出版社,2007.

[70] 童书业.童书业著作集:第一卷:春秋史[M].童教英,整理.北京:中华书局,2008.

[71] 白寿彝.中国交通史[M].上海:上海书店,1984.

[72] 中国公路交通史编审委员会.中国古代道路交通史[M].北京:人民交通出版社,1994.

[73] 刘伯骥.春秋会盟政治[M].台北:中华丛书编审委员会,1962.

[74] 陈绍棣.中国风俗通史:两周卷[M].上海:上海文艺出版社,2003.

[75] 廖秀珍.《春秋左氏传》会盟研究[M].林庆彰,主编.中国学生思想研究辑刊:初编:第15册.台北:花木兰文化出版社,2008.

[76] 冯友兰.中国哲学史(上)[M].北京:生活·读书·新知三联书店,2009.

[77] 山西省文物工作委员会.侯马盟书[M].北京:文物出版社,1976.

[78] 李无未.周代朝聘制度研究[M].长春:吉林人民出版社,2005.

[79] 辛田.春秋战国时期社会转型研究[M].西安:陕西人民出版社,2006.

[80] 徐传保.先秦国际法之遗迹[M].中国科学公司,1931.

[81] 陈顾远.中国国际法溯源[M].北京:商务印书馆,1933.

[82] 洪钧培.春秋国际公法[M].北京:中华书局,1939.

[83] 张心澂.春秋国际公法[M]//曾宪义,主编.百年回眸:法律史研究在中国:第一卷.北京:中国人民大学出版社,2009.

[84] 赵鼎新.东周战争与儒法国家的诞生[M].修订版.夏江旗,译.上海:华东师范大学出版社,2011.

[85] 陈国强,石奕龙.简明文化人类学词典[M].杭州:浙江人民出版社,1990.

[86] 江绍原.江绍原民俗学论文集[M].王文宝,江小蕙,编.上海:上海文艺出版社,1998.

[87] 彭兆荣.文学与仪式:文学人类学的一个文化视野——酒神及其祭祀仪式的发生学原理[M].北京:北京大学出版社,2004.

[88] 王柏中.神灵世界:秩序的构建与仪式的象征[M].北京:民族出版社,2005.

[89] 彭兆荣.人类学仪式的理论与实践[M].北京:民族出版社,2007.

[90] 吕静.春秋时期盟誓研究:神灵崇拜下的社会秩序再构建[M].上海:上海古籍出版社,2007.

[91] 晁福林.春秋战国的社会变迁[M].北京:商务印书馆,2011.

[92] 邓曦泽.冲突与协调:以春秋战争与会盟为中心[M].北京:人民出版社,2015.

[93] 许倬云.说中国:一个不断变化的复杂共同体[M].桂林:广西师范大学出版社,2015.

[94] 阎学通.中国国家利益分析[M].天津:天津人民出版社,1996.

[95] 倪世雄.当代西方国际关系理论[M].上海:复旦大学出版社,2001.

[96] 李少军.国际政治学概论[M].4版.上海:上海人民出版社,2014.

[97] 阎学通.世界权力的转移:政治领导与战略竞争[M].北京:北京大学出版社,2015.

[98] 余也鲁.代序:中国文化与传统中传的理论与实际的探索[M]//宣韦伯.传媒信息与人:传学概论.北京:中国展望出版社,1985.

[99] 余也鲁.论探索(代序)[M]//余也鲁,郑学檬.从零开始:首届海峡两岸中国传统文化中的探索座谈会论文集.厦门:厦门大学出版社,1994.

［100］孙旭培. 华夏传播论：中国传统文化中的传播［M］. 北京：人民出版社，1997.

［101］郭庆光. 传播学教程［M］. 北京：中国人民大学出版社，1999.

［102］邵培仁. 传播学［M］. 北京：高等教育出版社，2007.

［103］戴元光，金冠军. 传播学通论：2 版［M］. 上海：上海交通大学出版社，2007.

［104］胡正荣，段鹏，张磊. 传播学总论：2 版［M］. 北京：清华大学出版社，2008.

二、期刊和学位论文

［1］张颔. 侯马东周遗址发现晋国朱书文字［J］. 文物，1966(2).

［2］郭沫若. 侯马盟书试探［J］. 文物，1966(2).

［3］陈梦家. 东周盟誓与出土载书［J］. 考古，1966(5).

［4］唐兰. 侯马出土晋国之赵嘉盟载书新释［J］，文物，1972(8).

［5］朱德熙，裘锡圭. 关于侯马盟书的几点补释［J］. 文物，1972(8).

［6］徐鸿修. 周代贵族专制政体中的原始民主遗存［J］. 中国社会科学，1981(2).

［7］吴浩坤. 西周和春秋时代宗法制度的几个问题［J］. 复旦学报：社会科学版，1984(1).

［8］白光琦. 温县盟书的年份［J］. 史学月刊，1984(4).

［9］梁颖. 西周春秋时代宗法制度成因试探［J］. 广西师范大学学报：哲学社会科学版，1989(2).

［10］何兹全. 西周春秋时期的国家形式［J］. 历史研究，1989(5).

［11］郑春生. 朝聘礼制管窥［J］. 上海师范大学学报，1991(3).

［12］钟元. 为"传播研究中国化"开展协作：兼征稿启示［J］. 新闻与传播研究，1994(1).

［13］张全民. 试论春秋会盟的历史作用［J］. 吉林大学社会科学学报，1994(6).

［14］张二国. 先秦时期的会盟问题［J］. 史学集刊，1995(1).

［15］潇湘. 传播学本土化的选择、现状及未来发展［J］. 新闻与传播研究，1995(4).

［16］张全民. 试论春秋会盟的特点［J］. 吉林大学社会科学学报，1995(4).

［17］陈筱芳. 春秋宗法文化的形态与特点［J］. 传统文化与现代化，1995(4).

［18］王怡红. 对话：走出传播研究本土化的空谷［J］. 现代传播，1995(6).

［19］莫金山. 春秋列国盟会之演变［J］. 史学月刊，1996(1).

［20］江村治树. 侯马盟书考［J］. 王虎应，史画，编译. 文物季刊，1996(1).

[21] 慎之.议程设置研究第一人:记马克斯韦尔·麦考姆斯博士[J].新闻与传播研究,1996(3).

[22] 何成轩.春秋战国时期中原华夏文化南渐述略[J].学术论坛,1999(6).

[23] 陈智勇.试析春秋盟誓对春秋时人的影响及时人对盟誓与盟主的评价[J].中国历史博物馆馆刊,2000(2).

[24] 董天策.传播学本土化研究的可贵探索:评《心有灵犀:儒学传播谋略与现代沟通》[J].社会科学研究,2000(4).

[25] 徐国利.钱穆史学思想研究[D].北京:中国社会科学院,2000.

[26] 程峰.温县盟书的历史背景[J].益阳师专学报,2001,22(4).

[27] 郝雨.建设中国化传播学体系的几个根本性问题[J].上海大学学报:社会科学版,2001,8(5).

[28] 李海勇.略论春秋诸侯国间的纳赂受赂现象[J].江汉论坛,2002(3).

[29] 郝本性.从温县盟书谈中国古代盟誓制度[J].华夏考古,2002(2).

[30] 黄星民.华夏传播研究刍议[J].新闻与传播研究,2002(4).

[31] 程峰.侯马盟书与温县盟书[J].殷都学刊,2002(4).

[32] 冯时.侯马、温县盟书年代考[J].考古,2002(8).

[33] 陈彦辉.试论春秋行人的知识结构[J].吉林师范大学学报:人文社会科学版,2003(2).

[34] 李云泉.五服制与先秦朝贡制度的起源[J].山东师范大学学报:人文社会科学版,2004,49(1).

[35] 徐杰令.春秋会盟礼考[J].求是学刊,2004,31(2).

[36] 熊梅.论春秋时期的联盟战略与霸权迭兴[J].军事历史研究,2004(3).

[37] 叶自成.中国外交的起源:试论春秋时期周王室和诸侯国的性质[J].国际政治研究,2005(1).

[38] 朱浩毅.春秋五霸之异说及其流传[J].长安大学学报:社会科学版,2005,17(2).

[39] 巴里·布赞,安娜·冈萨雷斯·佩莱兹."国际共同体"意味着什么?[J].史学集刊,2005(2).

[40] 王星光.温县盟书[J].档案管理,2005(3).

[41] 杨恕,王欢.春秋时期诸侯国是独立主权国家吗?与叶自成先生商榷[J].中国边疆史地研究,2005,15(4).

[42] 郑华.话语分析与国际关系研究:福柯的"话语观"对后现代国际关系理论的影响[J].现代国际关系,2005(4).

[43] 陈力丹.中国传播学研究的历史与现状[J].国际新闻界,2005(5).

[44] 张国良.中国传播学的兴起、发展与趋势[J].理论月刊,2005(11).

[45] 王志友,刘春华.秦、汉西畤对比研究[J].秦汉研究,2005(第九辑).

[46] 董芬芳.盟书:春秋时代特殊的法律文书[J].甘肃政法学院学报,2006(1).

[47] 林之达.中国传统文化对受传者心理的认知:传播学中国化新思路探索[J].当代传播,2006(4).

[48] 田兆元,罗珍.论盟誓制度的伦理与孔子信义学说的形成[J].湖北民族学院学报:哲学社会科学版,2006,24(6).

[49] 刘永涛.理解含义:理论、话语和国际关系[J].外交评论,2007(2).

[50] 李艳红.《侯马盟书》《温县盟书》与《左传》盟誓语言比较研究[J].殷都学刊,2007(3).

[51] 王怡红.从历史到现实:"16字方针"的意义阐释[J].新闻与传播研究,2007(4).

[52] 雒有仓,梁彦民.论商周时代盟誓习俗的发展与演变[J].陕西师范大学学报:哲学社会科学版,2007,36(4).

[53] 陈琪,黄宇兴.春秋时期的国家间干涉:基于《左传》的研究[J].国际政治科学,2008(1).

[54] 甘均先.压制还是对话:国际政治中的霸权话语分析[J].国际政治研究,2008(1).

[55] 王进锋."肉袒"降礼考[J].文博,2008(2).

[56] 董芬芳.春秋会盟文化与盟书的文体结构[J].西北师大学报:社会科学版,2008,45(2).

[57] 王雄军.议程设置理论的研究范式与理论源流[J].北京大学研究生志,2008(3).

[58] 马卫东.春秋时期宗法制度的延续及其瓦解[J].鲁东大学学报:哲学社会科学版,2008,25(4).

[59] 曹建墩.周代祭品观念[J].天中学刊,2008,23(6).

[60] 王公山,马玉红.先秦盟誓的契约属性及其文化意蕴[J].学术界,2008(6).

[61] 张春雷."百牢"≠"百牛"[J].阅读与写作,2008(11).

[62] 戴远光,陈钢,许建.中国传播学研究学术旨趣与学术群:兼论中国传播学研究30年[J].上海大学学报:社会科学版,2008,15(4).

[63] 许田波.战争、国家形成与公民权:春秋战国与近代早期欧洲比较[J].世界经济与政治,2008(9).

[64] 赵俊.国家关系中的共同体与共同体主义[J].世界经济与政治,2008(12).

[65] 郑立跃.中国古代政治盟约从盟主体制到帝国体制下的变迁[D].北京师范大学,2008.

[66] 廖小东.政治仪式与权利秩序:古代中国"国家祭祀"的政治分析[D].复旦大学,2008.

[67] 任东波.从帝国到国际共同体:东亚国际体系的理论批判与重构[D].吉林大学,2008.

[68] 王海洲.政治仪式的权力策略:基于象征理论与实践的政治学分析[J].浙江社会科学,2009(7).

[69] 王日华.国际体系与中国古代国家间关系研究[J].世界经济与政治,2009(12).

[70] 辛万翔,曾向红."多国体系"中行为体的不同行为逻辑及其根源:兼与许田波商榷[J].世界经济与政治,2010(3).

[71] 周琪,李枏.约瑟夫·奈的软权力理论及其启示[J].世界经济与政治,2010(4).

[72] 王星光.春秋战国时期国家的灾害救助[J].史学月刊,2010(12).

[73] 任慧峰.先秦军礼研究[D].武汉:武汉大学,2010.

[74] 吴瑛.中国话语权生存机制研究[D].上海:上海外国语大学,2010.

[75] 李慎明.厘清国际关系理论中一些话语的本质内涵,建立中国特色社会主义话语体系[J].国外社会科学,2011(1).

[76] 吴瑛.中国话语的议程设置效果研究:以中国外交部新闻发言人为例[J].世界经济与政治,2011(2).

[77] 胡翼青.传播研究本土化路径的迷失:对"西方理论,中国经验"二元框架的历史反思[J].现代传播,2011(4).

[78] 刘海龙.传播研究本土化的两个维度[J].现代传播,2011(9).

[79] 叶重阳.两周社会转型时期的行人[J].渤海大学学报:哲学社会科学版,2012(2).

[80] 姜飞.中国传播研究的三次浪潮:纪念施拉姆访华30周年暨后施拉姆时代中国的传播研究[J].新闻与传播研究,2012(4).

[81] 李明倩.《威斯特伐利亚和约》研究:以近代国际法的形成为中心[D].上海:华东政法大学,2012.

[82] 刘自雄,刘年辉,马凯,等.2012年度我国新闻传播学研究综述[J].现代传播,2013(3).

[83] 邵培仁,姚锦云.寻根主义:华人本土传播理论的建构[J].新疆师范大学学报:哲学社会科学版,2013,34(4).

[84] 李智.再论国际话语权及其提升路径[J].北大新闻与传播评论,2014.

[85] 陈正良,高辉,薛秀霞.国际话语权视阈下的中国国际议程设置能力提升研究[J].中国矿业大学学报:2014(3).

[86] 吴柱.关于春秋盟誓礼仪若干问题之研究[J].中国史研究,2015(4).

[87] 王日华.国际关系理论中的历史主义[J].国际政治科学,2015(4).

[88] 任中峰.春秋时期郑国的国际会盟策略[J].盐城师范学院学报,2016(2).

[89] 邵培仁,姚锦云.为历史辩护:华夏传播研究的知识逻辑[J].社会科学战线,2016(3).

[90] 谢清果,祁菲菲.华夏传播理论的内涵、特征及其未来展望[J].今传媒,2017(1).